평생교육방법론

신승인 · 김미자 · 박수용 · 유선주 · 이소영 · 진규동 공저

METHODS OF
LIFELONG
EDUCATION

학지사

머 / 리 / 말

평생교육 교수자는 어떤 일을 하는 사람인가? 성인교육 학자 Knowles는 성인교육 교수자를 일컬어 성인들의 학습을 돕도록 책임이 주어진 사람이라고 하면서 다음과 같은 직책들을 예로 들었다. 수천 가지 프로그램의 의장, 여성 집단, 남성 집단, 종교 집단, 스포츠클럽, 전문적인 집단, 시민 집단, 노동자 연맹, 무역 집단, 농부들의 집단 등의 토론을 이끄는 사람, 수만 가지 교육의 실무자, 교육 담당자, 산업, 비즈니스, 정부 기구, 사회 기구의 현장 감독, 실장, 수천 개의 공립학교, 대학교, 도서관, 상업학교의 교사, 관리자, 집단 리더, 수백 개의 신문, 잡지, 라디오, 텔레비전 같은 대중매체의 프로그램 기획자, 작가, 연출가, 전문적인 직업과 분야에서 계속적으로 경력을 쌓으며 교육을 실시하는 사람 등이다.

이렇게 다양한 성인 교육자나 예비 성인 교육자가 각자의 위치에서 효과적이고 목적에 부합하는 교육의 전달을 위하여 애쓰는 것을 감안하니 이분들을 위하여 시대에 맞는 평생교육방법론을 집필해야 한다는 사명감이 물밀 듯이 밀려오는 것을 느꼈다. 제4차 산업혁명의 도래와 뜻하지 않은 코로나19의 유행으로 평생교육의 현장이 큰 변화를 맞게 된 것이 가장 큰 이유이다. 각종 플랫폼을 이용한 원격 교육이 자연스럽게 자리 잡게 되었고, 스마트폰만으로 어디서나 실시간 교육이 가능해졌다. 인공지능(AI)은 처음에 학문적 영역에서 시작되었지만 이미 거대한 비즈니스 세계에 진입했고, 우리가 생각하는 것보다 더 많은 일을 수행하고 있다. 인공지능의 비약적인 발전은 머신 러닝과 딥 러닝 및 CPU, GPU 등 하드웨어 발달의 영향이 크다. 가까운 미래에 인공지능은 산업과 일상생활의 패러다임을 바꿀 것으로 예상되고 있으며 교육 분야에 미치게 될 영향은 상상을 뛰어넘을 것이다. 이러한 사회 변화로 인하여 평생교육방법론도 새롭게 변경되거나 추가하고 삭제해야 할 내용이 생겼다.

성인교육 학자 Jarvis는 '학습은 인생을 살아가는 원동력이며 존재의 수단이 되고 삶을 풍부하게 하며 인간을 인간답게 만드는 자극제'라고 하였다. 인생을 살아가는 데 평생학습만큼 좋은 것은 없다고 한 것이다. 그러나 모든 사람에게 평생학습이 매력적일 수는 없으므로 평생교육자는 학습자의 동기를 이끌어 내고 효율적으로 목표를 달성하도록 하며 장기적으로 학습할 수 있도록 방법을 모색하지 않으면 안 된다. 이러한 면에서 이 책은 교수자의 입장에서 평생교육의 방법을 새롭게 탐색하는 데 도움을 드리기 위하여 쓰였다. 평생교육방법론이 평생교육사 자격 과정의 필수과목이므로 이점을 염두에 둔 것도 물론이다.

차례에 따른 저술 의도는 다음과 같다. 제1부는 평생교육방법의 기저가 되는 이론적 기초와 교수–학습 이론, 교수 체제로 구성하였다. 여기에는 프로그램의 기획, 구성, 조직, 실행, 평가, 환류 등의 업무 과정에서 필수적으로 알아야 할 이론과 체제를 담았다. 평생교육방법의 기초가 되는 각종 이론들을 상세하게 기술하였으므로 독자의 이해를 도울 수 있을 것으로 기대한다.

제2부는 평생교육 현장에서의 변화된 교수–학습 방법 변화로 구성하였다. 지식정보사회로의 패러다임 전환과 이에 따라 달라진 평생교육방법의 유형을 기술하고 그에 따른 활용 방법을 제시하였다. 교수자 중심의 강의법, 강연법, 질문법, 프레젠테이션 방법과 집단 중심의 교수 방법, 협동 학습, 체험 중심의 교육 등의 교육모형과 활용 방법을 통해 현장에서 교육 프로그램 설계와 운영 시에 학습자들의 다양한 욕구를 반영하여 교육할 수 있도록 하였다. 직무현장 중심의 평생교육방법으로는 국가직무능력표준(NCS)의 개념과 분류, 현장직무교육(OJT), 직무훈련(Job instruction Training), 집합교육훈련(Off JT) 방법을 포함시켰다. 기초적 이론 및 방법의 활용은 물론이고 각각의 장단점과 운영의 예시를 제시하였으므로 평생교육방법을 활용하여 교육하는 데 도움이 되리라 기대한다.

제3부는 인공지능(AI) 시대에 새롭게 등장한 평생교육방법으로 구성하였다. 인공지능의 역사와 머신 러닝, 딥 러닝에 대해서 알아보고, 인공지능을 활용한 교육

(AIED)에 대해서도 살펴보았다. 빠르게 변화하는 현장의 흐름에 발맞추어 평생교육 발전에 큰 영향을 미치고 있는 소셜 미디어와 융합형 웹 기반 교육방법, 블렌디드 러닝, 플립드 러닝, 마이크로 러닝 등 다양한 에듀테크를 활용한 교육방법에 대해서 기술하였다. 구체적인 접근 방법과 교육 사례를 제시하였으므로 누구나 현장에서 쉽게 적용하며 교육 효과를 높일 수 있을 것이라 기대한다.

제4부는 평생교육방법의 실제와 평가 방법으로 구성하였다. 평생교육 매체의 선정 방법과 현재 우리나라와 외국에서 활발하게 실천되고 있는 평생교육 사례들을 소개하고 평생교육의 평가 방법을 제시하였다. 더 나은 평생교육의 방향 설정을 위한 지침이 될 수 있을 것으로 기대한다.

집필하는 과정이 결코 녹록하지는 않았지만 매 순간 기쁨과 보람을 느꼈다. 저자들이 마음을 모아 야심 차게 준비한 이 책이 많은 이들의 사랑을 받기를 바란다. 끝으로, 이 책을 추천해 주신 온정적 합리주의 박사회(CRD) 및 이 책의 간행을 맡아 주신 학지사 김진환 사장님과 직원 여러분께 진심 어린 감사를 드린다.

신승인 외
저자 일동

차 례

제3부　　인공지능 시대의 평생교육방법

제4부　평생교육방법의 실제와 평가

제1부

평생교육방법의 기초

제1장

평생교육방법의
이론적 기초

인간은 입이 하나 귀가 둘이 있다.
이는 말하기보다 듣기를 두 배 더하라는 뜻이다.

- 탈무드 -

1. 평생교육의 의미와 일반적인 방법을 알 수 있다.
2. 안드라고지와 페다고지의 차이점을 말할 수 있다.

제1장에서는 평생교육의 개념과 내용적 구분, 형식 교육, 비형식 교육, 무형식 교육의 구분, 안드라고지의 요소, 성인 학습의 원리와 학습 촉진자로서의 역할, 평생교육방법에서 고려할 사항 등을 알아본다. 또한 평생교육과 평생교육방법론의 개념도 정리하였다. 안드라고지와 페다고지를 비교·구분하여 기술하였으나 학자에 따라서는 이분법적으로 나눌 수 없다는 학자도 있음을 밝혀 둔다. 성인 학습자의 특징과 학습 촉진자의 역할, 평생교육방법의 선정 원칙과 기준을 명확하게 기술하여 평생교육을 담당하는 교수자가 기본적인 이론을 갖추는 데 도움이 될 수 있도록 하였다.

1. 평생교육의 개념

제1차 세계대전 이후에 몇 학자로부터 인간은 전 생애에 걸쳐 평생 동안 교육을 받아야 한다는 주장이 전개되었고 1950년대 이후 국제적으로 공감대가 형성되었다. 유엔(UN)은 1970년을 '국제교육의 해'로 선포하였으며, 1972년에는 평생교육(lifelong education)이라는 단어가 국제 용어가 되었다(이해주, 이미나, 노경주, 김진화, 2018). 유네스코에서는 세 차례의 세계성인교육회의를 개최하였고, 이 회의에서 학교 교육과는 별도로 성인도 교육을 받을 필요가 있다는 공감대가 국제 사회에서 논의되었으며, 이 결과로 성인교육추진위원회가 발족되었다. 이 기구에서 Lengrand(1986)는 평생교육의 정의를 처음으로 정립하였다. 학자별로 평생교육을 정의한 내용을 정리하면 〈표 1-1〉과 같다.

표 1-1 평생교육의 정의

순	학자	내용
1	권양이(2020)	평생학습의 과정이 학습자의 내면적 성장과 통합에 충실하도록 우선적으로 지원하고 돕는 비교적 장기간의 일반 교육과정
2	김용현, 김종표(2015)	정규 학교에서 행하는 정규 교과 학습을 제외하고 학교 또는 학교 외의 장소에서 기초 교육, 보충 교육, 추가 교육 또는 계속 교육을 통하여 국민의 평생교육 기회를 제공하는 모든 형태의 조직적·의도적 및 체계적인 교육 활동
3	김종서, 김신일, 한숭희, 강대중(2014)	삶의 질 향상의 이념 실현을 위하여 태아에서 무덤에 이르기까지의 교육의 수직적 통합과 가정 교육, 사회 교육, 학교 교육의 수평적 통합을 통한 학습 사회를 건설함으로써 최대한의 자아실현과 사회 발전 능력의 함양을 목적으로 함
4	배장오(2009)	유기체인 인간에게 모태로부터 죽을 때까지의 전 생애를 두고 행동의 변화를 유발하고자 언제, 어디서나 제공되는 재교육 활동
5	성낙돈, 가영희, 안병환, 임성우(2009)	인간의 최대한의 발전을 이룩하기 위하여 행하는 조직적 교육 활동

6	양흥권(2017)	평생교육은 교육과 동의어이다. 교육은 원래 평생교육으로 인간의 변화와 성장을 지원하는 인간 삶의 영역이다. 인간의 변화와 성장을 돕는 활동이 교육이므로 한 인간의 전 생애에 걸쳐 이루어져야 하고 다양한 삶의 영역에서 이루어져야 한다.
7	이경화, 권옥경, 김숙기, 김경열, 황성용, 권희철, 송미정, 임제현, 최윤주, 이은정(2017)	한 개인이 전 생애를 통하여 성숙한 인간으로 발달하는 과정에서 필요로 한 개인의 학습 경험의 총 집합체
8	이양교(2002)	인간 삶의 질적 향상이라는 이념을 추구하는 것으로 태교에서 무덤에 이르기까지 그 모든 생애에 걸쳐 행하여지는 교육
9	이현청(2012)	학교 교육과 학교 이외의 교육을 통합하는 학습의 개념으로 일생 동안 지속적으로 개인의 잠재능력을 계발하는 교육적 삶(educational life)의 총체적 의미
10	차갑부(2014)	한 개인이 태어나서 죽기 전까지의 수직적 통합과, 가정과 학교를 포함한 생활공간의 수평적 통합을 통하여 언제, 어디에서나 필요할 때 자신의 학습 욕구를 충족시킬 수 있는 형식적·비형식적 교육 활동
11	한승희(2010)	학습 사회를 지향하는 학습과 교육
12	Lengrand(1986)	교육 전체 과정의 생활화 전 생애에 걸친 계속적인 교육 형태가 다른 교육들이 연계 통합된 교육 전 기간에 걸친 수직적인 통합과 개인적·사회적인 면을 모든 포함하는 수평적인 통합을 아우르는 교육

한편, 이현청(2012)은 평생교육의 개념을 다음과 같은 몇 가지로 정리하였다.

첫째, 전 생애과정에 걸친 학습이다.
둘째, 삶의 수직적 차원(생애 주기)과 수평적 차원(공간적)의 통합이다.
셋째, 모든 교수 형태의 연계 조직화(무형식, 무제도)이다.
넷째, 형식 교육과 비형식 교육의 학습활동이다.
다섯째, 삶의 질적 향상을 위한 생애 과업(변화 주도 학습)이다.
여섯째, 학교 교육과 학교 교육 이외의 종합적 학습 노력이다.
일곱째, 교육과 학습 활동의 총체적 개념이라는 것이다.

우리나라에서는 「평생교육법」(법률 제1667호 2019. 12. 3. 개정)을 통하여 평생교육의 정의를 다음과 같이 규정하고 있다.

> :: 제2조(정의) 이 법에서 사용하는 용어의 정의는 다음과 같다. 〈개정 2014. 1. 28.〉
>
> 1. "평생교육"이란 학교의 정규 교육과정을 제외한 학력보완교육, 성인 문자해득교육, 직업능력 향상 교육, 인문교양교육, 문화예술교육, 시민참여교육 등을 포함하는 모든 형태의 조직적인 교육 활동을 말한다.
> 2. "평생교육기관"이란 다음 각 목의 어느 하나에 해당하는 시설·법인 또는 단체를 말한다.
>   가. 이 법에 따라 인가·등록·신고된 시설·법인 또는 단체
>   나. 「학원의 설립·운영 및 과외교습에 관한 법률」에 따른 학원 중 학교교과교습학원을 제외한 평생직업교육을 실시하는 학원
>   다. 그 밖에 다른 법령에 따라 평생교육을 주된 목적으로 하는 시설 ·법인 또는 단체
> 3. "문자해득교육"(이하 "문해교육"이라 한다)이란 일상생활을 영위하는 데 필요한 문자해득(文字解得)능력을 포함한 사회적·문화적으로 요청되는 기초생활능력 등을 갖출 수 있도록 하는 조직화된 교육프로그램을 말한다.

「평생교육법」에서는 평생교육에서 학교교육을 제외하였는데, 이는 유치원 교육은 「유아교육법」으로, 초·중등교육은 「초·중등교육법」으로, 대학교육은 「고등교육법」으로 구분하고 있기 때문이다. 일반적으로 우리나라에서는 고등학교 졸업 이후의 교육을 평생교육의 범주에 넣는다.

「평생교육법」 제4조에서는 평생교육의 이념을 다음과 같이 명시하고 있다.

> :: 제4조(평생교육의 이념) ① 모든 국민은 평생교육의 기회를 균등하게 보장받는다.
> ② 평생교육은 학습자의 자유로운 참여와 자발적인 학습을 기초로 이루어져야 한다.
> ③ 평생교육은 정치적·개인적 편견의 선전을 위한 방편으로 이용되어서는 아니 된다.

④ 일정한 평생교육과정을 이수한 자에게는 그에 상응하는 자격 및 학력인정 등 사회적 대우를 부여하여야 한다.

평생교육(lifelong education)과 혼용되어 사용되는 개념에는 성인교육(adult education), 계속 교육(continuing education) 등이 있다. 성인교육에 대하여 배을규(2006)는 교육 대상자로서 '성인'의 개념이 포함되어 있으며 '의도성'과 '계획성'이 반영되는 교육의 과정을 강조되는 개념이라 하였다. 또한, 성인을 대상으로 의도적인 교육을 실시하는 개인, 또는 기관에 속한 사람을 '성인 교육자'라 하며, 나이, 사회적 역할, 자아의식의 차원에서 성인이라고 할 수 있는 사람들에게 다양한 학습 경험을 의도적이고 계획적으로 제공하는 교수–학습 활동을 일컫는다고 하였다. 계속 교육은 학교교육을 마치면 단절되는 교육이 아니라 생애를 사는 동안 계속 이어져 가야 하는 교육이라는 의미에서 평생교육과 더불어 널리 사용되고 있다.

배장오(2009)는 평생교육의 일반적인 특성을 다음과 같이 들고 있다.

첫째, 사회화(socialization)의 보완적 특성이 있다. 개인은 평생교육을 통해 자신에게 미진한 영역의 직업 기술, 교양, 그리고 시민으로서의 자질을 보충할 수 있다.

둘째, 올바른 민주주의 학습의 계기가 된다. 평생교육은 재학 시절의 학업 성적과 연관되지 않으므로 진정한 의미에서 교육의 기회균등을 향유할 수 있다.

셋째, 현실 지향적인 특성이 있다. 평생교육의 내용은 미래를 준비하기보다는 지금 당장 활용할 수 있는 것에 초점을 두고 있다. 지식이나 기술에 관한 내용뿐만 아니라 교양교육까지도 현실적으로 유용해야 하기 때문이다.

넷째, 학습자의 자발성과 자기 주도성이 부각된다. 성인의 평생교육 참여는 자발적이고 그 결과, 학습자의 자기 주도적 학습도 가능하게 된다는 것이다.

1) 평생교육의 내용적 구분

「평생교육법」에서는 평생교육의 내용을 학력보완 교육, 성인 문자해득 교육, 직업능력 향상 교육, 인문교양 교육, 문화예술 교육, 시민참여 교육으로 구분하고 있다. 그 의미는 다음과 같다.

(1) 학력보완 교육

자신이 원하는 정도의 학력을 취득하지 못하였을 경우 보완을 위하여 계속 교육을 받는 것을 말한다. 정규 전문대학, 대학, 대학원, 방송통신대학에 입학 혹은 편입하는 경우, 학점 인정제 등이 여기에 속한다.

(2) 성인 문자해득 교육

종래의 읽기와 쓰기 문자해득 교육뿐 아니라 컴퓨터를 활용하여 자신이 원하는 정보를 탐색하고 사회 문제에 개입하거나 의견을 표출할 수 있도록 디지털 역량을 익히는 정보 문해교육과 컴퓨터를 사용한 문서 작성, 엑셀, 프레젠테이션 등의 각종 기술 습득, 국가 기술 자격 취득을 위한 교육 등의 컴퓨터 문해교육을 포함한다.

Jarvis(2009)는 학습에 관하여 사회적 맥락 안에서 이루어지는 개인적인 과정이라고 말하였다. 거주지, 문화 배경 등에 따라 학습의 양상이 다르게 나타난다는 것이다. 글을 읽지 못하는 것만 문해가 아니라 문화를 이해하지 못하는 것도 이 범주에 속한다는 것을 알 수 있다. Martin과 Fisher(1999)는 학습을 받지 못하는 계층에게도 국제화 시대에서 요구되는 역량을 갖추도록 하는 것이 성인 교육자들에게 요구되는 과업이라고 하며 문해교육의 범주를 확장하였다. 임경미, 김선자, 김소윤, 이석진과 임정임(2019)은 문해와 관련하여 산업화 사회에서는 '글을 읽고 쓰고 쉬운 셈을 할 수 있는 3R's가 가능한 것'을 문해로 보았으나 사회가 분화하면서 다양한 기술을 활용하고 소통할 수 있는 능력까지를 문해로 보아야 한다는 개념이 등장하였다고 하고 있다. 즉, 디지털 문해(digital literacy), 컴퓨터 문해(computer literacy), 멀티미디어 문해(multimedia literacy), 예술 문해(art literacy), 생태 문해(ecological literacy), 건강 문해(health literacy), 통계 문해(statistical literacy), 시각 문해(visual literacy), 문화 문해(culture literacy), 정보 문해(informational literacy), 수해 문해(numeracy literacy) 등 다양한 개념을 그 예로 들었다.

(3) 직업능력 향상 교육

장소의 개념으로서 직장에서의 업무 능력을 향상하기 위한 과정, 승진을 위한 각종 교육 등 단기 및 장기적인 직장 안팎에서의 과정이 포함된다. Martin과 Fisher(1999)는 직장에서의 직업능력 향상 교육이 장기 고용과 근무가 가능하게 만

든다고 보았으며, 그 예로 위치 학습(situated learning)을 들었다. 위치 학습은 현실
적으로 필요한 내용과 경험으로 한 기능적 학습을 추구하며 직장 내에서 필요한 관
리, 통합, 업무 능력 향상 훈련, 인성 훈련 등을 실시하는 성인 학습의 종류이다. 학
습자들은 집단을 편성하고 목표를 설정하며 과제를 설정하고 과제를 해결하기 위하
여 필요한 자원을 모으며, 보통 해당 부서에서 필요로 하는 과제를 설정한다. 교수
자는 이 과제를 해결하는 데 필요한 프로그램을 개발하며 기본적으로 필요한 기술
을 습득할 수 있도록 관리자나 동료와의 인터뷰 진행, 직무 분석, 설문지나 정보 분
석, 컴퓨터 작업 등을 실시한다. 프로그램의 내용은 학습자, 봉사자, 재원, 소비자의
특성, 사업 파트너 등과 같은 여러 요인에 의하여 달라지게 된다는 것이다. Merriam
과 Bierema(2014)는 직장은 형식 학습, 비형식 학습, 무형식 학습이 모두 일어날 수
있는 곳으로 전환 학습이 일어날 수도 있다고 하며 직장에서의 교육이 중요함을 강
조하였다.

한편, 이양교(2002)는 직업교육을 말하면서 특정의 직업에 종사하기 위하여 필요
한 지식, 기술을 갖추도록 취직 전후에 실시되는 교육과 학교에서 실시하는 직업교
육으로서 고등학교가 실시하는 각종의 직업 과정과 전문대학 및 대학에서의 전문교
육 등을 들었으며, 학교 밖에서의 직업교육으로 정규 학교교육 이외의 각종 학교, 직
업 훈련소, 각 기업의 부설 훈련 교육기관 등을 예로 제시하였다.

(4) 인문교양 교육

내용적인 접근으로 인간 생활에서 본질적인 진 · 선 · 미를 추구하는 모든 교양교
육을 포괄한다. 대학의 평생교육 강좌, 도서관이나 평생학습관의 인문 강좌, 백화점
의 특강에서 볼 수 있는 문화, 예술, 역사, 종교, 체육, 건축, 과학 등 거의 모든 강좌
가 여기에 속한다.

(5) 문화예술 교육

교양교육에서 문화예술분야 만의 강좌를 별도로 지칭하는 개념이다. 시, 소설
노래, 악기 연주, 무용 강좌 등이 여기에 속한다. 박성희, 송영선, 나향진, 황치석,
문정수와 박미숙(2013)은 에듀테인먼트(edutainment)를 소개하면서 교육이나 도
야를 의미하는 에듀케이션(education)과 휴가나 오락을 의미하는 엔터테인먼트

(entertainment)가 합해져서 만들어진 단어로서 교육적인 내용을 게임이라는 형식을 사용하여 전달하는 소프트웨어를 말한다고 하였다. 자칫 지루할 수 있는 음악 이야기 등도 재미와 흥미를 더하여 쉽게 접근할 수 있게 하는 방법이 될 수 있다는 것이다.

(6) 시민참여 교육

민간 사회단체들의 주도로 많은 사람들이 자신들이 추구하는 공동의 목표 달성에 참여하도록 이끌기 위한 교육이다. 정치, 사회, 문화, 예술, 환경보호, 청소년 문제, 아동이나 장애인을 위한 복지 문제, 세대 갈등 해결, 성소수자 문제, 다문화, 탈북민, 외국인 노동자 문제해결 등 다양한 현안에 대하여 알리기 위한 각종 교육 모임, 세미나 등이 여기에 속한다.

2) 형식 교육, 비형식 교육, 무형식 교육

Merriam, Caffarella와 Baumgartner(2009)는 평생교육의 방법을 다음과 같이 형식 교육, 비형식 교육, 무형식 교육으로 구분하였다.

(1) 형식 교육

교육을 실시한다고 말할 때에 바로 머리에 떠오르는 교육방법으로 제도와 형식에 기반한 교육이다. 건물이나 시설물을 갖추고 있으며, 학습자를 모아 교육을 실시하는 형태이다. 학습자에 대한 평가만이 아니라 프로그램 전반과 운영 방법에 대해서도 평가가 이루어지는 것이 일반적이다. 요즘은 온라인으로도 형식 교육(formal education)이 많이 이루어지고 있다. 이성균(2020)은 형식 교육이 전형적인 학교교육과 같이 가르치고 배우는 사람이 일정한 장소에서 사전에 잘 조직된 교과과정과 내용을 매개로 하여 계획적·체계적 양식으로 이루어지는 교육이라고 하면서 초·중·고등학교의 졸업 학력 과정, 대학교, 방송통신대학교, 사이버 원격 대학교, 대학원 등을 예로 들었다.

(2) 비형식 교육

주로 사회에 기반을 두고 이루어지는 교육으로 일정한 형식을 갖추고 있지는 않지만 사회 활동이나 다른 사람과의 교류를 통하여 학습이 되는 교육 형태이다. Knowles와 Overstreet(1953)는 비형식 교육(nonformal education)은 사람들이 무엇을 하고 있는지 인지하지 못하는 사이에도 광범위하게 일어날 수 있다고 하였다. 예를 들면, YMCA나 YWCA, 노동조합, 산업체, 지역기관 같은 것들이 여기에 속한다. 많은 사람들이 교회의 모임이나 여성 단체, 전문적인 단체, 소비자 협동조합, 시민 단체에서 회장을 하면서 리더십을 배우게 되는데, 이것도 비형식 교육이 될 수 있다는 것이다. 비형식 교육에서도 온라인 학습이 가능하다. McGivney(1999)는 비형식 교육에서의 핵심 요소는 참여를 이끌어 내는 것이라고 하였다. 이러한 것은 쉽지 않은 일이고 노동력이 많이 필요한 작업이기도 하다. 기존 프로그램에 의지하지 말고 수요자의 관점에서 접근해야 하며, 의견을 존중하고 학습에 대한 자문을 제공하여 실질적으로 도움이 되도록 해야 한다. 평가 방법은 뚜렷한 것이 없다. 이성균(2020)은 비형식 교육이 정규 학교 이외의 다양한 형태의 교육이라고 하였다. 교육 과정과 내용은 학습자의 요구에 따라 서비스가 바뀔 수 있다. 고등 학력보완 교육(학점은행제, 독학 학위제 등), 직장에서 받은 직무연수나 특강, 학원 수강, 대학 평생교육원이나 평생학습관에서의 프로그램 수강, 행정복지센터나 백화점 문화센터, 복지센터의 프로그램 참여, 영농교육, TV 및 인터넷 수강, 학습 동아리나 개인 교육 등이 여기에 해당한다고 하였다.

(3) 무형식 교육

무형식 교육(informal education)은 주로 학습자 스스로 실시하는 교육 형태로서 자기주도적 학습이 여기에 속한다. 평가를 할 수 있는 방법이 거의 없다. 온라인 방법으로도 무형식 교육이 많이 이루어지고 있다. 많은 기업들은 내부망을 통하여 정보를 교환하며 이메일이나 채팅방을 통하여 회사의 정책, 활동, 행사에 대한 정보를 얻는다. 이성균(2020)은 무형식 교육이 매우 개방적이고 비경쟁적인 교육이어서 전적으로 개인의 선택에 의하여 이루어지며 비의도적·비의식적으로 이루어지는 교육을 말한다고 하였다. 가족이나 친구, 직장 동료, 또는 상사의 도움이나 조언을 통한 학습, 인쇄 매체(책이나 전문 잡지)를 활용한 학습, 컴퓨터나 인터넷을 활용한 학습 등이 여기에 속한다.

3) 안드라고지와 페다고지

안드라고지(andragogy)와 페다고지(pedagogy)의 구분은 주로 대상과 교육방법이나 관점에서 이루어진다. Merriam과 Bierema(2014)에 따르면, 안드라고지는 유럽에서 처음 사용되기 시작한 단어이며, 20세기 중반에 들어 북아메리카에서 성인교육에 있어서 전문 분야의 형태를 지칭하는 말로 사용되기 시작하였다. 페다고지가 전통적으로 아동·청소년을 대상으로 학교에서 교육하는 형식 교육의 방법을 지칭하는 데 비해, 안드라고지는 성인을 대상으로 한 교육을 말한다. 성인 학습자는 아동·청소년에 비하여 필요한 학습 자료나 강좌를 스스로 찾아 습득하는 자기 주도성이 강하다. 이미 많은 경험을 통하여 관련 지식을 습득한 경우가 많으며 이를 조합하여 연결시킴으로써 또 다른 지식을 생성해 낼 수 있고, 스스로 학습 단계를 설정하여 필요한 강좌를 선택할 수 있다. Knowles(1970)는 성인은 성과를 지향하는 경우가 많고 생활에 적용하기 위하여 학습을 하는 경향이 있어 수동적인 위치에서 정해진 교과목을 이수하도록 가르치는 페다고지 교육방법은 맞지 않다고 하였다. 〈표 1-2〉은 Knowles, Holton Ⅲ와 Swanson(2016)이 페다고지와 안드라고지에 대하여 정리한 것이다.

2. 평생교육방법론의 개념

배석영, 박성희, 박경호와 황치석(2010)은 방법이란 그리스어에 기원을 두고 있는데 '무엇을 따라서'라는 'meta'와 '길'을 뜻하는 'hodos'의 합성어인 'methodos'에서 유래하였다고 하였다. 교육방법(educational method)에 관련하여 윤옥한(2017)은 맥락에 따라 수업 방법(instructional method), 교수 방법(teaching method), 교수 기법(teaching technique)의 다양한 용어로 사용되기도 하며, '교육의 문제를 해결하기 위하여 교육의 전체 프로세스를 어떻게 구성할 것인가'를 의미한다고 말하고 있다.

표 1-2   안드라고지의 요소

요소	페다고지의 접근	안드라고지의 접근
학습자의 준비	• 최소의 준비	• 정보 제공 • 참여할 준비 • 현실적인 기대를 높이도록 도움 • 내용에 대하여 미리 생각함
분위기	• 권위주의적 • 형식적 • 경쟁적	• 편안하고 신뢰함 • 상호 존중 • 비형식적이고 따뜻함 • 협동하고 서로 지지해 줌 • 개방적이고 진솔함 • 인간미
계획	• 교수자에 의함	• 학습자와 학습 촉진자 상호작용에 의한 계획
욕구 진단	• 교수자에 의함	• 상호 평가에 의함
목표 설정	• 교수자에 의함	• 상호 협의에 의함
학습 계획짜기	• 교과의 논리에 따름 • 내용의 양에 따름	• 준비도의 결과에 따름 • 문제의 양에 따름
학습 활동	• 교수자의 전달 기술에 따라 달라짐	• 경험에 의한 기법에 따름(질문)
평가	• 교수자에 의함	• 요구에 대한 상호 간의 재진단 • 프로그램에 대한 상호 평가

출처: Knowles, Holton Ⅲ, & Swanson (2016), p. 52.

1) 성인 학습자와 안드라고지

이현림과 김지혜(2006)는 성인이란 생물학적 의미에서 적정 연령에 도달한 자로서 사회적으로 생산적인 일을 수행해 내면서 자신의 앞에 대하여 기본적인 책임과 의무를 수행해 낼 수 있는 사람을 의미한다고 하였다. Erikson(1985)은 인간 발달을 8단계로 나누어 각 단계의 자아 정체성과 잠재 능력을 제시하였다. 발달 단계를 구강기, 항문기, 운동기, 잠복기, 사춘기, 청년기, 장년기, 노년기로 나누었는데, 그중 청년기, 장년기, 노년기를 성인으로 보았다. Erikson은 발달 단계를 다음과 같이 설명하고 있다.

- 1단계 구강기: 기본적 신뢰 대 불신의 발달 시기이고, 잠재 능력은 희망이다.
- 2단계 항문기: 자율성 대 수치심과 의심의 발달 시기이고, 잠재 능력은 의지이다.
- 3단계 운동기: 주도성 대 죄책감의 발달 시기이고, 잠재 능력은 목적의식이다.
- 4단계 잠복기: 근면성 대 열등감의 발달 시기이고, 잠재 능력은 역량이다.
- 5단계 사춘기: 정체성 대 정체성 혼란의 발달 시기이고, 잠재 능력은 충실성이다.
- 6단계 청년기: 친밀감 대 소외의 발달 시기이고, 잠재 능력은 사랑이다.
- 7단계 장년기: 생산성 대 침체의 발달 시기이고, 잠재 능력은 배려이다.
- 8단계 노년기: 자아 통합 대 절망의 발달 시기이고, 잠재 능력은 지혜이다.

이와 같은 발달 요소와 잠재 능력에 관한 설명과 함께 Erikson은 [그림 1-1]을 제시하고 있다.

성인학습과 관련하여 배을규(2006)는 교육자와 교육 기관의 의도에 상관없이 자신의 요구와 관심에 따라 전 생애에 걸쳐 자기 주도적으로 실행하는 학습활동이라고 하였다. 성인이 학습을 하게 되는 동기와 관련하여 Houle(1964)은 다음과 같이 설명하고 있다.

첫째, 더 나은 삶을 영위하기 위하여 학습하는 경우이다. 더 높은 보수나 만족스러운 직업을 갖기 위하여 학습에 참여하는 것이다.

둘째, 학습을 하는 과정을 즐기기 위하여 학습하는 경우이다. 다른 사람의 의견에서 자극을 받을 수 있기 때문에 토론 집단에 등록하거나 특별한 주제에 대하여 전문가의 명확한 강의를 듣고 싶어서 강좌를 들으러 가거나 많은 책을 읽기도 하는데 그 책들을 직접 소지하고 탐독한다.

셋째, 단순히 알고 싶어서 학습하는 경우이다. 문학, 영화, 철학, 역사, 사진 등 다양한 영역에서 지식을 얻고 이해하며 성취감을 느끼는 것 자체가 목적이 된다.

Wlodkowski(2008)는 성인 학습자는 아동 학습자와는 다른 학습적 특징을 갖고 있다고 하였다. 그는 이러한 학습적 특징을 경험의 축적에서 찾고 있으며 이미 갖고 있는 경험은 학습 동기를 유발해 아동과는 다른 특징을 보인다고 하였다. 그 내용을

		1	2	3	4	5	6	7	8
8	노년기								자아통합 VS 절망 지혜
7	장년기							생산성 VS 침체 배려	
6	청년기						친밀감 VS 소외 사랑		
5	사춘기					정체성 VS 정체성 혼란 충실성			
4	잠복기				근면성 VS 열등감 역량				
3	운동기			주도성 VS 죄책감 목적의식					
2	항문기		자율성 VS 수치심, 의심 의지						
1	구강기	기본적 신뢰 VS 불신 희망							

[그림 1-1] Erikson의 자아 정체성 발달 단계

출처: Erikson (1985), p. 273.

요약하면 다음과 같다.

첫째, 성인은 관련되는 내용을 찾아 활용하는 데 비해, 아동은 재미나 자극적인 내용에 끌린다.

둘째, 성인은 상황을 비판적으로 받아들일 줄 알며 자기 판단에 확신을 갖는다. 아동은 그렇지 않다.

셋째, 성인은 자기가 추구하는 목적에 유용하지 않거나 도움이 되지 않으면 배우기를 꺼린다.

넷째, 성인은 교수자도 학습의 조건이 되며 그들에게 예민하게 반응하고 존중받기를 바란다.

다섯째, 성인은 실제 업무와 생활에서 학습한 내용을 적극적으로 테스트하고 싶어 한다.

여섯째, 성인은 학습 중에 의식적이며 직접적으로 이전 경험이나 전에 학습했던 내용이 활용되기를 원한다.

일곱째, 성인은 새로 배운 내용과 자신의 역할, 즉 부모, 직장인 등과 통합되기를 바란다.

표 1-3　성인 학습자의 성숙적인 면

시작점	종착점
의존성	독립성
수동성	적극성
주관성	객관성
무지함	깨달음
작은 능력	큰 능력
작은 책임	많은 책임
좁은 관심 영역	넓은 관심 영역
이기주의	이타주의
자아 거부	자아 수용
모호한 자아 정체성	통합된 자아 정체성
특정한 곳에 관심을 가짐	원리에 관심을 가짐
얕은 관심	심오한 관심
모방성	독창성
확실함에 대한 욕구	모호함에 대한 인내
충동성	합리성

출처: Knowles (1970), p. 25.

Lindeman(2013)은 사람은 자신을 향상하도록 하고 싶어 하며 동시에 사회 질서의 변화도 추구한다고 하였다. 사회 질서의 변화를 통하여 진정한 개개인의 품성이나 꿈이 절실하게 발현할 수 있는 환경이 창조되기 때문이라는 것이다. Knowles(1970)는 성인 학습자의 특성을 〈표 1-3〉과 같은 성숙적인 면으로 설명하고 있다.

평생교육방법론과 관련하여 이해주, 이미나, 노경주와 김진화(2018)는 성인을 대상으로 교육을 함에 있어 설정된 교육목표를 달성하기 위해 준비한 교육내용을 어떻게 효과적으로 전달할 것인가를 고민하면서 성인교육에 적절한 교육방법에 대한 지식과 기술, 전략을 모색하는 학문 영역이라고 하였다. Merriam(1993)은 연령이 높은 성인의 학습력이 젊은 나이의 학습자에 비하여 떨어진다는 통념에 대하여 반박하면서 다음과 같은 예를 들었다. 실험을 통하여 고령의 성인이 의미가 없는 단어들을 몇 개나 암기할 수 있는가, 또는 지필 검사를 통하여 수학 문제를 얼마나 잘 해결할 수 있는가 하는 것은 젊은 사람들에게 뒤질 수 있으나 자신과 직업과 관련된 일에서는 그렇지 않다. 식이요법을 할 때 특정의 음식을 몇 그램까지 허락해야 하는지, 타인의 복잡한 개인적인 문제를 어떻게 해결해야 하는지는 더 잘할 수도 있다는 것이다. 즉, 성인 학습의 정도는 연령과 관련이 있는 것이 아니라 이전 교육의 경험이나 기술 습득 여부에 달려 있다고 주장하고 있다. Merriam(2001)은 또한 성인 학습자의 특징을 다음과 같이 기술하고 있다.

첫째, 성인 학습자는 독립적인 자아 개념을 가지고 있으며 자기 주도적으로 학습할 줄 안다.

둘째, 성인 학습자는 풍부한 학습 자원이 되는 경험을 저수지처럼 축적하고 있다.

셋째, 성인 학습자는 사회적 역할을 변화시키기 위한 필요에서 학습을 한다.

넷째, 성인 학습자는 지식을 즉각 적용할 수 있는 학습에 관심을 두고 있으며 문제해결을 위하여 노력한다.

다섯째, 성인 학습자는 외부 요인보다는 내부 동기에 의하여 학습한다.

Jarvis(2001)도 지능에 대하여 다면적인 현상으로 보아야 하며 경험의 축적이 곧

지능 발달을 의미한다고 하여 성인의 지능관을 다르게 보았다. 이현림과 김지혜(2006)도 발달이란 전 생애에 걸쳐 일어나는 모든 변화의 과정으로 유전과 환경의 상호작용에 의하여 변화되면서 점차 자신의 모습을 찾아가는 과정이라 하면서 발달은 곧 변화라고 하였다.

　Brookfield(2010)는 형식적인 성인교육 차원에서 민주주의를 학습한다는 것은 학습 공동체 구성원들이 교과 과정과 수업 진행에 관한 규범을 만들어 간다는 것을 시사한다고 하면서 성인들은 교육목표와 교육 활동에 대하여 협상을 할 수 있다고 하였다.

　교수자는 이러한 성인의 특성을 이해하고 평생교육의 교육내용을 설계하며 이를 구조화하여 효과적으로 학습자에게 전달하기 위한 교육방법을 습득해 나가야 할 것이다.

2) 성인 학습의 원리와 학습 촉진자의 역할

　MacKeracher(2010)는 성인 학습의 원리와 학습 촉진자의 역할을 다음과 같이 제시하였다.

　첫째, 성인 학습자는 건강 상태가 좋고 휴식을 잘 취할 수 있을 때에 학습한다. 그러므로 학습 촉진자는 개별 학습자가 건강에 유념하도록 도움을 주어야 한다.

　둘째, 성인 학습자는 시력과 청력이 좋고 환경이 이러한 감각 기관이 잘 유지될 수 있도록 조성되어 있을 때에 학습한다. 그러므로 학습 촉진자는 환경 구성이나 자료 선택 시에 이러한 점을 고려해야 한다.

　셋째, 성인 학습자는 일반적으로 심각한 질병이나 사고, 연령과 관계된 변화, 사회 복귀를 위하여 학습할 때를 제외하고는 그다지 변화에 영향을 받지 않는다. 청력이 부정확해지는 것도 서서히 나타나므로 자신도 깨닫지 못하는 경우가 많다. 성인은 시간을 제약해서 성과를 보이는 일도 드물다. 개인별로 진전 속도가 다르므로 학습 촉진자는 시간의 제한은 매우 유연하게 계획해야 하며, 시간을 추가로 요청할 때에는 별도의 시간을 제공하여 학습할 수 있도록 도와야 한다.

　넷째, 성인 학습자의 과거 경험은 학습을 활성화하는 요소로 반드시 인식되고 나타내도록 해야 한다. 학습자의 경험은 새로운 학습을 촉진할 수도 있고 장애물이 될 수도 있는 양면성을 가지고 있다. 학습 촉진자는 학습자의 기존 경험이 학습자와 학습 촉진자 양측에게 활용될 때에 학습이 촉진된다는 점을 알아야 한다.

다섯째, 성인 학습자의 과거 경험은 시간과 함께 축적되므로 과거 경험이 학습에 도움을 주든, 반대로 방해가 되든 연령이 많을수록 증가하게 되어 있다. 또한 새로운 학습 내용이 과거 경험과 관련이 있거나 새로운 환경에 즉각 적용할 수 있을 때에는 더욱 생산적으로 학습한다. 그러므로 학습 촉진자는 새로운 지식과 기술이 과거의 경험과 통합되도록 시간과 기회를 제공해야 한다.

여섯째, 성인 학습자의 과거 경험은 지식의 의미나 가치, 기술의 전략, 수단, 형태 등에서 자아 개념 형성을 흔들고 위협할 수도 있다. 그러므로 학습 촉진자는 이러한 위험성에서 벗어날 수 있도록 환경을 구성하고 개인의 변화를 도울 수 있도록 해야 한다.

일곱째, 성인 학습자는 과거 경험에서 탈피하여 광범위하게 지식과 기술을 변형시키는 과정에 주목하게 된다. 이러한 과정은 단순히 지식에 기반을 둔 학습보다 에너지와 시간을 더 많이 요구하며 각성을 가져온다. 새로운 행동은 안전하고 신뢰 있는 환경 안에서 시험될 수 있다. 그러므로 학습 촉진자는 안전하고 믿을 수 있도록 환경을 구성하여 새로운 행동이 시험되도록 구성하고 학습자와 상호 신뢰를 구축하며 실패의 두려움을 감소시키고 격려하는 피드백을 제공해 주어야 한다.

여덟째, 모든 성인 학습자가 새로운 학습에 필요한 지식과 기술을 보유하고 있지는 않다. 미비한 요소는 학습 활동에서 필수적으로 갖추어지도록 해야 한다. 그러므로 학습 촉진자는 학습자가 자신의 강점과 약점, 학습에서 필수 요소가 누락되었는지를 판단할 수 있도록 도와야 한다.

아홉째, 성인 학습자는 학습 상황에서 겪는 문제점을 말하거나 명확하게 나타내는 것, 어떤 학습 활동이 문제를 해결하는 것인지 알아내는 것, 학습 목표나 방향과 관련하여 확실하게 규정하는 것에 대하여 도움을 필요로 할 수 있다. 그러므로 학습 촉진자는 경험을 나누고 이야기할 수 있는 기회를 제공해야 한다.

열째, 성인 학습자는 실생활과 관련되어서는 빨리 배우려 하나 그렇지 않고 즉각적으로 적용할 수 없거나 실용적이지 않은 것처럼 보이는 활동 및 학습 내용에는 참여를 꺼리는 경향을 보인다. 그러므로 학습 촉진자는 변화를 가져오기 위하여 학습자 스스로 학습 목표와 방향을 정하고 욕구를 판단할 수 있을 때에 학습이 촉진된다는 것을 알고 있어야 한다.

열한째, 성인 학습자는 타인의 기준이나 타인이 만들어 준 목표에 도달하도록 하기보다는 자신이 설정한 이상적인 방향으로 변화를 가져오는 데 더 많은 관심을 가지고 있다. 그러므로 학습 촉진자는 자신이 설정한 계획과 학습자가 설정한 계획을 비교해 보아야 한다. 만일 서로 맞지 않을 때에는 학습자에게 더 많은 관심을 기울여야 한다.

열두째, 성인 학습자는 학습 촉진자나 다른 학습자와 인간적으로 교류할 수 있는 기회를 많이 가질 수 있으며 학습 내용을 완전히 이해하고 숙달할 수 있는 환경이 조성될 때에 학습을 잘할 수 있다. 그러므로 학습 촉진자는 내용을 이해하고 독자적으로 학습하고자 노력하는 학습자를 지원해야 한다. 또한 타인과 경험을 나누고 문제에 대하여 토의할 수 있는 기회를 부여해야 한다. 이 두 가지는 학습 환경 조성에서 매우 중요하다.

열셋째, 성인 학습자의 동기는 필요한 만큼에 도달하지 못했거나 원하지 않는 생활에서 벗어나고 싶을 때, 원하는 목표를 위해서 성장해야 할 때, 성공 또는 실패의 경험이나 만족이나 불만족 경험에서 생길 수 있다. 학습 촉진자는 학습을 할 때 마다 바로 피드백을 주어야 하며, 특히 평가 후에는 즉각적인 피드백으로 학습이 활성화되도록 해야 한다.

열넷째, 성인 학습자는 자발적으로 학습에 참여할 때에 그렇지 못한 경우보다 더욱 동기가 활성화된다. 타율적으로 학습에 참여하고 있거나 목표에 도달하지 못하고 있는 학습자가 있을 때에 학습 촉진자는 추가 지원을 제공하고 프로그램의 목표와 필요성을 명확하게 인지할 수 있도록 도와야 한다.

3. 평생교육방법의 선정 원칙 및 기준

1) 평생교육방법 선정 시 고려 사항

평생교육방법을 선정할 때에는 학습자의 특성, 학습 시간, 학습 기간, 학습 공간, 교수자의 교육 자료, 학습자의 자료, 교육 매체 등이 고려되어야 한다. 이것을 요약하면 〈표 1-4〉와 같다.

순	구분	내용
1	학습자의 특성 파악	성별, 연령, 신체 건강 상태, 심리 · 정서 상태, 특이 발견 사항, 요청 사항 유무
2	학습 시간	1회 시간의 길이, 일일 학습 시간
3	학습 기간	예정된 학습 기간, 예상 기간
4	학습 방법	대면 또는 비대면
5	학습 공간	학습 장소의 크기, 바닥 재질, 책걸상 수, 가구 배치, 교수 기구나 매체의 종류와 수, 냉난방기 유무, 화장실 유무와 거리 등
6	교수자 자료	컴퓨터나 노트북, 프린터, 패드 등의 하드웨어, 프로그램 파일이나 앱 등의 소프트웨어, 책, 실물 자료, 교육 매체 포함
7	학습자 자료	교수자 자료와 동일하거나 다른 자료
8	교육 형태	교수자 단독 강의, 교수자 복수 협력 강의
9	학습 형태	대면 실시간, 비대면 실시간, 비대면 자기 주도

표 1-4 평생교육방법을 선정할 때 고려 사항

출처: Knowles (1970), p. 25.

평생교육방법의 원칙은 학습자가 누구든지, 언제, 어디서나, 원하는 교육을, 희망하는 방법을 이용하여 학습할 수 있도록 제공해야 한다는 것이다. 학습자의 흥미를 유도할 수 있도록 교육 자료와 매체를 구상하고 인터넷 홈페이지, 문자, 소셜 네트워크 등의 다양한 방법으로 홍보하며 비용의 부담을 느끼지 않도록 공급할 필요가 있으며, 강의 목적에 부합하는 적합한 강사를 찾아야 한다. 코로나19로 교육혁명이 당겨져 각종 플랫폼이 교육 현장에 자리 잡은 만큼 다양한 강의 기술을 익혀 학습 성과를 높일 수 있을 것이다.

Norman(2003)은 평생학습 세계로 들어가는 성인교육방법으로 다음을 제시하였다.

첫째, 선취 경험 학습에 대한 평가로서 인생 경험에 대하여 학점을 부여하는 전략을 사용한다.

둘째, 학습하는 데 불리함이나 어려움을 가진 학습자에 대한 새로운 접근으로서 학습자의 욕구나 필요를 해결하는 데 모든 노력을 집중하고 학습을 도울 시스템을 갖춘다.

셋째, 산업 분야 등의 넓은 영역에서 학습자의 수를 확대할 수 있도록 다양한 분야에서 광범위하게 성인 학습자를 찾아 학습에 참여하게 한다.

넷째, 사회 안에서의 새로운 접근 전략으로서 시간, 장소, 대상, 방법을 불문하고 학습자가 학습에 참여할 수 있도록 한다.

다섯째, 교육공학을 활용한 혁신적인 접근으로서 네트워크나 원격 학습, 온라인 학습, 개방형 학습을 활용하여 언제나 학습이 가능하게 한다.

여섯째, 교수자의 전문성 함양으로서 교수자가 내용이나 방법에서 향상을 도모할 수 있도록 프로그램에 계속적으로 참여하게 한다.

일곱째, 학습 방법에 관한 연구로서 학습 방법에 대한 최신 지식을 얻고 학습 기술을 익히는데 집중한다.

여덟째, 교수 방법의 국제화로서 국제적인 연결망을 통하여 교수 방법 코스와 실행에 대한 지식을 확보한다.

아홉째, 평생학습 증진을 위한 사회 안에서의 협력으로서 평생학습에 기여할 수 있는 자원을 확보한다.

열째, 사회 안에서의 자원 발굴로서 사회 안에서 재능과 기술, 지식을 가진 자원을 찾아낸다.

열한째, 사회 안에서의 프로그램 홍보로서 학습자가 접근할 수 있도록 사회 안에서 프로그램에 관하여 홍보를 실시한다.

열두째, 산업체, 대학, 학교 간 기술 교환으로서 산업체, 대학교, 학교 간의 교수자를 교환하여 지식을 얻는다.

열셋째, 대학의 리더십 발휘로서 대학에서는 지역의 학습 기관에 리더십 제공을 위한 전략을 사용한다.

열넷째, 성실한 성인교육 기관으로의 전환으로서 성인교육 기관들이 성실한 기관으로 변화하도록 하는 전략을 사용한다.

열다섯째, 공인화・검정화・표준화를 위한 새로운 아이디어 발휘로서 학습자의 발전 정도를 측정함에 있어 실패 없는 학습 기회의 제공이라는 측면으로 평가를 진행한다.

열여섯째, 대학 연계로 고등 교육을 위한 토대 마련으로서 대학과 연계하여 고등 교육을 위한 토대가 될 수 있도록 성인교육을 실시한다.

열일곱째, 학습자 욕구 파악 및 만족도 부응 전략 사용으로서 커뮤니티 내에서 학습자의 욕구를 사전에 파악하여 이를 만족시킬 수 있는 전략을 사용한다.

열여덟째, 학습자에게 주인 의식을 갖게 하기 위한 개인별 학습 계획 활용으로서 학생들에게 학습자로서의 주인 의식을 고취시키기 위하여 개인별로 학습 계획을 수립하고 활용한다.

열아홉째, 학습자와 교수자를 위한 멘토링 실시로서 프로그램에 대하여 학습자의 학습 동기와 적용도를 높이기 위하여 학습자와 교수자를 위한 멘토링을 실시한다.

스무째, 학습을 지속시키기 위한 기념, 축하 행사 실시로서 학습자로 하여금 학습을 원하고 지속하고 계속하고 싶고 즐기는 습관으로 정착시킬 수 있도록 각종 기념이나 축하 행사를 실시한다.

스물한째, 학습이 자연스럽고 본능으로 느낄 수 있도록 하는 홍보 실시로서 학습자로 하여금 학습은 자연스러우며 인간의 본능이라고 느껴지도록 홍보한다.

스물두째, 비과업 활동을 통한 자신감과 창의성 등의 증대로서 광범위한 영역의 비 과업 활동을 통하여 학생의 자기 효능감, 자신감, 창의성, 문화적 관점의 확대를 가져오도록 한다.

스물셋째, 효율적인 내부 관리와 인적 자원 활용으로서 내부 관리와 인적 자원 활용면에서 효율성을 기한다.

2) 평생교육 교수자가 알아야 할 사항

Longworth(1999)는 미래를 위한 상담자로서의 교수자가 알아야 할 사항을 다음의 〈표 1-5〉와 같이 제시하였다.

표 1-5 미래를 위한 상담자로서 교수자가 알아야 할 사항

1. 학습자의 학습 방법과 그들의 개별적인 학습 방식에 대하여 알려는 습관을 가질 것
2. 원격 학습 기술을 완전히 익히고 최대한 활용하여 학습자와 학습 프로그램에 대하여 즉각적인 대화형 피드백을 제공할 것
3. 평가 기법 및 개인별 진행 모듈을 개발하고 관리하는 방법을 알고 있을 것
4. 학습자와 현지, 국내 및 국제적 기반에서 다른 학습자와 교류하며 혁신적인 학습을 촉진할 수 있는 기술 및 방법을 개발할 것

5. 산업계, 학교, 고등교육 기관 및 추가 교육 기관, 지방 정부 및 비형식 교육 기관과의 파트너십을 계발하고 활용함으로써 학습을 지원할 것

6. 개인별 학습 계획, 멘토 기술 및 개별화된 학습모듈을 활용하여 개인별로 목표를 설정하게 하고 모니터링하여 각 학습자에게 힘을 실어 줄 것

7. 회사, 지역사회 및 사람들이 모이는 곳은 어디에서나 학습 참관을 통하여 데이터베이스화하고 그들의 학습 요구를 목록화할 것

8. 이러한 학습 요구를 현지, 국내 및 국제적인 학습 기회로 연결하고 자금을 모을 수 있도록 할 것

9. 학습과 교육을 위하여 전체 사회에서 기술과 재능을 동원할 수 있도록 프로그램 계획을 수립할 것

10. 새로운 학습 기법을 연구하고 이를 과정에 투입할 것

11. 학습 동기를 유발하는 심리학과 학습에 대한 자신감의 장벽을 극복하는 방법에 대하여 철저한 지식을 가지고 즐겁고 창조적인 학습 경험이 일어나도록 자극을 가할 것

이러한 사항은 가정, 기업, 학교, 성인교육, 대학과 교육 및 사회의 전 조직에서 동일하게 일어나야 한다.

출처: Longworth (1999), p. 31.

Knowles, Holton Ⅲ와 Swanson(2016)은 프로그램이 시작되기 전에 성인 학습자를 준비시키는 방법에 대하여 다음과 같이 설명하고 있다.

첫째, 능동적 학습과 반응적 학습의 차이에 대하여 간략한 설명이 필요하다.

둘째, 4, 5명의 참가자로 집단을 구성하여 자기에 대하여 서로 소개하는 시간을 마련하여 협력적 관계를 구축하는 경험을 갖게 한다.

셋째, 사전 과제로 책을 읽도록 하거나 전문가나 감독관과 연결해 주어 학습에 대하여 미리 파악할 수 있도록 하는 미니 프로젝트를 기획해 보는 것도 좋다.

여기에서 능동적 학습이란 교수자의 강의 내용에 대하여 자유로운 토론과 실습이 가능한 학습이다(신소영, 김민정, 2020).

이상적인 교수자의 조건과 관련하여 Knowles, Holton Ⅲ와 Swanson(2016)은 다음과 같이 제안하였다.

첫째, 이상적인 교수자는 따뜻하고 사랑하는 마음을 가진 사람이다. 학습자에게 기꺼운 마음으로 지지를 보여 주고 격려해 주며 우정을 보여 주고 동등하게 대한다.

둘째, 이상적인 교수자는 학습자가 스스로 계획을 세우는 사람이며 역량을 가진 사람으로 인정해 주는 사람이다. 학습자의 능력 안에서 학습 계획을 적절하게 수립할 수 있도록 돕는다.

셋째, 이상적인 교수자는 학습자와 항시 대화하는 사람이다. 학습자를 단 한 사람의 특별한 존재로 인정하고 그 사람의 요구나 욕구, 목표에 맞춘다.

넷째, 이상적인 교수자는 학습자에게 애정과 염려를 보여 주는 사람이다. 학습자가 진전하는 모습을 보며 긍정적인 마음으로 발전을 기대한다.

다섯째, 이상적인 교수자는 스스로 성장하는 사람이다. 학습에 즐겁게 참여하며 새로운 경험과 성장을 탐색한다.

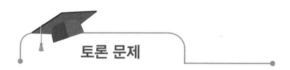

토론 문제

1. 개인적 경험은 성인 학습과 어떤 관련성을 갖는가?

2. 평생교육방법을 선정할 때에 고려해야 할 사항은 무엇이며, 그 이유는 무엇인가?

제2장

평생교육 교수-학습 방법의 이론적 기초

말은 마음의 초상이다.

- 존 레이 -

1. 평생교육 교수-학습의 원리를 알 수 있다.
2. 대표적인 학습 이론과 교수 이론을 알고 차이점을 말할 수 있다.

이 장에서는 평생교육방법의 이론적 기초가 되는 교수-학습의 원리와 대표적인 학습 이론 및 교수 이론을 알아본다. 안드라고지를 비롯하여 자기 주도 학습, 전환 학습, 학습자 참여 이론, 경험학습의 원리를 소개하고 학습 이론과 교수 이론을 개괄적으로 살펴봄으로써 교수자가 평생교육방법을 선정할 때에 활용할 수 있도록 하였다. 특히 학습 이론에서 행동주의, 인지주의, 인본주의, 구성주의, 교수 이론에서 Bruner의 발견학습 이론, Gagné의 목표별 수업 이론 등 역사적으로 중요한 이론들을 상세히 기술하여 독자의 이해를 도왔음을 밝힌다. 원저에서 가져온 표나 그림들도 도움이 될 것이다.

1. 평생교육 교수−학습 방법의 원리

1) 안드라고지

　　Knowles, HoltonⅢ와 Swanson(2016)은 안드라고지(andragogy)는 성인이 일생 동안 학습할 수 있으며, 학습 경험은 일정 부분 성인 학습에 기여한다는 신념에 근거한다고 하였다. 허영숙, 박진홍, 서현범 외 한국성인교육학회 저널팀(2012)은 andragogy가 성인 교육학으로 번역되는데 그 어원은 그리스어로서 'andragogy'의 'andros'는 영어의 'adult'를 의미한다고 하였다.

　　Merriam과 Bierema(2014)는 안드라고지와 성인교육(adult education)이 거의 같은 의미로 사용된다고 하면서 성인교육의 방법을 다음과 같이 정리하였다.

- 인간 중심적인 철학에서 진행된다.
- 내면적인 동기 유발과 자기 주도적인 학습이 가능하다.
- 자기실현을 위한 학습을 할 수 있다.
- 문제해결을 위하여 학습한다.
- 삶을 살기 위한 능력을 개발하기 위하여 학습한다.

　　박성희, 송영선, 나항진, 황치석, 문정수와 박미숙(2013)은 성인기의 발달 과업과 안드라고지의 기본 가정의 하나인 학습 준비도는 서로 관련이 있다고 하였다. 임형택, 권재환, 권충훈, 김경열, 김두열, 김인숙 등(2013)은 안드라고지가 성인 교육자에게 주는 시사점을 다음과 같이 제시하고 있다.

- 성인 학습자는 학습 목표와 결과를 검토하여 긍정적이라 판단이 되어야 학습에 임하므로 성인 교육자는 무엇을 배우고 싶어 하는지 그 요구를 인식할 수 있도록 도와주어야 한다.
- 성인 학습자는 자신의 앎에 대하여 책임을 지고 싶어 하고 타인으로부터 자기 주도성을 가진 존재로 인정받고 싶어 하므로 성인 교육자는 성인 학습자가 긍

정적인 학습 경험을 갖도록 하여 의존성을 극복하고 자기 주도성을 가진 존재로 변화되도록 이끌어야 한다.

• 성인 학습자는 다양하고 개별적인 경험을 지닌 존재이므로 성인 교육자는 성인 학습자의 학습 동기, 학습 목표, 학습 방식을 고려한 교육방법을 채택해야 한다. 특히 학습자가 지닌 경험을 활용하기 위하여 토론, 사례 연구, 문제해결 활동과 같은 경험 학습 방법을 활용할 필요가 있다.

• 성인 학습자는 자신의 삶에 실제 활용할 수 있고 사회적 역할에 따른 발달 과업에 맞는 학습 주제를 선호하므로 성인 교육자는 학습 요구를 진단할 때에 학습자를 참여시키고 진단 결과에 따라 학습 내용을 제공해야 한다.

• 성인 학습자는 생활 지향적 · 과업 지향적 · 문제 지향적 학습 성향을 지니므로 성인 교육자는 교육을 통해 습득한 지식, 기술, 태도 등을 실제 삶에 적용할 수 있도록 지원해 주어야 한다.

• 성인 학습자는 외재적 동기보다 내재적 동기에 의하여 학습에 참여하므로 성인 교육자는 자아 존중감의 향상, 직무 만족도의 개선, 삶의 질 향상과 같은 내재적 동기 촉진을 위한 전략을 교육 활동의 계획과 실천에 반영해야 한다.

한편, Knowles, Holton Ⅲ와 Swanson(2016)은 성인 학습의 기획 과정을 요구, 창출, 실행, 평가로 나누어 단계별로 다음과 같이 제시하였다.

• 요구(need) 단계: 목표를 달성하기 위해 어떤 학습이 필요한지 결정한다.
• 창출(create) 단계: 학습 목표를 달성하기 위하여 전략 및 자원을 만들어낸다.
• 실행(implement) 단계에서는 학습 전략을 실행하고 자원을 활용한다.
• 평가(evaluate) 단계에서는 학습 목표 성취도와 그 과정을 평가한다.

이와 같은 단계는 평생교육과정의 교수 설계와 수업 과정을 구안하는 데 도움이 된다.

2) 자기 주도 학습

자기 주도 학습(self-directed learning)은 간단히 SDL이라고도 한다. Merriam과 Bierema(2014)는 자기 주도 학습을 학습자가 주도하는 학습이라고 규정지었다. 이 것은 학습자 스스로 무엇을 어떤 방법으로 배울 것인지를 주도하여 결정하는 학습 이라는 의미이다. 자기 주도 학습은 교수자와 학습자의 속성을 모두 가지고 있는 학습 형태이기 때문에 형식적인 학습 환경에서도 가능하다. 반드시 혼자 학습하는 것 만을 뜻하는 것은 아니며 동료나 전문자, 교수자와 협의를 할 수도 있고 강좌에 등록 할 수도 있으며 온라인으로 학습할 수도 있다. Caffarella(1993)는 자기 주도 학습은 성인 학습의 중요한 특징으로 학습에의 통찰을 제공하며 성인 학습자로 하여금 도 전하게 하고 정규 과정의 학습 형태를 벗어나 사고의 범위를 확장하게 만든다고 하 였다.

Tennant(2018)는 자기 주도 학습의 주요 구성 요소와 관련하여 다음과 같이 기술 하고 있다.

- 학습 활동을 계획, 실행, 평가하는 등의 기본적인 과정을 적용할 수 있는 지식과 능력
- 개인의 학습 목표를 확인할 수 있는 능력
- 적합한 계획 전략과 계획을 수립하고 전문 지식을 선택할 수 있는 능력
- 행동 방향이 적합하다고 판단했을 때에 자기의 계획을 총괄할 수 있는 능력
- 학습을 위하여 환경 구성과 시간 관리를 올바르게 할 수 있는 능력
- 활용한 자료에서 지식이나 기술을 얻을 수 있는 능력
- 학습을 방해하는 상황에서 문제점을 인지하고 대처할 수 있는 능력
- 스스로 몇 번이고 동기 부여를 줄 수 있는 능력

박성희 등(2013)은 성인 학습자가 자기 주도 학습을 얼마나 잘하느냐는 학습 활동 에 참여하고 전념할 수 있는 환경을 얼마나 조성해 줄 수 있느냐의 문제라고 하면서 환경 조성의 중요성을 강조하였다. 배영주(2005)는 자기 주도 학습이 성인 학습의 특 징에 해당하는 핵심적 개념으로서 학습자를 의존적인 존재로 바라보는 교사 중심의

학교 학습의 반대편에 위치하는 학습론으로 이해될 수 있다고 하였다. 신용주(2006)는 성인교육에서 자기 주도 학습이 중요한 까닭으로 다음의 두 가지를 꼽았다.

첫째, 교육목표와 관련되어 있다는 것이다. 항상 새롭게 변화하는 다양한 시대적, 사회적 맥락에 적응하는데 유용한 지식과 기술을 획득하여 활용할 수 있는 능력을 길러야 하기 때문이다.

둘째, 학습자가 계속 학습에 주도권을 가지고 책임지게 되어 탐구하는 자세와 기술을 익히게 되기 때문이다. 그러므로, 성인 교육자는 성인학습의 촉진자로서 성인학습자의 성장을 도와야 한다는 것이다.

<표 2-1>은 임형택 등(2013)이 자기 주도 학습의 구성 요소를 정리한 것이다.

표 2-1 자기 주도 학습의 구성 요소

구분		구성 요소	내용
인지 조절	인지 전략	시연	단기 기억 속에서 정보가 사라지지 않게 하기 위한 전략으로 학습 내용을 외우거나 소리 내어 읽는 것과 관련이 있다.
		정교화	학습 자료를 의미 있게 하기 위하여 새로운 정보를 이전 정보와 관련을 맺도록 하여 정보를 장기 기억 속에 저장하는 방법이다.
		조직화	학습 내용을 쉽게 이해할 수 있도록 내용 요소들 간의 관계를 논리적으로 구성해 보고 중요한 개념을 중심으로 내용을 분석해 보거나 관계성을 추론하는 것이다.
	메타 인지 전략	계획	학습을 효율적으로 하기 위해 필요한 전략을 계획적으로 선택하는 것이다.
		점검	과제를 수행하는 동안 자신의 이해 정도 및 상태를 스스로 체크하는 인지 활동이다.
		조절	자신의 학습 행동을 교정하고 잘못 이해된 부분을 고침으로써 학습을 향상하기 위한 활동이다.
동기 조절		숙달 목표 지향성	학습자가 자신이 학습에 어떻게 접근하고 참여할 것인지를 결정하는 신념 체제로 학습자의 숙달 목표는 학습 흥미, 과제에 대한 도전, 학습에 대한 만족감과 긍정적 태도를 갖게 한다.
		자기 효능감	개인이 성취 장면에서 자신의 능력에 대해 가지는 기대로 특정 과제를 수행하는 능력에 대한 믿음인 자기 효능감은 학습 동기를 높이고 과제에 몰두할 수 있도록 해 준다.

동기 조절	성취 가치	과제의 중요성 가치, 활용성 가치, 내재적 가치를 포함하는 것으로 성취 가치가 높은 학습자는 과제의 중요성과 활용성을 알고 있으며 흥미를 가지고 더 많은 노력과 오랜 지속력, 높은 수행을 보여 준다.
행동 조절	행동 통제	잡념이나 동기 부족 등의 내부 요인이나 학습을 방해하는 외부 요인들을 조절하면서 자신의 학습 행동을 잘 조절하는 것을 말한다.
	도움 구하기	자신의 힘으로 해결하기 어려운 장애에 부딪쳤을 때 자신보다 더 알고 있다고 여겨지는 친구, 부모 및 교사에게 도움을 청하는 것도 행동 조절의 한 형태이다.
	시간 관리	학습자 자신의 시간 활용을 점검하고 학습 계획서를 작성하여 실천하는 것으로 효과적인 학습자는 자신의 학습 시간을 효과적으로 조절한다.

출처: 임형택 외(2013), p. 218.

3) 전환 학습

Clark(1993)은 전환이란 변화를 의미하며 전환 학습(transformative learning)은 학습의 결과가 광범위하게 나타나는 학습을 뜻한다고 하였다. 전환 학습은 자신을 변화시키는 학습으로 그 변화는 서서히 올 수도 있고 갑자기 일어날 수도 있으며, 교실이나 교육적으로 조성된 환경, 하물며 일상생활 속에서도 생길 수 있다고 말한다. 전환학습은 우리 삶에 있어서 평범한 부분이며 발달 과정과 밀접하게 연관되어 있다고 하면서 다음을 예로 들었다. 독립할 나이가 되어 정든 집을 떠나는 일, 가까운 사람에게 인간적으로 빠져드는 일, 경력에서 역량을 쌓아 가는 일, 자녀를 기르는 일, 나이가 들면서 부모의 책임을 다하는 일, 직업에서 퇴직하는 일 등 이 모든 사건들에서 사람들은 삶에 미친 영향과 의미들을 되새기며 변화가 왔음을 느끼게 된다.

Freire와 Macedo(1987)는 교육을 통하여 정치적 · 사회적 변화를 이끌어내는데 궁극적인 목표를 두었다. Elias와 Merriam(2002)은 이러한 Freire(1987)를 두고 전통 교육에 대한 급진적 비판자라고 불렀다. 전통교육은 학생들로 하여금 학습을 받아들이고 정리하고 보관하도록 하는 은행 저축식 교육이라고 하면서 수동적으로 지식을 받아들이도록 하고 반복적으로 암기하도록 함으로써 학생의 자유와 자율성을 침해한다고 보았다. 브라질 빈민가의 문해교육에 관심을 두었던 Freire(1987)는 부의 편중으로 사회적 문제가 시작되었다고 보았으며, 교육을 통하여 학생들이 스스로 이러한 문제를 인식하고 압제적인 사회 구조를 바로잡기를 원했다. 이러한 과정을 '의식화 운동'이라고 불렀으며, 성인교육은 경제적 · 사회적 · 문화적 영역에서의 재건을 의미하였다.

Freire(2010)는 15년이 넘는 기간 동안 도시와 농촌의 빈민 지역과 준빈민 지역에서 성인교육을 실시했다고 하면서 다음의 사항에 해답이 있다고 하였는데, 이는 그의 교육관을 알 수 있는 대목이다.

- 능동적, 대화적, 비판적이면서 비판을 고무시키는 방법
- 교육 프로그램의 내용
- 주제의 분류와 조목별 편찬과 같은 기술들의 사용, 사람들 간에 수평적 관계를 이루는 것

김청자와 조금주(2007)는 전환학습의 특징과 관련하여 성인학습에서 간과되었던 반성(reflection)을 성인학습의 중심 과정으로 하여 해방적이고 의사소통적인 성격의 학습을 장려하였다고 평하였다.

4) 사회적 학습 이론

Bandura(1977)는 행동은 여러 가지 환경적 영향 중에서 어느 것이 작용할지, 그 형태는 무엇이 될 것인가를 결정하며, 환경적 영향은 어떤 행동 유형을 발달시키고 활성화할 것인가를 정한다고 하여 이들은 상호 의존적인 관계라고 하였다. 흔히 환경 조건이 인간을 지배하는 것으로 묘사하나 인간이 스스로 결정한 목표와 성취를 분석하고 실천하면 자신의 목적 달성을 위한 조건을 형성할 수 있다고 하였다. 또한 사람은 모방적인 행동이 가능하여 원하는 반응을 반복적으로 보여 주거나, 다른 사람에게 행동을 재현하도록 지시하고 실패했을 때는 구두로 안내하고 성공했을 때 보상을 주면 결국 원하는 반응을 이끌어낼 수 있다고 하였으며 이러한 모델링의 과정을 다음과 같이 설명하고 있다.

- 주의 과정(attentional processes): 행동이나 상황이 관찰자의 주의를 끄는 과정이다.
- 파지 과정(retention processes): 관찰을 통하여 학습한 정보를 기억하는 과정이다.
- 운동 재생 과정(motor reproduction processes): 저장 기억을 재생하는 과정으로 학습 내용과 관찰자의 행동이 일치하도록 수정이 이루어진다.
- 동기화 과정(motivational processes): 행동으로 옮겨지기 전에 기대감을 갖게 하는 과정이다. 기대감을 높일 수 있는 요인은 외적 강화, 대리 강화, 자기 강화 등이다.

Bandura(1986)는 인간은 행동으로 실천하기 전에 모델링을 통하여 다른 사람의 행동을 관찰하여 실패를 줄일 수 있다고 하였다. 관찰에 의한 학습이 지식의 확장 및 다른 사람이 보여 주거나 만든 정보를 기반으로 기술을 습득할 수 있다고 하여 관찰학습의 중요성을 강조하였다. [그림 2-1]은 관찰학습의 하위 과정을 보여 준다.

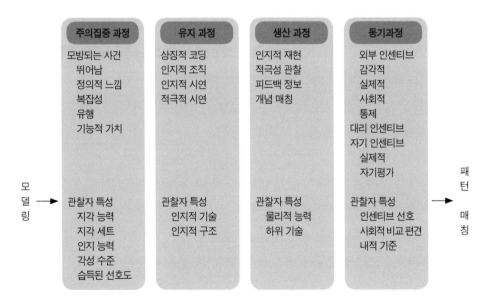

[그림 2-1] 관찰학습의 하위 과정

출처: Bandura (1986), p. 52.

5) 경험 학습

Kolb(2015)에 따르면, 경험주의가 인간은 경험에서 배우게 된다는 철학에서 탄생하였으며 행동주의와는 전혀 다른 관점을 갖는다. 학습은 경험을 바탕으로 한 끊임없는 과정이며, 지식은 학습자의 경험에서 나오고 경험을 통하여 저울질되는 것이다(Kolb, 2015).

Dewey(2019)는 "교육은 경험의 내부에서, 경험에 힘입어 이루어지는 것이면서, 동시에 경험을 위하여 이루어지는 발달"이라고 하였다. Dewey(2016)는 "현재의 경험이 앞으로 올 경험에 영향을 미친다는 계속성의 원리는 모든 경험의 경우에 적용된다. … 경험이 성장으로 연결되기 위해서는 바람직한 상호 작용이 일어날 수 있도록 외적 조건을 조절해야 한다. … 상호 작용이라고 함은 경험 속에서 함께 작용하는 두 가지 요소, 즉 객관적이고 외적인 요소와 주관적이고 내적인 요소가 있으며, 이 두 가지가 함께 작용하고 있음을 의미한다."라고 하며 교육에서 바람직한 경험의 중요성을 강조하였다. 한편, Dewey(2016)는 학교도 아동 스스로 자신의 실제 활동을 통한 경험으로 배움을 체득할 수 있도록 과제를 제시해야 한다고 하면서 앎과 행함의 관계는 밀접하게 유지되도록 해야 한다고 하였다.

Piaget(2005)는 학교에서도 아동 스스로 능동적인 학습을 하는 경험을 할 수 있도록 해야 한다고 하면서 다음과 같이 제시하였다.

- 인격적인 자질을 훈련하고 상부상조하도록 하며 토론에서는 서로 존중하고 중립과 객관성을 지키며 협력하도록 한다.
- 아동이 작업의 주도권을 가지고 협동하면서 과업을 해내도록 한다.
- 학교 규칙을 스스로 만들어 '자기 통치'를 경험하도록 해 주어야 한다.

[그림 2-2]는 경험 학습(experiential learning)의 전통적 이론과 교육적 영향을 도형화한 것이다.

Piaget(2005)에 따르면, 학습은 사회적·물리적 환경에 인간이 적응해 가는 통합적인 과정이다. [그림 2-3]은 경험학습의 적용 과정을 형상화한 것이다.

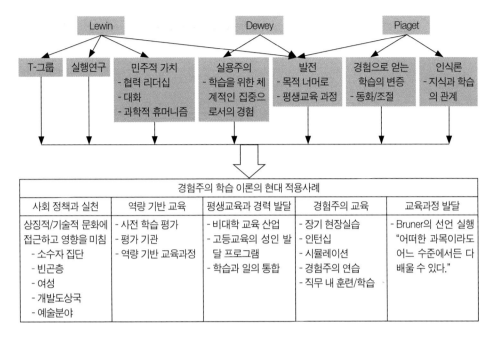

[그림 2-2] 경험학습의 세 가지 전통적 이론

출처: Kolb (2015), p. 18.

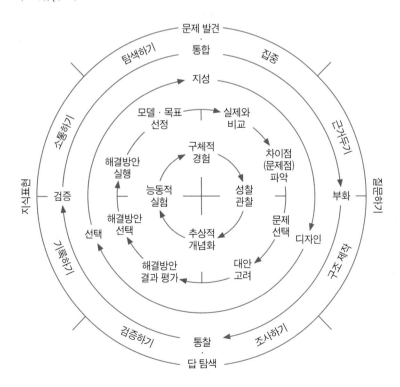

[그림 2-3] 기본 적응 과정 개념들의 유사성: 질문/연구, 창의성, 의사 결정, 문제해결, 학습

출처: Kolb (2015). p. 44.

Piaget(2005)에 따르면, 학습은 순환 과정이기도 하다. 구체적 경험(Concrete Experience: CE), 반성적 관찰(Reflective Observation: RO), 추상적 개념화(Abstract Conceptualization: AC), 능동적 실험(Active Experimentation: AE)의 과정이 되풀이된다. [그림 2-3]은 그 과정의 모습을 형상화한 것이다.

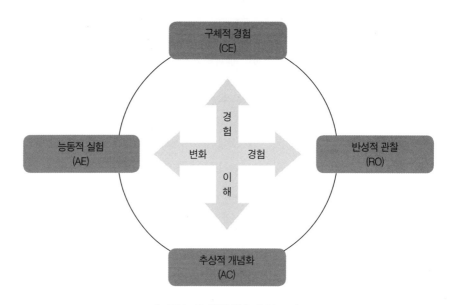

[그림 2-4] 경험 학습 순환 고리

출처: Kolb (2015), p. 51.

학습이 경험을 바탕으로 한 끊임없는 과정이라는 사실을 간단하게 말하면, 모든 학습은 재학습이라는 것이다. 개인의 경험은 신뢰할 수 없을 때가 많고 잘못된 방향으로 이끌어질 수도 있는 것이므로 교육에 의하여 정제되고 다듬어져야 한다. 교수자는 학습자에게 새로운 지식을 주입해 주기도 해야 하지만 이미 가지고 있던 지식을 고쳐 주고 수정 · 보완해 주는 역할도 해야 한다. 기존 지식과의 부조화로 저항이 일어나기도 하므로 학습자의 지식이 새로운 지식으로 바꾸어질 수 있도록 돕는 역할도 필요하다.

Wilson(1993)은 성장과 발전에 대한 경험학습 이론을 주창하였다. 그는 학습의 단계를 초급, 중급, 상급 수준으로 나누고, 상급으로 진행될수록 수렴(conversing), 수용(accommodating), 발산(diverging), 동화(assimilating)의 단계를 거치며 습득 · 특화 · 통합으로 발전한다고 하였다.

Johnson과 Johnson(2004)은 경험학습에서 학습을 위한 중요한 동기는 심리적 성공이나 성취감 같은 내부적 요인이지만 다른 학습자의 인정과 지원 등의 외부적 요인도 학습을 촉진한다고 하였다. 성낙돈, 안병환, 가영희와 임성우(2015)는 경험학습의 특징을 다음과 같이 세 가지로 요약하였다.

- 학습은 결과가 아니라 과정이다.
- 학습은 경험에 근거한 지속적 과정이다.
- 학습은 갈등을 해결하며 그 도구는 대화이다.

2. 평생교육 교수-학습 방법 이론

Knowles, HoltonⅢ와 Swanson(2016)은 학습은 변화가 일어난 사람 혹은 앞으로 변화가 생길 것이라고 기대되는 사람을 강조하는 반면, 교육은 교수자를 강조하는 개념이라고 하면서 학습을 지식과 전문성을 습득하는 과정으로 정의하였다. 또한, 학습 이론은 학습의 방법에 초점을 맞추는 반면에 교수 이론은 학습에 영향을 미치는 방법에 초점을 두며, 교수자가 채택한 학습 이론은 교수자가 채택한 교수 이론에 영향을 미친다고 하여 두 이론이 밀접한 관계에 있음을 시사하였다.

1) 학습 이론

Gredler(2006)는 학습 이론과 관련하여 형식적 · 비형식적 상황에서 학습과 관련된 사태의 함축성을 이해할 수 있는 기제를 다루며 다양한 정신 과정, 사회적 상호작용, 주변 환경과 정보 간의 상호 작용과 관계가 있다고 하였다.

Schunk(2016)는 학습은 행동 또는 어떤 주어진 상황에서 행동하기 위한 역량의 지속적인 변화라고 하면서 학습의 특징을 다음과 같이 제시하였다.

- 학습은 변화를 수반한다.
- 학습은 상당 기간 지속된다.

• 학습은 경험을 통하여 일어난다.

문선모(2007)는 학습은 변화를 뜻하며 외적 변화와 내적 변화를 포함한다고 하였다. 외적 변화란 글씨 쓰기, 달리기, 동작하기 등 관찰 가능한 구체적 행동의 변화를 말하며, 내적 변화란 지식, 성격, 사고 등 눈에 보이지 않는 추상적인 내면적 변화를 말한다. 박성희 등(2013)은 학습은 학습자가 새로운 정보에 대하여 자신이 소지한 지식과 정신적 기술을 적용하고 그 과정을 통해 그들 자신만의 의미를 구성함으로써 창조적으로 새로운 지식을 구성해가는 과정이라 하였다.

(1) 행동주의

Pavlov(1960)는 개가 거부할 수 없는 음식이라는 자극에 타액이 분비되고 접시를 가져오는 소리나 주인의 발자국 소리에도 타액이 분비되는 반응을 보이며, 힘이 약한 동물이 포식자가 다가오는 소리에 반사적으로 몸을 숨기거나 날아오르는 반응을 보이는 것에 주목하였다.

한편, Skinner(1965)는 사회적 행동주의에 주목하였다. 유기체도 환경의 일부이므로 사회적 행동이 일어난다고 하면서 사회적 사건 내에서의 지지 변인(supporting variables)으로 사회적 강화와 사회적 자극을 들었다.

Watson(1961)에 따르면, 행동주의는 인간의 행동을 조정하는 데 관심을 둔 학문으로 1912년에 동물 연구로 소개되었는데, 그 시발점은 Darwin의 종의 기원에 대한 반발에서 비롯된 것이었다. 사람들은 동물과 같이 분류되는 것을 원하지 않았으며 동물보다 '무엇인가' 다른 점이 있다고 생각했는데, 이 '무엇인가'를 찾는 것이 논란이 되었다. 행동주의자들은 "효력 있는 자극이 있으면 즉각 반응이 생긴다."라고 주장하였다. 반응은 외면적 반응과 내면적 반응으로 구분된다. 외면적 반응은 '선다.' '앉는다.' '편지를 쓴다.'와 같은 보통의 행동 반응이며 내면적 반응은 맛있는 페이스트리 빵이 진열대에 놓여있는 것을 보고 저절로 타액이 분비되고 위가 요동치는 반응이다. 이 두 가지는 같이 표출되기도 하므로 엄밀하게 구분하기는 어렵다. 또 하나의 구분은 학습된 반응과 미 학습된 반응이다. 성인의 행동은 대부분 학습된 반응이다. 미학습된 반응은 호흡, 맥박, 소화, 눈동자가 빛을 따라 움직이는 반응처럼 어릴 때부터 저절로 관찰되는 반응을 말한다.

최은수, 김미자, 최연희와 윤한수(2017)는 행동주의 이론이 성인교육에 미친 영향을 다음과 같이 말하였다.

첫째, 행동주의 교육은 개인적 차원에서 직업 기술을 습득할 것과 사회적 차원에서 협동과 상호 의존을 강화하고 생존 가능성을 최대화하는 사회 형성을 위하여 일할 인간을 육성할 것을 강조한다.

둘째, 변화하는 환경에 적응하기 위하여 학습 방법의 학습도 중시한다.

셋째, 개인차를 효과적으로 다루는 능력 위주의 교육을 주장한다. 학습 과정보다는 결과를, 입학보다 졸업을, 상대평가보다 절대평가를 중시한다. 충분한 시간과 적당한 강화가 주어진다는 가정하에 경쟁보다 협동을 우선시한다. 이러한 능력 본위의 수업은 성인교육에 매우 적합하여 직업교육, 계속 교육, 문해교육에 적용되었다.

넷째, 측정 가능하고 교육이 끝난 후에 학습자에게 나타나게 될 행동이 구체적으로 나타나도록 교육목표를 설정해야 한다.

다섯째, 교수자의 역할은 환경을 통제하는 것으로 바람직한 행동을 끌어낼 수 있도록 환경을 구성하고 바람직하지 않은 행동은 소멸하도록 해야 한다.

최은수 등(2017)은 행동주의가 다양한 교수 방법의 개발에도 영향을 미쳤으며, 프로그램 학습, 강화 및 조건화를 활용한 효과적인 교수 방법, 컴퓨터 보조 수업, 개별화 수업이 그 예에 해당된다고 하였다.

(2) 인지주의

Lewin(1987)은 행동주의와 대비되어 거론되는 이론으로 인지주의 이론을 들면서 자극과 더불어 환경이 중요하다는 것을 강조한다고 하였다. 예를 들어, 한 살 된 유아에게 방 안에 있는 장난감이나 물건들은 어머니가 그 방에 있는지의 여부에 따라 다르게 작용될 수 있다는 것이다. 즉, 행동과 발달은 사람의 상태와 그를 둘러싼 환경에 달라진다고 하면서 다음과 같은 공식으로 나타내었다.

$$B = F(P, E)$$

이 공식에서 사람(P)과 환경(E)은 반드시 상호의존적인 관계의 변인들로 이루어져야 한다. 즉, 사람의 행동을 이해하고 예측하기 위해서는 사람과 그를 둘러싼 환경 요인이 유기적으로 연결되어 있어야 하며, 이 요인 전체를 개인의 생활공간(LSp)으로 부를 수 있다. 그러므로 이 공식은 다시 다음과 같이 나타낼 수 있다고 하였다.

$$B = F\ (P.\ E) = F\ (LSp)$$

여기에서의 생활공간은 개인 자신과 개인의 심리적 환경을 포함한다. 함수(F)는 법칙을 나타내며 개인과 그를 둘러싼 환경을 포함하는 생활공간을 하나의 장(field)으로 간주해야 하면서 장이론(field theory)을 주장하였다. Bigge(1983)는 Lewin이 장심리학을 발전시킴에 있어서 구성(construct) 개념을 많이 사용하였는데, 구성 개념은 창안해 낸 아이디어라고 말한다.

Gagné, Yekovich와 Yekovich(1993)는 인지심리학은 정신 과정에 대하여 과학적으로 연구하며 정보 처리 모델을 사용하는 학문이라고 하였다. 인지주의는 1879년에 소개되었으나 당시 미국 전역에서 휩쓸고 있던 행동주의에 가려져 있다가 제2차 세계대전이 끝난 다음에 정보 과학의 발전과 적용으로 재조명 받았다는 것이다. Gagné(1998)는 내적인 정보 처리 전략을 인지 전략이라고 하며, 학습자는 인지 전략을 활용하여 주의 집중과 선택적 지각, 유입되는 정보의 약호화, 인출, 문제 해결과 같은 내적 처리 과정을 조정할 수 있다고 하였다.

인지주의에서의 일반적인 정보 처리 모델과 특별 정보 처리 모델은 [그림 2-5]과 [그림 2-6]과 같다.

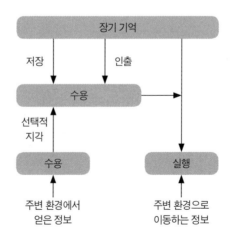

[그림 2-5] 일반적 정보 처리 모델

출처: Gagné, Yekovich, & Yekovich (1993), p. 7.

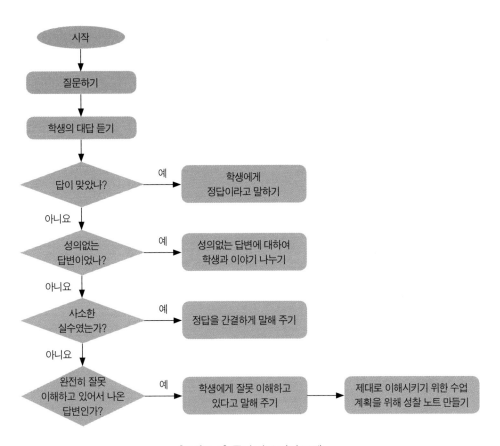

[그림 2-6] 특별 정보 처리 모델

출처: Gagné, Yekovich, & Yekovich (1993), p. 8.

Ausubel, Novak과 Hanesian(1978)은 인지주의 학습과 관련하여 기계적 암기 방식이 아닌 의미 있는 학습이 일어나야 한다고 하면서 의미 학습의 중요성을 강조하였다. 의미 학습이 일어나는 조건으로는 의미 있는 학습 내용으로 구성할 것과 의미 있는 자료를 학습자에게 제시할 것을 들었다. 학습에서 중요한 점으로 학습자의 준비도를 강조하였는데, 이미 학습 내용과 관련되어 인지 구조가 구축된 상태에서 학습이 이루어지는 점이 중요하다고 하였다. 인지 구조가 확고하게 구축되면 이해가 잘되고 기억도 오래 지속된다는 것이다. 원리나 정보를 가지고 있는 상태에서 학습을 하는 것이 인지 구조를 구축하는 방법이 되며 학습을 의미있게 만들고 기억을 증진시킨다. 이 요인을 선행 조직자(advance organizers)라고 불렀다. 선행 조직자는 인지 구조가 안정적으로 구축되도록 하여 논리적으로 의미를 일어나게 한다. 일반화가 가능하게 하며 설명력을 갖게 하고 기존에 습득했던 내용과 인지 구조 내에서 관련성을 찾게 하여 새로운 학습이 일어나게 한다. 즉, 기존의 지식과 새로운 지식 사이에서 가교의 역할을 하므로, 교수자는 선행 조직자가 유용하게 활용되고 구축되도록 이해하기 쉽고 친근한 용어를 사용하여 학습을 시작할 필요가 있다고 주장하였다.

한편, 배을규(2006)는 인지주의 학습 이론에 기초한 교수 원리와 방법들이 성인교육에서 중시하는 '학습법의 학습(learning how to learn)' 개념이 출현하는 데 지대한 영향을 주었다고 말하고 있다.

(3) 인본주의

인본주의 사상가들은 기본적으로 인간은 선천적으로 학습 욕구를 지니고 있으며 잠재력을 가지고 있는 존재로 본다. 이들은 교육에서 이러한 선천성과 잠재력이 잘 발휘되도록 교수자와 학습자 간의 노력, 사회적 환경, 가르침에 대한 인식 변화가 중요하다고 하였다.

Rogers(2008)는 심리 치료의 관점에서 '사람 중심 접근법'이라는 상담 기법을 주장하였다. 이 접근법의 가설은 "사람은 자기 자신을 이해하고 자기 개념, 기본적인 태도, 자기 주도적인 행동을 변화시킬 수 있는 방대한 자원을 자신 안에 갖고 있으며, 어떤 토양(정의 내릴 수 있는 촉진적인 심리적 태도)이 제공되기만 한다면 그 자원을 일깨울 수 있다."이며, 인간 본위의 교육이 중요함을 강조하였다. 성장을 촉진하는 토양을 만들기 위한 조건으로는 다음의 세 가지를 들었다.

첫째, 진정성(genuineness), 진실성(realness)과 일치성(congruence)이다. 상담 시에 치료자 자신이 직업적 · 개인적인 가면을 벗고 개방적이 되어야 하며, 아무것도 숨기는 것이 없어야 한다. 이 조건은 교육에서도 적용된다.

둘째, 수용과 배려(존중)이다. 치료자는 내담자에 대하여 긍정적이고 수용적인 태도를 보일 때에 치료적 변화가 잘 일어난다. 이것을 무조건적인 긍정적 관심(unconditional positive regard)이라고 한다.

셋째, 공감적 이해(empathic understanding)이다. 내담자가 경험하고 있는 감정과 개인적인 중요한 의미들을 치료자가 정확히 감지하고 이해한 것을 내담자에게 전달하는 것이다. 이러한 토양이 사람을 변화시키는 이유는, "사람은 수용받고 소중히

여김을 받을수록 자기 자신을 돌보는 태도를 더욱더 발달시키게 되기 때문이다. …
치료자의 호혜적인 태도는 사람으로 하여금 더욱 효과적으로 자기 자신의 성장을
촉진할 수 있게 해 준다. 진실되고 온전한 사람이 될 수 있는 자유가 더욱 커지는 것
이다."

Rogers와 Freiberg(2011)는 인간 중심 교육(person-centered education) 환경에도
규율이 있는데 이를 자기 조절이라고 하였다. 자기 조절은 실수를 포함하여 자신의
경험을 통하여 배우고 반성할 기회를 허용하는 학습 환경을 필요로 한다고 본다. 교
수자와 학습자 간의 공감과 상호 간의 이해가 평생교육 현장에서 서로 폭넓게 이해
할 수 있는 촉진제가 될 수 있음을 시사하고 있다.

(4) 구성주의

구성주의(constructivism)란 지식이 인식의 주체인 개인에 의하여 자율적으로 구
성된다는 이론이다. Fosnot, Cobb, Cowey, DeVries, Duckworth와 Dykstra 등
(2001)은 구성주의가 교수 목적을 행동이나 기술 습득에 두기보다는 개념의 발달과
깊이 있는 이해에 초점을 두며 단계를 성숙의 결과로 보지 않고 능동적인 학습자의
재조직화로 이해한다고 하였다. 지식도 객관적 사물, 상황, 사건들의 묘사 같은 것
이 아니라 주관적 경험을 통해 인지 구조 속에 이미 구성되어 있던 개념과 행위와의
관계를 형성하여 일어나는 것으로 보았다.

Vygotsky(2011)는 인지 발달과 관련하여 다음과 같이 설명하고 있다.

첫째, 기본 교과목 즉 읽기와 쓰기, 셈하기, 자연 과학을 배우는 데 필수적인 정신
기능의 발달 수준은 교수와의 계속적인 상호작용을 통하여 발달한다.

둘째, 발달 곡선은 교수 곡선과 일치하지 않으며, 대체로 교수는 발달에 선행한다.

셋째, 지적 발달의 경로는 통합적이므로 상이한 교과목이라도 상호작용을 하며
지적 발달에 기여한다.

넷째, 아동의 실제 정신 연령과 도움을 받아 문제를 해결할 수 있는 정신 수준과의
차이는 근접 발달 영역(Zone of Proximal Development: ZPD)을 나타낸다. 경험적으
로 넓은 근접 발달 영역을 가진 아동이 수행을 더 잘한다는 것을 보여 준다.

Vygotsky(2011)는 근접 발달 영역의 개념을 통하여 사회적 상호 관계를 통한 지식의 구성뿐만 아니라 학습자 스스로 지식을 구성하는 잠재 능력을 인정하였으며, 아동의 인지 발달 수준을 다음과 같은 두 가지의 수준으로 분류하였다.

- 실제 발달 수준(actual developmental level): 아동이 혼자서 과제를 해결할 수 있는 능력의 수준
- 잠재 발달 수준(potential developmental level): 혼자서 하기는 불가능하지만 성인이나 다른 아동들의 도움을 받으면 해결할 수 있는 능력의 수준

Schunk(2016)는 구성주의자는 지식을 진실로 규정하기보다 작업가설(working hypothesis)로 해석하며, 지식은 인간의 외부에서 부여되는 것이라기보다 내부에서 형성되는 것이라고 본다고 하였다. 개인에게는 스스로 구성한 지식이 진실이지만 타인에게는 반드시 그렇지 않을 수도 있다는 사실을 지적한 것이다. 교수자도 이러한 사실을 인지하고 개방된 분위기에서 학습자들이 활발한 교류를 통하여 서로 배울 수 있는 협력적인 분위기를 조성하는 것이 중요함을 시사해준다.

〈표 2-2〉는 Gredler(2006)가 Vygotsky의 문화 · 역사적 이론을 요약한 것이다.

표 2-2 Vygotsky의 문화 · 역사적 이론의 요약

기본 요소	정의
가정	1. 동물의 행동으로 인간의 인지를 설명할 수 없다.
	2. 인간은 합리적이고 자신의 사고를 점차 통제하는 것을 습득한다.
	3. 인지 발달은 변증법적 통합으로 묘사될 수 있다.
	4. 인간이 개발한 심리적 도구가 자신의 사고를 변화시킨다.
	5. 인지 과정은 인지 과정의 역동적이고 변화하는 성격을 나타내는 방법으로 연구되어야 한다.
인지 발달	주어진 자극과 창조된 자극을 모두 사용하는 복잡한 정신 기능의 발달
발달의 구성 요소	심리 간 단계에 처음 나타나는 활동의 내면화, 문화의 부호와 상징을 숙달하는 것과 그것을 사용하여 자신의 행동을 숙달하는 것을 학습하는 것
인지 발달의 결과	자기가 조직한 주의 집중, 범주의 지각, 개념적 사고와 논리적 기억을 포함하는 복잡한 정신 기능

복잡한 기술을 위한 교수 설계	개념을 가르침으로써 자신의 사고에 대한 의식적 자각과 숙달을 개발시키고 사고를 개발하기 위한 설계
이론의 분석	
단점	미완성의 체계와 구체적 지침 부족
공헌	인지 발달에 있어서 창조된 자극의 심리적 공헌에 대한 인식, 학습의 사회적 상호 작용과 사회적 성격의 중요성

출처: Gredler (2006), p. 24.

배영주(2005)는 구성주의와 관련하여 지식이란 추상적인 언어의 형식으로 온전히 표현되는 것이 아니라 실천 속의 구체적인 앎의 형태로 존재한다고 보며, 전체로서의 지식은 요소적인 지식 등의 합을 넘어선다고 하였다. 또한 구성주의는 지식이 진리가 되기 위해서 충족시켜야 하는 조건이나 진리를 판정하는 준거를 해명하는 일보다는 주체가 지식을 구성하는 과정 자체를 드러내는 것을 중요하게 본다고 하였다. 신용주(2006)는 구성주의 학습 이론에서 보는 학습자는 능동적, 창의적·자기주도적이며 학습에 대한 스스로의 책임을 중시하며 교수자는 학습자의 학습을 돕고 촉진시키는 역할이 강조된다고 하였다. 또한 구성주의가 현실적인 맥락 속에서 실재의 문제를 다루며 학습자 간의 상호작용을 통한 협동 학습을 강조한다고 평하였다.

〈표 2-3〉은 Merriam, Caffarella와 Baumgartner(2009)가 학습에 대한 이론들을 정리한 것이다.

표 2-3 학습에 대한 이론들

측면	행동주의	인본주의	인지주의	사회적 인지	구성주의
학습 이론을 주장 철학자	• Guthrie • Hull • Pavlov • Skinner • Thorndike • Tolman • Watson	• Maslow • Rogers	• Ausubel • Bruner • Gagné • Koffka • Kohler • Lewin • Piaget	• Bandura • Rotter	• Candy • Dewey • Lave • Piaget • Rogoff • von Glaserfeld • Vygotsky
학습 과정을 보는 관점	행동의 변화	성취 및 발전을 위한 개인적인 행동	정보 처리화(통찰, 기억, 지각, 메타 인지 포함)	사회적 배경에서 다른 관찰자와 상호 작용	경험으로부터 의미를 구성

학습의 소재	외부 환경의 자극	감정과 발전적 요구	내적인 인지 구성	사람, 행동, 환경의 상호작용	지식의 개인적이고 사회적인 구성
학습의 목적	행동의 변화 과정을 통한 목표 달성	자기 현실화, 성숙, 자아 실현	능력과 학습의 기술을 향상시키는 것	새로운 역할과 행동을 배우는 것	지식의 구성
교수자의 역할	목표 달성을 이끌기 위한 환경의 배열	전체 학습자의 발전을 촉진	학습 활동의 내용 구성	새로운 역할과 행동에 있어 모델과 가이드	학습자와 함께 의미 구성 촉진
성인 학습에서의 표현	• 행동적 목적 • 책임 • 성과 향상 • 기술 발전 • HRD (Human Resource Development)와 훈련	• 안드라고지 • 자기 결정적 학습 • 인지 발달 • 전환적 학습	• 어떻게 학습하는지를 학습 • 사회적 역할의 획득 • 지능, 학습, 나이와 연관된 기억	• 사회화 • 자기 결정적 학습 • 통제의 소재 • 멘토링	• 경험적 학습 • 전환적 학습 • 반성적 실천 • 상황적 학습

출처: Merriam, Caffarella & Baumgartner (2009), p. 264.

[그림 2-7]은 학습의 핵심적 요인에 대한 심리학적 모형을 나타낸 것이다.

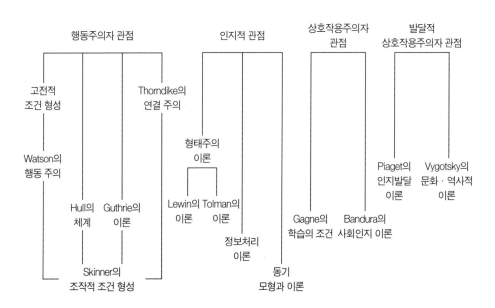

[그림 2-7] 학습의 핵심적 요인에 대한 심리학적 모형

출처: Gredler (2006), p. 23.

2) 교수 이론

(1) Bruner의 발견학습 이론

Bruner(1966)는 가르치는 일, 즉 교수는 타인의 성장을 돕는 노력이며, 교수 이론이란 다른 사람의 성장과 발달을 지원하는 방법에 관한 이론이라고 하였다. Bruner(1960)는 학문의 구조에 대하여 논하면서 학문이 교과에 구조를 제공하며 교과의 구조를 이루는 것이 학문에서 가장 중요하고 핵심적인 원리이며 아이디어라고 하였다. 여기에서 구조는 일반적인 아이디어나 개념, 원리 간에 찾을 수 있는 규칙적인 관계로 보는데, 이것이 지식이다. 1959년 가을에 35명의 미국 과학자, 지식인, 교육자들이 매사추세츠 케이프 코드의 우즈 홀에 모여 전국 과학 아카데미라는 모임을 만들고 10일간 학회를 개최하였다. 학회가 열린 며칠 후에는 다섯 분과로 나뉘어 논의하기 시작했는데, 그 분과는 다음과 같다. 제1분과 교육과정의 순서, 제2분과 교수 조직, 제3분과 학습 동기, 제4분과 학습 및 사고에서의 직관의 역할, 제5분과 학습에서의 인지 과정이었다. 논의의 목적은 '초·중등학교에서 과학 교육을 어떻게 발전시킬 것인가'였다. 『교육의 과정』이라는 저서는 이 논의에서 도출된 내용을 바탕으로 쓰였다.

Bruner(1960)는 인간과 세계의 상호작용인 탐구를 통하여 대상 간의 규칙성과 관계성을 찾는 발견 학습과 지식에 계열성이 있어 나선형으로 계열을 따라 학습하면 지식을 완성할 수 있다는 나선형 조직 방법을 주장하였다. 물리학에 관하여 가르치는 종래의 방법에서 벗어나 학생들도 물리학을 하도록 가르쳐야 하며, 그 방법으로 교수자가 답을 제시해 주지 말고 학습자가 시행착오를 겪더라도 스스로 해답을 찾도록 하자는 주장은 지금까지 영향력을 발휘하고 있다.

Bruner(1966)는 학습과 문제해결은 대안을 탐색하는 데 달려 있다고 보고 교수는 학습자가 이러한 대안을 찾는 것을 돕거나 규제하는 것이라고 하면서 그 방법을 다음과 같이 세 가지로 설명하였다.

- 활성화: 대안을 탐색하도록 하는 가장 중요한 조건은 불확실성의 수준을 최적의 단계로 제시하는 것이다. 호기심을 불러일으킬 수 있을 정도의 수준으로 제시해야 학습이 촉진된다.

- 유지: 호기심이 일어나면 대안을 탐색할 수 있을 정도로 유지하는 것이 필요하다. 교수자가 효율적으로 도움을 주면 학습자가 혼자 노력할 때보다 어려움을 쉽게 넘을 수 있다.
- 방향성: 방향성은 학습 목표와 관련을 갖는다. 교수자는 학습 목표에 도달하도록 바르게 이끌어야 하며, 목표를 달성할 수 있도록 정보를 제공해야 한다. 간단한 형태로 잘라서 정보를 제공하고 목표를 제시하며 학습자가 자발적으로 학습할 수 있도록 돕는 것이 교수자의 임무이다.

강현석(2009)은 지식은 발견의 대상이며 구성될 수 있는 개념이라는 견해를 가지고 있으므로 Bruner는 구성주의 견해를 받아들이는 것이라고 하였다. 평생교육 교수자는 학습자 스스로 지식을 구성할 수 있도록 능동적인 자세를 유도하고 계열성을 의식하여 점진적으로 심도 있게 교수 설계를 실시해야 한다는 시사점을 얻을 수 있다는 것이다.

(2) Gagné의 목표별 수업 이론

Gagné(1965)는 수업의 효과를 높이기 위한 조건을 분석하여 다음과 같이 학습의 일반적인 특성을 제시하였다.

첫째, 인간의 학습 능력은 낮은 수준에서 높은 수준으로 발전한다.
둘째, 지식은 위계를 가지고 있으므로 높은 수준의 학습을 위해서는 낮은 수준의 학습이 선행되어야 한다.
셋째, 과제가 복잡할수록 높은 수준의 학습 능력이 필요하다.
넷째, 과제가 효과적으로 처리되기 위해서는 학습자의 능력과 연령을 고려하여 학습 방법을 다르게 설정해야 한다.

즉, 학습자에 따라 학습 조건을 다르게 제시해야 하며, 이러한 수업을 행하기 위해서 교수자는 각 단계마다 학습 동기를 자극하고 부족한 점은 지원할 수 있도록 해야 한다고 하였다.

지원 조건으로는 다음과 같이 내적 조건과 외적 조건을 들었다.

- 내적 조건: 선행 학습 정도, 학습 동기 유무, 자아 개념의 유무, 주의 집중 능력 등이 해당한다.
- 외적 조건: 자극에 대한 반응의 연결, 반복과 연습 정도, 강화 등이 해당된다.

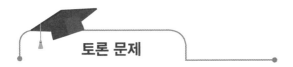

토론 문제

1. Rogers의 이론에서 교수자와 학습자의 관계를 설명하고 각자의 사례를 들어보자.

2. 교수자가 성인 학습자를 대상으로 한 프로그램을 기획할 때에 적용할 수 있는 학습 이론과 교수 이론은 무엇일까 사례를 들어 설명해 보자.

제3장

평생교육과정의
교수 설계와 수업 과정

훌륭한 언어의 문법은 사리분별력이다.

- 세르반테스 -

1. 평생교육과정 교수 설계의 개념과 방법을 알 수 있다.
2. 대표적인 평생교육과정의 교수 설계 모형을 들고 설명할 수 있다.
3. 평생교육 수업 과정 설계와 지도안 작성 시의 유의점을 알 수 있다.

이 장에서는 평생교육과정 교수 설계의 개념과 방법, 대표적인 평생교육과정의 교수 설계 모형을 소개하고, 평생교육 수업 과정을 설계하거나 지도안을 작성할 때에 고려해야 할 점도 제시하였다. 또한 구체적인 수업 과정을 구안하고 지도안을 구성하는 데 도움을 받을 수 있도록 핵심적인 사항을 포함하여 교수자가 전문성을 고양할 수 있도록 하였다. 특히 Dick과 Carey의 교수 설계 모형, ADDIE 교수 설계 모형, Gagné의 교수 설계 모형, Reigeluth의 교수 설계 이론, Keller의 ARCS 동기 설계 모형 등을 그림과 함께 기술하여 독자의 이해를 도왔다. 평생교육 수업 구안을 위하여 단계별로 상세하게 제시된 설명도 지침이 될 것이다.

1. 평생교육과정의 교수 설계

1) 평생교육 교수 설계의 개념

교수 설계와 관련하여 Baturay(2008)는 분석, 설계, 계발, 평가 등 교수 과정을 효율적으로 하기 위한 방법을 규정한 것이라고 하고 있다. 교수의 목적에 바탕을 두고 교수 전략을 구상하며 사용할 매체를 정하고 평가 방안을 구상하는 것을 말한다는 것이다. [그림 3-1]은 교수 설계의 요소를 한눈에 보여 준다.

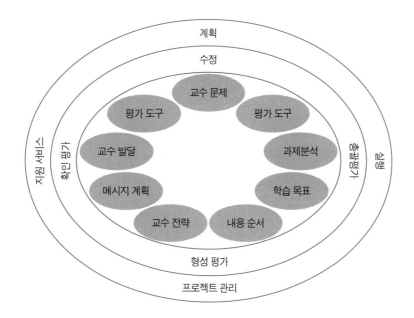

[그림 3-1] 교수 설계의 요소

출처: Baturay (2008), p. 477.

2) 평생교육 교수 설계 방법

Baturay(2008)는 평생교육 교수 설계의 방법으로 다음과 같이 제시하고 있다.

• 교수 목적을 설정하고 문제점이 있는지 확인한다.

- 교수의 결과로 나타날 학습자의 특성을 고려한다.
- 교수 목적에 부합하도록 내용과 포함되어야 할 요소를 설정한다.
- 학습자를 위하여 교수 목표를 구체적으로 기술한다.
- 교육이 논리적으로 전개될 수 있도록 내용을 구조화한다.
- 학습자가 교육을 받은 후에 목표에 도달할 수 있도록 전략을 구상한다.
- 학습자에게 전달할 교수 지침을 구상한다.
- 목표 도달 정도를 확인할 수 있는 평가 도구를 개발한다.
- 교육 활동이 원활하게 진행될 수 있도록 지원할 각종 자원을 확보한다.

2. 평생교육과정의 교수 설계 모형

1) Dick과 Carey의 교수 설계 모형

Dick과 Carey의 교수 설계 모형의 특징과 관련하여 Baturay(2008)는 교수자가 교육목표를 설정하기 전에 평가를 실시하고 교수 설계 개발 과정에서도 각 단계의 내용을 평가하여 필요한 경우에는 돌아갈 수 있도록 설계된 것이라고 평하고 있다. [그림 3-2]은 Baturay(2008)가 Dick과 Carey의 교수 설계 모형을 도식화한 것이다.

2) ADDIE 교수 설계 모형

Allen과 Sites(2012)는 ADDIE 교수 설계 모형과 관련하여 분석(Analysis), 설계 (Design), 개발(Development), 실행(Implementation), 평가(Evaluation)의 앞 글자를 딴 것으로 매우 일반적으로 이용되고 있다고 하였다. 각 단계별 활동은 다음과 같다.

① 분석(A)
교수 설계를 위하여 자료를 수집하여 교수자, 학습자, 교육내용, 자료, 환경 등을 파악·분석한다.

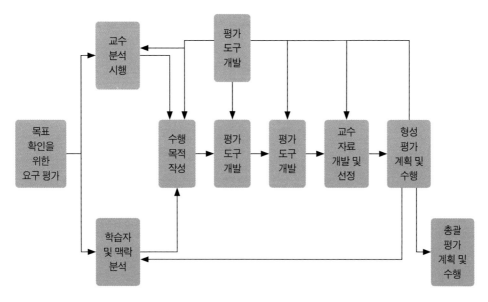

[그림 3-2] Dick과 Carey의 교수 설계 모형

출처: Baturay (2008), p. 479.

② 설계(D)

구체적으로 교수-학습 목표와 내용을 정하고 이것을 효과적으로 달성할 수 있는 교수-학습 방법 및 성과 측정을 위한 평가 도구를 설계한다.

③ 개발(D)

앞 단계에서 이루어진 분석 및 설계 자료를 토대로 교수-학습에 사용할 자료를 개발한다.

④ 실행(I)

교수 설계 과정을 실제적으로 교수-학습 과정에 적용한다.

⑤ 평가(E)

교수-학습 활동 전반에 대하여 평가하고 환류한다.

[그림 3-3], [그림 3-4]와 [그림 3-5]은 ADDIE 교수 설계 모형을 변천 순서대로 나타내고 있다.

[그림 3-3] ADDIE 설명

출처: Allen & Sites (2012), p. 13.

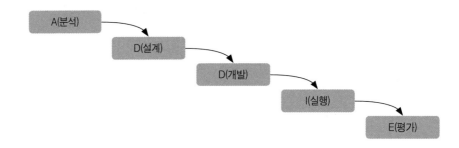

[그림 3-4] 폭포 방법의 ADDIE 모형

출처: Allen & Sites (2012), p. 16.

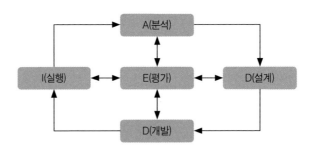

[그림 3-5] ADDIE의 변형 모형

출처: Allen & Sites (2012), p. 17.

3) Gagné의 교수 설계 모형

Gagné(1965)는 학습 단계에 맞추어 교수 단계를 설계하였다. [그림 3-6]은 학습 단계에 따른 교수 사태를 보여 준다.

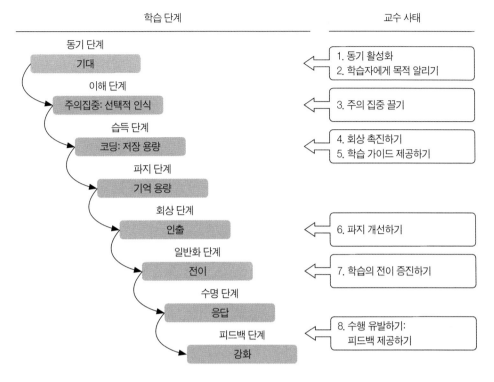

[그림 3-6] Gagné의 학습 단계에 따른 교수 사태

출처: Gagné (1965), p. 285.

Gagné(1965)는 교수 설계 단계를 다음과 같이 설명하고 있다.

① 동기 활성화

Gagné(1965)는 동기를 활성화하는 것을 교수 설계의 첫 단계로 설정하였으며, 자극에 의한 동기, 과업 동기, 성취 동기로 분류하였다.

• 자극에 의한 동기 활성화

외부의 자극에 의하여 유발되는 동기로서 타인으로부터 인정을 받고 싶거나 동료로부터 존중받고 싶은 욕구로부터 생기는 동기의 활성화이다. 주어진 과업을 정확하게 해내고 능력과 역량이 길러지면 자발적 학습자로 변모될 수 있다.

• 과업 동기 활성화

과업 자체를 완료하기 위하여 내재적으로 생기는 동기로서 완성도를 높이고 호기심을 충족시키며 탐구하기 위한 욕구로 활성화된다.

• 성취 동기 활성화

무엇이든 달성하고자 하는 개인의 욕망에서 비롯된 동기로서 과업의 완료 단계를 넘어선 동기이다. 스스로 과업을 성취하고 계속된 학습으로 능력을 향상시키며 성공적인 학습 목표를 달성하고 만족감을 갖게 되어 활성화된다.

② 학습자에게 목적 알리기

자극에 의하여 학습 동기가 활성화되면 학습자가 학습의 목적을 인지할 수 있도록 해야 한다. 학습자로 하여금 학습의 결과에 대하여 기대감을 갖게 한다.

③ 주의 집중 끌기

주의 집중은 학습의 목적에 효과적으로 도달할 수 있도록 하며 다음의 두 가지를 제시하였다.

• 일반적인 주의 집중 방법

교수자의 목소리 톤을 바꾸거나 조명의 색깔을 변화시키는 것, 그림을 연속적으로 보여 주다가 갑자기 한 장면에서 멈추는 것 등이 여기에 속하는 주의 집중 방법이다.

• 선택적 인식 활용 방법

한두 가지의 감각 기관을 일깨워 주의를 모으는 방법으로 문장에 밑줄을 치는 것, 글자를 두껍게 하여 강조하는 것, 이탤릭체로 쓰는 것, 화살표나 동그라미표를 치는 것, 형광색으로 색칠하는 것 등이 여기에 속한다.

④ 회상 촉진하기

교수자는 학습자가 학습 내용을 장기 기억할 수 있도록 지도해야 한다. 표나 그래프, 그림, 학습자와의 대화, 교재나 교구의 활용, 프레젠테이션 등으로 학습 내용을 오래 기억할 수 있도록 해야 한다.

⑤ 학습 가이드 제공하기

새로운 학습 내용을 가르치기 전에 학습자가 지켜야 할 사항을 알려 주며 이미 알고 있던 지식을 일깨워 심화시켜 기억할 수 있도록 한다.

⑥ 파지 개선하기

학습 목표에 도달할 수 있도록 추가 단서 제공, 단계적 지도, 스스로 해답을 찾게 하거나 발견하도록 하며, 질문을 통하여 깨닫게 하는 등 다양한 방법을 사용함으로써 이해를 돕는다.

⑦ 학습의 전이 증진하기

학습한 내용이 새로운 상황에서 적용되도록 기억을 강화하거나 그림이나 도표로 나타낼 수 있도록 하며, 주어진 과제를 해결하도록 하거나 말이나 글로 표현하도록 하여 장기 기억으로 전이되도록 돕는다.

⑧ 수행 유도 및 피드백 제공하기

학습자로 하여금 결과물을 제출하도록 하며, 이에 대하여 환류를 제공하여 정교하게 다듬어 주는 단계이다.

4) Reigeluth의 교수 설계 이론

Reigeluth(1999)는 교수 설계 이론(instructional design theory)을 주장하였다. 그에 따르면, 교수 설계 이론은 다음과 같은 특징을 가진다.

첫째, 계획 중심적으로서 결과에 치중하기보다 학습이나 발달을 위한 목표를 달성하기 위한 방법에 관심을 갖는다.

둘째, 학습을 지원하고 촉진하기 위한 방법을 찾되, 그 방법은 상황에 의하여 달라진다.

셋째, 교수자에게 제공되는 자세한 교수 방법은 세부 요소들에 의하여 달라질 수 있다.

Reigeluth(1983)는 개념(무엇을), 절차(어떻게), 원리(왜, 어떻게)에 따라 개념적 정교화, 절차적 정교화, 이론적 정교화로 구분된다고 하였으며, 교수 설계 전략으로 다음의 일곱 가지를 들었다.

① 골자

내용상으로는 전체의 단원을 모두 포함할 필요는 없어도 기능적으로는 전 단원을 포괄하여 설계해야 한다.

② 비유

학습자가 과거에 경험하거나 학습하여 친숙한 내용으로 설계한다.

③ 선수 학습

선수 학습에 대하여 확인하는 단계를 포함한다.

④ 요약자

학습자를 위하여 복습할 수 있는 진술문이나 참조할 만한 사례, 예시문 등을 포함한다.

⑤ 인지 전략자

학습자가 기억하기 쉽도록 기억법을 포함시키거나 비유 등을 활용하여 학습자를 위한 인지 전략을 포함한다.

⑥ 학습자 제어

학습자 스스로 학습할 내용이나 학습 전략 등을 선택할 수 있도록 설계하여 자기주도적 학습이 가능하도록 한다.

⑦ 종합자

학습자에게 유의미한 지식을 제공하며 전체 맥락 안에서 종합적으로 이해할 수 있도록 설계한다.

5) Keller의 ARCS 동기 설계 모형

Keller(2013)는 동기 개념에 대한 합의된 속성들이 몇 개의 그룹으로 묶일 수 있음을 발견하고 네 개의 범주로 규명한 ARCS 모형을 내놓았다. 이 범주들은 학습 동기를 중심으로 인간 동기를 구성하는 차원을 개관하는데 유용하게 사용되고 있으며, 각 범주별로 동기 수준을 자극하고 유지시키는 전략을 개발하는 지침으로도 활용되고 있다.

① 주의 집중(Attention)

학습자의 호기심과 흥미를 일으키고 유지시키는 활동과 관련된 동기 변수를 포함한다. 먼저 동기를 환기시키고 학습 목표에 직결된 자극에 학습자들이 초점을 맞출 수 있도록 이끄는 과정이다.

② 관련성(Relevance)

학습자로 하여금 이 학습 체험이 개인적인 관련성을 갖는 것으로 인식시키는 과정이다. 자신의 개인적 목표와 수업이 관계가 있다고 느낄 때에 학습에 몰두할 수 있다.

③ 자신감(Confidence)

학습자가 학습 내용에 대하여 과도한 자신감을 갖는다면 중요한 세부 사항을 놓칠 수 있다. 반대로, 도저히 따라가지 못할 것이라고 공포심을 갖는다면 적절한 수준의 동기를 유지하기 어렵다. 학습 자료와 환경을 설계할 때에 이러한 점을 고려하여 수업 내용을 배우고 과제를 성공적으로 해결할 수 있도록 해야 한다.

④ 만족(Satisfaction)

학습자가 향후에도 학습을 계속하려는 열망을 지니도록 학습 과정과 결과에서 만족감을 줄 수 있도록 해야 한다. 만족감은 외재적 · 내재적 요인에 의하여 결정된다. 외재적 요인은 성적, 진학 기회, 자격증, 기타 포상 같은 것을 말한다. 내재적 요인은 자기 존중감, 동료와의 긍정적 교류 등이 이에 속한다. 내재적 요인은 간과되기 쉬우나 강력한 효과를 발휘한다.

〈표 3-1〉은 ARCS 모형의 범주와 정의, 프로세스 질문을 요약할 것이다.

표 3-1   ARCS 모형의 범주, 정의, 프로세스 질문

주요 범주	정의	프로세스 질문
주의 집중(A)	학습자 흥미 끌기; 학습하고자 하는 내용에 대한 호기심 촉발하기	어떻게 하면 이 학습 경험을 매력적이고 흥미롭게 만들 수 있을까?
관련성(R)	긍정적인 학습 태도를 촉진하기 위하여 학습자의 개인적 요구 또는 목표에 부합시키기	학습자에게 이 학습 경험이 가치 있게 느껴지도록 하는 방법은 무엇일까?
자신감(C)	성공적인 학습을 주도적으로 해 나갈 수 있다고 믿고 느낄 수 있도록 돕기	수업을 통하여 학생이 성공적으로 목표를 달성하고 동시에 그 과정을 스스로 통제할 수 있도록 돕는 방법은 무엇일까?
만족(S)	학습 성취에 대하여 보상을 주어 강화하기	학습 경험에 대하여 긍정적인 느낌을 가지고 향후에도 계속 학습하려는 열망을 갖도록 도울 방법은 무엇인가?

출처: Keller (2013), p. 53.

3. 평생교육 교수 체제 설계와 수업 과정

1) 수업 설계 방법

평생교육 수업 설계는 단위 시간 내에서 교수자의 일정한 계획과 지도에 의하여 평생교육 수업의 목표가 달성될 수 있도록 계획을 수립하는 것을 말한다. 수업 설계 방법은 다음과 같다.

첫째, 학습자 분석으로 학습자의 배경이나 특성을 파악한다. 대면이 어려운 경우에는 기초 분석을 위한 설문지나 온라인 진단 검사 도구를 사용할 수도 있다.

둘째, 면담이나 기록, 검사, 동영상 등을 통하여 학습자의 현재 상태나 준비 상태를 분석한다.

셋째, 학습자의 진전에 따른 변화를 기록지나 스프레드 시트에 기록할 수 있도록 준비한다.

넷째, 활용이 가능한 인적·물적 자원을 검토한다.

다섯째, 준비물이나 유의할 점을 기록한다.

(1) 학습자 특성 파악

학습자의 특성을 파악하여 이에 부응하는 수업을 설계하는 것은 교육의 효과를 높이고 학습을 지속적으로 수행할 수 있도록 한다. Collins(Wang 엮음, 2010)는 학습자의 학습 유형에 따라 평생교육 교수자가 수업을 설계하는 방법을 VARK[Visual(시각적), Auditory(청각적), Read/write(읽고 쓰기), Kinesthetic(운동감각적)] 전략으로 설명하고 있다.

첫째, 시각적 학습을 선호하는 학습자의 경우이다. 이러한 학습자는 대면 교육과 다른 사람과 상호작용을 하면서 학습하는 것을 선호한다. 이러한 학습자에게는 색상이 화려한 사진이나 그림, 그래프, 순서도(flow chart) 등을 사용하며, 비디오 스트리밍을 할 때에는 교수자의 얼굴이 화면에 나타나도록 배치하도록 한다. 이메일을 보낼 때에도 강조하는 부분은 글자색을 바꾸어 준다.

둘째, 청각적 학습을 선호하는 학습자의 경우이다. 이러한 학습자도 강의를 직접 듣는 것을 원하기 때문에 대면 교육을 선호한다. 원격 수업인 경우에는 파워포인트 슬라이드에 음성을 입히거나 팟캐스트(podcast), 오디오를 통한 다운로드를 통하여 교육하는 것이 효율적이다. 웨비나(web-based seminar)나 각종 플랫폼(platform)을 통한 실시간 강의가 추천된다.

셋째, 읽고 쓰는 학습을 선호하는 학습자의 경우이다. 이러한 학습자에게는 교과서를 사용하여 읽고 쓸 수 있도록 과제를 부여하거나, 표나 그래프를 해석하여 글로 바꾸는 작업, 리포트를 홈페이지에 탑재하도록 하는 것, 다른 사람의 결과물을 평가하도록 하는 것, 위키(wiki) 같은 플랫폼에 창작물을 올리는 그룹 온라인 과제 등이 좋다.

넷째, 운동감각적 학습을 선호하는 학습자의 경우이다. 이러한 학습자에게는 직접 체험, 현장 학습, 작업장 경험처럼 모든 감각을 사용하는 교육이 효율적이다. 원격교육의 경우에는 조건을 부여하고 카메라나 스마트폰으로 사진이나 동영상을 찍도록 하여 업로드하게 한 후에 학습자들이 다른 학습자의 결과물을 평가하고 주석을 달도록 하는 등 행동을 수반하는 교육이 추천된다.

(2) 수업 자료 수집

학습자의 특성을 파악하였으면 그들의 요구에 부응할 수 있는 수업 자료를 찾아야 한다. 수업에 적용할 지도서나 관련 자료, 지침서를 수집하는 일, 수업에 활용할 수 있는 프레젠테이션의 템플릿을 찾거나 개발하는 일, 동료나 직원, 주변 사람들과 함께 수업의 방향과 전개 방법을 협의하는 일, 필요하다면 현장 조사 계획을 수립하여 정확한 데이터를 수집하는 일 등이 필요하다.

(3) 학습 환경 관리

학습자의 요구를 분석한 내용을 바탕으로 학습을 관리할 수 있는 환경을 만드는 단계이다. Jonassen과 Land(2012)는 학습 환경의 초점은 학습자가 해결하고자 하는 질문, 이슈, 사례, 문제 또는 프로젝트라고 하면서 질문 기반(question-based), 이슈 기반(issue-based), 사례 기반(case-based), 프로젝트 기반(project-based), 문제 기반(problem-based) 학습을 위해 환경을 구성할 수 있다고 말하였다.

원격 교육을 실시할 때에는 다음의 방법을 고려한다.

첫째, 학습자의 학습을 관리할 프로그램을 도입하고 점검한다.

둘째, 교육에 사용할 학습 플랫폼을 결정하고 코드를 만든다.

셋째, 과제를 확인하고 자료를 제공하며 온라인 출석 체크가 가능하도록 클래스를 만든다.

넷째, 참고 사이트를 연결할 수 있도록 준비한다.

2) 지도안 작성

학습자 파악 및 수업 자료 수집, 학습 환경 관리가 끝나면 지도안을 작성한다. 이성흠, 이준, 구양미와 이경순(2018)은 교수-학습 지도안은 수업 목표를 가장 효과적·효율적·매력적으로 성취하기 위하여 전체 내용을 체계적으로 정리한 수업 설계도라고 하였다. 교수-학습 지도안이 계획적으로 작성되면 강의는 순조롭게 진행될 수 있다는 것이다. 평생교육 교수-학습 지도안에 포함되어야 하는 내용은 교재 및 단원명, 단원의 개요 및 수업 목표, 학습 자료 및 유의점, 수업 계획 및 소요 시간, 평가 계획 등이다. 조용개와 신재한(2011)은 교수-학습 지도안 작성 시에 참고할 만한 사항을 다음과 같이 제시하고 있다.

첫째, 학습과 관련된 예화나 경험담으로 학습 동기를 유발하거나 다양한 멀티미디어 교수 자료를 활용하여 주의를 집중시킨다.

둘째, 수업 목표는 그 수업을 마쳤을 때에 학습자에게 기대되는 행동이 무엇인지 구체적으로 제시되어야 한다. 학습자가 학습 목표를 분명하게 인식하였을 때에 학습 동기가 높아진다.

셋째, 오늘의 강의에서 다루게 될 내용과 관련이 있는 과거의 학습 경험을 회상시켜 새롭게 학습하게 될 내용과의 관계를 분명히 한다.

넷째, 학습 내용은 기초적이고 단순한 것부터 시작하여 점차 어려운 것으로 제시한다.

다섯째, 학습자의 수준, 특성, 집중도 등을 고려하여 한 번에 제시할 학습 내용의 분량을 적절히 나눈다.

여섯째, 학습 내용의 이해를 돕게 될 예시를 미리 결정한다.

일곱째, 수업 방법에 따라 학습 자료가 달라지게 되므로 수업 방법을 먼저 정하고 적절한 수업 자료를 만든다.

여덟째, 수업 중에 학습자가 말이나 행동으로 참여할 기회를 주고 학습자 간의 상호 교류의 기회도 부여한다.

아홉째, 학습자가 실제 생활이나 이와 유사한 상황에서 적용할 수 있도록 연습의 기회를 준다. 연습 시에는 오류를 교정하는 피드백을 실시한다.

열째, 강의에서 충분히 다루지 못할 내용과 관련하여 보충자료나 참고도서를 찾아 기재한다.

열한째, 형성평가 문제와 차시 강의에 대한 예고 내용을 기재한다.

3) 평생교육의 교수–학습 전개

이 단계는 실제 강의 장면을 다룬다. 평생교육 교수–학습 강의 단계는 도입, 전개, 정리로 나뉜다. 각 단계별로 교수자가 수행해야 할 일은 다음과 같다.

(1) 도입 단계

① 친밀한 분위기 형성

교수자 소개, 학습자 간의 인사로 부드럽고 친밀한 분위기를 형성한다.

② 학습 동기 유발

흥미롭고 본시 학습과 관련 있는 내용으로 학습 동기를 유발하고 오늘의 학습 목표를 인식하게 하며 수업을 통하여 얻는 실익을 안내하여 학습에 적극적으로 임할 수 있도록 한다.

③ 교재 · 교구 사용법 안내

본시에서 사용하는 교재나 교구에 대하여 사용법을 안내한다.

④ 학습자에 대한 자신감 부여

학습자의 특성과 능력에 맞춘 적절한 질문과 칭찬으로 교육을 성공적으로 마칠 수 있도록 자신감을 준다.

(2) 전개 단계

① 효과적인 수업 전략의 수립

강의의 가장 많은 부분을 차지하는 단계로, 수업 목표, 학습할 내용, 수업 자료, 학습자의 수준에 따라 교육의 효과를 극대화할 수 있도록 수업 전략을 수립한다.

② 학습자의 학습 참여 유도

학습자로 하여금 적극적으로 학습에 참여할 수 있도록 다양한 방법을 사용한다. 적절한 난이도 조절, 실생활에 도움을 주는 실제적인 활동, 수업 목표를 달성하기 위한 흥미롭고 필수적인 활동을 포함한다.

③ 몇 개의 활동으로 구분

전체의 활동을 몇 개의 활동으로 구분하여 소개하면 교수자는 시간 관리가 편리하고 학습자에게는 지루하지 않게 학습에 도전하도록 할 수 있어 효율적이다.

④ 학습자 상호 간의 의사소통 촉진

학습자 간의 협력과 의사소통이 가능하도록 진행하면 학습에서 소외되는 경우를 방지하고 학습자 간에도 배움이 일어나며 협동심이 생기고 수업 목표에 빨리 도달할 수 있게 된다.

⑤ 그룹 과제 부여

소그룹으로 나누어 활동하게 하고 과제도 그룹에 부여하면 자기 주도적으로 문제를 해결하는 힘을 길러 줄 수 있다.

(3) 정리 단계

해당 시간을 마무리하고 학습 목표 달성 정도를 확인하며 다음 차시를 예고하는 단계이다. 그 방법은 다음과 같다.

첫째, 학습 내용에서 중요한 점을 요약한다.
둘째, 전체적인 맥락에서 종합적으로 이해하도록 정리해 준다.
셋째, 연습을 통하여 강화될 수 있도록 과제를 부여하거나 실제 상황에 적용할 수 있도록 기회를 제공한다.
넷째, 강의 시간에 충분히 다루지 못했던 부분을 학습자가 자기 주도적으로 보완하거나 깊이 있게 공부할 수 있도록 안내한다.
다섯째, 본 차시와 관련하여 간단한 평가를 실시한다.

여섯째, 차시 수업의 내용을 소개하여 수업자가 사전에 준비해야 할 내용을 알게 함으로써 기대감을 이끌어 낸다.

한편, Thorndike와 Hagen(1977)은 평가의 조건으로 다음의 세 가지를 제시하였다.

첫째, 평가에는 강의 내용 중에서 대표성을 띠는 내용을 포함해야 한다.
둘째, 평가의 내용이 지나치게 어려워서 학습자에게 실패감을 주도록 해서는 안 된다.
셋째, 평가의 양은 교수자가 준비하기에 적절하며 학습자에게 부담을 주지 않는 정도여야 한다.

이렇듯, 교수자가 정성껏 강의를 준비해도 바쁜 일상 속에서 학습에 참여하는 성인 학습자를 학습에 지속적으로 참여시키기 위해서는 다양한 노력이 필요하다. 이런 문제와 관련하여 Houle(1964)은 다음과 같은 방법을 제시하고 있다.

첫째, 교수자는 매시간 심리적으로 안정감을 가질 수 있도록 준비되어 있어야 한다. 지난 시간에 어떻게 수업을 마쳤는지, 새로 참여한 학습자를 어떻게 따라오도록 해야 하는지를 생각해야 한다. 교재 내용은 이미 숙지하고 있어야 한다.
둘째, 매시간 학습자가 수업에 참여하도록 해야 한다. 한두 시간 빠지게 되면 강좌의 내용에 흥미를 잃게 되기 쉽고 죄책감이 들어 더욱 안 나오게 될 수도 있다.
셋째, 가능한 한 학습 장소에 일찍 도착해야 한다.
넷째, 모든 학습자가 교수자를 잘 볼 수 있도록 자리를 배치해야 한다.
다섯째, 과제는 정해진 기간 내에 제출할 수 있도록 계획한다.
여섯째, 가르칠 내용은 최소한의 양보다 많이 준비해야 한다.
일곱째, 학습자의 동작을 주의 깊게 관찰해야 한다. 지루해하지는 않는지, 자신의 언행에 어떤 반응을 보이는지에 따라 변화를 주어야 한다.
여덟째, 강의 중에 학습자와 개별적인 대화를 나누지 않는다.
아홉째, 웬만한 일이 아니면 강의를 서둘지 않는다.
열 번째, 수업을 마치자마자 오늘의 강의 내용을 되돌아보고 기억해야 할 점을 기록해 놓는다.

토론 문제

1. 평생교육과정의 교수 설계 모형을 사례를 들어 설명하고 토론해 보자.

2. 평생교육 수업 설계 방법을 사례를 들어 설명하고 토론해 보자.

제2부

평생교육방법과 활용

제4장

교수-학습 패러다임의 변화

아무리 성인(聖人)이라 하더라도
천 명이나 만 명의 사람이 함께 의논한 것을 당해낼 수 없다.

- 다산 정약용 -

1. 교수–학습 패러다임의 변화에 대해서 알 수 있다.
2. 학습현장에서의 교수–학습 패러다임에 대한 차이점을 말할 수 있다.
3. 평생교육방법의 선정과 유형에 대하여 말할 수 있다.

이 장에서는 지식정보화 사회로의 패러다임 전환과 현장에서의 교수–학습 패러다임 변화에 대하여 살펴보았다. 그리고 교육방법의 선정과 교육방법의 종류에 대하여 알아보았다. 이를 통하여 다양한 학습자들에 대한 다양한 욕구에 맞는 교육방법을 선정하는 평생교육 담당자들에게 도움이 되도록 하였다.

1. 지식정보사회로의 패러다임적 전환

　정보통신기술과 지식의 융합으로 오늘날 여러 분야에서 사회를 크게 변화시키고 있다. 전통적인 산업사회를 거쳐 정보통신기술과 지식의 발달로 인하여 변화된 사회를 지식정보사회(knowledge-information society)라고 할 수 있다(김민호, 김정준, 2007). 급변하는 지식정보사회의 등장으로 여러 분야에서 획기적인 변화가 되고 있다. 이런 관점에서 기존의 패러다임(paradigm)이 새롭게 변화되어야 한다. 인공지능(Artificial Intelligence) 시대가 도래하면서 컴퓨터가 인간의 지적 능력의 한계를 극복하고 인류를 새로운 영역으로 끌어들이려 하고 있다(Brynjolfsson, 2014). 다양한 분야에서 인공지능의 활용으로 우리의 삶에 막대한 영향을 미치고 있다. 인공지능은 이제 두려움의 대상이 아니라 우리가 어떻게 활용하고 누릴 것인가를 생각해야 할 때이다. 이러한 상황 변화를 바탕으로 평생학습도 인공지능 시대 어떻게 생각하고 두뇌를 어떻게 훈련시켜야 할 것인가라는 부분에서 그에 걸맞은 교수-학습 방법의 변화와 활용도 다양하게 검토되어야 한다. 학습자들의 다양한 개성과 취향은 물론 주문식, 맞춤식 사회에서 독창성과 다양성, 상호작용, 자율, 협력, 개방이 강조된 열린사회로 통합적인 접근이 필요하다.

표 4-1　**산업사회와 정보사회의 교수-학습 패러다임**

산업사회의 교수-학습 패러다임	정보사회의 교수-학습 패러다임
• 교수에 초점을 둔 교육	• 학습에 초점을 둔 교육
• 표준화된 인재양성	• 창의적인 인재 양성
• 획일적 수업 형태	• 다양한 수업 형태
• 교수자 중심의 교육 환경	• 학생 중심의 교육 환경
• 교수자 중심 교수	

출처: 박숙희, 염명숙(2017), p. 61.

2. 현장에서의 교수-학습 패러다임 전환

오늘의 학교 교육 개혁의 큰 특징은 교수 패러다임에서 학습 패러다임으로의 전환에 근거한다. 활성화된 학습으로 주체적이고 상호작용적인 깊이 있는 배움과 자질과 능력이 육성되고, 학력의 3요소인 습득, 활용, 탐구 등 모든 것이 원활하게 흐름을 타는 것과 같아야 한다. 이러한 전환의 포인트는 학교와 교사가 무엇을 가르칠 것인가가 아니라, 학생들이 무엇을 배우고 어떻게 성장하는지를 지표로 삼아, '학생들의 배움과 성장(student learning and development)'의 관점에서 교육 개선 및 전략적 발전을 도모해야 한다. 세계적인 구호인 "교육(teaching)에서 학습(learning)"(Barr & Tagg 1995; Tagg, 2003)이 바로 이 흐름이라고 할 수 있다.

그리고 Ramsden(2003)의 유명한 저서 『Learning to Teach in Higher Education』에서 "이 책의 기본적인 아이디어는 대학 교원은 학생의 배움을 배움으로써 교수법을 개선할 수 있다는 것이다."라고 주장하는 것에서도 찾을 수 있다.

교수 패러다임(teaching paradigm)은 '교원 주도 (teacher-centered)', 학습 패러다임(learning paradigm)은 '학생 주도 (student-centered)'임을 특징으로 한다. 교수 패러다임의 전형적인 수업 형태는 학부 학생들에 일방 통행적인 강의이며, '교사에서 학생에게' '지식은 교수로부터 전달되는 것'을 특징으로 한다. 그러나 여기에서 더 넓게 하여 교원이 설정 학습 목표를 향해 열리는 모든 교수-학습 활동을 말한다. 이에 비해 학습 패러다임은 '학습은 학생 중심으로 학습을 창출, 지식 구성되고 창조되어 획득되는 것'을 특징으로 하는 학생 자신의 관점에서 제기되거나 파트너가 되는 학습을 가리킨다.

Bain(2004)은 교사가 교실에서 할 그 자체인 교수 패러다임이 중요한 것이 아니라 학생들이 어떻게 생각하고 활동하고 느끼는지, 거기에 교원이 어떤 작용과 도움을 줄 수 있는지의 학습 패러다임이 중요하다고 하였다. 그리고 두 패러다임을 대비시키고 있다. Biggs(2003)도 교사가 무엇을 할 것인가가 아니라 학생들이 무엇을 배울 것인가가 중요하다고 말하였다. 또한 Ambrose 등(2010)은 학습 패러다임의 "학습은 제품(product) 대신에(교수 패러다임) 프로세스(process)로, 변화(change)이다."라고 하였다.

Tagg(2003)는 "학습 패러다임은 활동의 장을 넓혀 교수 패러다임을 넘어선 곳에 우리를 이동시키는 것"이라고 말하며 "학습 패러다임은 교수 패러다임을 기초로 하여 교수-학습 활동을 풍부하게 확장·발전시키는 것이다. 그렇기 때문에 두 패러다임이 결코 서로 모순 관계에 있는 것은 아니다. 또한, 학습 패러다임은 교수 패러다임을 포함하고, 기초로 하면서 그것을 넘어 학생 개개인의 개성적인 학습 성과를 요구하는 것 같은 것이다."라고 하였다.

표 4-2　교수자 중심 교수와 학습자 중심 교수

구분	교수자 중심 교수	학습자 중심 교수
구조	교육의 결정 권한이 교육기관이나 교수자에게 있음	학습자의 요구에 따라 융통성 있게 변경됨
수업 방식	강의식, 교과서 중심	탐구, 발견 중심
	획일적인 지도	개인차를 고려한 개별 중심 지도
	암기 위주의 주입식 교육	사고력, 문제해결력 증진을 위한 수업
	수동적인 수업 참여	능동적인 수업 참여
	교사의 수업 능력, 지도성에 의존	다양한 학습 자료 활용
수업 평가	규준지향 평가	목표 지향 평가
장점	짧은 시간에 많은 내용을 체계적으로 수업	흥미 있는 수업
	학교 교육의 전형적인 수업 방식으로 교사나 학생 모두에게 익숙함	창의력 향상
	시간, 경비, 시설의 효율적인 운영이 가능한 경제적인 수업	학습자의 성취 욕구 존중
		개인차를 인정하는 교육
교사의 역할	정보의 유일한 제공자	수업의 안내자
		학습 촉진자

출처: 박숙희, 염명숙(2017), p. 26.

3. 평생교육방법의 선정과 유형

1) 교수-학습 방법의 선정

평생학습 시대에 코로나19라는 팬데믹 상황은 세계사적으로 급격한 환경의 변화를 동반하고 있다. 평생학습 역시 이제는 우리 삶에 선택이 아닌 필수가 되었다. 따라서 배우는 방법과 가르치는 방법 역시 다양한 환경과 학습자들을 고려한 방법을 고려해야 한다. 가장 효과적인 교수-학습 방법을 통하여 학습자들의 욕구를 충족시킬 수 있도록 노력해야 한다. 학습자가 아동이든 성인이든 학습 방법에 대한 선택이 중요하다. 학습을 통한 성장과 발전이라는 측면에서 효과적인 학습을 위해서는 교수-학습 방법의 선정이 매우 중요하다(김한별, 2014). 이미 갖추어진 학습 시설을 최대한 활용하면서 학습자들의 자발적인 학습 참여가 될 수 있도록 교수-학습 방법은 물론 시청각 기자재 등 학습 매체의 효율적 방법을 찾도록 해야 한다.

평생교육방법의 선정은 학습자의 특성은 물론이고, 목적, 학습자 규모, 환경 등이 구체적으로 고려된 상황에서 어떤 기법을 활용할 것인가를 결정해야 한다. 그리고 평생교육방법의 기본원리, 프로그램이 추구하는 학습 목표와 내용, 학습자 요구, 집단의 규모, 그리고 활용 가능성 등에 따라 융통성 있게 결정해야 한다(김영옥, 최라영, 조미경, 2019).

2) 평생교육방법의 유형

평생교육방법의 유형은 사람들이 교육 활동을 하는 가운데 학습을 돕기 위해 조직하는 방식을 말하고, 기법은 방법이 결정된 후에 학습을 촉진하기 위해 활용되는 다양한 실천 행위를 말한다. 그리고 이러한 학습 활동을 보조하기 위한 장치는 기술을 지원하거나 학습을 촉진하기 위한 교수-학습 보조 도구를 말한다. 교육의 방법은 자발성, 개별화, 사회화, 통합, 직관, 과학성, 목적이라는 학습 지도 원리가 반영되었을 때 더욱 효과적인 교육방법이 될 수 있다(신재한, 2011).

(1) 교수 기법에 따른 분류

① 교수자 중심의 교수법

전통적인 교육방법으로 교수자가 지식과 기술을 학습자에게 전달하고 학습자는
일방적으로 수용하는 학습 방법이다.

② 참여식 교수법

교수자가 학습자의 적극적 참여를 바탕으로 문제 풀이, 게임, 조사 및 탐사 방법으
로 참여식 교수법은 학습자의 주체적 학습을 독려함은 물론 협동심을 발휘함으로써
상호 학습의 원리를 구현할 수 있다는 점에서 성인 학습의 특성과 원리에 적절한 교
육방법이다.

③ 상호작용 기법

집단토론이나 집단과제, 강의와 토론을 병행하는 방법 등의 교육방법을 말한다.

표 4-3 교수방법의 유형

구분	교수자 주도	학습자 주도	상호작용
행동적 변화	• 강의식 지시적 교수법 • 수사학 교수	• 완전 학습법 • 개별화 교수법 • 프로그램 교수법 • 컴퓨터 보조 수업	
인지적 사고	• 유의미 수용 학습 • 과학탐구 교수 • 사회탐구 교수	• 개념적 성취 교수법 • 개념 개발 교수법	• 인지적 도제 교수법 • 발문 교수법 • 대화 교수법 • 시넥틱스
사회적 관계 개발	• 법리적 교수	• 집단조사 • 소집단 협동 학습 • 토의식 교수법 • 회의식 교수법	
인본적 자아 이해		• 비지시적 교수 • 자아 이해	

출처: 이성호(2006), p. 61.

(2) 학습자 조직에 따른 분류

① 개인 중심 교육방법

학습자와 단독으로 교수자가 상호작용을 하면서 학습하는 방법으로서 교수자와 학습자의 직접적인 접촉을 통해 이루어진다. 기능 전수에 사용되는 도제제도, 예체능 실기지도 등의 방법이다.

② 집단 중심 교육방법

평생교육에서 가장 많이 사용하는 방법으로서 일반적으로 20명 이하로 이루어진 집단을 소규모 집단이라 하고, 35명 이상은 대규모 집단이라고 한다. 강의, 강연, 토의, 역할극 등에 주로 활용되는 교육방법이다.

③ 지역사회 중심 교육방법

특정 지역사회의 주민들이 함께 모여 자신들의 문제를 논의하고 공동의 노력과 참여를 통해 문제를 해결하고자 할 때 활용되는 효과적인 교육방법으로 우리나라의 새마을운동이나 덴마크 국민대학이 전형적인 예이다.

3) 교육목적과 내용에 따른 분류

① 지식 획득과 이해

청소년들의 정보와 지식(knowledge)의 획득을 위한 평생교육방법으로 강의, 강연, 토의, 패널토의, 매체 활용 방식 등이 있다. 특히 강의는 정보와 지식의 획득을 돕기 위해 가장 널리 사용된다.

② 기능 개발

기능(skill) 개발을 위해서는 개별적 또는 집단적 방법을 사용한다. 개인지도와 시범 및 실습이 가장 대표적인 방법이다.

③ 태도 변화

태도(attitude) 변화를 위한 위한 평생 교육방법은 집단 중심 방법이 주로 활용된다. 강의, 토의, 역할극, 매체 활용 방식 등이 효과적이다.

④ 태도, 의식, 신념, 가치관의 변화

교육의 목적이 태도, 의식, 신념, 가치관의 변화 등과 같이 확실할 경우의 교육방법이다. 가나안 농군학교의 '한국인 됨의 교육', 지역평생교육협회의 '좋은 부모 되기 교육', 민간 기업들의 '공동체의식 및 협동심 개발' 등의 사례를 들 수 있다.

표 4-4 집단 규모에 따른 교수 기법

학자	집단 규모	교수 기법
Knox(1986)	소규모 집단	토론, 세미나, 사례분석, 시뮬레이션, 시범
	대규모 집단	강의, 패널, 토론(debate), 하위집단 토의(subgroup discussion), 포럼
Waldton & Moore (1991)	소규모 집단(5~35명)	강의, 브레인스토밍, 사례연구, 질의, 현장견학, 버즈 그룹, 패널 토의, 역할극, 세미나, 워크숍
	대규모 집단(35~200명)	강의, 패널 토의, 회의, 심포지엄, 집단토의, 워크숍

출처: 김영옥, 최라영, 조미경(2019), p. 213.

(4) 교수-학습 매체에 따른 분류

① 언어적 매체

강의나 강연 등으로서 특히 이해를 돕기 위한 적절한 예를 들어 주는 것은 매우 중요하다.

② 시각 매체

칠판, 괘도, 사진, 그림, 표본 및 모형, 슬라이드 등이 여기에 속한다.

③ 청각 매체

라디오, 녹음기, 오디오 테이프 등이 여기에 속한다.

④ 조작적 매체

학습자가 직접적 학습 과제를 수행하면서 활용할 수 있도록 제공되는 학습자용 교재로서 피아노 조율 기술을 배우기 위한 피아노, 자동차 기술을 배우기 위한 자동차 등을 들 수 있다.

⑤ 확산적 매체

공간적으로 교수자와 학습자가 떨어져 있는 경우에 교육을 가능하게 하는 대중 원격 매체로서 짧은 시간에 다수의 학습자들에게 효과적·경제적인 교육할 수 있는 장점이 있다. 라디오, TV, 인터넷, 멀티미디어 등이 여기에 속한다.

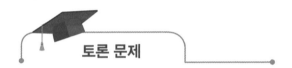

토론 문제

1. 교수-학습 패러다임의 변화에 대해 이야기해 보자.

2. 교수자 중심 교수와 학습자 중심 교수에 대해 이야기해 보자.

3. 평생교육방법의 유형에 대해 이야기해 보자.

제5장

교수자 중심
평생교육방법

공부는 얼마나 하는가보다 어떻게 하는지가 중요하다.

- 맹자 -

1. 교수–학습 방법론에서 교수자 중심 교육방법을 알 수 있다.
2. 교수자 중심의 강의법, 강연법, 질문법, 프레젠테이션에 대해 설명할 수 있다.
3. 각각의 교육방법론을 고려하여 교육과정 설계시의 유의점을 알 수 있다.

이 장에서는 교수자 중심의 강의법, 강연법, 질문법, 프레젠테이션에 대해 소개하였다. 이를 통해 평생교육 프로그램 설계시 다양한 학습자들의 다양한 욕구가 반영된 교수–학습 방법론을 적용할 수 있도록 하였다.

1. 강의법

1) 강의법의 정의와 특성

강의(lectures)는 지식, 정보, 기술 등을 한 사람의 교수자가 동시에 많은 사람들을 대상으로 할 수 있으므로 경제적이다. 최근에는 강의 시 파워포인트를 많이 사용한다. 강의법은 교수자 중심의 교육방법으로 짧은 시간에 많은 학습자들에게 효과적으로 전달할 수 있다는 장점이 있다. 반면, 학습자의 참여가 제한되어 있어 지속적으로 학습자의 주의를 집중시키기 어렵고, 학습자의 개별 상황이 반영되지 않아 학습자를 능동적으로 참여시키기가 어렵다는 단점도 있다. 그러나 짧은 시간에 많은 학습자들에게 효과적으로 전달할 수 있어서 학교나 기업체 등에서 많이 활용되고 있다. 신용주(2021)는 강의법에 대하여 학습자에게 지식, 개념 및 사실에 대한 정보를 제공하는 것을 그 목적으로 한다고 하였다. 특히 교수자의 열정은 학습자에게 학습 의욕을 고취시키는 매우 중요한 요인으로 제시하였다. 강의법이 효과적으로 진행되기 위해서는 도입, 전개와 결말 부분으로 구성하여 학습 내용을 사전에 준비함으로써 효과를 증진시킬 수 있다(기영화, 2004).

강의법의 장점은 다음과 같다(신용주, 2021, p. 199).

- 경제적이다.
- 가장 최근의 학문과 이론을 소개하기에 유용하다.
- 핵심 개념 및 원칙에 초점을 맞추기가 용이하다.
- 짧은 시간 동안에 많은 양의 지식이나 정보를 체계적으로 전달하는데 효과적이다. 슬라이드, 비디오클립, 파워포인트 등을 이용하면 더욱 효과적이다.
- 능력과 자질이 뛰어난 교수자는 많은 학습자에게 수준 높은 강의를 전달할 수 있다.
- 교수자 주도로 진행되어 학습자에게 많은 참여를 요구하지 않으므로 특히 내성적이거나 소극적인 학습자에게 안정감을 준다.

강의법의 단점은 다음과 같다(신용주, 2021, p. 199).

- 교수자가 거의 일방적으로 강의를 주도하기 때문에 학습자의 참여가 제한된다. 따라서 질문이나 토의 등 학습자의 적극적인 참여가 이루어지지 않으면 학습자의 역할은 수동적이다.
- 교수자의 능력과 수준에 따라 강의의 질과 수월성이 달라지므로 강의 주제와 관련한 교수자의 다양한 경험과 철저한 수업 준비가 요구된다.
- 강의는 교수자 주도적으로 진행되므로 학습자 측면에서의 질문이나 피드백의 기회가 적어 학습자의 이해도를 파악하거나 오류를 수정하기 어렵다.
- 학습자가 지속적으로 강의에 집중하기가 쉽지 않다.

2) 효과적인 강의법 지침

신용주(2021)는 평생교육 현장에서 강의법을 효과적으로 사용하기 위한 지침을 다음과 같이 제시하고 있다.

첫째, 주제에 대해 충분히 설명한다. 교수자가 강의를 할 때 모든 것을 다 다룰 수는 없다. 따라서 학습자에게 무엇이 중요하며 무엇이 이해하기 어려운 것인지를 이해할 수 있도록 핵심 주제 서너 가지를 구체적으로 설명한다. 이 방법은 제한된 강의 시간 동안에 다루어야 할 내용이 많을 때 특히 유용하다. 중요한 포인트는 한 가지씩 강조하며 시간 배분을 적절히 하여 특정 포인트를 생략하거나 급히 다른 포인트로 진행하지 않도록 주의한다. 또한 핵심 포인트는 4~5번 반복하여 준다.

둘째, 사례를 많이 인용한다. 학습자의 배경이나 인생 경험을 반영한 사례를 인용하면 더욱 효과적이다. 예를 들어, 성인 학습자들이 관심을 가지는 재정 관리, 세금 납부, 은퇴 후 투자 등 개인적 재무관리에 대한 지식을 제공하여 성인 학습자의 호응을 얻을 수 있도록 한다.

셋째, 계속 움직이면서 강의를 진행한다. 언어적 · 비언어적 소통을 위하여 한 곳에 고정되어 있는 것보다 교수자가 강의실 안에서 학습자들과 시선 교환(eye contact)을 통하여 관심을 보이면서 이리저리 옮겨 다니며 강의하는 것이 효과적이다. 움직이면서도 강의 내용을 요약하고 사례를 인용하며 피드백을 요구할 수 있어야 한다. 이때 교수자는 즉각적인 반응을 보일 수 있도록 학습 내용에 대해 더 많이 성찰하고 실습해야 한다.

넷째, 다양한 방법을 활용한다. 시청각 자료, 토의 집단, 질문법 등을 적극 활용하고 강의 전달 속도, 목소리 톤, 몸짓 등 모든 것을 다양하게 활용한다. 강의 전개 방식의 변화를 통하여 학습자들의 관심과 시선을 모을 수가 있다. 이러한 변화는 학습자의 강의 만족도를 높여 준다.

표 5-1 **성인 학습자의 학습 방해 요인과 해결 방법 및 대책**

학습 방해 요인	해결 방법 및 대책
너무 많이 가르치고자 한다.	교육내용을 분석해서 학습자의 습득 능력에 맞추도록 한다.
학습 진도가 너무 빠르다.	교육방법을 분석해서 학습자가 어떻게 하면 잘 알 수 있는가를 연구한다.
새로운 일에 대한 공포감이 있다.	보다 편안한 마음을 가지게 하고, 자신감을 갖도록 하며, 하나씩 여러 차례에 걸쳐서 가르친다.
복잡한 문제나 어려운 내용을 포함하고 있다.	내용을 몇 개의 단계로 구분하여 보다 상세하게 점진적으로 나누어서 가르친다.
전문 용어가 많다.	관련된 용어를 미리 알 수 있는 기회를 주고, 관련 용어를 체계적으로 모아서 가르친다.
정신이 산만하다.	마음을 안정시키고 집중하도록 한다.
자신감이 결여되어 있다.	격려하고 자극을 준다. 학습의 결과 나타날 수 있는 보상을 개인에게 알려 준다.
마음을 열지 않는다.	교수자가 먼저 마음을 연다.
산만하여 집중할 수 없다.	학습자들에게 질문을 하고, 의견 및 질문을 잘 들어 준다.
주의력이 부족하다.	주의력 부족의 결과를 알려주고 몇 번이고 반복해 보도록 한다.
학습에 관심이 없다.	효과적인 학습을 위하여 학습자가 그들의 학습 방법을 향상할 수 있도록 노력하고 격려한다.
신체적 부자유로 인하여 습득이 늦다.	장애가 어디에 있는지에 대해 사전에 정보를 습득하고, 시간이 걸리더라도 천천히 할 수 있도록 한다.

출처: 김영옥, 최라영, 조미경(2019), pp. 214-215.

2. 강연법

1) 강연법의 정의와 특성

강연(speech)은 얼핏 강의법으로 이해할 수도 있지만, 강연은 대부분 일회성으로 어떤 주제에 대한 지식 또는 경험과 함께 적절한 통찰을 나눌 때 주로 활용되는 교육 방법이다. 통찰은 대부분 한 사람의 경험과 지적 탐구 교차로에서 생겨나는 번뜩임 같은 것으로서 같은 주제를 여러 차례 들을 필요는 없다. 강연은 이미 쟁점화된 주제에 대하여 정보를 제공하거나, 문제점이나 논점을 확인하고 명료화하는 데 유용하다. 특히 논란의 초점이 되고 있는 문제에 대한 분석이나 대안을 제시할 경우, 그리고 청중의 사고를 고무시키는 내용을 전달할 경우에 매우 효과적이다(신용주, 2006).

강연법의 장점은 다음과 같다(권이종 외, 2002, pp. 175-176).

- 많은 수의 청중을 대상으로 사실이나 주장을 체계적으로 제시할 수 있다.
- 논란이나 쟁점의 대상이 되는 문제에 대한 확인 · 분석을 할 수 있다.
- 짧은 시간 동안에 많은 참여자에게 높은 수준의 동기 부여를 할 수 있다.
- 교육 자료 및 보조 교재를 다양하게 활용할 수 있다.
- 연사의 강의 능력에 따라 강연의 효과가 매우 높다.

강연법의 단점은 다음과 같다(권이종 외, 2002, pp. 175-176).

- 연사 한 사람만의 철학이나 주장이 제시되므로 강연의 내용에 한계가 있을 수 있다.
- 강연의 성과가 오로지 연사 한 사람의 수준과 능력에 달려 있다.
- 일방적인 강연으로 듣게 되므로 청중은 발표 기회를 얻기 어렵다.
- 연사의 강연 내용이 청중의 흥미나 관심 여부에 따라 다르기 때문에 청중의 집중도를 유지하기 어렵다.

2) 강연회의 구성원

강연회의 구성원은 일반적으로 진행을 맡은 사회자, 강연하는 강연자 그리고 청중이 있으며, 각각의 역할은 다음과 같다.

① 사회자

사회자는 강연을 준비하고 진행을 담당하는 사람으로 강연회를 계획하고 상황에 따라 운영할 수 있어야 한다.

② 강연자

강연 주제에 대한 충분한 지식의 소유자로서 청중의 욕구와 관심에 적절하도록 강연 내용을 연계하여 설명할 수 있어야 한다. 또한 제한된 시간 동안 청중이 이해하고 공감할 수 있도록 논리적인 강연을 전개할 수 있어야 한다.

③ 청중

청중 또는 강연 참여자는 강연 주제에 대한 흥미와 관심을 가진 사람들로서 이들의 관심도나 지식 수준의 정도는 각기 다양하다. 강연회의 참여 효과를 높이기 위해서 청중도 강연 주제에 대하여 미리 생각해 오는 것이 좋다.

3) 강연회 개최 시 유의 사항

강연회의 시설물들을 설치할 때는 다음과 같은 유의 사항을 고려해야 한다.
- 연단이나 무대를 마련하고 무대 위에 연사의 좌석, 책상 및 음료수를 준비한다.
- 적절한 조명과 음향 시설로 연사가 원고 읽기에 불편하지 않도록 준비한다.
- 실내 온도를 쾌적하게 유지하고, 청중의 눈이 부시지 않도록 조명을 차단한다
- 연사 또는 청중의 사야를 가리는 것이 없도록 하고, 청각적 장애 요인을 미리 제거한다.
- 컴퓨터, 빔프로젝터, 스크린 등 교육 보조 자료 및 시청각 기자재의 기능을 점검한 후 적절한 위치에 배치한다.

3. 질문법

1) 질문법의 정의와 특성

'학문'을 글자 그대로 풀이하자면 '배움과 질문'이다. 즉, 질문하고 생각하는 것을 통해 배우는 것이 학문의 본질이라는 것이다. 질문은 학문과 배움의 출발점이다(김현섭, 2015). 질문법(questioning techniques)은 문답법이라고 할 수 있다. 이 문답법은 비판적 사고의 과정을 이끌어 주는 방법의 하나이다. 소크라테스식 대화법(Socratic method) 또는 산파술이라고도 한다. 질의응답을 통해서 전개되는 학습 형태로 교수자의 질문에 학습자가 대답하고 또한 학습자의 질문에 교수자가 답변하는 지도과정을 통하여 학습에 대한 주의를 집중시키고 사고 작용이나 비판적인 태도를 기르는 것이다(신용주, 2021). 질문은 학습자 자신의 심리적 특성에 의하여 어떤 문제에 대해서 알고자 하는 의욕이나 호기심 등의 내적 동기에서 생기게 되기 때문에 모든 학습의 동기를 부여하고 교육 활동의 기초가 된다. 문답법에서 질문은 학습자가 교재를 분석하고 비판적으로 평가하여 개관하는 능력을 기르는 등 다면적인 기능을 내포하고 사고를 발전시키는 것이 되도록 유의해야 한다(기영화, 2004).

질문법의 장점은 다음과 같다(신용주, 2021).

- 문답을 통해 학습한 내용을 진단할 수 있다.
- 학습 내용의 진단을 통해 학습자 무지의 자각과 학습 동기를 유발할 수 있다.
- 문답법은 수업환경에 크게 제약을 받지 않고 사용할 수 있다.
- 문답을 통해 학습자의 주의집중과 사고력을 신장시킬 수 있다.
- 문답을 통해 교수자와 학습자 간의 상호작용을 활발히 할 수 있다.
- 학습자의 주체적인 학습이 가능하며 발표력을 증진할 수 있다.

질문법의 단점은 다음과 같다(신용주, 2021).

- 교수자 중심으로 진행되어 사고의 영역을 한정시키기 쉽다.

- 학습 준비가 부족한 학습자에게는 학습에 어려움을 준다.
- 교수자의 사전 준비가 부족하거나 교수자가 자신의 교수 능력으로 적절하게 수업을 이끌지 못하면 학습의 효과를 기대할 수 없다.

2) 질문법의 종류

질문의 종류는 구분하기에 따라서 수없이 많다. 질문은 단순히 호기심의 발로와 정보 수집을 위해서도 하지만 상대방의 시각을 질문자가 원하는 방향으로 유도함으로써 다른 결과를 야기하기도 한다. 미국의 경영 컨설턴트인 Tom Pohlman과 Neethi Thomas는 질문을 문제에 대한 시각과 질문의 의도로 구분하여 각 경우의 질문을 다음과 같이 구분하였다.

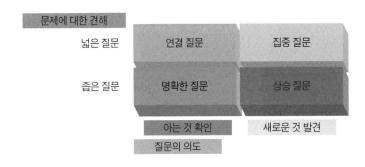

[그림 5-1] 질문의 종류

출처: https://hbr.org/2015/03/relearning-the-art-of-asking-questions)에서 재구성

(1) 명확한 질문

질문을 명확히 하면 말한 내용을 더 잘 이해할 수 있다. 많은 대화에서 사람들은 서로 과거를 말한다. 명확한 질문(clarifying question)을 하는 것은 말한 내용의 진정한 의도를 밝히는 데 도움이 될 수 있다. 문제에 대한 좁은 시야와 이미 알고 있는 것을 재확인하고 명확화하기 위해서 이 질문을 한다. 명확한 질문은 상대가 미처 표현하지 못한 숨은 의도를 탐구하고 상호 이해를 증진하는 데 효과적이다.

예) • "그것에 대해서 좀 더 설명해 주시겠어요?"
    • "왜 그런 이야기를 하시지요?"

(2) 연결 질문

연결 질문(Aadjoining question)은 명확한 질문과 마찬가지로 이미 알고 있거나 동의한 사실을 전제로 상대방에게 상대방으로 하여금 좀 더 넓은 시야를 갖도록 할 경우 이 질문을 한다. 대화에서 무시되는 문제의 관련 측면을 탐색하는 데 사용된다.

예) • "이 개념이 다른 맥락에서 어떻게 적용될까요?"
    • "이 기술의 관련 용도는 무엇입니까?"

(3) 집중 질문

집중 질문(funneling question)은 문제를 더 깊이 파고드는 데 사용된다. 답이 어떻게 도출되었는지 이해하고, 가정에 도전하고, 문제의 근본 원인을 이해하도록 요청한다. 이미 알려진 사실 재확인이나 확대 적용의 이전에 주어진 전제와 가설의 비판적인 시각으로 접근할 때 유용하다. 이 질문을 통하여 사람들은 전제와 가설이 도출되는 과정을 이해하고 기존 가정에 대한 도전과 문제의 근본 원인에 대해 탐구를 한다. 문제 해결을 위해서 분석적인 마음가짐이 필요할 때 효과적인 질문 방법이다.

예) • "어떤 방식으로 분석했습니까?"
    • "무슨 이유로 이 과정은 생략했습니까?"

(4) 상승 질문

상승 질문(elevating question)은 폭넓은 문제를 제기하고 더 큰 그림을 강조하거나 축소하는 데 도움이 된다. 당면한 문제에 너무 몰두하면 그 이면의 전반적인 맥락을 보기가 더 어려워진다. 넓은 시야와 다양한 시각이 필요한 상황에서 꼭 필요한 질문이다. 단기적인 문제에 너무 집중하다 보면 큰 그림을 놓치는 경우가 많은데 이럴 때 예와 같은 질문은 관련자들로 하여금 터널 비전에서 벗어나 보다 큰 그림을 보게 하는 데 도움을 준다.

예) • "한발 물러서면 더 큰 문제는 무엇입니까?"
    • "우리가 올바른 질문에 답하고 있습니까?"

3) 질문의 가치와 필요성

Leeds(2016)는『질문의 일곱 가지 힘: 원활한 대화와 창조적 사고를 가능하게 하는 비결』에서 훌륭한 질문은 우리를 근사한 곳으로 안내한다고 하였다. Leeds는 우리가 일상생활 속에서 적절하게 던지는 질문이 우리의 삶을 얼마나 뒤바꿔 놓을 수 있는 가를 주장하고 있다. 질문이 우리의 삶의 길잡이가 되어 주고, 또한 대인관계, 화술, 문제 해결 등에서 큰 위력을 발휘하는가에 대해 자세하게 설명하고 있다.

우리는 질문을 통해 생각할 기회를 얻고 상대방이 원하는 것을 알 수 있게 되며 생각을 자극하여 새로운 아이디어를 얻을 수 있다. 또한 질문은 어려운 상황에서 스스로에게 질문을 함으로써 자칫 감정적으로 처리할 수 있는 문제를 통제해 주고, 더 나은 해결책을 마련해 준다. 이처럼 질문은 대인관계뿐만 아니라 자기 성찰을 하는 데도 강력한 도구가 된다.

Leeds(2016)가 제시한 질문의 일곱 가지 힘은 다음과 같다.

- 첫 번째 힘: 질문을 하면 답이 나온다.
- 두 번째 힘: 질문은 생각을 자극한다.
- 세 번째 힘: 질문을 하면 정보를 얻는다.
- 네 번째 힘: 질문을 하면 통제가 된다.
- 다섯 번째 힘: 질문은 마음을 열게 한다.
- 여섯 번째 힘: 질문은 귀를 기울이게 한다.
- 일곱 번째 힘: 질문에 답하면 스스로 설득이 된다.

4) 질문의 사례

국제적으로 질문을 통해 자신의 성장은 물론 사람들의 성장과 발전을 코칭하고 있는 Jeong은 지난 15년 동안 매일 매 순간 코칭 질문을 통해 더 지혜로운 결정을 내릴 수 있었다고 하였다. 그는 전 세계를 기반으로 4,500만 개의 질문 자료를 연구·분석하여 경험적 코칭 질문 여섯 가지를 다음과 같이 제시하였다(https://cafe.naver.com/pjcoach/3221).

- 코칭질문 1: 지금 이 결정이 장기적으로 유익이 되는 최적의 행동인가? (상호 의존)
- 코칭질문 2: 지금의 경험을 어떻게 긍정 에너지로 전환할 수 있는가? (에너지 전환)
- 코칭질문 3: 나의 노하우가 10년 후에도 통하기 위해서는? (다목적)
- 코칭질문 4: 나는 무엇을 줄 수 있는가? 내가 가장 받고 싶은 것은 무엇인가? (공생)
- 코칭질문 5: 이것을 스스로 굴러 가는 시스템으로 만들 수 있는가? (번식)
- 코칭질문 6: 함께 이 일을 이룰 사람들은 누구인가? (가능성)

Jeong은 이와 같은 질문이 개인이 속한 사회나 현장 등에서 최고의 성과를 만들어 내는 사고방식이 무엇인지를 알려 준다고 하였다.

여섯 가지 질문 중 첫 번째 '상호 의존하는 삶'이란 현재의 결정이 미래의 유익이 되는 것을 말한다. 나뿐 아니라 모두에게 유익이 되는 삶을 뜻한다. 사람들은 눈앞의 즐거움만을 위해서 때때로 자신의 미래에 별로 힘이 되어 주지 못하는 결정을 내리곤 한다. 예를 들어, 담배를 피우는 것은 잠깐 스트레스를 풀어 주면서 편안함을 줄 수 있으나 미래에는 결코 유익을 가져다주지 못한다. 만약 미래가 보이지 않거나 이러한 행동을 통해 어떤 유익도 가져오지 못한다면 당장 눈앞의 즐거움을 포기하는 것이 낫다. 이것을 위해서는 중요한 것이 무엇인지 알고 단기적인 유익보다는 미래를 위한 결정을 내릴 줄 알아야 한다.

이처럼 질문은 무엇인가 결정을 내리기 전에 그 행동이 미래에 어떤 유익을 가져다주는지 생각할 수 있게 하고 그에 대한 해결방안을 찾아내는 데 도움이 된다.

4. 프레젠테이션

1) 프레젠테이션의 정의와 특성

프레젠테이션은 다양한 분야의 다양한 사람의 이해를 돕기 위한 교육방법이다. 대화나 강연, 연설 등은 자료를 제공할 필요가 없으나, 프레젠테이션은 자료를 필요로 한다. 이때 시각적 보조 자료로 활용하는 대표적인 것이 파워포인트이다.

프레젠테이션은 평생교육을 비롯한 모든 교육 영역에서 가장 많이 활용하는 교수자 중심 교육방법의 하나이다. 효과적 프레젠테이션을 위한 지침을 살펴보면 다음과 같다(신용주, 2021).

① 철저히 준비한다.

발표하려는 주제에 대해서 교수자가 잘 알고 있더라도 어떻게 발표할 것인가에 대한 계획을 반드시 미리 세워야 한다. 특히 학습자가 알고 싶어 하는 것을 정확하게 전달해 줄 수 있어야 한다.

② 핵심을 강조한다.

중요한 사항이 분명히 드러나도록 발표를 진행한다. 주요 장이나 절마다 핵심 포인트를 강조하고 추후 간략히 다시 요약해 주는 것도 좋다.

③ 목소리가 잘 들리도록 크게 말한다.

발표할 때 교수자의 목소리를 학습자가 들을 수 있도록 한다. 목소리가 입속에서 우물우물하지 않도록 발음을 정확하게 하고, 발성을 크고 뚜렷하게 하여 강의한다. 남성이나 여성 모두 너무 작은 소리로 조용히 말하는 것은 발표 내용의 전달을 방해한다.

④ 청중이 지루하지 않도록 한다.

지루한 발표는 발표자나 청취자 모두에게 괴로운 시간이다. 가장 바람직한 것은 발표할 때 적절한 유머를 사용하는 것이다. 특히 실생활에서 경험한 재미있는 일화나 이야기는 청중에게 긴장을 풀고 다시 발표에 집중하게 만든다. 그러나 발표자가 코미디언처럼 웃기려고 노력하게 되면 학습자는 발표 내용보다는 재미있는 유머에 더 큰 기대를 하게 되므로 바람직하지 않다. 또한 재미있게 발표를 진행하려다 보면 기대했던 반응이 나오지 않을 때 오히려 초조해질 수 있으므로 분위기를 적당히 환기할 수 있는 수준의 유머가 바람직하다.

⑤ 청중 또는 학습자 집단의 특성을 파악한다.

발표자가 처음 만난 청중의 성격을 금세 파악하기는 쉽지 않다. 발표를 하면서 청중이 발표 주제와 관련된 기술적 용어들에 익숙하다고 생각되면 발표 내용이 청중의 수준에 적절할 것이므로 이러한 용어들을 사용하는 것이 좋다. 그러나 일반적인 청중 집단에게 전문 용어를 사용해서 발표를 한다면 그들은 발표 내용에 점차 관심을 잃게 되기 쉽다.

　⑥ 학습자가 편안함을 느끼도록 한다.

　학습자가 발표를 편하게 들을 수 있도록 배려하는 것이 중요하지만, 너무 편안하면 학습자가 지루해하거나 졸게 될 수 있으므로 가끔씩 분위기를 환기해 학습자가 지나치게 안이한 태도로 발표를 듣는 상황을 피할 수 있게 한다.

　⑦ 시간을 정확하게 지킨다.

　발표를 준비할 때 발표 시간을 효과적으로 배분하도록 계획해야 한다. 또한 발표 종료 후에 질의응답 시간이 충분히 주어질 수 있도록 시간적 여유를 가지고 발표의 진행을 미리 조절한다.

2) 파워포인트 프레젠테이션

(1) 파워포인트의 특징

　프레젠테이션 그 자체가 될 정도로 '파워포인트(Power Point: ppt)'는 교수-학습 방법의 하나로 많이 활용되고 있다. 어디에서나 많이 쓰이지만, 특히 학교에서는 발표 수업의 필수품이다. 그리고 파워포인트는 기업은 물론 평생학습 현장 어디서든지 사용되고 있는 교육방법이다.

　파워포인트의 사용이 급증함에 따라 그 사용에 대한 찬반 의견이 엇갈리고 있다(신용주, 2021). 찬성하는 사람들은 파워포인트 프로그램이 시간을 절약해 주는 빠르고 효과적인 교수 도구로서 프레젠테이션을 쉽게 수정할 수 있고 주석을 달거나 문서로 보관하기도 쉽다고 주장한다(Doumant, 2005). 반면, 반대론자들은 파워포인트는 지적·교육학적으로 바람직하지 않다고 주장한다. 즉, 위계적인 개요(outline)의 형태로 이루어진 프레젠테이션의 구조는 내용을 희석하고, 또 복잡한 내용을 지나치게 단순화시켜 자발성을 잃게 하며, 진지한 분석을 방해하여 학습자를 수동적이고 무비판적인 사고가로 만든다고 비난한다(Klemm, 2007). 파워포인트 교육방법이 학습에 어떤 영향을 미치는가는 아직 일관된 견해가 없다. 그러나 파워포인트가 학습자의 학습을 강화하지도 저해하지도 않는다는 주장이 제기되기도 하였다(Clark, 2008).

파워포인트 교육방법의 특징을 살펴보면, 파워포인트는 워드프로세스 기능을 가지고 있지만 장문의 글을 쓰기에는 부적합하다. 그러나 짧은 문구를 다양하게 표현할 수 있다. 또한 그림 그리기 기능이 있고, 정사각형, 원, 별 등 다양한 모양의 도형을 자유자재로 그릴 수가 있다. 영상을 처리할 수 있어서 디지털로 되어 있는 어떤 영상이라도 파워포인트로 보여줄 수도 있다. 또한 필요한 부분만을 잘라서 보여 줄 수 있고, 소리를 사용할 수도 있다. 엑셀(Excel)의 워크시트나 워드프로세서(Word Processor)의 도표 등을 자유자재로 가져다 사용할 수 있다는 장점이 있다.

(2) 파워포인트 사용을 위한 일반적 전략
파워포인트를 사용할 때에는 다음의 전략을 따른다.

첫째, 파워포인트의 사용을 필수적이 아닌 선택적 사항으로 한다.
둘째, 강의를 할 때 파워포인트의 슬라이드를 줄곧 읽으면서 진행하지 않는다.
셋째, 유연한 방식으로 프레젠테이션을 진행한다.
넷째, 슬라이드의 내용과 교수자의 강의 내용이 일치하도록 한다.
다섯째, 학습자를 계속 모니터링하면서 참여를 독려한다.
여섯째, 파워포인트 슬라이드를 PDF 파일로 미리 게시하되, 교수자와 함께하는 수업에서만 보고 배울 수 있는 자료도 함께 준비한다.
일곱째, 화면에 그날 강의의 이미지를 미리 게시한다.
여덟째, 기술적 문제의 발생 등 돌발 상황에 대비한다.

(3) 효과적인 파워포인트 프레젠테이션 준비하기
파워포인트 프레젠테이션을 준비할 때에는 다음과 같은 멀티미디어 자료 개발의 원칙을 따른다.

첫째, 슬라이드를 만들 때 시간과 분량을 고려한다.

둘째, 슬라이드의 문맥을 되도록 간결하게 만든다.

셋째, 슬라이드 내용을 정확하게 요약한다.

넷째, 일반적인 표 대신에 그래프나 도표를 사용한다.

다섯째, 색상을 신중하게 선택한다.

여섯째, 눈요깃감을 강조하는 슬라이드를 만들지 않는다.

일곱째, 기술적 점검을 위해 예행 연습을 해 본다.

(4) 효과적인 파워포인트 제작을 위한 지침

첫째, 파워포인트 슬라이드는 글자 크기를 24포인트 이상으로 프레젠테이션의 내용을 구성한다.

둘째, 파워포인트 슬라이드가 잘 보일 수 있는 색상과 구성을 선택한다.

셋째, 파워포인트 슬라이드에서 강조하려는 부분에는 서체나 색상을 다르게 한다.

넷째, 파워포인트 슬라이드를 만들 때는 한 슬라이드당 한 줄에 7개의 단어 이내가 좋으며, 전체 행은 8행 이내로 한다.

다섯째, 파워포인트 슬라이드를 강의 진행의 가이드라인으로 삼는다.

여섯째, 파워포인트 슬라이드를 사용할 때, 교수자는 슬라이드가 아니라 청중을 보며 강의한다.

일곱째, 가능하면 파워포인트 슬라이드를 강의 전에 미리 배부한다.

여덟째, 어두운 강의실에서 파워포인트 슬라이드를 보여 줄 때는 15분이 넘지 않도록 하며, 강의실의 조명을 완전히 끄지 않는다.

아홉째, 파워포인트 슬라이드로 강의할 때는 다른 학습 활동과 병행함으로써 학습자가 수동적으로 정보를 전달받기만 하는 수업이 되지 않도록 한다.

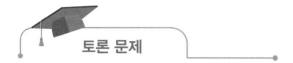

토론 문제

1. 강의법의 정의와 효과적인 강의법에 대해 이야기해 보자.

2. 강연법의 정의와 특성에 대해 이야기해 보자.

3. 질문법의 정의와 질문법의 종류에 대해서 이야기해 보자.

4. 프레젠테이션의 정의와 파워포인트 사용 전략에 대해 이야기해 보자.

제6장

집단 중심
평생교육방법

됫글 배워 말글 풀고, 말글 배워 됫글 푼다.

- 한국 속담 -

1. 교수-학습 방법론에서 집단 중심 교육방법을 알 수 있다.
2. 집단 중심의 다양한 교육방법론에 대하여 설명할 수 있다.
3. 교육과정 설계시 각각의 집단 중심 교육방법론에 대한 유의점을 알 수 있다.

이 장에서는 집단 중심의 다양한 교수 방법을 소개하였다. 집단 학습의 정의와 유형, 그리고 효과적인 실시를 통해 평생교육 프로그램 설계 때 다양한 학습자들의 다양한 욕구가 반영된 교수-학습 방법론을 적용할 수 있도록 하였다.

1. 집단 학습의 정의와 유형

집단 학습(group work)은 집단 내에서 적극적인 상호 학습을 통한 개인적 욕구 충족은 물론 공동체 의식을 확산시키거나 과제를 해결함으로써 집단의 목표를 추구하는 교육방법이다. 소규모 집단은 대규모 집단보다 개인적 욕구와 특성 반영, 역동적 상호작용, 적극적인 참여, 학습자의 높은 책임의식 등의 측면에서 우월하다. 학습자는 학습 주제와 관련 없이 집단으로 학습할 때 다른 방식으로 학습할 때보다 더 많이 배우고 더 많이 기억한다(Davis, 2009).

집단을 구분하는 근거는 교육을 위한 시간, 공간, 목적 등을 바탕으로 구성원 간의 대면 의사소통이 어느 정도 요구되느냐에 있다. 집단 학습은 사기를 높이고, 학습 동기를 유발하며, 동료 학습자의 통찰력과 가치관을 공유하게 해 준다. 이러한 집단 학습은 거의 모든 수업에서 강좌의 크기나 내용에 관계없이 사용할 수 있다. 집단 중심 교육방법은 많은 인원을 일시에 교육할 수 있고, 집단 효과 등을 통해 학습 동기의 유발이 용이하다는 장점이 있다. 그리고 학습자와 교수자 간의 친교와 만남을 통하여 정서적·인격적 성숙에 큰 영향을 받을 수 있다. 다양한 사고와 의견의 접근은 시야를 확대하고 민주적인 의사결정과 생활 태도의 변화를 통하여 새로운 성장과 발전의 역량을 확산할 수 있다.

1) 집단 학습의 효과적 실시

교수자는 효과적인 집단 학습은 물론 학습집단이 제대로 기능을 할 수 있게 하기 위하여 다음과 같은 사항들을 고려해야 한다(신용주, 2021).

첫째, 학습자 간의 상호 의존적 문제해결을 위한 과제를 부여한다. 이를 통해 학습자들 스스로가 공동 운명체라고 생각할 때 집단 학습 효과가 나타날 수 있다.

둘째, 수업 목표와 부합하는 과제를 부여한다. 특히 판단력과 의사결정 능력의 증진을 위하여 복잡한 쟁점을 분석하는 과제를 부여한다.

셋째, 학습자의 역량과 관심 및 능력에 적합한 과제를 부여한다. 처음에는 간단한 개념을 이해하게 하고, 나중에는 그 개념을 사례와 함께 비교할 수 있는 과제를 부여한다.

넷째, 학습자들 각각이 서로 공평한 업무 분담이 이루어질 수 있는 과제를 부여한다.

다섯째, 효과적인 측면에서 집단 시험을 시행한다. 시험을 개별로 치를 때보다 집단으로 치를 때 더 높은 성적을 받을 수 있으며, 학습자 대부분은 협력하여 치르는 시험을 즐기는 경향이 있다.

집단시험을 효과적으로 실시하기 위해서 고려할 사항은 다음과 같다.

첫째, 미리 강좌 시작 일시를 알려 주어 집단 시험을 준비하도록 한다.
둘째, 사지선다형 문제를 제출하여 한 문제당 약 3분 정도를 논의하도록 한다. 예를 들어, 15문제를 출제했다면 약 45분 정도의 시간을 예상할 수 있다.
셋째, 각 학습 집단의 크기는 5명을 넘지 않도록 한다.
넷째, 문제별로 집단이 합의에 도달하도록 한다. 집단이 정확한 답을 도출해 제시했을 때는 그 집단 모든 구성원에게 각자 받은 점수에 보너스 점수를 더 부여한다.

2) 집단 학습 교수자의 역할

학습자에게 성공적인 학습이 일어나도록 지원하는 다양한 방법을 알고 이를 시의 적절하게 사용할 때 교수자는 학습자들의 학습 욕구를 만족하게 할 수가 있다. 신용주(2021)는 집단 학습에서 교수자의 역할을 다음과 같이 구체적으로 제시하고 있다.

첫째, 자기관리 스타일이 학습자의 참여를 격려하는지를 확인한다.
둘째, 작은 문제라도 발생 시 신속하고 효과적으로 대처하여 해결한다.
셋째, 자신의 의사소통 방식이 학습 집단에 적절한지를 확인한다.
넷째, 강의실의 환경 구성이나 배치가 학습자에게 편안한 느낌을 주며 효과적인 학습에 적합한지를 확인한다.
다섯째, 학습을 촉진하기 위하여 학습 집단에 알맞은 분위기를 조성한다.

여섯째, 교수자가 학습자의 의견이나 아이디어에 관심을 두고 있음을 알려 준다.

일곱째, 학습자 한 사람 한 사람을 소중하게 생각한다.

여덟째, 유머 감각과 분별력을 갖춘다.

표 6-1 **강의법과 토론법의 특징 비교**

구분	강의법	토론법
학습 목표	• 교수자가 결정 • 지적 행동의 변화를 강조 • 집단 응집력이 약함 • 정보의 전달 속도가 빠름 • 전달하는 정보의 양과 정확성이 큼	• 집단에 의한 결정 • 정의적 행동의 변화를 강조 • 집단 응집력이 강함 • 정보의 전달 속도가 느림 • 전달하는 정보의 양과 정확성이 적음
학습 활동	• 교수자의 참여 기회가 많음 • 교수자와 학습자의 상호작용이 주된 것임 • 교수자는 학습자의 잘못된 반응, 부적절한 반응을 교정・비판함 • 교수자가 활동을 주도하고 결정함 • 화제는 학습 내용에 관련된 것에 한정되는 경향 • 성적 평가나 검사를 강조 • 교수자는 학습자 집단의 감정을 덜 고려함	• 학습자의 적극적 참여 기회가 많음 • 학습자와 학습자 간의 상호작용이 주된 것임 • 교수자는 학습자의 잘못된 반응, 부적절한 반응을 간과함 • 학습자 집단이 활동을 주도하고 결정함 • 학습자의 개인적 경험에 관한 토론을 격려함. • 성적 평가나 검사를 덜 강조함 • 교수자는 학습의 진행에 필요하다고 생각되면 학습자 집단의 아이디어나 감정을 고려함
학습 풍토	• 권위적 분위기 형성 • 지적 경쟁의식 형성 • 비판과 반론의 제한 • 타율적・수동적 분위기 형성 • 집단 구성원 사이의 수직적인 질서 관계 구축	• 민주적 분위기 형성 • 창의적・협동적 인간관계 형성 • 자유로운 비판의 수용과 허용 • 자율적・자생적 분위기 형성 • 집단 구성원 사이의 평등 관계 질서

출처: 김영옥, 최라영, 조미경(2019), pp. 232-233.

2. 토의법

1) 토의법의 개념

토의법(discussion method)은 의견 교환을 통해 각 개인이 해결할 수 없는 문제를 집단 지성을 통해서 해결하려는 방법이다(권대봉, 1999). 바람직한 해결 방안을 위하여 참여자들이 협동하여 의견을 교환하는 과정으로 이를 통해 집단적 결론을 도출하게 된다. 특히 사회적 이슈가 되는 문제에 대하여 전문지식을 가진 토의 참가자들이 자유롭게 의견을 발표하고 다른 참여자들의 견해를 수용 또는 비판하면서 결론을 도출하는 것이 토의법의 특징이다(신용주, 2021).

토의법은 집단 구성원들의 의견을 수용하는 수용적이며 참여적인 교육방법이다. 토의법은 학습자와 교수자 간의 정보와 아이디어 및 의견을 나누며 문제해결 방안을 찾아가는 학습 방법이다. 따라서 학습자와 학습자, 학습자와 교수자의 상호작용이 중요하다. 이를 위해서 토의 집단 안에서 무엇보다 민주주의적인 분위기가 형성되어야 한다. 그리고 개방적인 의사소통을 위한 존중과 협력의 분위기도 조성되어야 한다.

토의와 토론이 유사한 것 같지만, 토의가 참여자들의 협력적인 의견 교환을 통해서 합리적인 문제해결 방안을 찾아가는 것이라면, 토론은 대립적인 주장을 통해서 바람직한 문제해결 방안을 찾아가는 과정이라고 할 수 있다(권이종 외, 2002).

(1) 효과적인 토의 진행 절차
효과적인 토의를 위한 진행 절차는 다음과 같다(김숙희, 엄명숙, 2017).

① 사전 준비
효과적인 토의를 위해서는 토의의 목적을 분명히 설정하고, 토의 방식 선택, 시간 계획, 필요한 자료, 집단 크기 결정을 해야 한다. 특히 학습자의 능력, 흥미나 관심, 전체 교과 내용 맥락과의 부합 등을 고려해야 한다.

② 토의 장소 분위기 조성

토의 장소의 분위기에 따라 참석자는 물론 토의자들에게 미치는 영향을 고려하여 좌석 배치 및 시설물 등에 세심한 배려가 필요하다. 특히 토의 시 얼굴을 마주 보면서 토론할 수 있도록 좌석을 배치해야 한다.

③ 토의 진행

첫째, 토의 시작 시 토의 목적과 주제를 명확히 제시한다.

둘째, 토의 규칙이나 방법도 사전에 알려 준다.

셋째, 사회자와 기록자를 정하여 자유로운 분위기에서 전체가 토의에 참여하게 한다.

넷째, 분위기가 침체되거나 소수 참여자에 의해 토의가 주도되지 않도록 한다.

다섯째, 분위기가 격해지는 경우에는 진행자가 직접 개입해서 토의를 원만히 진행하도록 한다.

④ 토의 결과 종합

첫째, 토의가 끝날 때가 되면 결과를 종합하고 정리하여 마무리한다.

둘째, 기록자는 정리된 토의 결과를 발표하면서 처음 제시한 토의의 목적과 토의 진행 과정에 대해서 평가한다.

2) 토의법의 장단점

신용주(2021)는 토의법의 장단점을 다음과 같이 정리하였다.

① 장점

첫째, 학습자의 적극적이고 자발적인 참여를 유도할 수 있다.

둘째, 집단 역학의 작용으로 집단 시너지 효과를 얻을 수 있다.

셋째, 학습자의 반성적 사고를 촉진하여 새로운 관점을 가질 수 있도록 돕는다.

넷째, 학습자의 자기표현 능력 및 상호작용 능력을 향상한다.

다섯째, 토의 집단의 구성원 간에 상호 존중하는 방법을 익힐 수 있다.

여섯째, 토의 규칙에 따라 타인의 의견을 경청하고 자신의 의견을 논리적으로 전개하면서 집단의 합의를 하는 과정을 터득할 수 있다.

② 단점

첫째, 시간이 많이 소요된다.

둘째, 토의에 대한 철저한 사전 준비와 규칙 개발 그리고 토의 과정에 대한 체계적 관리가 요구된다. 때에 따라서는 토의 중에 예측하지 못한 상황이 발생할 수 있다.

셋째, 토의의 허용적인 특성으로 인해 학습자의 이탈도 가능하다.

넷째, 구성원이 완전하게 이해하지 못한 사실이나 쟁점에 대해서는 효과적인 토의가 이뤄지지 않는다.

3) 토의의 효과적 진행

교수자가 학습자에게 지식을 전달하는 방법은 시대의 변화와 더불어 다양한 방법들이 개발되고 현장에서 활용되고 있다. 이런 측면에서 토의법이 학습 효과를 거두기 위해서는 기본적으로 철저한 사전 준비가 필요하다. 〈표 6-2〉는 토의 사전 준비 시 점검 사항을 준비, 계획, 자료, 장소 측면으로 나누어 제시하고 있다(김영옥, 최라영, 조미경, 2019).

토의 진행자 역시 토의 진행에 알맞은 태도는 물론 토의 진행에 있어서 지나친 간섭은 물론 학습자들의 자발적인 활동을 핑계로 방관적인 태도를 보이지 않도록 주의를 해야 한다. 그리고 토의가 본래의 취지에 어긋나지 않도록 학습자들과 동등한 입장에서 함께 토의하는 사람으로서 리더의 역할을 담당해야 한다. 〈표 6-3〉은 토의 학습 시 진행자가 수행해야 할 사항과 하지 말아야 할 사항을 제시하고 있다(김영옥, 최라영, 조미경, 2019).

표 6-1 토의 사전 준비를 위한 점검 사항

1. 준비	2. 계획
토의의 개요를 정한다. • 목표를 확실히 정한다. • 토의 사항, 요점을 적어 두고 검토한다. • 어느 사항을 강조해야 할 것인가를 생각해 둔다. • 이와 같은 사항에 대해서 재차 검토를 하고, 동료나 타인으로부터 조언을 구하고, 필요하다면 상담을 해 둔다.	토의의 진행 방향에 대해 계획을 세운다. • 무엇을 어떻게 설명할 것인가? • 학습자들에게 토의 사항 및 요점을 어떻게 설명할 것인가? • 토의를 운영하고 통제해 가는 데에는 어떤 방법이 필요한가? • 소요 시간, 각각의 의제를 토의하는 데 걸리는 시간을 사전에 결정해 두고 예정표를 만든다. • 기록자를 미리 정해 둔다.
3. 자료	4. 장소
필요한 자료를 점검하고 장소를 결정해 둔다. • 학습자에게 배포하는 인쇄물과 자료를 정리하고, 필요하다면 사전에 배포한다. • 학습자들이 지참해야 할 자료가 있으면 사전에 알려 준다.	토론 장소를 정리해 둔다. • 학습자 전원이 설명 및 제시 등을 잘 들을 수 있고, 볼 수 있는가를 점검한다. • 학습자 수에 따라 충분한 정도의 의자, 분필 등을 한 생과의. 의자, 풍이 적절한가 점검한다. • 그 외의 환경에 대해 좋은 상태를 유지하도록 정리해 둔다.

출처: 김영옥, 최라영, 조미경(2019), p. 233.

표 6-2 토의학습 시 진행자의 행동

진행자가 수행해야 할 사항	진행자가 하지 말아야 할 사항
• 학습자들이 의견을 교환하고 서로 적절한 결론을 얻을 수 있도록 돕기 • 질문을 보다 잘함으로써 문제해결 방안을 쉽게 도출할 수 있도록 학습자들의 사고를 촉진하기 • 도표, 칠판, 그 이외의 보조 기구를 활용하기	• 전문가임을 자랑하고 강조하는 것 • 자신의 견해를 학습자들에게 무리하게 강요하는 것 • 학습자가 이해할 수 없는 전문적인 용어나 단어를 사용하는 것 • 신뢰를 저버리는 것 • 말과 다르게 행동하는 일과 말을 함부로 바꾸는 것

출처 : 김영옥, 최라영, 조미경(2019), p. 234.

3. 브레인스토밍

1) 브레인스토밍의 정의와 기본 원칙

브레인스토밍(brainstorming)은 미국의 한 광고회사 부사장인 Osborn이 광고를 내기 위해 고안한 회의 방식으로서 제기된 주제나 문제에 대해 구성원의 자유 발언을 통한 아이디어 제시를 요구하고 아이디어가 누적된 가운데 새로운 발상을 도출해 내는 기법이다(Osborn, 1993). 비판과 판단을 중단하고 머릿속에 떠오른 아이디어를 자유롭게 제한 없이 제시하는 것이다. 한 사람보다 여러 사람이 의견을 제시할 때 독창적인 아이디어가 많다. 집단 지성을 활용하는 교육방법이다. 아이디어 수가 많을수록 질적으로 우수한 아이디어가 나올 가능성이 크다. 브레인스토밍의 활용은 창의성과 집단 구성원 상호 간의 자극을 최대한 허용하고자 할 경우, 새로운 가능성을 탐색하고자 할 경우, 모든 행동의 과정과 결과에 대한 고찰이나 예측을 가능하게 하고자 할 경우, 어떤 문제의 어느 측면도 간과되지 않도록 해야 할 경우, 현존하는 집단의 중요 방침 정책 등을 전환하기 위하여 모든 사람의 생각과 의견을 수렴하고자 할 경우, 어떤 제한도 두지 않고 역동적인 아이디어를 찾고자 할 경우와 같이 다양한 경우에 활용할 수 있다.

2) 브레인스토밍의 5단계 및 규칙

브레인스토밍의 5단계는 다음과 같다(권대봉, 1999).

- 1단계: 과제를 정한다.
- 2단계: 진행자와 기록자를 정한다.
- 3단계: 진행자의 주도 아래 차례로 아이디어를 낸다.
- 4단계: 토의 기록을 참여자들에게 제시하고 보충·분석한다.
- 5단계: 아이디어나 의견을 구체화한다.

| 표 6-3 | 브레인스토밍의 규칙과 내용 |

규칙	내용
평가 및 비판의 유보	브레인스토밍을 진행하는 동안 다른 구성원들이 제시하는 아이디어에 대해 평가나 비판을 하지 않는다.
자유분방하고 폭넓은 아이디어	폭넓게 발생하는 아이디어는 더 나은 질의 아이디어를 자극한다.
가능한 한 많은 양의 아이디어	아이디어 수가 많을수록 유용한 아이디어가 나올 가능성이 더 크다.
결합과 개선의 추구	이미 제안된 아이디어로부터 다른 아이디어를 끌어낼 수 있다.

출처: 김영옥, 최라영, 조미경(2019), p. 222.

3) 브레인스토밍의 장단점

김영옥, 최라영과 조미경(2019)은 브레인스토밍의 장단점에 대하여 다음과 같이 정리하였다.

① 장점
브레인스토밍의 장점은 다음과 같다(김영옥, 최라영, 조미경, 2019).

첫째, 주제의 다양성(variety of subject)이다. 어떠한 주제를 가지고도 브레인스토밍을 할 수 있다. 집단의 작은 의사결정부터 중요한 의사결정까지 복잡하지 않은 절차를 통해 팀의 구성원들과 아이디어를 공유할 수 있다.

둘째, 시너지 효과(synergy effect)이다. 무심코 제시한 아이디어라 할지라도 다른 사람들에게는 우수한 아이디어를 도출해 도출해 내는 데 좋은 참고가 될 수 있다.

셋째, 표현의 자유(freedom of speech)이다. 브레인스토밍은 비판과 비난을 자제하는 것을 원칙으로 하여 참여자들은 비교적 자유롭게 다양하고 독특한 자신의 아이디어들을 도출하고 표현할 수 있다.

넷째, 효율적 시간관리(time management)이다. 브레인스토밍은 발상 시간 조정이 가능하다. 주어진 발상 시간 내에 아이디어를 생각해 보고 모든 참여자가 자유롭게 말할 수 있다.

② 단점

브레인스토밍의 단점은 다음과 같다(김영옥, 최라영, 조미경, 2019).

첫째, 산출 방해(production blocking)이다. 브레인스토밍은 타인의 이야기를 경청해야 하므로 자신이 생각할 여유가 없어서 제대로 된 자기 아이디어를 내는 데 방해될 수도 있다. 그리고 창의적인 아이디어를 충분히 설명할 시간을 갖지 못해 좋은 아이디어가 사장될 가능성도 있다.

둘째, 평가 불안(evaluation apprehension)이다. 브레인스토밍을 할 때 집단 내에 권위적 인물 또는 상급자가 있을 경우에 자신의 아이디어에 대하여 부정적 평가를 할 것에 대한 두려움이 파생된다. 또한 대다수 의견과 유사한 아이디어를 제안하는 '강화 현상'이 나타나기도 한다.

셋째, 무임승차 태만(free riding, social loafing)이다. 브레인스토밍에서는 아이디어들이 집단 수준에서 합해지기 때문에 다른 구성원들의 노력에 단순히 무임승차할 가능성이 있다. 혼자서 일할 때보다 집단 속에서 함께 일할 때 노력을 덜 기울이는 링겔만 효과(Ringelmann effect)가 나타날 수 있다.

넷째, 시간 낭비(wasting time)이다. 주제의 목표에 대한 성취 동기가 없는 구성원이 브레인스토밍을 할 때 과도한 시간이 투자되어 오히려 작업 효율성이 떨어질 수 있다.

4. 역할극

역할극은 인간관계와 관련된 어떤 상황이나 문제를 극화한 것으로서 연기를 통해 다른 사람의 역할을 경험해 봄으로써 자신과 타인을 이해하고 문제해결과 의사결정을 돕는 교수-학습 방법이다. 역할극은 갈등 상황에 적합한 집단 중심의 교수-학습 방법으로 서로 다양한 임무를 수행하는 과정에서 감정이입적 상호작용을 통해 인간관계를 개선하고, 선입관과 편견에서 벗어나며 궁극적으로 합리적인 문제 해결을 돕기 위해 활용된다. 역할극은 소규모 집단에 적합하고, 집단 구성원 간의 상호작용 과정에서 체험을 통한 학습이 가능한 방식이다. 역할극은 지식의 변화뿐만 아니라 태도나 행동의 변화를 유도하기 위한 기법이다.

1) 역할극의 절차

역할극은 다음의 절차를 통해 이루어진다.

첫째, 역할극에서 다뤄질 문제는 복잡하지 않고 명료한 것이 좋다.

둘째, 상황 설정에 있어 다수의 구성원이 실질적으로 자신의 문제로 느낄 수 있는 상황이 설정될 때 더욱 효과적이다.

셋째, 역할과 연기자의 수 그리고 물리적 환경에 있어 사전 준비 대본을 사용할 것인지 주된 내용과 진행 계획만을 설정할지 결정한다.

넷째, 가장 중요한 배역을 결정한다.

다섯째, 실현 준비 연기자는 역할을 익히고 관찰자는 관람해야 할 내용을 숙지하고 시연 후에 토의 참가를 위한 준비를 한다.

여섯째, 역할극을 실현한다.

2) 역할극의 장단점

① 장점

첫째, 세상을 다양한 시각에서 볼 수 있는 안목을 기를 수 있다. 집단 구성원들의 경험을 공유함으로써 서로 간의 대화가 깊어지는 등 결속을 높일 수 있다.

둘째, 바로 짐 문제에 관한 관심을 높이고, 집단 구성원들의 자발스럽고 적극적인 참여를 이끌어 낼 수 있다.

셋째, 연기자 자신은 다른 사람으로 가장 되기 때문에 역할 그 과정에서 자신의 감정과 신념을 자유로의 표출함으로써 심리적 억압을 해소할 수 있다.

② 단점

첫째, 실제 연출을 위해서는 상당한 기술이 요구된다. 준비하는 데 많은 시간이 소요된다.

둘째, 연기가 너무 서툴게 수행될 경우에는 교육적 효과를 기대하기 어렵다.

셋째, 교육 효과를 정확히 예측하거나 평가하는 데 어려움이 있다.

③ 유의 사항

첫째, 교육 요구를 파악하여 역할학습의 주제를 구체적으로 설정해야 한다.

둘째, 역할학습이 시작되기 전에 학생들에게 성취 목표를 명확히 해야 한다.

셋째, 역할학습을 할 수 있는 적절한 환경이 되도록 해야 한다.

넷째, 교수자는 역할 연기의 초점을 분명히 해 주어야 한다.

5. 워크숍

워크숍(workshop)은 특정 학문의 전문가들이 서로 의견을 발표하고 질문에 답하거나 하는 형식의 토론회를 말한다. 공동 관심사를 가진 소수의 집단이 함께 모여 도출된 문제에 대하여 전문가의 감독하에 함께 작업해 나가는 모임이다. 워크숍을 통해 참여자들은 함께 작업을 해 나가면서 공유된 경험과 정보로부터 도출된 문제점에 대한 개선 방안을 마련하고 현장 실무에 적용할 수 있다.

워크숍의 기간은 다양하나 보통 3일에서 3주 정도로 잡으며, 참가 인원은 10~25명 정도로 제한한다. 워크숍은 참여자들의 문제해결 능력 증진, 문제해결 방법 모색, 주제에 대한 공동 작업이 요구될 때 활용된다.

워크숍의 장점은 다음과 같다.

첫째, 집중적인 학습이 가능하다.

둘째, 참여자들의 문제 해결 능력이 향상된다.

셋째, 참여자들의 업무수행 동기를 유발할 수 있다.

그러나 이러한 장점에도 불구하고 참여자들의 준비도 및 참여도가 미약할 때는 주어진 지식만을 수용하는 차원에 머무를 수도 있다. 따라서 효과적인 워크숍을 위해서는 학습자들의 적극적인 참여가 요구된다.

6. 세미나

세미나는 일반적으로 특정한 주제에 관하여 한 주에 한 명 또는 여러 사람이 토의하고 도전하고 논쟁하기 위하여서 모인 학습자들의 조직체로서, 대부분 해당 주제 분야에서 권위 있는 전문가나 전문적인 연구 관련자로 구성된다. 세미나는 해당 분야에 대한 아이디어를 발표하고, 그 분야의 문제점이나 동향 파악 등 그 분야에 대한 학습자의 전반적인 학습 능력을 향상하도록 할 때에 유용하게 사용될 수 있다.

효과적인 세미나를 위해서는 세미나의 준비자가 발제자 선정, 장소 및 시설, 세미나 교재 및 보조재, 좌석 배치, 학습자들의 참여 여부, 진행 매뉴얼 등 세밀한 사전 준비를 해야 한다. 그리고 교수자는 최종적으로 참여자의 역할, 진행 절차, 청중의 참여 여부 등 각종 준비 사항을 최종 점검하며, 학습자들에게 세미나 활동에 대한 안내자 역할을 한다.

세미나의 장점은 다음과 같다.

첫째, 토의 주제에 관한 심층적 연구와 전문 연수 기회를 제공할 수 있다.

둘째, 전문적이고 다양한 발표와 토의를 통해 참석자들의 관심과 흥미를 유발할 수 있다.

셋째, 전문성을 제고하는 효과가 있다.

넷째, 집단 구성원일 때 적극적이고 능동적인 참여로 효과적이다.

다만, 분야와 관련하여 전문적 식견과 배경이 없는 사람들이 집단 구성원인 경우에는 활용할 수 없다는 한계점이 있다.

7. 심포지엄

심포지엄(symposium)은 집단 토의 방식으로 단상 토의라고도 한다. 일반적으로 특정 주제에 대하여 보통 2~5명의 관련 전문가로 구성된 연사가 각자의 견해를 제시한 후 토의하는 일종의 공식적인 좌담 토의이다(신용주, 2021). 심포지엄은 비교적 형식적인 발제 방법으로 사회자, 발표자, 청중으로 구성된다. 심포지엄에서는 준비된 발제 자료만 발표하며, 발제자 간, 발제자와 청중 간의 토론은 허용되지 않는 일방적인 의사소통만이 존재한다.

사회자는 토론이 효과적으로 진행될 수 있도록 시간을 정확히 배정하고, 발제자가 토의 주제에 어긋나지 않도록하며, 논리적인 발제가 이루어지도록 참여자들 간의 합의를 할 수 있도록 해야 한다. 심포지엄에서 발표 시간은 보통 20분을 넘지 않는다.

심포지엄의 장점은 다음과 같다.

첫째, 발표 주제와 관련된 전문 지식, 정보 등을 비교적 단시간에 깊이 습득할 수 있다.

둘째, 발표 주제에 대한 다양한 관점 제시로 총체적 안목을 기를 수 있다.

셋째, 참여자 자신의 견해나 지식 등을 검토하고 수정할 기회를 가질 수 있다.

넷째, 학습자들이 직접 토의에 참여할 수 없는 청중으로 참여하지만, 간접 참여를 통해 학습자들의 학습 동기를 고취하게 하는 등의 학습 효과를 높일 수 있다.

심포지엄의 단점은 다음과 같다.

첫째, 주제에 대한 깊이 있는 논의가 어렵다.

둘째, 발표 내용이 중복될 수 있다.

셋째, 학습자와 발표자 간의 의견 수렴이 없어 청중으로 참여하는 학습자들이 수동적인 자세를 취할 수 있다.

토론 문제

1. 강의법과 토론법의 특징에 대해서 이야기해 보자.

2. 브레인스토밍의 단계와 규칙에 대해 이야기해 보자.

3. 집단 중심 교육방법론의 유의점에 대해 이야기해 보자.

제7장

협동 학습 중심
평생교육방법

많은 사람에게 집중이란 집중할 것에 'Yes'하는 것을 의미한다.
하지만 집중이란 좋은 아이디어 수백 개에 'No'라고 말하는 것이다.
조심스럽게 골라야 한다.

- 스티브 잡스 -

1. 협동 학습 중심 평생교육방법에 대해서 알 수 있다.
2. 협동 학습 모형과 장단점에 대해 설명할 수 있다.
3. 협동 학습 모형을 활용하여 학습자들에게 맞는 학습을 운영할 수 있다.

4차 산업 그리고 스마트 지식정보화 사회로 전환되는 지금, 인터넷에 의한 비대면 학습의 진화로 인해 집단 학습, 즉 협동과 협력의 의미가 퇴색되고 있다. 이러한 시점에서 평생교육 현장에서의 협동 학습에 대한 교수-학습 방법은 매우 중요하다고 할 수 있다.

이번 장에서는 학습을 통하여, 첫째, 협동 학습에 대한 정의와 특징과 장단점을 이해하고 교육 현장 상황에 따른 협동 학습 모형의 학습 진행 과정에서의 진행 절차와 유의 사항에 대해 학습하고 실천할 수 있어야 한다. 둘째, 협동 학습과 협력 학습의 차이점과 공통점을 이해하고, 프로그램 개발과 학습 도구 개발에 활용할 수 있어야 한다. 마지막으로 평생교육 현장에서 학습자들의 다양한 학습 요구를 충족시키고 학습 성취도를 높일 수 있는 적절한 협동 학습 모형에 대한 교수-학습 방법을 개발하고 실행할 수 있어야 한다.

1. 협동 학습의 정의

협동 학습(cooperative learning)은 학습자들의 단순한 지식의 습득에서 벗어나 문제해결능력, 비판적 사고력, 창의성과 같은 고차원적 지식을 습득하는 데 효과적인 교수 방법으로 지난 30여 년 동안 전 세계적으로 교육의 화제가 되어 주목받고 있는 교수 방법이다(Gunter, Estes, & Schwab, 1995). 최근에도 협동 학습은 수업 방법 개선의 하나로 재조명되고 있으며, 협동 학습의 주요 속성 및 효율성 연구와 논의가 꾸준하게 진행되고 있다(Webb, & Mastergeorge, 2003).

협동 학습에 대한 정의는 연구하는 학자들에 따라 "학습 능력이 다른 이들이 같은 학습 목표를 위해 소집단 안에서 같이 활동하는 학습"(Slavin, 1985), "공동의 학습 목표를 달성하기 위하여 학습자들이 서로 협동하는 교수 방법"(Johnson, & Johnson, 1999) 또는 "모든 학습자가 공동과제에 참여할 수 있는 소집단에서 함께 학습하는 것"(Cohen, 1994) 등으로 정의에 대한 작은 차이가 있다. 이를 정리해 보면, 협동 학습이란 '공동의 학습 목표를 달성하기 위하여 소집단 내에서 구성원들 간의 협동 및 협력 과정을 통하여 집단 과제를 해결하는 교수 방법'이라 정의할 수 있다.

따라서 협동 학습은 동료 간의 상호 신뢰와 협동을 바탕으로 학습자들의 인간관계, 자아존중감, 학습 태도, 사회성과 같은 학습자들의 정의적인 발달에도 효과가 있다(Johnson, Johnson, & Stanne, 2000). 즉, 협동 학습은 인간중심 교육과정에서 추구하고 있는 학습자들의 관계와 자아실현을 구현하는 데 적합한 교수 방법 중의 하나라고 할 수 있다(박일수, 2009).

2. 협동 학습의 특징과 장단점

협동 학습은 경쟁 학습이나 개별 학습이 가지고 있지 않은 다음과 같은 일곱 가지 특징을 가지고 있다(정문성, 2002).

첫째, 학습에 대한 목표가 구체적이어서 학습자들의 학습 목표 인식도가 높다.

둘째, 학습자 간에 서로 도와가며 목적을 달성하므로 긍정적 상호 의존성이 있다.

셋째, 대면적 상호작용으로 개개인이 학습 과제에 대한 의무와 책임을 지닌다.

넷째, 학습 팀의 구성은 이질적인 구성을 권하며, 학습 팀의 구성 과정은 협동 학습에서 매우 중요하다.

다섯째, 학습 시간은 기존 학습 시간에 얽매이지 않고 융통적이며, 학습 과제는 학습구성원들에게 공평하게 분담된다.

여섯째, 학습에 대한 동시다발적 상호작용이 일어나 여러 학습 팀이 동시에 긍정적인 학습 상호작용을 하게 된다.

일곱째, 학습 과제가 끝나면 학습자는 반성과 성찰의 시간을 갖는다.

협동 학습의 장점은 다음과 같다. 우수한 학습자가 부족한 학습자를 도울 수 있고, 학습에 대한 정보를 서로 주고받으면서 학습자들이 협동심과 희생정신을 기를 수 있다. 또한 학습 토론과 논쟁 등으로 높은 수준의 사고력 발달이 가능하다.

반면, 일부의 학습 참여자에 의해서만 학습이 이루어질 수 있고, 이로 인해 학습자들 간에 잘못된 정보가 공유될 수 있다. 또한 우수한 학습자는 노력이 공동 분배되어 회의를 느낄 수 있으며(정문성, 2006), 일부 학습자는 노력하지 않고도 무임승차하는 경우가 발생할 수 있다. 따라서 교수자(FT)는 강의식 수업보다 학습 운영에 대한 철저한 준비와 노력이 더욱 필요하다.

3. 협동 학습 모형

협동 학습의 모형은 과제 중심의 협동 학습 모형, 보상 중심의 협동 학습 모형, 교과 중심의 협동 학습 모형 등 세 가지로 나눌 수 있다.

과제 중심의 협동 학습 모형은 다시 과제 분담(Jigsaw) 학습 모형, 집단 탐구(GI) 학습 모형, 자율적 협동(Co-op Co-op) 학습 모형 등 세 가지로 나눌 수 있다. 보상 중심의 협동 학습 모형은 그룹 성취 분담(STAD) 학습 모형, 그룹 게임 토너먼트(TGT) 학습 모형 등으로 나눌 수 있고, 교과 중심의 협동 학습 모형으로는 팀 보조개별(TAI) 학습 모형이 있다.

평생교육 지도자들이 교육 현장에서 협동 학습 모형을 학습 상황에 맞게 선택하여 활용할 수 있도록, 여섯 가지의 협동 학습의 모형에 더 자세히 알아보고자 한다.

1) 과제 중심의 협동 학습 모형

과제 중심의 협동 학습 모형은 과제 분담(Jigsaw) 학습 모형, 집단 탐구(GI) 학습 모형, 자율적 협동(Co-op Co-op) 학습 모형으로 나눌 수 있으며, 각각의 모형에 대한 개요, 학습 진행 절차, 방법은 다음과 같다.

1) 과제 분담 학습 모형

① 이론적 기반

과제 분담(Jigsaw) 학습 모형은 국내에서 가장 먼저 소개된 협동 학습 수업 모형이다. 협동 학습 이론이 국내에 소개되기 전부터 이 모형은 국내 학교 현장에 먼저 알려져서 사용되고 있을 정도로 열린 교육의 대표적인 수업 모형으로 인기가 높았다(조미선, 2004). 그러나 이 모형은 학습자들이 자리를 이동하여 전문가 학습을 한다는 독특한 학습 방식에 평생교육 전문가들의 관심을 받았지만, 여러 가지 문제점들 때문에 그다지 효과적인 결과를 얻지 못하여 많은 비판을 받았으며, 이를 개선한 방법들(Jigsaw2, Jigsaw3)이 개발되기도 하였다.

과제 분담에 Jigsaw(직소)라고 이름을 붙인 이유는 다음과 같다. 원래의 학습 팀에서 개인별로 서로 다른 문제지를 나누어 학습하게 하고 전문가 학습 팀으로 이동하여 토의하고 자기 원래의 학습 팀으로 돌아와서 설명하는 방식으로 원래의 학습 팀에서 전문가 학습 팀으로 갈라졌다가 다시 원래의 학습 팀으로 되돌아오는 것이 마치 조각 그림 끼워 맞추기 게임(Jigsaw Puzzle) 같아서 '직소'라는 이름이 붙여졌다.

직소 모형은 학습 팀원들이 협동하지 않으면 학습 과제를 완성할 수 없도록 함으로써 긍정적인 상호 의존을 극대화한 학습 모형이다. 즉, 과제 분담 학습 모형은 원래의 학습 팀에서 개별로 서로 다른 문제지를 학습하고 전문가 학습 팀에서 토의한 뒤 원래 학습 팀에 가서 설명하는 형태의 학습 모형이라고 할 수 있다.

② 학습 진행 절차

과제 분담 학습 모형의 학습 진행 절차는 [그림 7-1]과 같이 3단계로 진행되며, 그 세부 진행 내용은 다음과 같다.

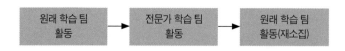

[그림 7-1] 과제 분담 학습 모형의 3단계

- 원래 학습 팀 활동

학습 지도자(교수자: FT)는 학습 주제를 선택한 후, 5~6명으로 구성된 학습 팀을 만들어 각각의 학습 팀에 '전문가 학습지(expert sheet)'를 배포한다. 전문가 학습지에는 수업 주제를 나눈 소주제 및 그와 관련된 세부 주제들도 적혀 있다. 이 소주제를 학습 팀 구성원 각자에게 하나씩 할당하여 주고, 각 주제를 맡은 구성원은 소주제에 대한 전문가 역할을 하게 된다. 전문가 학습지 예시는 [그림 7-2]와 같다.

- 전문가 학습 팀 활동

각 학습 팀에 동일 주제를 맡은 전문가끼리 따로 전문가 학습 팀을 구성하여 함께 학습 활동을 한다. 만약 한 학습의 팀이 5개라면 전문가별로 모인 5명의 전문가로 구성된 전문가 학습 팀의 수도 5개가 될 것이다. 전문가 학습 팀의 활동은 주어진 소주제를 학습한 다음 원래 학습 팀에 돌아가서 원래 학습 팀의 팀원들에게 핵심 내용을 어떻게 전달할 것인가를 중심으로 토론(활동)하게 된다. 이를 위해 학습 지도자(교수자: FT)는 전문가 학습 팀에서 다루고 있는 학습 요점과 범위를 안내하는 자료를 제공해 주는 것이 좋다.

전문가 모둠 1

추위를 막는 온돌 구조

1. 추위를 막는 온돌의 구조를 그리거나 사진을 붙여 봅시다.
2. 온돌의 원리에 대해 말해 봅시다.
3. 온돌의 기능에 대해 말하여 봅시다.
4. 그 밖에 조사한 온돌에 대한 여러 가지를 이야기해 봅시다.

전문가 모둠 2

더위를 막는 온돌 구조

1. 더위를 막는 한옥의 구조를 그리거나 사진을 붙여 봅시다.
2. 한옥에서 마루의 위치를 표시해 봅시다.
3. 대청마루의 기능에 대해 말하여 봅시다.
4. 대청마루의 특징에 대해 말하여 봅시다.

수업 주제 : 우리나라 한옥의 모습

전문가 모둠 3

지방에 따른 집의 모양

1. 남부 · 중부북부 지방의 한옥 모양을 그리거나 사진을 붙여 봅시다.
2. 지방에 따라 가옥의 모양이 어떻게 다른지 설명해 봅시다.
3. 그 이유가 무엇인지 정리해 봅시다.

전문가 모둠 4

바닷가와 섬에 있는 집

1. 울릉도 기후의 특징은 어떠한가요?
2. 울릉도 전통가옥의 모양을 그리거나 사진을 붙여 봅시다.
3. 울릉도 전통가옥의 특징을 말해 봅시다.
4. 제주도 기후의 특징은 어떠한가요?
5. 제주도 전통가옥의 모양을 그리거나 사진을 붙여 봅시다.
6. 제주도 전통가옥의 특징을 말해 봅시다.

[그림 7-2] 전문가 학습지(예시)

- 원래 학습 팀 활동(재소집)

학습자들은 전문가 학습 팀의 활동이 끝났으면 다시 본인이 속한 원래의 학습 팀으로 돌아와서 자기의 전문적인 지식을 학습 팀 내의 다른 동료들에게 전수한다. 다른 동료들은 자기가 전문으로 선택하여 학습한 것 외에는 전혀 학습하지 않았으므로 자신이 학습하지 않은 분야(영역)는 전적으로 동료 전문가의 학습 지식에 의존할 수밖에 없다. 그러므로 동료 전문가의 지도를 적극적으로 수용하게 된다. 이 학습 과정이 끝나면 과제의 범위를 전체로 하여 피드백을 통해 개인 평가를 받는다(정문성, 2006).

〈표 7-1〉은 이러한 진행 절차를 좀 더 쉽게 이해하기 위해 정리한 것이다.

| 표 7-1 | 과제 분담(Jigsaw) 학습 모형 진행 절차 | |

학습 진행 절차		활동 내용

1단계	원래 학습 팀 활동	• 학습 주제 선택(학습 지도자)
		• 학습 팀 구성
		  - 한 팀의 구성은 5~6명
		  - 각 팀에 전문가 학습지(expert sheet) 배포
		• 팀 구성원 각각에게 소주제 할당
		  - 맡은 소주제에 대한 전문가 역할 수행

2단계	전문가 학습 팀 활동	• 전문가 학습 팀 구성
		  - 각 팀의 동일 소주제 전문가끼리 팀 재구성
		• 각 소주제에 대한 팀 학습 활동 수행
		  - 소주제 학습 후 원래 팀에 돌아가 핵심 내용 전달 방안 토론
		  - 학습 지도교수는 전문가 학습 팀이 다루어야 할 학습 요점과 범위를 안내해 주는 자료 제공 필요함

3단계	원래 팀 활동
	(재소집)
		• 전문가 학습 팀에서 학습한 내용 원래 팀원에게 전달
		  - 다른 팀원들은 자기가 전문가 학습팀에서 학습한 것 외에는 학습하지 않았으므로 다른 전문 영역은 동료 전문가 지식에 전적 의존하게 됨
		  - 과정 종료 후 피드백 통해 개인 평가 진행

출처: Keller (2013), p. 53.

(2) 집단 탐구 학습 모형

① 이론적 기반

집단 탐구(Group Inquiry Model: GI) 학습 모형은 '학습자들이 복잡한 주제를 탐구해 나갈 때 집단적으로 학습을 수행하도록 하는 교수 방안'으로 Thelen과 Lippitt가 제안한 수업 모형이다.

이 학습 모형은 학습 지도자(교수자: FT)가 학습에 대한 주제를 설명하고 작은 주제를 제시하면, 학습자들이 관심 있는 부분을 선택하고 동일 주제를 선택한 선택자들끼리 집단을 구성해 과제를 수행하는 형태이다. 학습자들이 공통의 주제를 가지고 함께 문제해결 활동에 참여하는 동안 다양한 주제를 효율적으로 다루는 방법뿐만 아니라 바람직한 사회적 기능을 학습시키는 데 목적이 있다. 특히 학습자들의 학습 속도가 각각 다르고 문제해결 방식도 서로 다르므로 학습 지도자(교수자: FT)는 어느 단계에서는 반복해서 가르쳐 주어야 하며, 어떤 단계는 상황에 따라 생략할 수도 있다(장상호, 1999).

　이 학습 모형의 기본적인 가정은 집단(학급 팀)상황 내에서 학습 과제를 수행하기 위한 추구와 마무리를 할 수 있는 능력은 집단에서의 상황이나 집단이 아닌 다른 상황에서도 필수적이라는 것이다. 이처럼 집단(학급, 팀) 문제해결을 위한 활동에 참여할 수 있는 학습자들은 다양한 방법으로 여러 교과를 학습해 나가는 데 필요한 사회적 기능도 획득해 나가게 된다.

　집단 탐구 학습 모형의 특징으로는 학습자들이 다양하고 복잡한 학습 주제를 집단(학급, 팀)의 형태로 문제에 대한 상황을 파악하고, 탐구하고, 해결하려는 것으로 어느 학습 모형보다도 학습자가 학습에 대한 활동에 강한 통제력을 행사할 수 있도록 하는 특징을 가지고 있다.

② 학습 진행 절차

　이 학습 모형의 학습 진행 절차는 [그림 7-3]과 같이 5단계로 진행되며, 그 세부 진행 내용은 다음과 같다.

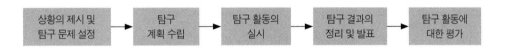

[그림 7-3] Thelen & Lippitt의 집단 탐구 학습 모형의 5단계

・상황의 제시 및 탐구 문제 설정

　교수자(FT)의 중요한 역할 중의 하나는 학습자들이 자기의 생각을 학습 동료들에게 제시하고 학습 동료들로부터 발표된 견해가 존중되는 학습 분위기를 조성하는 것이다. 학습자들이 자신의 느낌과 생각을 학습 과정에서 학습 동료들에게 예의 바르게 질서를 지키며 교환할 수 있으려면 교수자(FT)의 특별한 지도와 연습이 필요하다.

・탐구 계획 수립

　학습자들과 탐구 활동을 시작하기 전에 교수자(FT)의 중요한 임무 중의 하나는 학습자들이 판단이나 결정을 스스로 내릴 수 있는 용기를 북돋아 주는 것이다. 따라서 교수자(FT)는 학습자들에게 어떠한 학습 제안이나, 아이디어를 끌어낼 수 있도록 시간적인 여유를 주어야만 한다. 탐구 계획을 수립할 때는 다음의 절차를 따르는 것이 좋다.

ㄱ 탐구 집단 조직에 대한 하위의 토의 주제 나열하기
ㄴ 탐구할 질문에 대한 하위의 토의 주제 나열하기
ㄷ 정보 수집에 필요한 자원 및 자료의 출처를 계획하기
ㄹ 탐구 결과를 발표하는 방법의 결정
ㅁ 개인이 책임질 과제의 배당

• 탐구 활동의 실시

실제적인 탐구는 학습자들이 스스로 수행하여 나아가는 것이지만, 교수자(FT)는 학습자들이 탐구 활동을 효율적으로 수행하고 있는지 또는 학습 과제를 합리적으로 수행하고 있는지를 계속 확인하고 있어야 한다. 또한 교수자(FT)는 학습자들이 어떻게 과제를 수행해 나가는지 주시하면서 탐구 과정에서 학습자들이 해결하기 어려운 문제에 직면하면 즉시 도움을 줄 수 있도록 해야 하며, 학습자들이 함께 과업을 공동으로 수행해 나가도록 도와줘야 한다. 탐구 활동 실시에서 교수자(FT)는 촉진자, 조력자 또는 자문 인사로 활동해야 한다.

• 탐구 결과의 정리 및 발표

탐구 활동을 모두 마치면 그 활동 내용을 정리한다. 그리고 정리한 내용을 바탕으로 학습자들은 동료나 교수자(FT), 관계자에게 학습자들의 탐구 활동 결과를 발표하게 한다.

• 탐구 활동에 대한 평가

지금까지 학습자들은 일련의 다양한 탐구 활동에 참여해 왔다. 즉, 문제의 발견, 문제의 구조화, 필요한 정보나 자료 등의 수집·분석, 탐구 활동의 실행, 탐구 결과 발표 등이 여기에 속한다(남현주 & 유태명, 1996). 탐구 활동이 끝난 후에도 학습자들은 탐구 활동에 대한 평가를 통해 탐구 경험을 반성해 보면서 여러 가지 학습을 하게

된다(김학용, 1994). 그리고 집단 탐구과정을 평가할 때는 탐구를 유발한 질문들, 탐구 활동의 수행 과정, 집단 과정 등을 고려하는 것이 좋다.

③ 유의 사항

집단 탐구 학습 모형을 학습에 사용할 때 유의해야 할 점은 학습자들이 스스로 좋아하는 학습 과제를 선택할 수 있게 하는 것이 집단 탐구모형의 핵심이므로 교수자(FT)는 강제로 소과제를 부여하지 않아야 한다.

※ 집단 탐구 학습 모형 예시 (소집단 탐구 수업 모형)

출처: 비교론적 관점에 의한 소집단 탐구 수업 모형-창의성 교육넷(크레존)

www.crezone.net>wp-content

수업의 주제 : 대박집과 쪽박집의 '기업가 정신'은 어떻게 다른가?
-기업가 정신의 새로운 적용 방안-

주제 선정의 이유

우리들의 일상생활은 경제 행위와 밀접하게 연관되어 있다. 그래서 우리는 생산, 분배, 소비라는 경제 행위를 하면서 경제 원칙에 따라 합리적 선택을 하고자 노력한다.

중3때는 미시적인 측면에서 경제 내용을 다루고 있다. 특히 'Ⅱ. 민주 시민과 경제 생활'은 민주시민으로서의 자질을 함양한다는 사회과의 본질에 가장 적합한 단원이라고 할 수 있다. 단원 내용 중에서 소비자 입장이 아닌 생산자인 기업가 입장에서 우리 주변의 경제 현상을 접근하고자 수업의 주제를 「대박집과 쪽박집의 기업가 정신은 어떻게 다른가?」로 정하였다. 이 수업을 통해 대박집 사장의 기업가 정신을 배워 우리의 일상 속에서 접목시켜 적용할 수 있는 능력을 기르고자 한다.

창의·인성적 요소

집단 탐구 수행 단계	창의·인성 요소		
문제의식	• 흥미	• 호기심	• 문제 발견
탐구 문제 선정	• 흥미	• 호기심	• 논리분석적 사고
탐구 계획수립	• 다양성	• 논리분석적 사고	• 문제해결력
탐구 활동의 전개	• 개방성	• 다양성	• 확산적 사고
탐구 결과 정리	• 협동	• 수렴적 사고	• 문제해결력
탐구 결과 발표	• 수렴적 사고	• 상상력	• 문제해결력
발표 및 과제 평가	• 비판적 사고	• 논리분석적 사고	
개인별 역할 수행	• 책임	• 협동	• 자부심
모둠 활동의 전개	• 배려	• 존중	• 협동

본 단원의 창의·인성 교육 요소

창의성 교육 요소	• 논리 분석적 사고 • 사고의 수렴(논리, 분석적 사고) • 사고의 확장(확산적 사고, 상상력/시각화)	• 호기심, 흥미 • 문제 해결력
인성 교육 요소	• 개방성(다양성) • 책임(책임감, 소유)	• 협동(배려, 존중)

수업 모형: 비교론적 관점에 의한 소집단 탐구 수업 모형

수업 전 **(준비 및** **참여 관찰)**	• 수업과 관련된 주제 예고 • 대박집과 쪽박집의 구분은 상대적임을 알려줌 • 사전에 주변상가에 들러 대박집과 쪽박집에 대해 참여 관찰을 할 것 • 수업은 인터넷 활용이 가능한 학습실을 활용하면 효과적임 • 인터넷 활용 수업을 위해 '인터넷 학습방'을 개설할 것
탐구 활동 **1차시** **(개별 및** **모둠 활동)**	◦ 상황제시 및 탐구 문제의 선정 　- 대박집과 쪽박집의 기업가 정신이 어떻게 다른 것인지를 '현장의 참여 관찰'과 '인 　터넷 검색'을 통해 비교 분석한 후, 그 결과를 '인터넷 학습방(생생 이코데미)'에 올 　리고 발표한 것을 평가하도록 한다. ◦ 탐구 계획 및 탐구 활동(1) 전개 　1) 두 가지 방법으로 접근 　　① 현장에서의 참여 관찰 비교 　　② 인터넷 기사 탐색을 통한 비교 　2) 두 집단의 비교 내용 　　① 기업가 정신 : 기업가의 창의적인 태도의 차이 　　② 차별화된 전략의 차이 ◦ 탐구 활동(2)의 전개 　1) 기업가 정신을 생활 속에서 적용할 수 있는 사례 발굴 　2) 모둠별로 탐구한 내용을 바탕으로 협력하여 탐구 활동 전개 ◦ 탐구 결과의 정리 　- 이제까지 탐구 활동한 내용들을 정리한다. 　- 대박집 기업가 정신을 생활 속에서 적용하는 방안을 제시하도록 한다.
탐구 활동 **2차시** **(개별 및** **모둠 활동)**	◦ 전시 학습 확인 ◦ 탐구 결과의 발표 　1) 모둠 활동 　　- 모둠별로 탐구한 결과를 '인터넷 학습방(=생생이코데미)'에 올린다. 　　- 모둠별로 정리한 내용을 화면에 띄우고 모둠장이 발표한다. 　2) 개별 활동 　　- 학습지에 개별 활동 내용을 기록한다. ◦ 탐구 활동에 대한 평가 　1) 모둠장 발표와 인터넷 학습방을 참고하여 발표 내용에 대한 모둠 평가(2~5점) 　를 한다. 　2) 개인별 평가는 학습 평가지 수행에 대해 교사가 한다. ◦ 정리 　- 수업 목표를 상기시키며 학습한 내용을 정리한다.
수업 후 **심화 활동**	◦ 경제 논술 글쓰기 대회나 창업 프로젝트 수행 　- '만약 창업을 한다면 어떤 기업가 정신을 가져야 하는가?'와 같은 주제의 경제 글 　쓰기 수업이나 창업 프로젝트 수업과 연계하여 지도한다.

평가 계획

○ 평가 목표
평가 목표는 크게 세 가지로 구분할 수 있다.
첫째, 대박집과 쪽박집의 비교 분석 과정이 확산적 사고를 거쳐 수렴되어 기업가 정신의 차이점을 제대로 찾
    아냈는가?
둘째, 생산자의 기업가 정신을 창의 · 인성적 측면에서 접근하고 있는가?
셋째, 모둠 활동을 통해 기업가 정신을 생활 속의 다른 사례에 적용하고 있는가?

○ 평가 영역 및 평가 내용

교과학습 목표	○기업 경영에 끼치는 기업가 정신의 특성 두 가지를 열거한다. ○대박집과 쪽박집의 차이점 세 가지를 열거한다.
창의인성목표	○대박집 시장의 창의 · 인성적 측면에서의 기업가 정신을 한 가지 찾아낸다. ○기업가 정신을 생활 속의 다른 사례에 한 가지씩 적용한다.

○ 평가
 (1) 발표 내용에 대한 모둠별 '댓글 평가'(35점 만점)
   ① 평점 기준
     - 모둠별 탐구 결과는 '인터넷 학습방' 모둠 코너 올린 것과 발표 내용을 기준으로 한다.
     - 정해진 시간에 모둠별 결과물을 완성하여 올렸는가?
     - 모둠별 탐구 결과가 잘 정리되었는가?
     - 탐구 결과의 내용이 비교분석을 접근하였는가?
     - 모둠원들의 협동이 원활하게 잘 이루어졌는가?
     - 탐구 결과에 대한 모둠 발표가 알기 쉽게 이루어졌는가?
   ② 평점 부여
     - 다른 모둠의 코너에 들어가 자기 모둠의 평점을 협의하여 부여한다.
     - 모둠 평점은 4단계(매우우수5, 우수4, 보통3, 미흡2)로 한다.
     - 모둠 평점의 만점은 5×7개조=35점이 된다.
 (2)개인별 과제 수행에 대한 교사 평가(10점 만점)
     - 수업 주제와 학습 목표에 맞춰 배운 내용이 잘 정리되었는가?
     - 학습지의 수행 정도에 따라 4단계로 나눠 1점~10점을 부여한다.

○평가 시 유의점
 - 학생들이 사전에 평가 방향을 이해하고 실천할 수 있도록 안내한다.
 - 모둠 평가를 위해 구성원들이 협력하도록 유도하고, 개인 평가를 수업 과정을 학습지에 정리하도록 수시
   로 지도한다.

창의적 수업안

■ 집단 탐구 수업: 1/2차시
(장소: 인터넷 활용이 가능한 학습실)

학습 과정	교수–학습 활동	창의·인성 교육 요소	지도상의 유의점
사전 활동	[사전활동] ○모둠 편성 　- 모둠별로 4명씩 8개 모둠으로 구성한다. 　- 모둠 구성원 구성은 학력우수자 1명, 인터넷활용우수자 1명을 기본으로 　　편성하고 나머지는 무작위 추첨으로 한다. ○인터넷 학습방 개설 　- 학교 홈페이지나, 다음 카페, 기타 공공 기관의 공간을 이용하여 '인터넷 　　학습방'을 개설하고 모둠 코너를 만들어 준다. 　- 모든 학생들이 사전에 가입하게 하고 학습 자료 등은 공유한다. ○대박집과 쪽박집에 대한 사전 참여 관찰 활동 　- 모둠 구성원별로 역할을 나눠 유사업종의 쪽박집과 대박집을 선정하여 　　2회 이상 참여 관찰하여 내용을 기록한다. 　- 현장 참여 관찰한 내용은 학생들에게 학습 동기를 부여하고, 비교론적 　　관점의 이해를 돕는 방향에서 추진하도록 한다.	책임 협동 배려	사전에 과제를 구체적으로 안내
도입 (7분)	[학습 주제] ○ 대박집과 쪽박집 비교를 통해 기업가 정신의 중요성을 깨닫고, 생활 속의 　사례에도 적용해 보도록한다. [학습 목표 확인] ○ 단원 목표 　• 기업 경영에 끼치는 기업가 정신의 특성 두 가지를 열거한다. ○ 1/2차시 학습 목표 　• 대박집과 쪽박집의 차이점 세 가지를 열거한다. 　• 대박집 사장의 창의·인성적 측면에서의 기업가 정신을 한 가지 찾아 　　낸다.	호기심 문제 발견	
	[동기 유발] ○ TV프로그램 중에서 대박집에 관련된 영상 자 　료를 3분 정도 보여준다(인터넷으로 검색하 　면 우측 화면처럼 3분 내외 영상을 쉽게 구할 　수 있다). ○ 영상이 끝난 후, 영상에서 본 대박집만의 특 　징이 무엇인지를 이야기하도록 한다. ○ 여기서 대박집과 쪽박집의 구분은 상대적인 　것임을 알려준다. └ 인터넷 대박집	흥미 호기심	

문제
인식과
인터넷
검색
(20분)
	[활동 1] 상황제시 및 탐구 문제의 인식
	○ 학습 주제, 즉 「대박집과 쪽박집의 '기업가정신'은 어떻게 다른가?」를 알려주고, 비교론적 관점에서 기업가 정신의 차이점을 찾아보는 수업 모형에 대해 설명한다.
	
	○ 문제에 접근방법
	  - 학습 주제와 전체적인 수업 흐름도를 이해한다.
	  - 모둠 활동을 중심으로 탐구 활동을 전개한다.
	  - 사전 참여 관찰한 내용과 인터넷 활용 방법을 함께 한다.
	
	○ 사전 참여 활동 정리
	  - 사전 참여 활동에 대해 모듬원 협의를 거쳐 분류한다.
	  - 참여 활동 결과를 정리하여 인터넷 학습방 모둠 코너에 올린다.
		다양성
		개방성	

	[활동 2] 탐구 활동(1)의 전개
	○ 인터넷 검색 활동
	  - 기업가 정신이 무엇인가?
	  - 이노베이션(혁신)이 왜 필요한가?
	  - 기업가 정신의 혁시[=이노베이션(Innovation)]이 시장의 공급과 수요에 끼치는 영향은 무엇인가?
	  - 대박집과 쪽박집의 차이점은 무엇인가?
	  - 기업가 정신이 기업 경영에 왜 중요한가?
	
	○ 인터넷 검색 활동을 통해 얻은 사실들은 모둠 협의를 거쳐 학습지에 정리한다.
		확신적
		사고
		상상력
		수렴적
		사고	

모둠
토론
및
협력
활동
(23분)
	[활동 3] 탐구 활동(2)의 전개 및 정리
	○ 기업가 정신을 생활 속에서 적용할 수 있는 사례 발굴
	  - 탐구 활동 1을 바탕으로 모둠별로 기업가 정신을 적용할 수 있는 사례를 모둠원들과 협력하여 발굴한다.
	  - 사례는 우리 일상생활과 밀접하게 관련되거나 실현 가능한 분야로 접근하도록 한다.
	
	○ 탐구 결과의 정리
	  - 대박집과 쪽박집의 차이점을 모두 적는다(현장에서의 참여 관찰 내용과 인터넷 검색 내용을 비교하여 정리한다).
	  - 대박집 사장의 창의·인성적 측면에서의 기업가 정신을 찾아본다.
	  - 기업가 정신을 생활 속에서 적용할 수 있는 사례도 정리한다.
		확신적
		사고
		상상력
		수렴적
		사고
		
		협동
		문제해결력
		배려
			모둠원 간의
			의사소통이
			원활히 이뤄
			지도록 유도

■ 집단 탐구 수업: 2/2차시

(장소: 인터넷 활용이 가능한 학습실)

학습 과정	교수—학습 활동	창의·인성 교육 요소	지도상의 유의점
도입 (3분)	[전시 학습 상기] [학습 목표 확인] ○ 단원 목표 　• 기업 경영에 끼치는 기업가 정신의 특성 두 가지를 열거한다. ○ 2/2차시 학습 목표 　• 기업가 정신을 생활 속의 사례에 한 가지씩 적용하여 발표한다.	호기심	
모둠 발표 (30분)	[활동 4] 탐구 결과의 발표 ○ 모둠 과제 　- 모둠별 과제를 협의하여 최종 정리한다. 　- 대박집과 쪽박집, 기업가 정신, 생활 속의 적용 사례 등이 명확히 드러날 　　수 있도록 지도한다. 　- 모둠별로 정리한 내용을 인터넷 학습방 모둠 코너에 올린다. ○ 탐구 결과 발표 　- 모둠장은 탐구 결과를 화면에 띄우고 간략히 발표한다. 　- 인터넷으로 탐구 결과를 볼 수 있기에 2~3분으로 제한한다. 　- 모둠 제품 발표가 끝나면 질의·응답할 수 있다. ○ 개인별로는 학습 활동을 학습지에 정리하도록 한다.	책임 문제해결력 상상력	
평가 및 정리 (17분)	[활동 6] 평가 및 정리 ○평가 기준 　- 학습 목표와 연계하여 평가한다. 　- 구체적인 기준은 기업 경영에서의 기업가 정신의 중요성을 파악했는지, 　　대박집과 쪽박집의 차이점을 구분하고 있는지, 창의·인성적 측면에서 　　의 기업가 정신이 무엇인지, 기업가 정신을 생활 속의 다른 사례에 적용 　　하고 있는지를 평가한다. ○평가 방법 　- 모둠 평가와 개별 평가로 한다. 　- 모둠 평가는 다른 모둠의 발표와 인터넷 학습방에 올라와 있는 내용을 　　중심으로 4단계로 평점을 부여한다. 　- 개별 평가는 개인별 학습지 과제 수행을 바탕으로 참여 정도에 따라 교 　　사가 1~10점의 점수를 부여한다. ○정리 　- 처음에 의도했던 학습 목표를 바탕으로 수업 내용을 정리한다. [차시 예고]	논리분석적 사고 비판적 사고	

관련 자료: 「학습평가지」

단원	II 3-2) 민주시민으로서의 생산자 역할		차시	2차시 (~)
학습 주제	쪽박집과 대박집의 기업가 정신은 어떻게 다른가? - 기업가 정신의 새로운 적용 방안 -	참여자	모둠	
			학생	

학습 목표	단원목표		• 기업 경영에 끼치는 기업가 정신의 특성 두 가지를 열거한다.
	차시 목표	1차시	• 대박집과 쪽박집의 차이점 세 가지를 열거한다. • 대박집 사장의 창의·인성적 측면에서의 기업가 정신을 한 가지 찾아낸다.
		2차시	• 기업가 정신을 생활 속의 다른 사례에 한 가지씩 적용한다.

▶수업 진행 흐름도

① 상황제시와 탐구 문제의 선정 → ② 탐구의 계획 수립 → ③ 탐구 활동의 전개 → ④ 탐구 결과의 정리 → ⑤ 탐구 결과의 발표 → ⑥ 탐구 활동에 대한 평가

[1-개별 활동] 학습 개념의 탐구

① 기업가 정신이란? _____

② 이노베이션(Innovation)이란? _____

③ '기업가 정신'이나 '혁신'이 시장에 끼치는 영향 두 가지는? _____

[2-개별 활동] 비교론적 관점에서의 접근

1) 사전에 참여 관찰이나 체험한 내용을 바탕으로 정리해 본다.

기준	대박집	쪽박집
① 상호명과 품목		
② 기업가 정신이나 가게(기업)의 특징		

2) 인터넷으로 검색한 두 기업(가게)의 내용을 정리해 본다.

기준	대박집	쪽박집
① 상호명과 품목		
② 기업가 정신		
③ 가게(기업)의 특징		

3) 대박집과 쪽박집을 비교한 내용을 분석하여 정리해보자.

① 공통점	
② 차이점	
③ 느낀점	

관련 자료: 「학습평가지」

[3-모둠 활동] '기업가 정신'을 이해하고 생활 속에 적용해 보기

① ⬭ 안에 들어갈 말을 두 가지 쓰시오.

> 기업가 정신이란 ⬭ 이다.
> ① _____
> ② _____

② '기업가 정신'을 우리 생활 속의 적용한 사례를 구체적으로 표현해보자.

　□ □ [3-모둠 활동]은 생생 이코데미 학급방에 올리도록 할 것.

[4] 평가 활동

① 개별 평가(☞수업 목표와 연계한 자기 평가)

　ㅇ 이번 수업 주제를 통해 얻은 학습 효과는?

　☞

　ㅇ 조별 또는 개별 활동에서 자신이 한 일은?

　☞

② 평점 합계

조별 활동 ⇒ 다른 조 평점 (만점 35점)	개별 활동 ⇒ 교사 평점 (만점 10점)	합계	비고

수업 진행과정(시나리오)

▶[학습 주제]

[교사] ☞ 오늘 수업은 대박집과 쪽박집 비교를 통해 기업가 정신의 중요성을 깨닫고, 생활 속의 사례에 적용해 보는 데 있습니다.

[학생] ☞ 네.

▶[학습 목표 확인]

[교사] ☞ 오늘 단원 목표는 '기업 경영에 끼치는 기업가 정신의 특선 두 가지를 열거한다.'이고, 1/2차시 학습 목표는 '대박집과 쪽박집의 차이점 세 가지를 열거한다.'입니다. 학습 목표를 염두에 두고 수업에 참여했으면 합니다. 그래서 한 번 읽어 봅시다(읽어준다).

[학생] ☞ 네(따라서 읽는다).

▶[동기 유발]

[교사] ☞ TV 프로그램 중에서 대박집에 관련된 영상 자료를 3분 정도 보여준다(인터넷으로 검색하면 우측 화면처럼 3분 내외 대박집 영상을 쉽게 구할 수 있다.)

[학생] (시청한다.)

[교사] (영상이 끝나고.) ☞ 영상에서 본 대박집만의 특징이 무엇인지를 이야기해보세요.

[학생] ☞ 네(자신이 느낀 바를 발표한다).

└ 인터넷 대박집

▶[활동 1] 상황제시 및 탐구 문제의 인식

[교사] ☞ 오늘 수업은 「대박집과 쪽박집의 '기업가 정신'은 어떻게 다른가?」를 알아보고, 비교론적 관점에서 찾아낸 기업가 정신을 다른 사례에 적용해 보는 데 있습니다. 먼저, 사전 참여 관찰을 통해 탐구한 내용을 학습지에 적도록 합시다.

[학생] ☞ 네(개별 학습지에 적는다).

▶[활동 2] 탐구 활동(1)의 전개

[교사] ☞ 지금부터 인터넷 검색을 통해 대박집과 쪽박집 비교를 통해 기업가 정신의 중요성을 탐구하도록 합시다. 탐구할 내용은 다음과 같습니다.

> ○ 탐구 내용
> - 기업가 정신이 무엇인가?
> - 이노베이션(혁신)이 왜 필요한가?
> - 기업가 정신에 의한 혁신이 시장의 공급과 수요에 끼치는 영향은 무엇인가?
> - 대박집과 쪽박집의 차이점은 무엇인가?
> - 기업가 정신이 기업 경영에 왜 중요한가?

[학생] ☞ 네(인터넷을 통해 탐구한다).

[교사] ☞ 이번 수업 주제가 대박집과 쪽박집을 비교만 하는 데 있는 것이 아니라, 비교 분석을 통해 기업가 정신을 찾아내고, 또 그것을 다른 사례에 적용하는 데 있다는것을 인식하고 검색해야 합니다.

[학생] ☞ 네(수업 주제에 맞게 인터넷을 검색하고 그 내용을 학습지에 정리한다).

수업 진행과정(시나리오)

▶[활동 3] 탐구 활동(2)의 전개 및 정리

[교사] ☞ 다음으로 탐구한 기업가 정신을 생활 속에서 적용할 수 있는 사례에 적용해 보도록 하겠습니다. 모둠원들과 잘 협의하여 적용할 수 있는 사례를 만들어 보도록 합시다.

[학생] ☞ 네(탐구 활동 1을 바탕으로 모둠별로 기업가 정신을 적용할 수 있는 사례를 모둠원들과 협의하여 찾아본다).

[교사] ☞ 사례는 우리 일상생활과 밀접하게 관련되거나 실현 가능한 분야로 접근하도록 하세요.

[학생] ☞ 네.

[교사] ☞ 모둠별로 탐구한 결과는 학습지에 정리하도록 합니다.

[학생] ☞ 네(대박집과 쪽박집의 차이점을 모두 적는다. 현장에서의 참여 관찰 내용과 인터넷 검색 내용을 비교한다).

▶[활동 4] 탐구 결과의 발표

[교사] ☞ 개인별로 적은 학습지를 바탕으로 모둠별로 정리하세요.

[학생] ☞ 네(모둠별로 과제를 협의하여 최종 정리한다. 이 때 대박집과 쪽박집, 기업가 정신, 생활 속의 적용 사례 등이 명확히 드러날 수 있도록 정리한다).

[교사] ☞ 정리한 내용을 인터넷 학습방 모둠 코너에 올리도록 하세요.

[학생] ☞ 네(모둠별로 정리한 내용을 인터넷 학습방 모둠 코너에 올린다).

[교사] ☞ 이제까지 수고하셨습니다. 지금부터 모둠별로 기업가 정신을 적용한 사례를 발표하도록 하겠습니다. 모둠별 발표 시간은 3분 이내입니다. 발표할 때 잘 듣고 그것에 대해 학습 평가란에 장점과 단점을 적고, 개인별 평점을 매겨보도록 하세요. 자, 그럼 발표하세요.

[학생] ☞ 네(모둠장은 탐구 결과를 하면에 띄우고 간략히 발표한다).

[교사] ☞ (모둠별 발표가 끝난 후) 혹시 1모둠 발표에 대해 질문 있나요?

[학생] ☞ 네(해당 학생은 질문을 한다).
　　　 ☞ (발표 모둠장은 답변해 준다).

[교사] ☞ 모둠 활동에 이어 발표까지 수고 많았습니다.

▶[활동 6] 평가 및 정리

[교사] ☞ 지금부터 평가 시간을 갖도록 하겠습니다. 이제까지 다른 모둠의 활동 내용에 대해 모둠원들과 협의하여 평점(5~2점)을 댓글과 함께 남겨 주기 바랍니다.

[학생] ☞ 네(모둠원들과 협의하여 다른 모둠의 평점을 매기고, 그것을 댓글과 함께 올린다).

[교사] ☞ (모둠별 평가가 모두 끝난 후) 수고 많았습니다. 마지막으로 오늘 배운 내용을 정리하도록 합시다(학습 목표와 연계하여 '기업 경영에 끼치는 기업가 정신은 무엇인지?' '대박집과 쪽박집의 차이점은 무엇인지?' '기업가 정신을 생활 속의 어떤 사례에 적용했는지'에 대해 정리해 준다).

[학생] ☞ (학생들은 경청한다.)

[교사] ☞ 수고 하였습니다. 개인별 학습지를 제출하면 개인별 평점을 부여하겠습니다.

[학생] ☞ 네(개별 학습지를 제출한다).

▶[차시 예고]

[교사] ☞ 다음 시간에서는 '경쟁시장'과 '독과점 시장'의 비교를 통해 경쟁의 효과를 알아보고, 그것을 적용하는 사례를 탐구하는 시간을 갖도록 하겠습니다.

[학생] ☞ 네. 수고하셨습니다.

관련 자료: 인터넷 학습방 「생생 이코데미」

☞ 인터넷을 활용한 수업을 위해서는 사전에 '인터넷 학습방'을 만들어야 한다.

☞ 아래 화면은 클릭경제교육 사이트에 개설되어 있는 경제 학습방 「생생 이코데미」에 대한 내용이다.

☞ 「생생 이코데미」((http://cafe.kdi.re.kr/community))를 통해 학생들은 글쓰기, 학습 자료 공유, 과제 제출, 탐구 활동 등의 정보들을 공유하며 유용하게 활용하였다.

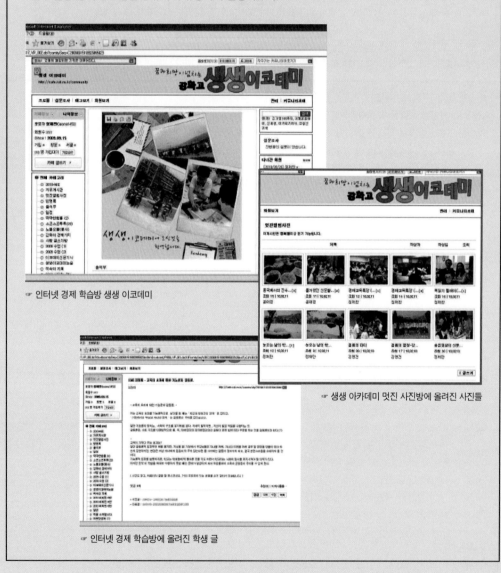

☞ 인터넷 경제 학습방 생생 이코데미

☞ 생생 아카데미 멋진 사진방에 올려진 사진들

☞ 인터넷 경제 학습방에 올려진 학생 글

(3) 자율적 협동 학습 모형

① 이론적 기반

자율적 협동(Co-op Co-op) 학습 모형은 집단 탐구(GI) 학습 모형을 보완하기 위한 것으로, 자율적 협동 학습 모형은 집단 탐구 학습 모형이 정교하지 못한 절차와 활동으로 인해 협동 학습의 효과를 충분하게 보여 주지 못한 점을 보완하기 위해 Kagan에 의해 개발되었다. 자율적 협동 학습 모형은 집단(학급, 팀)에서 정한 과제를 여러 학습 팀으로 구성된 학급 전체가 협동으로 해결하기 위하여 학습 팀별로 협동 학습을 하는 형태의 독특한 형태의 학습이다.

자율적 협동 학습 모형을 활용하여 진행하는 학습에 참여하는 학습자들은 전체 학급에서 교수자(FT)가 제시한 학습 주제에 대해 학습 내용을 대략 적으로 토론한 뒤 여러 소주제를 나눈다. 자신이 원하는 소주제를 다루는 학습 팀에 속하여 학습 팀 내에서의 토의를 통하여 그 소주제를 더 작은 소주제로 나누어 학습자들이 각각 맡은 부분을 심도 있게 조사한 후 학습하고 오게 한다.

학습자는 자신이 조사한 내용을 가지고 학습 팀에서 정보를 나누게 되고, 학습 팀별로 맡은 소주제를 학급에서 발표해 학급 전체에게 주어진 학습 과제를 완수하게 된다.

자율적 협동 학습 모형의 기본은 학습자들이 학습에 대한 호기심과 같은 관심이 있는 학습자들끼리 과제를 함께 해결하고자 하는 의지가 있다는 것이다. 그러므로 자율적 협동 학습 모형은 어느 정도 학습자들이 협동 학습에 대한 기본적인 훈련이 되어 있는 상황에서 어떤 학습 주제에 대하여 전문적인 사고력을 활용하여 학습하고자 하는 의지가 있는 학습자들에게 적합한 학습 모형이라고 할 수 있다. 그러나 만약 교수자(FT)나 학습자들이 협동 학습에 대한 준비가 되어 있지 않으면 쉽게 실패할 수 있는 수업 모형이기도 하다.

이 모형의 특징은 다음과 같다.

첫째, 각 학습 팀이 학급 전체 학습 주제와 관련된 소주제를 학습하여 학급에 공헌하도록 하는 학급 전체의 협동과 그룹 성취 분담(STAD) 학습 모형과 직소(Jigsaw) 학습 모형에서 학습자가 자신이 속해 있는 팀을 위해 협동 학습을 하는 반면, 자율적 협동 학습 모형에서는 자신의 호기심을 만족하고, 공부한 내용을 학습 팀원들과 공유하기 위해 학습하므로 협동을 위한 협동 학습을 한다.

둘째, 학습자들이 학습 주제를 자기 스스로 선정하여 수행한다는 것에서 프로젝트 수업 모형과 매우 비슷하다. 하지만 프로젝트 수업 모형에서는 각각의 학습 팀이 정한 학습 주제가 높은 상관관계에 있는 것이 아니지만, 자율적 협동 학습 모형에서는 학습 팀이 수행하는 과제들이 높은 상관관계로 연결되어 있다는 점에서 가장 큰 차이점이 있다. 즉, 협동을 위한 협동 학습 모형은 이전에 협동 학습 수업 모형에 비해 다소 구성주의적이라고 할 수 있다.

셋째, 그룹 성취 분담(STAD) 학습 모형과 직소(Jigsaw) 학습 모형에서는 학습과 협동은 수단이며 목적은 승리하는 것에 있다. 그러나 자율적 협동 학습 모형에서는 학습과 협동이 모두의 목적이 된다.

② 학습 진행 절차

자율적 협동 학습 모형의 학습 진행 절차는 [그림 7-4]와 같이 10단계로 진행되며, 그 세부 진행 내용은 다음과 같다.

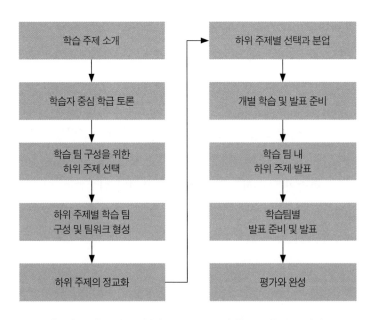

[그림 7-4] 자율적 협동(Co-op Co-op) 학습 모형의 10단계

- 학습 주제 소개

교수자(FT)가 학습 주제를 학습자들에게 소개하는 단계로 교수자(FT)가 학습하고자 하는 학습 주제를 선택하고 학습자들에게 제시한다. 교수자(FT)는 다양한 학습 자료를 제시하여 학습자들의 학습 동기 유발을 위한 노력을 해야 한다.

- 학습자 중심 학급 토론

학습 주제에 대하여 브레인스토밍을 통해서 알고 싶은 것 등을 정리하고 토론을 통하여 학습에서 다루는 주제를 자기 것으로 내면화한다.

- 학습 팀 구성을 위한 하위 주제 선택

교수자(FT)가 학습 팀 구성을 위한 하위 소주제들을 선택 단계이다. 교수자(FT)는 학습자들이 학습하고자 하는 소주제들을 정리하고 학습자는 이를 선택한다.

- 하위 주제별 학습 팀 구성 및 팀워크 형성

학습자들이 하위 주제에 대한 하위 주제를 정하고 역할을 분담한다. 이때 교수자(FT)는 학습자들이 관심 있는 하위 주제별로 학습 팀을 구성하고 다양한 학습 팀 팀워크 만들기 활동을 통하여 학습 팀 구성원들의 팀워크를 다진다.

- 하위 주제의 정교화

학습팀 학습자들이 하위 소주제를 정교화한다. 이때 하위 소주제별로 모인 학습 팀에서 자기가 맡은 소주제에 대하여 팀원들과 토의하면서 소주제를 정교화하고 학습 연구 방향을 잡는다.

- 하위 주제별 선택과 분업

학습자들이 개별적으로 자신이 맡은 개인별 과제를 조사하고 준비한다. 이때 하위 주제 안의 학습 소주제(mini topic)를 정리하고 이를 학습 팀원들이 분담한다.

- 개별 학습 및 발표 준비

학습자 개인이 자신이 맡은 학습 과제를 학습하고 학습 팀 내 발표 준비를 한다.

이때 팀원 각자가 학습한 결과를 나눈다.

• 학습 팀 내 하위 주제 발표

학습자들이 하위 학습 소주제를 학습팀 안에서 발표한다. 발표하기 전에 교수자 (FT)는 학습 팀 안에서 팀장, 기록자 등의 역할을 나누어 수행할 수 있도록 사전 준비하고 학습팀장의 리드에 따라서 학습 팀원들과 협의하여 발표가 진행될 수 있도록 한다.

• 학습 팀별 발표 준비 및 발표

학습 팀별로 발표 준비를 한다. 이때 학습 팀별 학습 팀장은 학급 전체에 발표할 보고서를 학습 팀원들과 함께 준비하고 학습 자료를 제작하여 학급 전체 학습자들에게 발표할 시간을 갖는다.

• 평가와 반성

학습자 자기 평가, 학습자 동료 평가, 교수자(FT) 평가 등 다면적 평가 방법을 활용하여 평가하고 이에 따른 보상을 한다.

〈표 7-2〉는 이러한 10단계 진행 절차를 좀 더 쉽게 이해하기 위해 정리한 것이다.

표 7-2 자율적 협동 학습 모형(Co-op Co-op)의 구성

학습 진행 절차		활동 내용
1단계	학습 주제 소개	• 학습 주제 선택 및 소개 이 단계의 학습 목적은 학습자들의 학습 동기를 자발적으로 불러일으키는 것이다. 강의나 강연, 비디오, 인쇄물 등 학습자들의 관심을 자극할 수 있는 자료를 많이 사용할수록 좋다.

2단계	학습자 중심 학급 토론	• 학습자들은 학습 주제에 대해 알게 된 것, 더 알고 싶은 것을 브레인스토밍을 활용해 학습하고, 학습 결과에 대해 학급 전체 토론 이러한 학습자들의 토론 과정에서 학습한 하나의 주제에 대해 다양한 소주제들이 만들어진다. 언급된 주제들을 하나도 빠짐없이 모두 열거한 뒤에 팀 토론을 통해 주제를 분류한 다음 최종적으로 다룰 주제를 정한다.
3단계	학습팀 구성을 위한 하위 주제 선택	• 하위 주제 선택 학습자들은 학습 주제 중 학습하고자 하는 주제를 선택한다.
4단계	하위 주제별 학습팀 구성 및 팀워크 형성	• 소집단 편성 학습자들이 선택한 주제를 중심으로 학습 소집단을 편성하고 학습 소집단별로 효율적인 학습 팀 활동을 위해 팀워크를 구축한다.
5단계	하위 주제의 정교화	• 정교하고 구체화된 연구 범주 정하기 하위 소주제별로 모인 학습 소집단은 집단 내의 학습 토의를 통해서 학습자들이 맡은 하위 소주제를 정교한 형태로 구체화하고 연구 범위를 정한다.
6단계	하위 주제별 선택과 분업	• 소주제 분담 학습 소집단의 학습 팀원들은 정교화된 하위 소주제를 몇 개의 학습 소주제로 나누고 이를 학습 구성원 전체가 원하는 학습 소주제를 분담한다.
7단계	개별 학습 및 발표 준비	• 소주제에 대한 개별 학습 및 발표 준비 학습자들은 자신이 맡은 학습 소주제를 개인적으로 학습하고, 학습 소집단 내에서 발표할 수 있는 준비를 한다.
8단계	학습 팀 내 하위 주제 발표	• 소주제에 대한 학습 및 조사 결과를 발표 학습 팀 내에 역할을 맡지 않은 학습자들은 토론자, 기록자 등으로 각자의 역할을 분담하여 학습 발표의 품질을 높이는 데 도움을 줄 수도 있다.
9단계	학습 팀별 발표 준비 및 발표	• 발표할 보고서 준비 학급 내에서 발표한 학습 내용을 학습의 주제에 따라 다양한 형태로 발표할 수 있도록 준비한다. • 학급 전체에 대해 발표 학습 전체 학습으로 학습 전체가 학습 토의에 임한다.

10단계	평가와 반성	• 학업 성취에 대한 평가는 개인, 학습 소집단별로, 학급 전체에 대한 발표와 보고 평가 소집단 평가일 경우 자체 평가 40%, 교수자(FT) 평가를 60%의 비율로 하는 것이 좋다. 학습 소집단별 자체적인 평가와 생산적인 학습 소집단 활동을 위한 학습자 개인의 자기 평가도 도움이 될 것이다.

2) 보상 중심의 협동 학습 모형

보상 중심의 협동 학습 모형은 그룹 성취 분담(STAD) 학습 모형, 그룹 게임 토너먼트(TGT) 학습 모형으로 나눌 수 있으며, 각각의 모형에 대한 개요, 학습 진행 절차와 방법은 다음과 같다.

(1) 그룹 성취 분담 학습 모형

① 이론적 기반

그룹 성취 분담(Student Teams-Achievement Division: STAD) 학습 모형은 개별 학습자의 향상 점수를 통해 학습 팀의 점수를 정하는 향상 점수로 환산해 보상하므로 능력이 낮은 학습자도 최고의 점수를 획득할 기회가 있고, 집단 보상, 개별 책무성, 성취 결과의 균등 분배를 추구하므로 팀원 모두가 향상해야 팀이 성공할 수 있는 구조로, 긍정적 상호의존성과 학습 목표 달성이 가능하다.

② 학습 진행 절차

그룹 성취 분담 학습 모형의 학습 진행 절차는 [그림 7-5]와 같이 6단계로 진행되며, 그 세부 진행 내용은 다음과 같다.

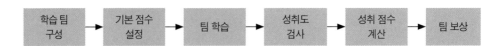

[그림 7-5] 그룹 성취 분담(STAD) 학습 모형의 6단계

- 학습 팀 구성

교수자(FT)는 성취도 수준이 서로 다른 학습자들을 한 팀으로 나누고 배정한다.

- 기본 점수 설정

학습 주제에 대한 학습자들의 수준을 진단 및 평가하여 기본 점수를 설정한다.

- 팀 학습

팀 학습을 진행한다. 이때 같은 팀의 동료가 모두 학습했는지 확인하고, 모두가 자료를 완전히 이해하기 전에는 누구도 학습을 끝내지 않도록 하며, 학습 교수자(FT)에게 도움을 청하기 전에 먼저 팀 동료에게 도움을 청해야 한다.

- 성취도 검사

성취도 검사는 개인별로 형성평가를 통해 실시한다. 이때 학습자들이 서로 돕지 못하도록 같은 팀원들끼리 붙어 앉지 않게 진행하고 한다.

- 성취 점수 계산

이 절차는 개인별로 기본 점수에서 향상된 점수를 계산하는 단계로, 향상된 점수를 팀원들의 개인 향상 점수로 환산한 후 팀원들의 개인 향상 점수들을 모두 더해서 팀 향상 점수를 계산한다.

- 팀 보상

팀 점수에 따라 팀의 순위를 정한 후 팀 향상 점수가 가장 높은 팀에 보상한다. 이때 적절한 호칭 등으로 격려하되 보너스 점수는 주지 않도록 유의해야 한다.

〈표 7-3〉은 이러한 진행 절차를 좀 더 쉽게 이해하기 위해 정리한 것이다.

표 7-3 그룹 성취 분담(STAD) 학습 모형 진행 절차

학습 진행 절차		활동 내용
1단계	학습 팀 구성	• 학급의 학습자들을 팀으로 나누고 배정 - 한 팀의 구성은 성취도 수준이 서로 다른 학습자로 구성해야 한다.
2단계	기본 점수 설정	• 학습 주제에 대한 학습자 개개인을 진단 평가하여 팀의 기본 점수를 설정한다.
3단계	팀 학습	• 팀별 학습 - 같은 팀의 동료가 모두 학습했는지 확인한다. - 팀원 모두가 자료를 완전히 이해하기 전에는 누구도 학습을 끝내지 않는다. - 교수자(FT)의 도움이 필요할 때 도움을 요청하기 전에 먼저 팀 동료에게 도움을 청한다.
4단계	성취도 검사	• 형성평가 - 개인별로 시험을 실시한다. - 학습자들이 서로 돕지 못하도록 같은 팀원들끼리 서로 떨어져 앉는다.
5단계	성취 점수 계산	• 개인별로 기본점수에서 향상된 점수 계산 - 향상된 점수를 개인 향상 점수로 환산한다. - 팀원 개인 향상 점수를 더하여 팀 향상 점수를 계산한다.
6단계	팀 보상	• 팀 향상 점수에 따라 서열 결정 - 팀 향상 점수가 가장 높은 팀에 보상한다. - 적절한 호칭 등으로 격려한다. - 보너스 점수를 주지 않는다.

(2) 그룹 게임 토너먼트 학습 모형

① 이론적 기반

그룹 게임 토너먼트(Teams Game Tournaments: TGT) 학습 모형은 그룹 성취 분담(STAD) 학습 모형의 시험을 토너먼트 방식의 게임으로 변형한 것이다. 능력 수준이 비슷한 학습자들끼리 경쟁하며 역량을 강화하는 학습 모델로서 수준별 토너먼트 게임으로 수준별 퀴즈, 팀 점수로 합산하여 보상하는 학습 모형이다.

이 모형은 단순 암기나 훈련 등의 과제 학습에 도움을 준다.

② 학습 진행 절차

그룹 게임 토너먼트 학습 모형의 학습 진행 절차는 [그림 7-6]과 같이 5단계로 진행되며, 그 세부 내용은 다음과 같다.

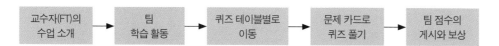

[그림 7-6] 그룹 게임 토너먼트(TGT) 학습 모형의 5단계

• 교수자(FT)의 수업 소개

학습을 진행하는 교수자는 학습 단원 전체 개요에 대해 직접 수업한다.

• 팀 학습 활동

학습 팀을 구성할 때는 이질적인 학습자들로 팀을 구성하고 팀별로 학습지를 나누어 주고 팀 학습을 진행한다.

• 퀴즈 테이블별로 이동

팀 학습이 끝나면 각 팀에서 비슷한 학습 능력이 있는 학습자들끼리 모인 테이블로 이동을 한다.

• 문제 카드로 퀴즈 풀기

비슷한 학습 능력이 있는 학습자들끼리 주어진 문제 카드를 이용하여 퀴즈 풀기를 진행한다.

• 팀 점수의 게시와 보상

퀴즈 풀기를 통해 맞힌 문제 수에 따라 등수를 결정하고 등수에 따라 점수를 부여한 후 각각의 팀별 점수를 합산하여 팀 점수를 게시한다. 팀 점수가 가장 높은 우수한 팀에게 보상한다.

〈표 7-4〉는 이러한 진행 절차를 좀 더 쉽게 이해하기 위해 정리한 것이다.

표 7-4 그룹 게임 토너먼트(TGT) 학습 모형 진행 절차

학습 진행 절차		활동 내용
1단계	교수자(FT)의 수업 소개	• 학습 진행 교수자(FT)가 학습 단원 전체의 개요에 대해 직접 수업
2단계	팀 학습 활동	• 학습 능력이 다른 학습자들로 팀 구성 • 팀별로 학습지를 나누어 주고 팀별로 학습 진행
3단계	퀴즈 테이블별로 이동	• 각 팀에서 비슷한 학습 능력이 있는 학습자들끼리 모인 테이블로 이동
4단계	문제 카드로 퀴즈 풀기	• 비슷한 학습 능력이 있는 학습자들끼리 퀴즈 풀기
5단계	팀 점수의게시와 보상	• 맞힌 문제 수에 따라 등수를 결정 • 등수에 따라 점수를 부여 • 점수를 합산하여 팀 점수 계산 • 팀 점수가 우수한 팀에게 보상

3) 교과 중심의 협동 학습 모형

교과 중심의 협동 학습 모형으로는 팀 보조 개별(TAI) 학습 모형이 있다. 학습 모형에 대한 개요, 학습 진행 절차와 방법은 다음과 같다.

(1) 팀 보조 개별 학습 모형

① 이론적 기반

팀 보조 개별(Team Assisted Individualization: TAI) 학습 모형은 Siavin, Madden과 Leavey(1984)가 초등학교 3~6학년 학생들의 수학 교과목을 학습하기 위해서 개발한 학습 모형으로 개별수업의 비효율성 문제를 해결하기 위하여 소집단에 대한 지시적 교수 방법과 프로그램화된 자료를 통한 개별 활동과 집단 학습을 결합하여 개발된 모형이다(박일수, 2005).

이 학습 모형은 개별 학습과 협동 학습이 동시에 이루어지는 형태로 학습 팀의 구성은 그룹 성취 분담 학습 모형과 같지만, 팀이 같은 내용을 배우지 않는 학습 방법이다. 이 모형에서 학습자는 스스로 학습하고 필요할 경우 도움을 받고, 학습을 지도하는 교수자(FT)는 수준이 같은 학습자들을 모아서 직접 지도하고 다른 학습 팀원

들은 학습을 이어간다.

팀 보조 개별 학습의 특징은 다음과 같다.

첫째, 성적이 낮은 학습자와 우수한 학습자의 학습 자료와 목표를 다르게 하여 배치 검사를 하고 배치 검사를 통해 개인차를 고려한 학습 평가가 가능하다.

둘째, 같은 팀 속에서 상호 교수에 의한 상호작용이 가능하기에 협동 학습의 효과가 있고, 같은 수준의 학습자 그룹을 개별지도가 가능하기에 개별 학습의 효과가 있다. 즉, 협동 학습과 개별 학습의 이중적 효과가 있다. 하지만 팀 보조 개별 학습은 복잡하기에 교수자(FT)와 학습자가 학습에 익숙해지기 위해 많은 시간과 노력이 필요로 하는 단점을 가지고 있다.

② 학습 진행 절차

팀 보조 개별 학습 모형의 진행 절차는 [그림 7-7]과 같이 6단계로 진행되며, 그 세부 내용은 다음과 같다.

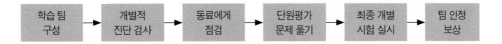

[그림 7-7] 팀 보조 개별(TAI) 학습 모형의 6단계

• 학습 팀 구성

학습을 진행하는 교수자(FT)는 학습에 맞게 학습 팀을 4~5명으로 구성하되, 이질적 학습자들로 팀을 구성한다.

• 개별적 진단 검사

수준에 맞는 학습지를 제공하고 학습지를 통해 개별로 진단한다(개별 학습).

• 동료에게 점검

개별 학습지를 완전히 학습할 때까지 동료 또는 교수자(FT)의 도움을 받는다.

• 단원평가 문제 풀기

학습한 단원에 대한 평가 문제를 풀고 동료 간 상호 교환 후 채점한다.

• 최종 개별 시험 실시

단원평가 점수가 80% 이상이면 최종 개별 시험 실시를 한다.

• 팀 인정 보상

팀 점수 계산과 보상을 위해 최종 개별 시험의 점수를 팀별로 합한 후 이를 팀 점수로 산정하고 팀의 기준 점수보다 높게 나온 우수한 팀을 보상한다.

〈표 7-5〉는 이러한 진행 절차를 좀 더 쉽게 이해하기 위해 정리한 것이다.

표 7-5   팀 보조 개별(TAI)학습 모형 진행 절차

	학습 진행 절차	활동 내용
1단계	학습 팀구성	• 학습 능력이 다른 4~5명의 학습자를 팀으로 구성
2단계	개별적 진단 검사	• 개인별로 수준에 맞는 학습지를 제공하여 주고, 강의 후 진단 평가를 하기 위한 개별화 프로그램 제공
3단계	동료에게 점검	• 개별 학습지를 완전히 학습할 때까지 동료 및 교수자(FT) 집단을 통해 도움을 받아 주어진 과제를 해결
4단계	단원평가 문제 풀기	• 개별 학습지에 제시된 평가 문제 풀기 • 동료 간 상호 교환한 후 채점
5단계	최종 개별 시험 실시	• 단원평가 점수가 80% 이상 시 최종 개별 시험 실시
6단계	팀 인정 보상	• 주말마다 집단 점수 계산 • 기준 점수에 달성한 우수한 팀에게 보상

4. 협동 학습과 협력 학습의 차이

협동 학습의 학습 모형들을 평생교육 현장에서 도입하고 활용하기 위해서는 교수자(FT)가 협동 학습에 대한 필요성과 신뢰성을 인지하고 활용하고자 하는 의지가 있어야 가능하다. 협동 학습 모형을 활용하여 평생교육 현장에서 학습을 진행하는 교수자(FT)들의 이해를 돕기 위해 선행연구를 통하여 협력 학습의 차이점과 공통점을 비교하여 제시하고자 한다. 협동 학습과 협력 학습과의 차이점 네 가지와 공통점 두 가지로 정리할 수 있으며, 그 내용은 다음과 같다.

1) 차이점

협동 학습과 협력 학습의 차이점은 다음과 같다.

첫째, 협동 학습은 John Dewey의 철학적 저작물과 Kurt Lewin의 집단 역학에서 비롯되었으며, 미국 전통에 기초하여 사회적 상호의존 이론[1]과 인지발달 이론을 기초로 하고 있다. 협력 학습은 구성주의 학자들의 교육철학적인 담론을 교실 속에서 실천하며 사용한 영국적 전통에 기초한 개념이며, 학습자들이 자기의 배움에 더욱 더 적극적인 역할을 취하게 할 수 있도록 한다.

둘째, 기본적이거나 기초적인 지식을 학습하는 초ㆍ중등교육에서는 협동 학습이, 비 기초적인 지식을 배우는 고등ㆍ성인 교육에서는 협력 학습이 적당하다고 보기도 한다.

셋째, 구조화(절차, 개인의 역할, 보상 활용)된 학습 활동을 중요시하는 것이 협동 학습이라면, 그보다 더 비구조적이고 학습 팀의 학습 자율성을 강조하는 것을 협력 학습으로 보기도 한다(정문성, 2002).

넷째, 협동 학습은 구조화된 또래 가르치기, 협력 학습은 탈구조화된 또래 가르치기로 정리하기도 한다.

2) 공통점

협동 학습과 협력 학습의 공통점에 대해 Jacobs는 다음과 같이 정리하였다.

1　사회적 상호의존 이론: 집단 속에서의 개인은 공동 목표를 통해 상호의존적이 되고, 목표 달성 동기는 개별적ㆍ경쟁적ㆍ협동적 행동의 동인이 된다. 사회적 상호의존성은 결과적 상호의존성(목표, 보상)과 수단적 상호의존성(자원, 역할, 과제) 차원으로 나누어진다.

첫째, 두 용어 모두 학습자 중심의 접근을 나타내므로 동의어 취급을 해야 하며, 둘째, 중요한 것은 명칭이 아니라 협력적 배움을 어떻게 촉진할 것인가이다(정문성, 2002).

〈표 7-6〉은 이와 같은 협동 학습과 협력 학습의 차이점과 공통점에 대해 조금 더 이해를 돕기 위해 정리한 것이다.

표 7-6　협동 학습과 협력 학습의 차이점과 공통점

구분		협동 학습	협력 학습
차이점	학문적 전통	미국적 전통에 기초한 사회적 상호의존 이론과 인지발달 이론에 기초	영국적 전통에 기초한 구성주의 교육철학 개념에 기초
	학습 참여 연령대	기본적인 지식을 학습하는 초 · 중등에서 적당	고등 · 성인 교육에서 적당
	학습 활동의 구조화	구조화된 활동 중시	비구조적이고 학습 팀의 자율성 강조
	교수 대상	구조화된 또래 가르치기	탈구조화된 또래 가르치기
공통점		• 두 용어 모두 학습자 중심의 접근을 나타내므로 동의어로 취급할 필요가 있음 • 명칭이 아니라 '협력적 배움을 어떻게 촉진할 것인가?'가 중요함	

토론 문제

1. 협동 학습의 정의와 특징과 장단점에 대해 설명해 보자.

2. 평생교육 현장에서 협동 학습 모형을 활용할 수 있는 방안을 설명해 보자.

3. 자신이 쉽게 활용할 수 있는 협동 학습 모형과 학습 진행 절차를 설명해 보자.

제8장

체험 중심
평생교육방법

진정한 앎이란, 내가 몸소 직접 체험한 것,
이것만이 진정으로 내 것이 될 수 있고 나를 형성한다.

- 법정스님 -

1. 체험 중심 평생교육방법에 대해서 알 수 있다.
2. 체험 중심 교육의 종류와 장단점에 대해 설명할 수 있다.
3. 학습에 참여하는 학습자들의 학습 환경에 맞는 체험 중심 교육 모형을 활용하여 강의 운영을 할 수 있다.

이 장에서는 평생교육 현장에서 활용하고 있는 교육방법의 하나인 체험 중심 교육방법에 대해 학습하고자 한다. 학습을 통하여 평생교육 전문가로 체험 중심 교육방법에 대한 이해와 실천을 위해 먼저, 체험 중심의 교육이 무엇인지 정의할 수 있어야 한다. 그리고 체험 중심 교육방법의 종류와 운영 절차, 교육 효과에 대해 이해해야 한다. 이를 통해 평생교육 전문가로서 현장에서 다양한 학습자들의 욕구와 학습 환경에 맞는 학습 방법을 선택하여 활용할 수 있어야 한다.

1. 체험 중심의 평생교육 개요

평생교육에서 체험 중심의 교육은 지식 위주의 교육 문제점을 보완하고 해결해 줄 수 있는 교육방법으로 인정되고 있다. 지식 위주 교육의 문제점은 크게 다음과 같은 세 가지로 나누어 볼 수 있다. 첫째, 이론과 지식 위주의 교육으로 인해 실천이 제대로 이루어지지 못하는 문제, 둘째, 교수자 중심적으로 지식을 전달하여 학습자들의 학습에 대한 흥미를 저하시키는 문제, 셋째, 교육내용이 학습자의 삶이나 인격적 성장에 거의 도움을 주지 못하는 문제이다.

체험 중심의 교육은 이러한 지식 위주 교육의 문제들을 해결하는 데 효과적인 방식으로 인식되고 있다. 특히 체험 중심의 교육은 인성 교육을 위한 지름길처럼 이해되고 있다.

주로 성인 학습자를 대상으로 하는 평생교육 현장에서 체험 중심의 교육은 직접적인 경험과 그 경험에 대한 느낌을 통하여 유의미한 학습의 결과를 얻을 수 있는 교수 방법이다. 특히 학교 교육에서는 체험 교육이 지식 위주의 교육 문제점을 보완하고 해결해 줄 수 있는 교육방법으로 인정되고 있다. 하지만 체험 교육을 현장 체험 학습으로 협소하게 이해하려는 입장들이 있어 체험 교육이 가질 수 있는 장점들과 잠재적 가능성이 축소되는 경향이 있다.

체험 학습, 즉 체험 중심의 교육유형에는 인턴십, 임상 실천, 각종 야외 생활 체험 학습과 실천 학습, 비공식적인 수단에 의해 습득된 사전 학습, 사례연구분석, 문제해결 활동, 역할연기, 시뮬레이션, 소집단 토론, 게임 학습, 봉사 학습, 실험, 협동 학습 등으로 매우 다양하다(김지자, 정지웅, 2001; Gresham, 2001). 하지만 학교 교육 현장에서는 체험 중심의 교육을 주로 현장 체험 학습으로 받아들이는 경향이 있다. 이러한 경향을 체험 중심의 교육에 대한 이해를 한정적으로 하게 하여 그 의미를 교과교육을 보조하기 위한 하나의 수단으로 체험 교육을 인식하도록 한다. 이는 체험 교육과 교과 교육, 강의실 외 교육과 강의실 내 교육, 경험 교육과 지식 교육, 이론과 실제, 사고와 행동 등을 흑과 백으로 이분화하는 문제를 낳는다.

하지만 Wurdinger(2005)는 "체험 중심의 교육을 한다는 것은 항상 쉬운 일은 아니지만 모든 강의실 환경에서 실행될 수 있는 실천적인 기법이며 아이디어이다."라고 하였고, Dewey(1997)은 "강의실은 학습자들이 경험을 얻는 장소가 아니라고 가정한 것이 커다란 실수"라고 하면서 'learning by doing', 즉 행동함으로써 배운다는 것을 강조하였다. 따라서 체험 중심의 교육은 강의실 내에서도 이루어질 수 있음을 알수 있다. 즉, 교육장소가 학습 효과를 높이는 역할을 하는 것이 아니라 학습자의 활동과 경험이 유의미한 학습에 중요한 위치를 차지하는 것이다.

그렇다면 평생교육 현장에서 강의장 안팎에서 체험 중심의 교육이 가능하다고 한다면, 체험이 이루어지도록 하기 위한 체험 중심 교육은 어떠해야 하는가?

과연 평생교육 현장에서 체험 중심 교육의 의미는 무엇인가?

이 장에서는 먼저 체험 교육과, 체험 학습의 의미를 탐구함으로써 평생교육 현장에서의 체험 중심 교육의 의미를 정립해 보고자 한다.

체험 교육이란 과연 무엇인가? 평생교육 현장에서 체험 중심 교육이 효과적으로 이루어지기 위해 평생교육 교수자(FT)가 고려해야 할 것은 무엇인지? 체험 중심 교육은 어떻게 해야 하는지를 알아봄으로써 체험 중심 교육에 대한 이해를 돕고자 한다. 특히 평생교육 현장에서 교수자(FT)가 체험 중심으로 교육을 진행할 수 있는 역량을 강화하기 위해 체험 중심의 교육에 대한 이론적 배경(근거)과 체험 중심 교육의 원리를 이해하며, 특징과 장단점, 유형, 체험 중심 교육을 어떻게 운영해야 하는지 운영 단계와 프로그램 실제 운영 사례를 제시하고자 한다.

2. 체험 교육과 체험 학습의 의미

체험 학습과 체험 교육의 의미는 '학습'에 중점을 둘 것인가 아니면 '교육'에 중점을 둘 것인가에 따라서 달라진다(고미숙, 2006).

체험 학습이라는 용어는 교육 현장에서 체험 교육, 경험 학습, 경험으로부터의 학습 등 다양한 용어와 얽혀 있다(강혜진, 2012). 일반적으로 체험 학습은 학교에서 사용할 경우, 현장 체험 학습과 인성 교육의 차원에서 많이 사용된다(정지은, 2021). 또한 성인교육의 관점에서는 영어식 표현으로 experiential learning을 쓰지만, 체험 학습이라는 용어 대신에 경험 학습이라는 용어가 일반적으로 사용되고 있다(김영애, 2014).

체험 교육이라는 용어를 사용한다고 하면, 그것이 교육이라는 점에서 교수자의 의도를 중시하게 된다. 그렇다고 해서 체험 교육이라는 용어가 교수자 주도적인 전통적인 교육의 의미만을 가진다는 것은 아니다. 즉, 체험 학습이 평생교육 현장에서 조직적으로 일어나도록 하는 데 교수자가 주요한 역할을 한다는 것이고, 학습자 내에서 경험으로부터만 배우는 것으로 볼 수 없다는 것이다.

Itin(1999)은 교육과 학습이라는 용어가 다른 의미가 있는 것처럼 체험 교육과 체험 학습이라는 용어를 확실하게 다른 것으로 구분하여 사용하였는데, 체험 교육을 체험 학습을 이용하여 학습의 기회를 극대화하길 추구하는 철학이라 하였다. 따라서 체험 교육은 하나의 특정한 교수 전략이라기보다는 교육철학이라고 할 수 있다. 즉, 체험 학습은 반드시 별도의 교수자(FT)를 필요로 하는 것은 아니며, 학습자 내에 자율적인 학습 교수자(FT)가 있는 것이라면 체험 교육은 체험을 학습자들에게 증진시키기 위해서 학습자, 교수자(FT) 그리고 학습자와 환경 사이에 상호작용을 본질로 한다는 것이다.

정리해 보면, '체험 학습'이라는 용어를 사용할 경우는 그것이 학습자 스스로 혹은 자연스럽게 뭔가를 배운다는 것이 강조되고 반면, '체험 교육'이라고 용어를 사용할 경우는 교수자(FT)의 의도가 개입되어 교수자(FT)와의 상호작용을 통해서 뭔가를 배우도록 체계화하는 것으로 정리할 수 있다. 따라서 체험 교육을 철학으로 보게 되면 우리는 체험 학습이 극대화되도록 하는 데 다양한 방법들을 사용할 수 있을 것이지만, 그것이 단지 교수 방법으로 인식된다고 하면 우리는 그 특정한 교수 방법이 무엇인지, 그 방법을 실제로 행하는 것에만 중점을 둘 것이다(고미숙, 2006).

Itin의 주장은 미국 체험 교육협회(Association for Experiential Education: AEE)의 체험 교육의 정의와 유사한 특징을 갖고 있는데, 그 내용은 다음과 같다.

체험 교육에 대한 정의

체험 교육은 교육자가 학습자에게 지식을 증가시키고 기술을 발달시키며 가치를 명료화하기 위해서 직접적인 경험과 초점이 있는 반성에 학습자들을 의도적으로 참여시키는 철학이자 방법론이다.

출처: http://www.aee.org/

미국 체험 교육협회 체험 교육의 정의에서 알 수 있듯이, 체험 교육에서 중요한 요인이 되는 것은 학습자의 직접적인 경험과 그 경험에 대한 반성이며, 이러한 반성이 자연스럽게 일어나는 것이 아니라 교수자(FT)의 의도가 개입되어야 한다.

체험 교육은 체험 학습을 포괄하는 상위의 개념이며, 체험 학습이 체계적으로 이루어지도록 교수자(FT)의 적극적인 상호작용이 포함된다. 물론 학교 교육 및 평생교육 현장에서는 체험 학습과 체험 교육을 같은 의미로 사용하거나, 주로 체험 학습이라는 통일된 하나의 용어로 사용하기도 한다. 그런 점에서 다음에 제시한 McGill과 Weil(1996)의 체험 학습에 대한 의미는 이러한 광범위한 입장을 지지하고 있다.

체험 학습에 대한 의미(McGill & Weil, 1996)

체험 학습은 교육철학이며 동시에 방법론의 영역이고, 개인과 집단 수준에서 존재하고 눈으로 보고, 생각하고 행동하기 위한 틀이다.

우리는 현재 체험 학습을 개인적으로 그리고 타인과 관련하여 사람들이 직접적인 만남에 참여하고, 그런 다음에 의도적으로 반성하고, 정당화하며, 변형하고, 개인적·사회적 의미를 부여하며, 이러한 과정의 결과를 그들의 세계와의 관계 속에서 알고 존재하고 행위하고 상호작용하는 새로운 방식에 통합하는 것을 추구하는 과정으로 해석한다.

출처: McGill & Weil (1996), pp. 244-248

McGill과 Weil이 주장하고 있는 체험 학습의 의미는 경험과 경험에 대한 반성, 변형, 통합의 과정은 우리에게 앎의 방식이기도 하지만, 우리가 세계와의 관계 속에서 우리 자신의 의미를 만들도록 한다는 점에서 존재론이기도 하다. 따라서 체험 교육을 통해서 학습자는 자기 자신, 타인, 지역사회, 세계와 직접적인 만남을 갖게 되는데, 이것은 학습자에게 경험을 통해 인간적으로 변화하도록 한다(김영애, 2014).

종합해 보면 체험 학습과 체험 교육은 엄밀한 의미에서 구분할 수 있지만, 과연 이러한 구분이 일관되게 사용될 수 있는지에 대한 의문이 생기게 되는데, 그러함에도 불구하고 체험 학습을 체험 교육과 동일 의미로 보는 것은 체험 학습의 의미를 확장해서 교육철학으로까지 이해하려는 경향이 있다.

체험 학습이라는 용어를 사용하든 체험 교육이라는 용어를 사용하든, 그 의미를 폭넓게 사용하려는 사람들은 '경험으로부터의 학습(learning from experience)' 혹은 '행동함으로써 배움(learning by doing)'과 구분하기도 한다. 보통 체험 학습은 경험으로부터 배우는 것이라는 단순한 생각을 하기 쉽지만, 체험 학습은 그 의미를 넘어서 경험으로부터 배우는 일상적 과정을 주제로 해서 그것을 어떤 방식으로 구성하는 담론의 주요 요소라는 것이다(Proudman, 1995; Usher, 1993).

　　요컨대, 평생교육 현장에서 체험 중심 교육(학습)이 제대로 이루어지려면, 실질적인 경험(활동)이 이루어지고, 이러한 경험에 대한 반성(feedback)을 통해서 학습이 이루어져야 한다. 물론 체험 교육에서 경험하는 것 자체가 의미가 없다는 것이 아니라, 직접적인 경험과 더불어 그 경험을 관계 속에서 해석하고 의미를 부여하는 과정을 통해서 학습자에게 유의미한 학습이 이루어지도록 해야 한다는 것이다(윤경희, 2018).

　　결론적으로, 체험 학습이 교육 현장에서 잘 이루어지도록 조직화하는 교육철학이 체험 교육이라고 할 수 있고, 체험 중심의 평생교육은 평생교육 학습자의 적극적인 참여를 촉진하기 위해서 교수자의 역할을 인정한다. 즉, 체험 중심의 평생교육은 단순한 교육방법론이 아니라 평생교육을 보는 새로운 이해의 틀이라고 할 수 있다. 체험 중심의 평생교육은 우리의 인식의 변화와 함께 우리의 존재의 변화를 일으킬 수 있는 실천철학이다.

3. 체험 교육에 대한 이론적 배경

　　체험 교육(체험 학습)의 뿌리가 되는 이론적 근거들이 다양하므로 그들 간에 상충되는 부분 역시 존재한다. 그러므로 이러한 이론들이 어떤 점에서 체험 교육에 영향을 미치고 있고, 장단점이 무엇인지 살펴보는 것은 중요하다.

　　따라서 체험 교육의 이론적 배경을 알아보기 위해 체험 교육(체험 학습)에서 경험의 의미와 학습에 대한 관점을 이론에 근거하여 진보주의 교육, 해석학적 현상학, 구성주의교육에서 인간주의 교육 등 네 가지 이론적 측면에서 정리하면 〈표 8-1〉과 같다.

표 8-1 체험 교육(체험 학습)에서 경험의 의미와 학습에 대한 관점

관점	경험의 의미	학습에 대한 관점
진보주의 교육	• 대표학자: Dewey, Saddington • 학습자는 경험으로부터 배운다. 따라서 학습자가 하는 경험은 학습에 중요한 위치를 차지한다. • 경험은 감각적으로 수동적인 것이 아니므로 경험하는 주체가 능동적으로 참여하지 않으면 경험이 이루어지지 않는다. • 경험은 원인과 결과 그리고 활동과 결과 사이에 구체적인 관련성을 파악한다는 의미를 내포하고 있다(Dewey, 1989). • 경험에는 과학적이고 실험적인 정신이 반영되어 있다. • 학습자가 직접 능동적으로 참여하고, 환경과 상호작용을 하는 과정에서 활동과 사고가 포함된다. • 경험에는 반성적인 사고 과정이 내포되어 있다. 즉, 경험은 원인과 결과의 관계성을 파악하는 상호작용의 과정이다.	• 진보주의 교육은 모든 체험 학습에서 경험으로부터의 학습과 반성의 개념을 지지한다. • 학습에서 학습자는 중요한 위치를 차지하고, 교수자는 학습 안내자로서 역할을 한다. • 학습자가 적극적으로 학습에 참여하지 않으면 경험으로부터 학습이 이루어지기 어렵다.
해석학적 현상학	• 대표학자: Van Manen • 해석학적 관점에서 체험은 자신의 직접적인 경험에 대해 회상하고 해석하는 과정을 통해 경험이 의미를 알게 된다. • 현상학적 관점에서의 체험은 어떤 객관적이고 사실적인 경험을 말하기보다는 개인이 느끼고 이해한 경험을 지적하고, 그 내부로부터의 경험을 기술하는 과정에서 경험의 의미를 알게 된다. • 해석학적 관점에서 체험은 어떤 객관적이고 사실적인 경험을 말하기보다는 개인이 느끼고 이해한 경험을 지적하고 그 내부로부터의 경험을 기술하는 과정에서 경험의 의미를 알게 된다.	• 경험을 하는 것만이 아니라 경험을 회상해 내고 경험에 의미를 부여하는 과정이 학습의 중요한 의미를 차지한다.

해석학적 현상학	• 해석학적 현상학의 관점에서 경험은 자신의 직접적인 경험에 대해 회상하고 해석하는 과정을 통해서 경험이 의미가 있게 된다. 경험에는 의미와 해석이 연관되어 있다.	
구성주의 교육	• 대표학자: Noddings, Fenwick • 모든 지식이 구성된다. 즉, 지식은 수동적인 수용의 결과가 아니다. • 교수자는 학습 목표를 확립하고 추구하는 데 학습자들의 적극적인 참여를 장려해야 한다. • 구성주의 관점이 개인을 지식 구성의 과정에서 주요한 행위자로 고려하고, 이해를 주로 의식적이고 합리적인 과정으로 고려하는 것, 즉 상황이 중요한 것으로 고려되면서도 학습자는 여전히 그의 환경으로부터 근본적으로 자율적이다.	• 개인이 자신의 경험으로부터 의미를 구성할 수 있다고 보기 때문에 학습자는 적극적이고 능동적인 존재이다. • 체험 학습에 능동적이고 자율적인 학습자관에 커다란 영향을 미치고 있으며, 이것은 결국 타인과 공동으로 의미를 창조하는 것은 소홀히 다루어진다.
인간주의 교육	• 대표학자: Rogers • 인간을 자기 실현하는 인간, 충분히 기능하는 인간, 즉 자신이 가지고 있는 모든 잠재력을 충분히 발휘하는 인간 되도록 하는 것이다. • 인간은 체험 교육, 즉 경험에서 자기 스스로 자유롭게 가지고 있는 잠재력을 최대한으로 발휘할 수 있는 존재이므로 잠재력을 최대한으로 발달시켜 자신을 성장시키는데, 경험은 매우 중요한 위치를 차지한다. • 충분히 기능하는 인간은 경험에 개방적이며, 과정 중에 있는 인간이며, 자신의 경험을 신뢰한다. • 인간주의 교육에서 경험은 지식의 원천이며 교육과정의 내용이다.	• 인간주의 관점에서 학습은 학습자 중심적이고 학습은 경험으로부터 나온다. • 인간은 자기 스스로 학습하고자 하는 동기와 능력을 기본적으로 가지고 있다. • 학습은 단지 인간의 인지적인 측면에 영향을 미치는 것이 아니라, 인간의 인성에 영향을 미치고 학습자를 성장하도록 한다.

출처: Dewey (1989); Fenwick (2000); Noddings (1995); Rogers (1951, 1999); Saddington (1999); Van Manen (1977, 1994).

〈표 8-1〉에서 알 수 있듯이, 체험 교육에는 경험과 인간 존재, 그리고 학습에 대한 다양한 관점들이 복합적으로 연루되어 있다(김영애, 2014).

첫째, 진보주의 교육 관점으로부터 우리는 경험이 감각적인 경험으로만 이해될 것이 아니라 환경과의 상호작용을 통해 주체가 경험을 적극적으로 재구성할 수 있으며, 경험에는 사고가 내포된다는 것을 알 수 있다.

둘째, 해석학적 현상학적 관점으로부터 우리는 경험이 전반성적인 의식이며, 주체가 경험에 대해 의미와 해석을 내리는 것의 중요성을 알 수 있다.

셋째, 구성주의 교육 관점으로부터 우리는 경험을 통한 지식 구성에 개인의 능동적인 참여를 지지함을 알 수 있다.

넷째, 인간주의 관점으로부터 우리는 인간에 대한 존중과 신뢰와 더불어 인간이 자신의 잠재력을 발달시킬 수 있는 자기 주도적인 인간으로 간주됨을 알 수 있다.

이와 같은 관점들은 사람은 경험으로부터 배우고, 경험으로부터 조직적으로 학습하도록 하는 것이 중요하다는 것을 알려 준다. 즉, 경험은 자기 자신의 적극적인 참여가 요구되고, 학습자는 능동적이고 긍정적인 존재로 인정된다.

체험 교육에서 학습자와 경험에 대한 논의는 사실 성인교육에서 주로 강조되고 있는데, 이는 성인을 대상으로 하는 평생교육 현장에서 체험 중심의 교육이 매우 필요하고 중요하다는 것을 알 수 있다. 즉 평생교육 현장에서 학습자는 능동적이고 자율적인 존재로 인식되기 때문에, 학습자 경험 역시 매우 중요하게 인식되고 있다.

Usher, Bryant와 Johnston(1997)은 전통적인 성인교육에서 경험은 지식의 생산과 습득의 중심에 있는 것으로 인정된다고 하였다. 그리하여 성인교육에서 경험이라는 것은 학습자가 이미 가지고 있는 경험에 중점을 두어 그 경험을 새로운 경험과 연결하여 학습이 이루어지도록 한다. 주로 성인을 대상으로 하는 평생교육은 학습자가 경험으로부터 배우는 자기 주도적 학습을 주로 강조한다고 할 수 있다. 또한 Usher, Bryant와 Johnston(1997)은 체험 학습에서 경험의 위치에 대해 의문을 제기한다. 경험이 학습자 중심의 교육학에서 학습과 지식의 생산, 지식의 습득 원천으로서 특권적인 지위를 부여받아 왔다는 것이다.

평생교육 현장에서 체험 중심의 교육을 위해서 경험의 중요성을 인정하는 것만큼이나 그 경험을 비판적으로 반성할 수 있어야 한다. 비판적인 입장에서 Freire(1997)가 의식화 교육을 제안한 것처럼, 학습자의 생활 경험과 이것에 대해 비판적으로 분석할 수 있어야 한다.

학습자는 자신의 경험을 질문함으로써 그 경험을 재해석하고 자신을 발견하는 사회 상황을 이해할 수 있게 된다. 생활에서의 경험은 학습자의 지식의 원천이 되고, 학습자가 사는 사회를 변화시키기 위한 도구를 제공하는 것이다(Saddington, 1999).

교수자(FT)로서 체험 중심의 교육에 대해 논의할 때, 경험과 학습, 학습자에 대한 다양한 관점의 장단점을 두루 인식할 수 있어야 한다.

평생교육에서 체험 중심의 교육은 구체적인 경험을 실천하는 것도 필요하지만, 교수자(FT)와 학습자, 학습자와 학습자, 학습자와 학습 환경 사이의 상호작용을 통해서 그 경험에 대한 해석을 할 수 있도록 교육환경을 조직화하는 것이 필요하다.

4. 체험 교육의 기본 원리

체험 교육(체험 학습)에 대한 정의를 더욱 구체화하고 체험 교육의 문제점들을 보완하여 평생교육 현장에서 체험 중심의 교육이 정착될 수 있도록 선행연구를 통하여 체험 교육의 다섯 가지 원리를 정리하여 제시하면 다음과 같다.

첫째, 학습자에 대한 능동적이고 적극적인 관점을 지향해야 한다.
둘째, 학습은 경험에 근거한 지속적인 과정이다(Kolb, 1984).
셋째, 경험은 반성을 통해 의미가 지속적으로 재구성된다.
넷째, 경험은 우리의 몸이 습관을 습득하고, 구조화되는 기회를 부여하도록 하여 몸이 실천적인 지식을 얻도록 한다.
다섯째, 체험 교육은 총체적인 과정이다(Boud, Cohen & Walker, 1993).

1) 원리 1: 학습자에 대한 능동적이고 적극적인 관점 지향

체험 교육에서 학습자는 학습에 능동적으로 참여하는 존재로 인식된다. 또한 체험 교육에서 학습자는 신뢰할 수 있는 존재이다. 따라서 체험 학습 과정 전체에 걸쳐서 학습자는 문제를 제기하고, 연구하고, 실험하고, 호기심이 있고, 문제를 해결하고, 책임을 맡고, 창의적으로 되고, 의미를 구성하는 데 적극적으로 참여하게 된다

(http://www.aee.org).

체험 교육에서 학습자의 능동성은 학습자의 자기 주도적인 학습과도 밀접한 관계를 맺고 있다. 그러므로 체험 교육은 학습자가 자기 스스로 능동적으로 참여하는 과정 안에서 학습이 이루어진다고 해도, 이것은 상황이나 맥락, 그리고 타인들을 소홀히 다루지 않는다. 따라서 체험 교육의 방식도 타인들과 함께 하는 방식을 고려하여 능동적이고 적극적인 관점 지향이 되도록 해야 한다.

2) 원리 2: 학습은 경험에 근거한 지속적인 과정

체험 학습 이론에서 관념은 사고가 고정되고 불변하는 요소가 아니라 경험을 통해 형성 및 재형성된다. 따라서 학습은 경험에 의해 개념이 파생되고 지속적으로 수정되는 과정으로 이해될 수 있다(Kolb, 1984). 그러므로 과거의 경험은 현재의 경험에 영향을 미치고, 또한 현재의 경험은 미래의 경험에 영향을 미치게 된다. 이러한 과정에서 우리의 관념은 고정되는 것이 아니라 지속적인 것으로 재형성된다.

3) 원리 3: 경험은 반성을 통해 의미가 지속적으로 재구성됨

경험은 판단, 사고, 다른 경험과의 관계를 포함하기 때문에 고립된 상태에서 감지(sensing)하는 것이 아니다(Boud, Cohen, & Walker, 1993). 즉, 경험은 관찰, 무엇인가를 강제적·수동적으로 겪는 것이 아니라 학습자가 교육의 중요한 일부분이 되는 교육환경과 적극적인 참여이다.

경험은 지각과 의식을 포함한다. 그래서 행동하는 중에도 사고가 포함되어야 할 뿐만 아니라 행동을 하고 난 뒤에도 반성(feedback)하는 것이 필요하다. Schon(1991)은 우리는 행동을 하는 동안에도 무엇인가를 행동하는 것에 사고할 수 있다고 하였다. 이것이 '행동 속에서의 반성(reflection-in-action)'이다. 이러한 사고가 우리가 행동하고 있는 것을 다시 형성하도록 도움을 준다. 우리가 행동 속에서 이것이 무엇이고, 내가 그것에 대해 어떻게 생각해 왔는지를 반성(사고)하는 것은 우리의 현재의 행동에 영향을 미치고, 그로 인하여 우리의 행동 전략, 현상에 대해, 혹은 문제를 구상하는 방식을 재구성할 수 있다. 즉, 경험하고 있는 학습자는 사고 없이 단지 빈 몸이 행동하는 것으로 이해하지 말아야 한다.

우리는 성공적인 체험 교육을 위해서 행동하고 난 다음 반성을 해야 한다. 즉, 경험하는 과정에서 학습자는 자신의 몸의 행동에 대해 반성을 통해 지속적인 의미 재구성으로 체험 학습효과를 강화해 간다고 할 수 있다. 이와 같은 반성의 과정이 학습에 의미를 부여하도록 할 뿐만 아니라 새로운 학습의 가능성을 이끌게 되는 것이다.

경험에 대해 반성하는 세 가지 주요한 요인은, 첫째, 경험으로 돌아가기, 둘째, 감정에 주의하기. 셋째, 과거 경험과 경험 요소에 대한 연합, 통합, 타당화, 전유(全癒 : 완전한 치유)이다(Boud & Walker, 1993).

경험에 대한 반성은 자신의 행위, 감정, 사고에 대한 반성을 포함하며, 이러한 반성을 통해서 지식을 얻고, 이는 다시 다양한 상황에 적용될 수 있다(고미숙, 2006). 경험에 대한 반성을 통해, 자기 미래의 경험이 새롭게 구성된다. 경험에 대한 반성이 얼마나 깊이 이루어지는가 하는 것이 체험 교육의 성과를 판가름할 수 있다.

4) 원리 4: 경험은 우리 몸이 실천적 지식을 얻도록 하는 도구

경험은 우리 몸이 습관을 습득하고, 몸이 구조화되는 기회를 부여하도록 함으로써 우리 몸이 실천적 지식을 얻도록 한다. 경험을 통해 얻은 지식은 추상적이고 관념적인 것이 아니라 실천적인 지식이고, 체험된 지식(embodied knowledge)이다.

체험한다는 것은 그저 단순한 활동이 아니라 행위를 하면서 알게 되고, 알게 된 것은 우리의 몸에 습득된다. 우리의 몸은 세계와의 관계 속에서 이해하는 존재로 간주된다. 몸의 습관은 몸의 앎이라고 할 수 있다. 우리에게 경험이라는 것은 행동을 동반하며 행동하는 과정에서 몸은 잠재적인 앎을 습득하게 된다. 따라서 행동하는 과정에서 생기는 앎은 명시적인 것보다는 암묵적인 것이라고 할 수 있다. 체험이 중요한 이유는 우리가 행동하면서 앎을 얻기 때문이다. 이러한 앎은 명쾌하게 언어적으로 설명할 수는 없지만, 그러함에도 불구하고 우리는 안다는 것이다. 행동 속에서의 앎이든 암묵적인 앎이든지 간에, 여기에서의 앎은 논리적이고 과학적인 앎과는 다르다고 할 수 있다.

Schon(1983)은 행동 속에서의 앎의 특징을 다음과 같이 제시했다.

우리는 행위를 수행하는 동안에 혹은 행위를 수행하기 전에 그들을 생각할 필요가 없으며, 이러한 것들을 행하기 위해서 학습되고 있다는 것을 종종 지각하지 못한다. 또한 우리는 우리의 행동이 드러내는 앎을 일반적으로 기술할 수 없다는 것이다(Schon, 1983).

행동 속에서의 앎은 행동해 보지 않으면 알 수 없는 것이며, 실천하는 과정에서 배우게 된다. 행동하는 과정에서 우리 몸에 습득되는 앎은 지속적인 과정을 통해서 습관이 된다. 우리 몸은 행동을 수행할 때 처음에는 익숙하지 않아 의식되고 서투르지만, 습관이 형성되면 자연스럽게 행동하게 된다. 따라서 체험 교육은 우리의 몸이 앎을 획득할 기회를 부여하는 과정이다.

체험 교육의 일환인 봉사활동은 몸이 봉사하는 앎을 습득할 기회를 준다는 점에서 단지 이론을 통한 인성교육과는 전혀 다른 것이다.

5) 원리 5: 체험 교육은 총체적인 과정

체험 교육은 총체적인 과정이다(Boud, Cohen, & Walker, 1993). 총체적인 과정, 즉 전체성은 두 가지 측면에서 이해될 수 있다. 하나는 사람과 환경과의 전체성이고, 다른 하나는 학습자를 통합적이고 전체적인 존재로 보는 것이다.

학습자는 단지 지적 사고만 하는 존재가 아닌, 지적으로, 정서적으로, 사회적으로, 혼이 담겨서, 신체적으로 경험에 참여하는 것으로 이해된다(http://www.aee.org).

체험 교육은 우리 인간의 몸과 마음(영혼, 정신) 모두가 참여하게 된다. 학습자는 상황 속에서 경험할 때나 경험에 대해 반성하는 과정에서 전인[全人: 지(知)·정(情)·의(意)를 모두 갖춘 사람]으로 참여한다. 그러므로 학습의 결과는 학습자 개인적으로 중요하고 의미가 있다. 학습의 결과가 학습자 개인에게 중요한 의미를 준다고 한다면, 학습자의 삶은 학습의 결과로부터 영향을 받게 마련이다. 따라서 체험 교육은 학습자의 삶과 가치에 직접적인 영향을 미치게 된다.

체험 교육은 학습자의 정의적인 측면도 포함되기 때문에 학습자의 감정 상태가 어떠한지에 대해서 반성해 보는 것이 필요하다. 학습자의 경험에는 학습을 촉진하는 정서와 방해하는 정서가 있을 것이다. 체험 교육에서 학습자가 자기 자신의 정서 상태를 분석해 봄으로써 유의미한 학습이 이루어지도록 하는 데 기여할 수 있다.

체험 교육은 학습자를 총체적인 존재로만 보는 것이 아니라 학습자가 그의 상황과 통합된 것으로 본다. 학습자의 경험은 사회나 상황과 분리해서 이해할 것이 아니라 상황과의 관계 속에서 이해하는 것이 중요하다. 학습자의 유의미한 경험은 상황적인 여건이 고려될 때 가능해지는 것이다(김영애, 2014).

5. 체험 중심 교육의 특징과 장단점

평생교육 현장에서 체험 중심 교육(experience-based learning)은 신체적이고 감각적인 경험을 매개로 하여 교육에 참여하는 학습자의 적극적인 참여를 유도하며, 이에 따라 학습 동기가 낮은 학습자에게 높은 학습 동기를 부여해 교육 효과를 높일 수 있다.

이에 비해 강의 중심 교육은 아주 오래된 교육방법으로 한 번에 다수의 학습자를 교육할 수 있으며, 시간과 장소에 영향을 받지 않고, 소극적 학습자에게 참여 부담이 적다는 장점이 있다. 그러나 학습 참여자에게 학습 동기가 부여되지 않았거나 참가자 간 능력의 차이가 많은 경우에는 효과성이 떨어지며, 학습 참여자와 교감을 형성하지 못한 일방적인 수업으로 학습 참여자의 이해력 또한 높이지 못한다.

일반적으로 평생교육 현장에서 능력이 높은 학습자에게는 강의를 중심으로 하는 교육방법이 효과적일 수 있으나, 평생교육에 참여하는 학습자는 대부분 다양한 사회생활을 통한 경험에 의한 학습 동기가 높아 평생교육 현장에서는 체험 중심의 교육방법을 사용하는 것이 더 효과적일 수 있다.

또한 자신감이나 동기가 낮은 평생교육 학습자라 하더라도 학습자의 교육 참여 부담을 줄이는 강의 중심의 교육방법을 고수하는 것보다는 학습자가 적극적인 참여를 할 수 있는 체험 중심의 교육을 사용하여 학습자의 학습 동기와 자신감을 높여주는 방법으로 교육하는 것이 장기적 측면에서 평생교육에 참여하는 학습자의 학습에 대한 흥미와 개인적인 능력 발전에도 도움을 줄 수 있다.

6. 체험 중심 평생교육방법의 유형

체험 중심의 교육방법으로는 여러 가지가 있으나, 여기에서는 평생교육 현장에서 주로 많이 활용할 수 있는 토론 학습(debate learning), 게임 학습(game learning), 시범 학습(demonstration learning), 시뮬레이션 학습(simulation learning), 역할극 학습(role playing learning), 사례연구 학습(case study learning), 현장 학습(study trip) 등의 학습 방법을 중심으로 이해함으로써 평생교육 현장에서 교수자(FT)가 학습 현장의 상황에 맞는 학습 방법을 선택하여 활용할 수 있도록 하고자 한다. 또한 각각의 방법에 대한 예시를 제시하여 교수자(FT)가 평생교육 현장에서 바로 사용할 수 있는 능력을 키우는 데 도움을 주고자 한다.

1) 토론 학습

토론(debate)은 어떤 제안에 대해 좋은 결론을 얻기 위해서 학습 참가자 각자의 의견을 말하여 논의하는 방법을 말한다. 이 학습 방법은 학습참가자 각자가 자기 의견을 구두로 발표하여 자기의 주장에 참가자들을 동조하게 하려는 데 목적이 있다. 토론은 한 명의 학습참가자가 하나의 제안에 대해 한 번만 하는 것을 원칙으로 한다. 그러나 발언할 학습자가 없으면 한 명의 학습자가 두 번 할 수도 있다. 토론 시 유의사항을 다음과 같다.

① 서로 의견이 다르다는 것을 인정해야 한다. 그래서 토론이 필요하다.
② 논쟁을 벌이지 말고, 논리적 주장으로 반론을 펼쳐야 한다.
③ 지나치게 대립하지 말며, 객관적이며 논리적으로 조화를 이루어야 한다.
④ 반대자에 대해 감정을 품지 않도록 주의해야 한다.
⑤ 다수결 원칙으로 하되 소수 의견도 무시하지 말아야 한다.

2) 게임 학습

게임 학습(game learning)은 가르치는 동시에 재미를 유발할 수 있는 방법이다. 이 교육방법은 학습에 참여하는 학습자가 소극적 관찰자가 아닌 능동적 참여자가 되어 교육이 진행되는 동안 학습자는 계속 의사결정을 내리면서 문제를 풀고 자신이 선택한 결과에 대해 반응하며 대처하게 된다. 그래서 평생교육 현장에서 게임을 활용한 교육방법은 교수자(FT)나 학습자 모두가 역동적인 활동을 통해 능력을 습득하는 체험 교육방법이다.

평생교육에서의 게임 학습의 장점은 다음과 같다.

첫째, 흥미 유발 요소를 동원하여 학습자의 참여를 높일 수 있다.
둘째, 인지적·사회적 지식과 기술의 학습뿐 아니라 태도의 학습도 가능하다.
셋째, 순발력과 함께 개인적 경쟁심을 높여 동기 유발을 이끈다.
넷째, 소집단에서의 학습자들 간에 의사소통 능력을 향상시키고 규칙의 준수와 협동심을 익히는 경험을 하게 된다.

평생교육에서의 게임 학습의 단점은 다음과 같다.

첫째, 학습의 진지함이 결여되거나 흥미 위주 진행으로 학습 목표의 달성도가 낮아질 수 있다.
둘째, 시간이 지연되거나 학습 내용의 효과적 전달에 어려움이 있을 수 있다.
셋째, 보조 진행자의 지도력에 따라 학습의 성취도에 차이가 있을 수 있다.
넷째, 시의적절한 피드백의 제공 여부가 학습의 성패를 좌우한다.

평생교육 현장에서 게임을 활용한 학습 진행 절차는 5단계로 진행되며, 그 세부 진행내용은 다음과 같다.

1단계: 게임의 목적과 시나리오 제시
2단계: 게임 실시 및 게임 과정의 관찰

3단계: 학습자와 학습자 집단의 반응 관찰

4단계: 피드백 및 종합토론

5단계: 종결(마무리)

평생교육에서 게임 학습은 새롭고 전문적인 지식 습득에 매우 효과적이다. 이러한 효과를 얻기 위해서는 학습자 집단을 소집단으로 나누어 게임의 원칙과 경쟁 방식에 대해 학습자들에게 설명한 후 게임 학습을 하도록 이끈다. 너무 단순하거나 너무 복잡한 게임 학습은 피한다. 또한 교육 교수자는 학습자들이 호기심을 가질 만큼 흥미를 유발하는 환경을 조성하도록 한다.

평생교육 현장에서 사용하는 게임 학습의 유형은 크게 세 가지로 나눌 수 있다. 첫째, 아이스브레이킹(ICE Breaking)을 위한 게임 학습, 둘째, 문제해결 능력 및 창의력 함양을 위한 게임 학습, 셋째, 인간관계, 의사소통 및 팀워크를 향상을 위한 게임 학습으로 나눌 수 있다.

아이스브레이킹 게임 학습은 강좌가 시작하는 수업에서 학습자들이 인사를 나누고 서로 알게 해주는 것을 목적으로 하는 게임이나 짧은 활동이 주를 이룬다. 문제해결 능력 및 창의력 함양을 위한 게임 학습은 일상생활에서 마주치게 되는 문제가 발생하는 모의 상황을 제시한 후 이 문제를 해결하기 위한 기술과 전략을 습득하기 위한 목적을 가지고 하는 게임이다. 인간관계, 의사소통 및 팀워크 향상을 위한 게임 학습은 인간관계 및 의사소통과 관련된 지식, 기술 및 태도의 향상을 도모하기 위한 목적을 가지고 하는 게임이다.

3) 시범 학습

시범 학습(demonstration learning)은 강의(또는 실습)에서 학습자가 배워야 할 기술(skill)이나 절차(process)의 성취 행동을 교수자(FT) 또는 숙련자(기술자)가 모범으로 보여 주어 관찰 학습이 일어나게 하는 것이다.

이 교육방법에서는 규칙이나 요령에 대한 설명과 함께 부분 기능 또는 전체 기능을 보여 주기도 한다. 또한 시범은 수업의 과정에서 학습자가 학습한 원리나 기능을 적용하여 보이는 것이다(한국교육심리학회, 2000).

4) 시뮬레이션 학습

시뮬레이션(simulation)을 활용한 강의는 어떠한 현상이나 사건을 컴퓨터로 모형화하여 가상으로 수행시켜 봄으로써 학습자들에게 실제 상황에서의 결과를 예측하게 하는 학습 방법이다. 실제 상황에서 많은 돈이 들거나, 위험하거나, 너무 빠르거나 느려서 학습자가 사용하기 곤란한 경우에 실제와 유사한 상황을 제공하여 과제를 실천하면서 학습자의 능력을 성장시키는 학습이다.

이 교육방법은 비용과 시간을 절감시켜 주며, 실제 상황에서는 할 수 없는 가상적인 시험도 할 수 있다. 예를 들면, 자동차 엔진의 동작을 모의 실험함으로써 최적의 설계하는 데 도움을 줄 수 있다. 시뮬레이션 학습에서 학습자는 컴퓨터나 기기를 이용하여 실제 상황과 유사한 환경에서 위험 부담 없이 환경과 상호작용을 하며 학습한다. 회사 운영, 비행 조정, 우주인 훈련, 위험하거나 고비용 실험 등에서 시뮬레이션 학습을 많이 사용한다.

어떤 시설이나 조직 체제의 경영에 있어서 그 운용 방법이나 적절한 대안을 찾아내고, 문제를 해결하기 위하여 실제로 조직체나 시설의 운용 순서와 그 주요 요소를 모방하여 모델을 작성하고 그 모델을 사용하여 실험함으로써 얻은 결과를 실제의 현상과 행동을 설명하고 예측하는 데 이용하는 실험적 의사결정 기법이라고도 할수 있다(한국교육심리학회, 2000).

5) 역할극 학습

역할극(role playing)은 학습자들에게 접하기 쉽지 않은 상황을 경험해 보도록 하거나 다른 사람의 역할을 실천해 보도록 함으로써 자기 자신이나 타인의 행동에 대한 새로운 통찰을 얻도록 하는 교육방법이다.

이 방법은 어떤 가상적인 역할수행을 하게 함으로써 문제가 되는 태도나 행동을 변화시키려는 감성 훈련이나 심리치료(상담)의 한 기법으로 사용하기도 한다(한국교육심리학회, 2000).

6) 사례연구 학습

사례연구는 특정한 개인이나 집단 또는 기관을 대상으로 어떤 문제나 특성을 심층적으로 조사하고 분석하는 교육방법이다.

이 방법은 사례연구 대상을 선정해서 필요한 각종 정보나 자료를 여러 가지 방법을 활용하여 수집하고, 이러한 자료들을 기반으로 하여 사례연구 대상이 가지고 있는 특성이나 문제점을 종합적으로 진단하고 기술하는 연구이자 수업 방법이다(한국교육심리학회, 2000).

7) 현장 학습

학습의 장(場)을 학습 자료가 있는 현장으로 옮겨서 학습의 목표를 효율적으로 달성하려는 교육방법의 하나이다.

현장 학습을 위한 현장은 실내의 강의실 환경과는 여러 가지 다른 점들이 많이 있기에 현장 학습을 진행하기 위해서는 특별한 계획과 준비가 필요하며, 강의실 수업과 다른 특별한 방법과 수업 절차가 필요하다. 그러나 조직적이고 체계적인 수업이 진행되는 점에서는 어느 수업 장면과도 다름이 없다(서울대학교 교육연구소, 1995).

7. 평생교육 현장에서의 체험 중심 교육 실행 3단계

체험 중심 교육은 평생교육 현장에서 어떤 단계로 이루어지는가? 이를 위해서 여러 학자들(Boud, 2001; Cassidy, 2001; Joplin, 1995; Kolb, 1984; Mackenzie, 2002; Prochazka, 1995; Sims, 2001)의 연구를 기반으로, 평생교육 현장에서 체험 중심의 교육을 활용하기 위한 교육단계를 제시하고자 한다.

체험 학습에 대한 전형적인 모델로는 Kolb의 체험 학습 모델이 있다. Kolb는 학습자들은 체험 학습에서 네 가지의 능력이 필요하다고 주장하였는데, 구체적인 경험 능력, 반성적인 관찰 능력, 추상적인 개념화 능력, 적극적인 실험 능력 등이다. Kolb의 체험 학습 이론은 경험, 지각, 인지 및 행동을 결합하는 학습에 대한 총체적인 통합적 접근을 요구한다.

일반적으로 체험 학습 이론은 지각과 인지를 고려하지 않는 것처럼 인식되는 경향이 있는데, Kolb의 체험 학습 이론은 인지적인 면과 행동적인 면을 모두 고려한 구체적인 경험, 반성적인 관찰, 추상적인 개념화, 적극적인 실험의 순환으로 체험 학습 모델이 이루어져 있다.

여기서 제안하는 체험 중심의 교육 실행 단계는 일반적인 체험 학습에서의 교육 실행 단계이기 때문에, 그것이 강의실 내 교육인지 또는 강의실 밖 활동인지에 따라서 조금씩 변경이 가능할 것이다.

평생교육 현장에서 체험 중심의 교육에 참여하는 학습자들은 새로운 경험에 적극적으로 참여할 수 있어야 하고, 많은 접근으로부터 학습자들의 경험을 반성하고 관찰할 수 있어야 하며, 학습자들의 관찰을 논리적이고 건전한 이론으로 통합시킬 수 있는 개념을 창조할 수 있어야 하고, 결정을 내리고 문제해결을 위해서 이론을 사용할 수 있어야 한다.

체험 중심의 교육은 평생교육 현장에서 학습자가 경험에 대한 의미를 부여하는 과정을 통해서 경험에 대해 새로운 해석을 하게 되고, 이를 통한 인격적인 성장이 이루어지게 된다.

체험 교육은 체험 학습이 조직적으로 일어나도록 하는 의도적인 노력이라고 말한 것처럼, 경험을 실제로 하기에 앞서서 체험 중심의 학습을 준비하는 단계가 요구된다. 이러한 단계는 일반적으로 브리핑(briefing) 단계, 경험 혹은 실천(experience or execution) 단계, 디브리핑(debriefing) 단계이다(Cassidy, 2001). 이를 국내 교육 현장에서는 사전활동, 현장활동, 사후활동으로 사용한다. 여기에서는 국내 교육 현장에서 주로 사용하는 3단계를 [그림 8-1]과 같이 평생교육 현장에서의 체험 중심 교육의 3단계로 설명하고자 한다.

[그림 8-1] 평생교육 현장에서의 체험 중심 교육의 3단계

1) 사전활동 단계

사전활동(briefing)은 간단히 말해서 평생교육 현장에서 체험 중심의 교육을 하기
위한 준비 단계, 오리엔테이션 단계라고 할 수 있다.

체험 중심의 교육의 학습 효과가 극대화되기 위해서는 실제로 학습자가 경험하기
전에 경험할 내용에 대해 준비를 하는 것이 필요하다. 경험을 하기 전에 철저한 사전
준비가 유의미한 학습을 낳는다고 할 수 있다.

사전활동 단계에서 교수자(FT)는 학습자들이 다루게 될 것이 무엇이고, 그것을 행
하는 동안 학습자가 성취해야 할 구체적인 목표가 무엇인지를 설명할 수 있고, 학습
자 각자가 자신이 하려고 하는 경험에 대한 기대, 욕망, 필요, 감정을 토론하게 할 수
도 있다. 이와 같은 과정을 통해서 학습자들은 스트레스와 불안을 감소시키게 되는
가치를 갖는다(Joplin, 1995; Mackenzie, 2002).

평생교육 현장에서는 일반적으로 사전활동 단계에서 교수자(FT)는 학습자들이
앞으로 행하게 될 행위를 설명하고 방문할 곳과 관련하여 사전정보나 지식을 조사
하도록 하며 준비물을 준비하는 것에만 초점을 두게 된다. 물론 학습자들이 경험할
내용에 대한 정보나 지식을 얻는 것도 중요하지만, 이 단계에서 조금 더 깊이 있게
고려해 봐야 할 부분은 기존의 경험과 앞으로 하게 될 경험을 서로 연결 짓고, 기존
의 학습자 경험에 대한 회상 및 반성이 사전활동 단계에서 더불어 요구된다. 기존의
학습자 경험에 좋지 않았던 감정이 이후의 경험에 악영향을 미칠 수 있기 때문이다.
그러므로 학습자 기존의 경험을 이해하기 위해서 이야기를 하는 것이 필요하다. 학
습자가 자신의 경험을 이야기하는 방식으로 서사적 접근을 사용할 수 있다. 이는 자
신의 경험을 논리적·과학적으로 진술하기보다는 자신의 삶에 의미를 주는 방식으
로 이야기를 하는 것을 말한다. 즉, 서사에는 자신의 감정과 사고, 행위가 모두 포함
되어 있다.

Joplin(1995)이 지적한 것처럼, 평생교육 현장에서 교수자(FT)는 모든 단계에서
지지와 피드백을 제공해 주어야 한다. 사전활동 단계에서 교수자(FT)의 지지는 학습
자들이 기존 자신의 경험을 이야기하는 것이 안전하다는 것을 느낄 수 있게 배려해
주고, 학습자들이 행하고 있는 것에 대해 학습자에게 정보를 제공해 준다.

사전활동 단계를 통해서 학습자들은 자신들이 행하게 될 활동에 대해 충분한 준

비를 하게 된다. 준비란 지적인 측면만이 아니라 정의적 측면, 실천적 측면을 모두 포함하는 것이다(고미숙, 2006).

2) 현장활동 단계

평생교육 현장에서 체험 중심의 교육의 두 번째 단계인 현장활동(Experience or Execution)은 구체적 체험(경험)을 실행하는 단계로 체험을 제대로 학습하기 위해서는 실제로 경험을 할 기회를 제공해야 한다.

Kolb(1984)는 학습자들이 새로운 경험에 편견 없이 충분히, 개방적으로 참여할 수 있어야 한다고 주장한다. 여기서 참여는 전인(全人)으로서의 참여가 되어야 한다. 학습자는 자신의 행동에 정의적으로 관여하고 있어야 한다.

앞에서 이야기한 것처럼, 구체적인 경험을 하는 과정은 우리의 몸이 세계에 대한 앎을 획득함으로써 몸의 습관이 이루어진다. 이렇게 될 때 학습자는 행동 속에서의 앎과 행동 속에서의 반성을 하게 될 것이다. 구체적인 경험을 하는 동안에 학습자가 행하는 반성은 자신이 현재하고 있는 활동을 변경하도록 할 것이고, 우리의 경험은 이런 과정을 통해 지속적으로 재구성된다. 말로만 듣던 것을 실제로 보거나, 자신이 활동에 직접 참여하는 것과 같은 구체적인 경험 단계는 학습자들에게 산 지식을 주게 될 것이다.

체험 중심의 평생교육에 있어 교수자(FT)는 학습자들의 활동이 단순한 몸의 활동으로 남아 있지 않기 위해서, 자신의 활동을 하는 과정에서도 비판적으로 사고하는 습관을 길러 줄 수 있도록 해야 한다. 그러기 위해서 교수자(FT)는 학습자들이 보지 못하고 생각하지 못하는 것을 보고 생각할 수 있도록 질문하는 질문자여야 하며, 학습자들 사이의 대화를 촉진할 필요가 있다. 또한 학습자들이 하는 활동에 대상이 있는 경우에는 그 대상과 지속적인 대화를 하는 것이 필요하다. 이와 같은 대화는 그 상황에 대한 지식만이 아니라 타인에 입장에서 배려하는 능력을 길러 주게 될 것이다. 학습자들은 경험 활동에 참여하는 동안에도 지속적으로 사고하는 습관과 배려하는 습관을 갖추어야 한다.

3) 사후활동 단계

체험 중심의 교육에 있어 사후활동(debriefing) 단계는 경험이 일어나고 난 다음에 행하는 경험에 대한 의도적인 반성의 과정이며, 이것이 경험으로부터의 학습과 체험 교육을 구분 짓도록 하는 중심적인 단계라고 할 수 있다. 즉, 학습자가 경험으로부터 학습하는 것을 촉진하기 위해 조직적으로 교육시키는 단계가 사후활동 단계이다.

현재 학교 교육에서는 이 사후활동이 경험이나 활동을 하고 난 뒤에 소감문을 제출하거나 발표하는 식으로 이루어지고 있다. 경험하는 활동만큼이나 경험이 이루어지고 난 뒤의 교육이 중시되어야 하는데, 학교 교육에서 하는 체험 교육은 이 부분을 소홀히 다루어지고 있다. 그래서 사후활동 단계를 조직화해서 경험으로부터 학습이 이루어지도록 하는 것이 요구되고 있다(고미숙, 2006).

Mackenzie(2002)는 현장 경험에서 사후활동 단계의 목적은 "현장 경험을 재검토하고 목표가 얼마나 성공적으로 성취되었는지 평가함으로써 학습을 극대화하는 것"이라고 하였다. 사후활동은 학습자들이 그들의 현장 경험을 어떻게 지각하고 해석하고 있는지, 그리고 그들이 그 현장경험으로부터 무엇을 배우고 있는지를 분명히 말할 수 있도록 하는 것이 본질적이다.

이와 같은 사후관리 과정에는 크게 세 가지 요인이 포함된다고 할 수 있다.

첫째, 그 경험 동안에 무슨 일이 일어났는가를 기술함으로써 경험에 대해 반성하는 것

둘째, 그 경험 동안에 일어났던 감정, 지각, 생각을 주관적으로 기술하는 것

셋째, 기존의 경험과 현재의 경험을 연결 짓고 경험을 체계화하는 과정을 통해서 경험을 재평가하여 경험의 의미를 새롭게 구성하는 것(Sims, 2001)

경험은 객관적으로 기술될 수도 있지만, 체험 교육이 이루어지도록 하는 데 중시되어야 할 것은 학습자가 그 경험에 어떤 의미를 부여하고 있으며, 진정으로 어떻게 느끼고 어떻게 생각하는가이다(고미숙, 2006).

Cassidy(2001)는 경험 사건의 진정한 의미를 밝히기 위해서는 학습 참여자들이 그

들의 개인적인 역사, 상황 그리고 감정으로부터 형성된 개인적으로 관련된 개념을 탐구하도록 해야 한다고 하였다.

체험 중심의 교육은 경험을 통해서 삶의 변화를 동반하는 것이 요구된다. 그리하여 자신의 경험을 이야기로 말하면서 그 경험을 자기 자신의 삶의 이야기에 통합시킬 수 있도록 하는 것이 필요하다. 이를 통해 학습자가 자기 자신을 잘 알도록 하며, 경청하고 있는 타인을 통해서 자신의 경험을 반성하게 한다. 그리고 우리의 경험으로부터 한 발 떨어져서 그 경험을 이해하고, 다시 한번 해석해 볼 수 있는 기회를 얻을 수 있게 된다.

경험에 대한 반성은 대화와 토론, 글쓰기 등을 통해서 진행할 수 있다. 이러한 과정을 거쳐서 자기 반성을 하게 되고, 대화를 통해 자신의 경험을 공유하는 과정에서 서로 다른 견해도 인정하고, 경험을 서로 다른 관점에서 보는 법도 배우게 된다.

Boud(2001)는 경험에 대한 재평가 과정은 이미 새로운 정보를 알고 있다는 가정하에 기존의 아이디어와 새로운 아이디어 사이에 관계를 깊이 있게 알아보고, 최종 목표로 하는 지식을 학습에 참여하는 학습자의 것으로 만드는 것 등을 포함한다고 하였다. 이와 같은 경험에 대한 재평가 과정은 주로 학교와 같은 정규 교과교육의 체험 교육에서 다루어질 수 있다. 정규 교과교육에서는 참여 학습자가 경험을 통해서 새로운 지식을 추출해 내고, 그것을 다른 상황에 적용할 수 있는 능력을 갖출 수 있도록 하는 것을 더 많이 요구하고 있기 때문이다.

이처럼 우리는 과거와 미래 경험을 분석하는 동안 상황, 느낌, 생각, 행동 등을 모두 반성해 보는 시간을 갖는 것이 필요하다. 사후활동 단계에서의 반성은 경험에 대한 의미와 경험에 대한 해석, 그리고 이러한 해석을 통한 새로운 의미를 재구성하고 향후 경험에 대한 연속성 등을 위한 시간을 가질 수 있는 여지를 제공하는 것이다.

체험 중심의 교육이 평생교육 현장에서 성공적으로 실행하는 데는 교수자(FT)의 역할이 매우 중요한 관건이 된다. 체험 중심 교육에서 교수자(FT)는 기존의 전통적인 관점에서의 교수자(FT) 역할, 즉 지식이나 정보를 수동적으로 전달하는 자의 역할에서 벗어나야 한다. 그러므로 체험 중심 평생교육의 교수자(FT)는 학습자가 스스로 경험에 참여할 기회를 제공해 주고, 자신의 경험에 대한 올바른 반성을 통해서 유의미한 학습이 이루어지도록 하는 촉진자(FT)의 역할을 하는 것이 필요하다.

그러기 위해서 체험 중심 교육에서 교수자(FT)는 모든 대답의 소유자 대신에 학습자가 그 자신의 대답을 발견하도록 지도하는 질문자의 역할을 하게 된다. 학습자들이 자신의 경험에 대한 새로운 지각을 할 수 있도록 질문할 수 있어야 한다 (Prochazka, 1995). 따라서 체험 중심 교육에서 교수자(FT)는 학습 참여자가 경험을 통해서 의미 있는 학습을 할 수 있도록 교육환경을 조직해 주는 교육 촉진자(FT)의 역할이 요구되는 것이다.

체험 중심 평생교육에서 체험(경험)의 의미는 학습자 혼자에 의해서 만들어지는 것이 아니라 교수자(촉진자)와 학습자, 학습자들 간의 상호작용을 통해서 만들어진다. 체험 중심 교육의 교수자(촉진자)는 학습자가 자기의 경험의 의미를 지속적으로 재구성할 수 있도록 도와주는 역할을 하는 사람이다. 그렇다고 해서 체험 중심 교육은 평생교육 현장에서 지식 교육이 가지고 있는 한계를 해결해 줄 수 있는 만병통치약은 아니다. 하지만 체험 중심 교육은 강의실 내에서든 밖에서든 어느 곳에서나 가능한 교육이다.

경험하는 것만으로는 체험 중심 교육이라고 불릴 수 없다. 체험 중심 교육은 학습자가 직접적으로 하는 경험과 그 경험에 대한 계획적으로 만들어진 의도적인 반성이 이루어지도록 함으로써 학습 목적을 달성하는 유의미한 학습을 낳도록 하는 교육철학이며, 단지 교수 방법이 아니다. 따라서 체험 중심 교육은 학습자의 경험과 그 경험에 대한 반성을 조직화하는 교육의 과정이며, 새로운 세계와의 관계 속에서 자신의 경험을 새롭게 해석하고 학습의 의미를 부여함으로써 학습자에게 유의미한 학습이 이루어지는 과정이다.

체험 중심 교육은 경험이나 지식이 학습자 개인의 것으로 내면화하도록 한다. 체험 중심 교육은 오로지 관념을 습득하는 것만 아니라 관념을 현실에 바로 적용할 수 있고, 또 현실에서 경험을 통해서 관념을 형성할 수 있다. 그러므로 체험 중심 교육이 제대로 이루어진다면, 학습 참여자의 일상생활 및 전체 인생에 필요한 인격적인 성장에 많은 도움을 줄 수 있다.

따라서 학습자들이 적극적으로 참여할 기회를 제공하는 방식으로 평생교육 현장에서 체험 중심 교육이 제대로 이루어질 수 있도록 우리 교육이 변모되어야 한다. 체험 중심 교육은 학습자들의 직접적인 경험을 통해서 이루어지기 때문에, 학습자들의 능동적인 참여를 통해 학습에 의미를 부여하게 된다. 체험 중심 교육은 학습자의 삶에 깊은 의미를 부여해 준다는 점에서 진정한 학습이 이루어지도록 한다.

　개념적 지식을 지도할 때도 체험 중심 교육이 필요하다. 학습자들은 문제에 대한 의식을 가지고 직접 그 지식의 의미를 탐구하고 지식을 자기 것으로 만들 기회를 만들 수 있도록 하는 것이 필요하다. 단지 현장에 가서 실물을 보는 것으로만 학습이 이루어지는 것이 아니다. 학습자들은 유의미한 학습을 촉진할 수 있도록 하는 기회를 의도적으로 갖게끔 하는 것이 필요하다. 그 의도적인 노력 속에는 교수자(FT)의 전문적인 교수 능력이 요구된다.

　평생교육 현장에서 교수자(FT)는 학습자들이 행한 경험을 사회적인 관계 속에서 비판적으로 볼 수도 있고, 경험을 자신의 실제 삶과 연관 지을 수 있도록 돕는 것이 요구된다. 체험 중심 평생교육에서 교수자(FT)의 역할은 방관자가 아니라 학습, 경험, 비판적 사고의 촉진자이다.

　교수자(FT)는 학습자들을 가르칠 때, 학습자들이 체험하도록 하기 위한 방식을 자신이 사용하고 있는지를 항상 자문할 수 있어야 한다. 이것은 교수자(FT)가 학습자의 입장으로 교과 내용을 볼 수 있을 때 가능할 것이다.

　평생교육 현장에서 체험 중심 교육의 성공은 전체적인 교육환경의 변화, 학습자에 대한 교수자(FT)의 인식 변화, 의미가 있는 학습을 위한 가치관 변화 및 교재 개발 등이 계속적으로 이루어질 때 가능하다고 할 수 있다.

　또한 체험 중심 교육이 평생교육 현장에서 이루어지기 위해서는 교육기관만의 힘으로는 가능하지 않다. 교육기관과 지역사회의 긴밀한 연계를 통해서 지역사회가 하나의 평생교육의 장으로서 제구실을 해야 할 것이다.

　다음은 체험 중심 교육방법으로 평생교육 현장에서 교수자(FT)들이 실내에서 바로 사용할 수 있는 교육 프로그램 사례를 제시하고자 한다.

〈교육 프로그램 사례-실내외에서 체험 중심 교육으로 활용〉
체험 1. 듣기와 추측 그리고 말하기

(1) 학습 목표
⊙ 이 학습을 마치고 나면 학습 집단에서 새로 만난 구성원들이 서로 이해하고 새로운 인
 간관계를 형성할 수 있어야 한다.

■ 학습 인원: 제한 없음
■ 소요 시간: 40분
■ 학습준비물: 없음

(2) 교수자(FT) 학습 진행 절차

• 교수자(FT) 안내 ①
지금부터 앉은 대로(원형) 번호를 불러보겠습니다.
'번호' 하면 차례로 '한' '마' '음'으로 번호를 하십시오.

• 교수자(FT) 안내 ②
'네, 잘했습니다. 번호를 부르신 대로 '한 씨'와 '마 씨'와 '음 씨'가 한팀이 됩니다.
그러니까 세 사람이 같은 조(組)가 되는 셈입니다
자, 같은 모임 '한마음'끼리 모여 보세요.

• 교수자(FT) 안내 ③
그러면 '한 씨'가 '마 씨'와 '음 씨'에게 자기에 대한 이야기를 하시면 됩니다.
이야기하실 때는 아주 편안한 마음으로 말하면 됩니다.
내용은 자유입니다.

- 교수자(FT) 안내 **4**

'한 씨'의 이야기를 들은 다음에는 '마 씨'와 '음 씨'가 '한 씨'의 이야기에 대해서 서로 대화를 나누어 보기 바랍니다.

대화의 방법은 먼저 '마 씨'가 '한 씨'의 이야기를 들은 대로 이야기하시고, '음 씨'는 '한 씨'에게 들은 이야기의 내용에서 추측한 것이나 느낀 점을 이야기하는 겁니다.

- 교수자(FT) 안내 **5**

이와 똑같은 방법으로 이야기를 계속해 나가시기 바랍니다.

그러니까 이번에는 '마 씨'가 '한 씨'와 '음 씨' 두 사람에게 이야기하시고, 다음에는 '음 씨'가 '한 씨'와 '마 씨'에게 이야기하는 것입니다.

(3) 팀별 학습 소감 및 느낌 발표

- 교수자(FT) 안내 **6**

이렇게 세 사람이 서로 이야기를 나누고 보니까 느낌이 어떻습니까?

'한 씨'가 한번 말씀하실까요? 학습(활동)을 경험하고 난 다음의 소감이나 기분을 발표해 주시지요.

- 교수자(FT) 안내 **7**

다음에는 '마 씨'가…… 다음에는 '음 씨'……

(4) 유의 사항

① 대화의 분위기나 내용의 궁핍으로 학습 팀 활동이 정지되거나 지연될 위험이 발생하였을 때는 학습을 진행하는 교수자(FT)가 이야기의 소재(素材; 예: 자신의 이름, 나이, 취미, 나아가서는 가족 상황 등등)를 제시할 수도 있다.

② 한 사람이 이야기하는 것을 나머지 두 사람이 듣고 말한 사람의 이야기를 다시 반복할 경우, 처음에 말한 사람은 가담하지 않고 침묵을 지키도록 한다.

③ 3인 1조('한마음' 번호)를 구성할 때는 가급적 서로가 잘 모르는 사람들끼리 모이게 한다.

④ 3인 1조의 학습 팀 학습 활동을 전개할 때는 각 조끼리 서로 방해가 되지 않도록 적당한 간격을 유지하게 한다.

⑤ 교수자(FT)도 구성원의 일원으로서 학습 팀 활동에 적극적으로 참여해야 한다.

체험 2. (2-4-8) 모임 만들기

(1) 학습 목표
⊙ 이 학습을 마치고 나면 활동적인 소집단 학습 팀을 만들어 학습 진단(학급 전체)의 주체의식과 결속력을 고취할 수 있다.

■ 학습 인원: 32명
■ 소요 시간: 30분
■ 학습준비물: 학습 팀 구성 활동을 쉽게 할 수 있도록 이동하기 쉬운 개인별 의자

(2) 교수자(FT) 학습 진행 절차

• 교수자(FT) 안내 ①
이번에는 번호를 부르겠습니다.
'번호' 하면 여러분은 '햇님' '달님' '햇님' '달님' 하고 번호를 하세요.
이것이 '햇님' '달님' 번호입니다.
자, 시작해 볼까요?

• 교수자(FT) 안내 ②
자, '햇님' 번호는 '햇님'끼리 모이시고, '달님' 번호는 '달님'끼리 모이십시오.
'햇님' 번호로 모인 마을을 '해동네'라 하고, 달님 번호끼리 모인 마을을 '달동네'라고 하겠습니다.

해동네와 달동네 사람들이 다정한 얼굴로 서로 마주 보십시오.

• 교수자(FT) 안내 ③

이번에는 달동네 사람들이 해동네 사람들을 초대하기로 하겠습니다.

한 사람이 한 명씩 초대하는 것입니다.

될 수 있는 대로 알지 못하는 사람을 초대해 주십시오.

해동네에 가서서 정중하게 인사하시고 손을 잡으시며 초대 말씀을 하시기 바랍니다.

• 교수자(FT) 안내 ④

햇님과 달님이 모여서 두 사람이 되었지요?

이번에는 그 두 사람(해와 달)이 또 다른 두 사람(해와 달)을 초대해 주십시오.

아무나 먼저 가서서 인사하시고, "초대할 테니 와주세요." 하고 예의 바르게 초대하시기 바랍니다.

• 교수자(FT) 안내 ⑤

이제 네 사람의 모임이 되었지요?

이번에는 네 사람의 모임이 다른 네 사람의 모임을 초대하시는 것입니다.

먼저 팀원들과 '어떤 모임을 초대할 것인가?'를 의논하신 다음에 모셔 오시기 바랍니다.

이때 초대를 받은 모임에서는 거절할 수가 있습니다. 거절할 때도 예의와 품위를 지켜 주시기 바랍니다.

(3) 팀별 학습 소감이나 느낌 발표

• 교수자(FT) 안내 ⑥

이제 여덟 사람이 한 모임이 되었는데, 지금까지 학습 활동을 경험하면서 느끼신 소감을 팀원들과 함께 나누어 주시기 바랍니다.

선택되었을 때의 느낌이나 거절했을 때의 기분 같은 것을 서로 말씀해 보십시오.

(4) 유의 사항

① 대화의 개인 활동에서 모임을 계속 형성하게 될 때마다 서로 인사하도록 하고 선택하게 된 동기를 이야기한다.
② 상대방을 선택할 때는 서로 모르는 사람을 초대하도록 한다.
③ 4인 1조가 될 때까지는 초대를 거절할 수 없다. 단, 4명이 8명이 되는 과정에서만 모임 구성원들이 서로 의논하여 거절할 수 있다.
④ 모임이 형성되면(어느 형태의 모임이든) 즉시 서로 인사를 나누고 간단한 대화를 나눌 수 있게 한다.
⑤ 절대로 선택되지 못하는 일로 인해서 좌절을 체험하게 해서는 안 된다.
⑥ 교수자(FT)도 구성원의 일원으로서 학습 팀 활동에 적극적으로 참여해야 한다.

체험 3. 의사소통의 일방적 소통과 쌍방적 소통

(1) 학습 목표
◉ 의사소통에 있어서 '쌍방적 소통'의 효과를 직접 체험하고, 그 우월성을 이해할 수 있다.
◉ 사회, 직장, 가정에서 실제 행해지고 있는 의사소통의 방법을 검토할 수 있다.

■ 학습 인원: 제한 없음
■ 소요 시간: 40분
■ 학습준비물: 필기도구, A4 용지, 기록부, 제시 자료 A · B형

(2) 교수자(FT) 학습 진행 절차

• 교수자(FT) 안내 ①
학습 팀을 8인 1팀으로 만들겠습니다.

시작해 볼까요?(학습 팀을 구성할 때는 학급 인원을 고려해서 학습 팀 수를 결정하고, 팀을 구성하는 규칙도 학습 지도자가 사전에 구상하여 진행해야 한다.)

- 교수자(FT) 안내 2
각 학습 팀에서는 팀장 한 명과 총무(서기) 한 명을 선출해 주시기 바랍니다.

- 교수자(FT) 안내 3
먼저 각 팀의 팀장들은 밀실로 모여 주시기 바랍니다(밀실에서 팀장들에게 제시 자료 A 분배).
지금부터 팀장들께서는 이 자료(제시 자료 A)를 자세히 보시고 여러분들의 팀원들에게 네모꼴을 그리는 방법에 대하여 설명해 주시기 바랍니다.
단 팀원들(참가자, 구성원)의 질문은 절대로 받지 못합니다. 아시겠습니까?

- 교수자(FT) 안내 4
지금부터 팀장이 여러분에게 네모꼴(사각형)을 그릴 수 있도록 자세히 설명하실 것입니다.
여러분은 팀장의 안내에 따라 그림을 그리시기만 하면 됩니다.
단, 절대로 팀장에게 질문을 해서는 안 됩니다.
이때 총무(서기)는 기록부 별첨자료에 팀장과 팀원들의 활동 상황을 기록하여야 합니다.
자, 시작하겠습니다.

- 교수자(FT) 안내 5
네, 모두 아주 열심히 잘하셨습니다.
그러면 총무(서기)는 여러분이 바르게 그린 네모꼴의 숫자를 파악해서 기록부에 기록해 주시기 바랍니다.

- 교수자(FT) 안내 6
똑같은 방법으로 다시 한번 그려 보도록 하겠습니다(팀장들에게 제시 자료 B형 분배).
이번에는 팀장과 팀원 여러분이 서로 질문하고 응답할 수 있습니다.

그럼 시작해 볼까요?

• 교수자(FT) 안내 ⑦

이번에는 먼저보다 잘하시는군요. 자, 각 팀의 총무(서기)께서는 맡은 숫자를 파악해 보십시오.

(3) 팀별 학습 소감이나 느낌 발표

• 교수자(FT) 안내 ⑧

팀의 총무(서기)가 기록한 '기록부'를 보시고 두 개의 학습 경험을 비교하여 느끼신 점을 서로 이야기해 보시기 바랍니다.

• 교수자(FT) 안내 ⑨

이번에는 팀장과 총무(서기)가 학습을 진행하면서 느낀 점을 말씀해 보시기 바랍니다.

(4) 유의 사항

① 밀실은 간편한 방법으로 만들거나 여건이 좋지 않으면 학습장 밖을 이용할 수도 있다.
② 팀장이나 총무(서기)를 자발적으로 선출하지 못할 때는 교수자(FT)가 다음과 같이 진행을 촉진할 수도 있다.
  • 분단에서 귀가 제일 큰 사람
  • 복장(옷, 신발 등) 빨간색이 가장 많은 사람
  • 아버지의 연세가 가장 많은 사람
  • 어머니의 연세가 가장 적은 사람 등
  이와 같은 촉진 활동은 팀원 간의 대화를 더욱 활성화할 수 있으며, 자연스러운 접촉의 기회를 마련해 주는 데 매우 효과적이다.
③ 팀장이 팀원들에게 학습 안내를 할 때는 학습 자료에 대한 보안 조치를 철저히 해야 한다. 그러기 위해서 때로는 팀장을 커튼이나 기타 가리개 자료로 팀원들과 차단하는 방

법을 강구하기도 한다.

④ 구성원들의 역동성에 따라 일방통행 학습 경험을 나중에 시킬 수도 있다.

⑤ 총무(서기)는 기록부에 기재하는 활동에만 그치는 것이 아니고 팀원들의 활동 상황을 낱낱이 관찰 분석해야 한다.

⑥ 총무(서기)가 기록한 기록부 자료를 놓고 팀장과 총무(서기) 그리고 팀원들 간의 소감을 충분히 나누어 '일방적 소통' 방법의 모순점과 '쌍방적 소통'의 합리성을 스스로 발견할 수 있게 한다.

(5) 참고 자료

• 제시 자료 A

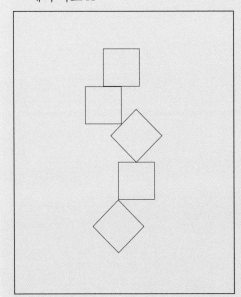

• 제시 자료 B

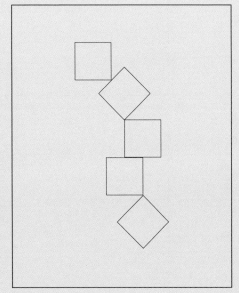

• 자료 (기록부)

구분 정답 도형	의사소통	
	일방적 소통(A)	쌍방적 소통(B)
5		
4		
3		
2		
1		
0		
소요 시간		
평균		

토론 문제

1. 체험 중심 평생교육에 대한 정의와 특징 그리고 장단점에 대해 설명해 보자.

2. 평생교육 현장에서 체험 중심 교육 3단계 실행 방법을 설명해 보자.

3. 자신이 쉽게 운영할 수 있는 실내외 체험 중심 교육 프로그램 한 가지를 소개하고 학습 진행 절차를 설명해 보자.

제9장

직무 현장 중심
평생교육방법

세상에서 가장 강한 사람은 자기 자신을 이기는 사람이다.

- 노자(老子) -

1. 국가직무능력표준(NCS)의 개념과 분류에 대해 이해할 수 있다.
2. 현장직무교육(OJT)에 대해 이해할 수 있다.
3. 직무훈련(Job instruction Training), 집합교육훈련(Off JT)에 대해 설명할 수 있다.

이 장에서는 국가직무능력표준(NCS), 현장직무교육(OJT), 직무훈련(Job instruction Training), 집합교육훈련(Off JT)을 기술하였다. NCS의 개념, 개념도, NCS 분류와 필요성, 현장직무교육(OJT)의 개념과 목적, 특징, 직무훈련(Job instruction Training), 집합교육훈련(Off JT) 등을 알아봄으로써 평생교육을 담당하는 교수자와 학습자의 개개인의 능력 개발과 개인적인 성장에 도움이 되도록 하였다. 교수자의 교육 훈련 방법의 적절한 실행은 학습자의 교육적 요구나 목표를 달성하는 데 도움을 줄 수 있다. 이러한 측면에서 직무 현장 중심의 평생교육방법은 학습자들의 자기주도적 학습을 촉진하고, 특정 직무에서의 기능 향상에 기여할 수 있다.

1. 국가직무능력표준(NCS)에 대한 이해

국가직무능력표준(National Competency Standards: 이하 NCS) 사업을 주관하고 있는 한국직업능력개발원에 따르면, NCS이란 산업현장에서 직무를 수행하기 위해 요구되는 지식, 기술, 소양 등의 내용 등을 국가가산업별, 수준별로 체계화한 것을 가리킨다. 따라서 NCS은 각 산업현장의 종사할 인력이 갖추어야 할 기본적인 능력과 연관되어 있다고 볼 수 있다(홍초희, 2017).

사회 전반에 학벌 중심 사회의 폐단을 극복하고 능력 중심 사회를 구현하기 위한 실질적인 변화가 가속화되고 있다(김미수, 2019). 사실상 기업이 근로자 채용에 있어서 전문적인 지식이나 기술보다는 NCS 직업기초 능력을 비롯한 다양한 역량을 요구하면서, 실제 NCS 직업기초능력에 기반을 둔 실습 중심의 직업교육이 대학뿐만 아니라 일부 특성화고등학교와 마이스터고등학교에서 이뤄지고 있다(한국교육과정평가원, 2015; 김미수, 2019에서 재인용). NCS 기반 교육으로의 개편이 현실화되면서 직업기초능력을 신장시키기 위해 다양한 방편으로 학습 경로를 개발하고 있으며, 특히 교수-학습 방법에 대한 연구가 활발히 진행되고 있다(김미수, 2019).

이 장에서는 NCS 개념과 개념도, NCS 분류와 필요성, 수준체계 등을 구체적으로 살펴봤다.

1) NCS 개념과 개념도

(1) NCS 개념

국가직무능력표준(NCS)는 산업현장에서 직무를 수행하기 위하여 요구되는 지식·기술·소양 등의 내용을 국가가 산업부문별·수준별로 체계화 및 자격화하여 양성과 채용에 활용하도록 한 것으로 정의된다(한국직업능력개발원, 2021).

NCS는 산업현장에서 직무를 수행하기 위해 요구되는 지식·기술·태도 등의 내용을 국가가 체계화한 것으로서 산업현장과 직업교육·훈련 및 자격제도의 불일치로 인적 자원의 비효율적 관리 운용과 교육훈련 수요자인 학습자, 기업의 어려움을 해소하기 국가 차원에서 NCS가 개발되어 다양한 기관의 교육과정에 활용되고 있다

(김미수, 2019).

NCS 체제 도입 취지와 필요성은 그동안 인재를 배출하는 대학교육이 산업현장의 기대 수준에 못 미치는데 있다. 우수한 졸업생조차 취직 후에는 업무 수행에 필요한 교육훈련을 다시 받아야 하는 악순환은 사회적 고민이다(오만덕, 이승희, 2014). 따라서 NCS 개념이 대학교육에 반영된다는 것은 일과 학습을 밀접하게 연계함으로써 직무와 대학교육을 일원화하여 교육훈련에 투자한 비용의 효과성과 효율성을 최적화함을 의미한다(오만덕, 이승희, 2014).

(2) NCS 개념도

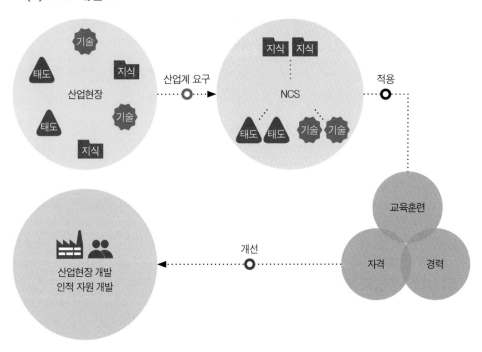

[그림 9-1] 정보통신-정보기술개발 분야(분류 예시)

출처: https://www.ncs.go.kr/

NCS의 가장 큰 목표는 훈련 및 경력 개발에 중심을 두고 업무 능력 학습과 인재 양성에 목표를 두고 있다. 즉, 노동자가 자신의 업무를 효율적으로 수행하기 위해 요구되는 능력(기술, 지식, 태도, 소양 등)을 국가적 차원에서 표준화한 것을 말하고, 이를 통하여 일과 현장, 교육훈련과 자격검정이 연계될 수 있도록 하는 것이다(안유림, 2019).

2) NCS의 필요성

능력 있는 인재를 개발해 핵심 인프라를 구축하고, 나아가 국가경쟁력을 향상시키기 위해 NCS가 필요하다. 기업은 직무분석자료, 인적 자원 관리 도구, 인적자원 개발 프로그램, 특화 자격 신설, 일자리 정보 제공 등을 원하고, 기업교육훈련기관은 산업현장의 요구에 맞는 맞춤형 교육훈련과정을 개설하여 운영하기를 원하기 때문에 NCS가 필요하다.

표 9-1 NCS의 필요성

현재	바뀌는 것
• 직업교육 · 훈련 및 자격제도가 산업현장과 불일치 • 인적자원의 비효율적 관리 운용	• 각각 따로 운영됐던 교육 · 훈련, NCS 중심 시스템으로 전환 (일–교육 · 훈련–자격 연계) • 산업현장 직무 중심의 인적 자원 개발 • 능력 중심 사회 구현을 위한 핵심 인프라 구축 • 고용과 평생 직업능력 개발 연계를 통한 국가경쟁력 향상

출처: https://www.ncs.go.kr/

3) NCS 구성

NCS 분류체계는 한국고용직업분류를 기반으로 하여 대분류 24개, 중분류 80개, 소분류 238개, 세분류 887개의 순으로 구성되어 있다(홍초희, 2017). 여기에서 세분류란 직무를 뜻하며, 기본적으로 직무는 10~30개의 능력단위로 구성된다. 그리고 능력단위는 다시 능력단위요소로 세분화되는데, 여기에는 직무 수행에 필요한 수행준거, 지식, 기술, 태도 등이 포함된다. 또한 관련 적용 범위와 작업상황, 평가지침, 직업기초능력 등도 함께 제시된다. 즉, NCS은 '직무–능력단위–능력단위요소'로 이어지는 위계적 구조를 지니고 있다(홍초희, 2017).

4) NCS 분류

NCS의 분류는 직무의 유형(type)을 중심으로 NCS의 단계적 구성을 나타내는 것으로, NCS 개발의 전체적인 로드맵을 제시 한국고용직업분류(Korean Employment Classification of Occupations: KECO) 등을 참고하여 분류하였으며 '대분류(24)−중분류(80)−소분류(257)−세분류(1,022개)'의 순으로 구성되었다(분류 마련을 위해 직업분류, 산업분류 및 자격분류 전문가, 해당산업 분야 전문가 대상 의견수렴 방법을 통해 직종구조분석 시행하고 있다).

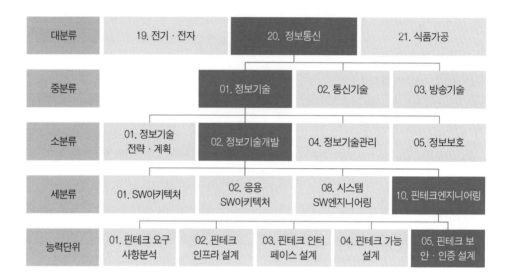

[그림 9−2] 정보통신−정보기술개발 분야 (분류 예시)

출처: https://www.ncs.go.kr/ (2021. 1. 29. 검색).

(1) NCS 분류도(예시): 직업기초능력 영역

NCS 직업기초능력은 문제해결능력, 의사소통능력, 대인관계능력과 같이 다양한 요소가 융합된 상황에서 사회·환경과의 긴밀한 상호작용 속에서 구성될 수 있는 영역이 주요 요소로 부각되고 있다(김미수, 2019).

표 9-2 NCS 분류도(예시)

직업기초능력 영역	하위 능력
의사소통능력	문서이해능력, 문서작성능력, 경청능력, 의사표현능력, 기초외국어능력
수리능력	기초연산능력, 기초통계능력, 도표분석능력, 도표작성능력
문제해결능력	사고력, 문제처리능력
자기개발능력	자아인식능력, 자기관리능력, 경력개발능력

자원관리능력	시간관리능력, 예산관리능력, 물적자원관리능력, 인적자원관리능력
대인관계능력	팀워크 능력, 리더십능력, 갈등관리능력, 협상능력, 고객서비스능력
정보능력	컴퓨터활용능력, 정보처리능력
기술능력	기술이해능력, 기술선택능력, 기술적용능력
조직이해능력	국제감각, 조직체제이해능력, 경영이해능력, 업무이해능력
직업윤리	근로윤리, 공동체윤리

출처: https://www.ncs.go.kr/

(2) NCS 구성과 학습모듈

2009 개정 교육과정의 계열은 상업·정보, 가사·실업, 공업, 수산·해운, 농·생명산업으로 나뉘었는데, 2015 개정 교육과정에서는 고교직업교육의 계열을 NCS에 적합하도록 새롭게 개편하였다(안유림, 2019). 정부에서는 NCS를 산업, 업무별로 대분류 24개, 중분류 80개, 소분류 238개, 세분류 887개로 체계화했다. 정부에서는 NCS를 산업, 업무별로 대분류 24개, 중분류 80개, 소분류 238개, 세분류 887개로 체계화했다(안유림, 2019). 여기서 세분류는 직무를 뜻하고 10개에서 30개의 능력단위로 구성된다. 능력단위는 다시 능력단위요소로 세분화되고, 업무 수행에 필요한 수행준거, 지식·기술·태도 등이 있고 적용 범위 및 작업 상황, 평가지침, 직업기초능력 등도 함께 포함된다. NCS의 수준체계는 업무의 수준을 체계화한 것이고, 산업 현장, 교육 훈련, 자격연계, 학습능력 성취 단계를 제시하여 활용한다.

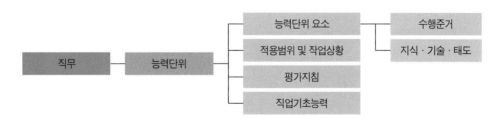

[그림 9-3] NCS 능력단위 구성

출처: 안유림(2019), p. 27.

〈표 9-3〉은 기관들의 NCS 활용 범위를 보여준다.

표 9-3 NCS 활용 범위

기업체	교육훈련기관	자격시험기관
• 현장 수요 기반의 인력 채용 및 인사관리 기준 • 근로자 경력 개발 • 업무 기술서 개발	• 직업교육 훈련 과정 개발 • 교수계획 및 매체, 교과서 개발 • 훈련기준 개발	• 자격 종목의 신설 · 통합 · 폐지 기준 • 출제기준 개발 및 개정 기준 • 시험 문항 및 평가 방법 기준 및 개발

출처: 안유림(2019), p. 26

NCS가 현장 업무 요구서라고 하면, NCS 학습모듈은 능력단위를 교육훈련에서 적용 및 학습할 수 있도록 구성한 교수–학습 자료라고 할 수 있다. 즉, NCS 학습모듈은 업무의 구체적인 이론과 실습 내용을 상세하게 학습할 수 있도록 하는 것이다. 능력단위 1개당 1개의 학습모듈 개발을 원칙으로 하나 필요에 따라 고용단위 또는 교과 단위를 묶어 하나의 학습모듈로 개발할 수 있고, 또는 능력단위 1개를 여러 가지의 학습모듈로 나누어 개발할 수 있다.

NCS 학습모듈은 이론 중심으로 이루어져 있는 현행 교과서를 보완할 수 있고, 실제 업무 내용 중심으로 보완할 수 있다. NCS 학습모듈은 학습 목표, 학습 내용, 교수–학습 방법, 평가 및 피드백 순으로 구성되어 있다. 〈표 9-4〉는 NCS 관광 · 레저 · 미용의 학습모듈의 '전화 응대하기'의 구성 및 세부 내용 예시이다(안유림, 2019).

〈표 9-4〉처럼 NCS 학습모듈은 업무수행에 필요한 프로세스를 제시하고, 필요한 내용을 학습한다. 이는 학습자에게 업무를 미리 경험하고 필요한 지식을 습득할 수 있어 많은 도움이 된다.

표 9-4 NCS 학습모듈 전화 응대하기 학습

구성	세부 내용	예시
학습 목표	• NCS 능력 단위 요소 명칭 제시	전화 응대하기(LM1203010201_13v1.1)
학습 내용	• 학습 목표, 필요 지식, 수행 내용 구성(NCS 프로세스 학습 내용을 제시하여 실제 업무에서 사용되고 필요한 업무 내용을 학습)	• 학습 목표: - 여행 서비스업에서 고객 응대의 중요성과 기본자세에 대하여 이해한다. - 기본 전화응대 예의와 전화 상담 설명서에 따른 논평을 익히고, 이를 활용하여 고객의 전화를 응대할 수 있다. • 필요 지식: 고객 응대 및 개념과 서비스의 중요성 • 수행 내용: 전화 상담 설명서에 따라 전화 응대 - 전화응대 기본 화법 학습(인사말, 소속, 이름 밝혀 수신자를 분명히 할 것) - 단계별 전화응대 방법 학습 - 부재중 전화 내용 메모 방법 학습 - 외국어로 단계별 간단한 응대 화법 학습(NCS 학습모듈에 영어 및 중국어 예시 제시)
교수-학습 방법	• 학습 목표를 성취하기 위해 교수자와 학습자 간의 상호작용이 일어날 수 있도록 함 • 교수자는 학습자 중심의 학습이 될 수 있도록 하고 학습 효과를 위해 교수 매체 및 전략을 준비함	• 교수 방법: - 교수자는 학습자들이 고객의 응대 중요성과 관계 등에 대해서 충분히 이해했는지 확인하고, 2인 1조 팀으로 구성하여 다양한 전화응대 상황을 연습하고 시연할 수 있도록 한다. - 외국어 학습 시 교수자가 학습자에게 먼저 정확한 발음과 억양을 시연해서 따라 하도록 한다. • 학습 방법: - 학습자는 고객의 응대 중요성과 관계 등을 이해하고 중요성을 인지한다. - 다른 조 시연 평가표를 작성하고, 교수자가 읽어 주는 외국어에 대해 정확한 발음과 억양에 대해 학습한다.
평가 및 피드백	• 학습자가 수행준거 및 평가 항목에 제시된 내용을 수행하였는지 확인	• 수행준거 및 평가는 성취 수준 상·중·하로 나누어 평가하고, 평가 내용에 따라 피드백하고 각 조의 강점과 약점을 학습한다.

출처: 안유림(2019), pp. 29-30.

5) NCS의 수준체계

NCS의 수준체계는 산업현장 직무의 수준을 체계화한 것으로, '산업현장 · 교육훈
련 · 자격' 연계, 평생학습능력 성취 단계 제시, 자격의 수준체계 구성에서 활용한다.
NCS 개발 시 8단계의 수준체계에 따라 능력단위 및 능력단위요소별 수준을 평정하
여 제시한 것이다.

표 9-5 국가직무능력표준의 수준체계

수준	항목	내용
8수준	정의	• 해당 분야에 대한 최고도의 이론 및 지식을 활용하여 새로운 이론을 창조할 수 있고, 최고도의 숙련으로 광범위한 기술적 작업을 수행할 수 있으며, 조직 및 업무 전반에 대한 권한과 책임이 부여된 수준
	지식기술	• 해당 분야에 대한 최고도의 이론 및 지식을 활용하여 새로운 이론을 창조할 수 있는 수준 • 최고도의 숙련으로 광범위한 기술적 작업을 수행할 수 있는 수준
	역량	• 조직 및 업무 전반에 대한 권한과 책임이 부여된 수준
	경력	• 수준7에서 2~4년 정도의 계속 업무 후 도달 가능한 수준
7수준	정의	• 해당 분야의 전문화된 이론 및 지식을 활용하여, 고도의 숙련으로 광범위한 작업을 수행할 수 있으며, 타인의 결과에 대하여 의무와 책임이 필요한 수준
	지식기술	• 해당 분야의 전문화된 이론 및 지식을 활용할 수 있으며, 근접 분야의 이론 및 지식을 사용할 수 있는 수준 • 고도의 숙련으로 광범위한 작업을 수행할 수 있는 수준
	역량	• 타인의 결과에 대하여 의무와 책임이 필요한 수준
	경력	• 수준6에서 2~4년 정도의 계속 업무 후 도달 가능한 수준
6수준	정의	• 독립적인 권한 내에서 해당 분야의 이론 및 지식을 자유롭게 활용하고, 일반적인 숙련으로 다양한 과업을 수행하고, 타인에게 해당 분야의 지식 및 노하우를 전달할 수 있는 수준
	지식기술	• 해당 분야의 이론 및 지식을 자유롭게 활용할 수 있는 수준 • 일반적인 숙련으로 다양한 과업을 수행할 수 있는 수준
	역량	• 타인의 결과에 대하여 의무와 책임이 필요한 수준 • 독립적인 권한 내에서 과업을 수행할 수 있는 수준
	경력	• 수준5에서 1~3년 정도의 계속 업무 후 도달 가능한 수준

5수준	정의	• 포괄적인 권한 내에서 해당 분야의 이론 및 지식을 사용하여 매우 복잡하고 비일상적인 과업을 수행하고, 타인에게 해당 분야의 지식을 전달할 수 있는 수준
	지식기술	• 해당 분야의 이론 및 지식을 자유롭게 사용할 수 있는 수준 • 매우 복잡하고 비일상적인 과업을 수행할 수 있는 수준
	역량	• 타인에게 해당 분야의 지식을 전달할 수 있는 수준 • 매우 복잡하고 비일상적인 과업을 수행할 수 있는 수준
	경력	• 수준4에서 1~3년 정도의 계속 업무 후 도달 가능한 수준
4수준	정의	• 일반적인 권한 내에서 해당 분야의 이론 및 지식을 제한적으로 사용하여 복잡하고 다양한 과업을 수행하는 수준
	지식기술	• 해당 분야의 이론 및 지식을 제한적으로 사용할 수 있는 수준 • 복잡하고 다양한 과업을 수행할 수 있는 수준
	역량	• 일반적인 권한 내에서 과업을 수행할 수 있는 수준
	경력	• 수준3에서 1~4년 정도의 계속 업무 후 도달 가능한 수준
3수준	정의	• 제한된 권한 내에서 해당 분야의 기초이론 및 일반 지식을 사용하여 다소 복잡한 과업을 수행하는 수준
	지식기술	• 해당 분야의 기초이론 및 일반지식을 사용할 수 있는 수준 • 다소 복잡한 과업을 수행하는 수준
	역량	• 제한된 권한 내에서 과업을 수행하는 수준
	경력	• 수준2에서 1~3년 정도의 계속 업무 후 도달 가능한 수준
2수준	정의	• 일반적인 지시 및 감독하에 해당 분야의 일반 지식을 사용하여 절차화되고 일상적인 과업을 수행하는 수준
	지식기술	• 해당 분야의 일반 지식을 사용할 수 있는 수준 • 절차화되고 일상적인 과업을 수행할 수 있는 수준
	역량	• 일반적인 지시 및 감독하에 과업을 수행할 수 있는 수준
	경력	• 수준1에서 6~12개월 정도의 계속 업무 후 도달 가능한 수준
1수준	정의	• 구체적인 지시 및 철저한 감독하에 문자이해, 계산능력 등 기초적인 일반 지식을 사용하여 단순하고 반복적인 과업을 수행하는 수준
	지식기술	• 문자이해, 계산능력 등 기초적인 일반 지식을 사용할 수 있는 수준 • 단순하고 반복적인 과업을 수행할 수 있는 수준
	역량	• 구체적인 지시 및 철저한 감독하에 과업을 수행하는 수준

출처: https://www.ncs.go.kr/

6) NCS 기반 수업 진행을 위한 원리

NCS 기반의 효과적인 수업 진행을 위한 교육방법의 원리는 다음과 같다(김종표, 2016).

- 교수자는 이론, 현장에 대한 내용의 수업을 진행할 때 학습자들이 어떻게 반응하는지 세심하게 관찰을 하면서 학습자들이 현장에 대해 어느 정도 알고 있는지를 파악하면서 진행해야 한다.
- NCS 기반의 수업은 학습자들이 그 현상이 왜 일어났는가를 설명할 수 있어야 한다. 따라서 원인과 결과를 밝히며, 추론할 수 있는 고차원적인 사고력을 기를 수 있는 교수-학습이 이루어져야 한다.
- NCS 기반의 수업은 학습자 상호작용의 토론과 실습 및 활동 등을 통해 현장에서 요구하는 것을 실제적으로 습득할 수 있도록 집단 학습이 강조되어야 한다.
- 교수자는 학습자가 자신감과 학습에 대한 흥미를 잃지 않도록 즐겁게 학습에 몰입할 수 있는 교수 방법이 필요하다.
- 교수자는 학습자가 자발적이고 흥미로운 학습 참여가 가능하도록 학습의 방법을 구상해야 한다.
- NCS 기반의 수업은 직무능력을 요구하는 수업이기 때문에 학습을 조직화하고 이해를 높이기 위해서는 각종 매체와 장비 및 도구 활용이 필요하다.
- 교수자는 지식 전달자로서만 생각하는 고정관념에서 벗어나 전달한 지식을 활용할 수 있도록 하는 역할을 해야 한다.
- 교수자는 학습자들의 진단평가와 직무능력 수준 평가를 통하여 학습자 개인별 수준을 파악하여 지도하는 것이 바람직하다.

7) NCS 활용의 주요 성과

NCS 활용의 주요 성과는 기업맞춤형 채용으로 이직률 감소 및 신입사원 재교육 비용 감소, 직무중심의 배치·승진·임금체계로 인사관리 효율성 증대, 현장맞춤형 재직자 훈련으로 직무능력 향상 및 기업경쟁력 강화, 스펙이 아닌 직무능력을 평가하는 블라인드 채용으로 역량 있는 인재 발굴 등이며, 주요 사례는 〈표 9-6〉과 같다(고용노동부, 2021).

표 9-6 NCS 활용 기업 사례

NCS 활용 기업	내용
㈜서울랜드 스펙보다 직무능력! 맞춤형 채용으로 이직률은 낮추고 경쟁력은 높이고	- 매년 2백만 명의 방문객을 모으며 성장해 온 ㈜서울랜드의 큰 고민 거리 중 하나가 인력난이었다. 안전관리와 수많은 이용객을 응대하는 업무 강도를 이겨내지 못하고 그만두는 인력이 많아 전체 280명 중 120명이 일하는 운영팀의 경우 평균 근속연수가 1년밖에 되지 않았다. - 이에 국가직무능력표준 기업활용 컨설팅을 통해 유원 시설 운영관리, 마케팅 기획, 단체 영업 직무를 분석했다. 이후 지원자의 적성과 업무 역량, 서비스 제공 능력을 파악하는 상황 면접을 진행하는 등 국가직무능력표준 기반의 채용을 통해 월평균 이직률이 9.7%에서 4%로 감소했다.
(사)대한미용사회중앙회 일터가 배움터! 현장직무 중심의 재직자 훈련으로 직무능력 향상	1990년대 이후 헤어미용업의 호황기와 함께 미용업 종사자가 증가했지만, 일제강점기 때 받아들인 일본의 미용기술은 여전히 현장에서 인용되고 있다. 이에 (사)대한미용사회중앙회는 현장의 목소리를 반영해 국가직무능력표준 기반 자격을 설계했다. 이렇게 개발된 국가직무능력표준은 미용 브랜드들이 자체 교육훈련 프로그램을 만들어 해외로 수출하는 물꼬를 터 주었고, 비싼 로열티를 주고 해외 브랜드의 커리큘럼을 선호하던 관행을 깨는 전환점이 되었다. -현장의 목소리- "미용 현장은 물론 학교에서도 변화가 나타나고 있어요. NCS 학습모듈에 따라 수업하는 요즘엔 학생들의 흥미나 참여도가 높아졌다고 해요. 미용 현장과 똑같이 구성된 실습실에서 배우고, 검정형 자격시험에 헤어샴푸나 블로우드라이, 염모제 도포 등 입직자에게 꼭 필요한 능력이 포함되면서 교사들도 가르칠 맛이 난다고 합니다." (대한미용사회중앙회 뷰티산업연구 송○○ 소장)

| ㈜디오텍코리아

NCS로 인사관리 혁신!
직무중심의 배치·승진·임
금체계로 직원만족도 상승 | - ㈜디오텍코리아는 칫솔 전문제조기업으로 최근 7년 사이 매출이 300% 이상 늘면서 외형이 커졌지만, 직원들의 역량은 사업의 고도화를 쫓아가기에는 역부족이었다. 사업 확장에 걸맞은 인사관리 시스템 마련이 절실했다. 그 해법을 국가직무능력표준 기업 활용 컨설팅을 통해 찾을 수 있었다.
- 핵심 직무인 경영 기획, 제품 디자인, 공정 관리 직무를 대상으로 직무분석을 하고 인사 평가 및 승 관리 지침, 임금테이블 등을 정비했다. 근무 의욕, 숙련도, 실행력, 안전의식 등을 평가하는 직무별 인사 평가표와 채용·배치·승진 시 활용할 수 있는 체크리스트도 만들었다.

-현장의 목소리-

"배치, 승진 체크리스트를 잘 활용하면 회사의 기대와 구성원 역량 간의 불일치를 없앨 수 있어요. 회사가 조직에서 기대하는 역량 수준을 제시하면 직원들은 자신의 직무역량 수준을 체크리스트에 표시해요. 그 결과를 토대로 회사는 직원들의 직무 적합성을 파악할 수 있고, 직원은 자신의 직무 역량에 맞게 배치될 수 있죠. 직원은 업무 몰입도와 만족도를, 회사는 조직 운영의 효율을 높일 수 있어요."

(㈜디오텍코리아 이○○ 부장) |

출처: http://www.moel.go.kr

8) NCS 활용 우수사례 개요

고용노동부와 한국산업인력공단 국가직무능력표준원은 기업, 학교, 훈련기관 등에서 채용·교육훈련·자격에 국가직무능력표준을 활용하며 현장중심의 인재를 양성할 수 있도록 지원하고 있다. 고용노동부와 한국산업인력공단(2021. 7. 21.)은 직무능력표준을 활용하고 있는 기업, 공공기관, 특성화고, 훈련기관 등 13곳의 운영 사례와 성과를 담은 『일터 현장을 바꾸는 힘, 국가직무능력표준 활용 우수사례집』을 발간했다.

표 9-7 NCS 활용 우수사례 개요

구분	기업명	주요 내용
스펙보다 직무능력!	㈜서울랜드	평균 근속연수 1년 미만으로 인력난에 시달렸으나 NCS로 채용 방식을 바꾼 후 월평균 이직률 9.7%에서 4%로 감소
	㈜스코넥엔터테인먼트	VR 전문인력 확보에 어려움 있었으나 NCS 기반 채용 프로세스로 직무능력을 갖춘 인재의 평가 및 검증시스템 마련
NCS 인사 관리혁신!	㈜디오텍코리아	성장세를 따라가지 못하는 인사관리 체계로 기업위험 부담 커졌으나 NCS 활용으로 채용·배치·임금체계 정비
일터가 곧 배움터!	거제제일해양㈜	조선업계 불황 속에서 체계적인 NCS 교육훈련프로그램으로 기업 경쟁력 강화하여 이직률 40%에서 10%로 감소, 수주 경쟁 성공
	(사)대한미용사회중앙회	NCS 개발로 미용업계에서 자체 교육훈련 프로그램을 제작, 해외 브랜드에 비싼 로열티를 지불하던 관행 사라짐
	산전정밀㈜	NCS 바탕의 직무별·수준별 맞춤형 교육훈련프로그램 설계로 불량률 감소, 매출 정체기를 벗어나는 계기 마련
	아메코시스템㈜	NCS 활용을 통한 직무능력 향상으로 불량률 증가, 납기 지연 문제해결 및 시장 변화에 대응하는 기술력 확보
오버스펙 NO, 온스펙 OK!	한국우편사업진흥원	207개 직무기술서 마련 후 블라인드 채용을 진행, 신규 입사자 이직률 13%에서 2%로 감소, 여성·고졸·중장년 입사자 증가
	한국전력거래소	채용 전형을 NCS 블라인드 전형으로 바꾼 결과, 신입사원 교육기간이 6개월에서 2개월로 단축, 응시자 만족도 80% 이상 유지
	한국남동발전㈜	국가직무능력표준 기반의 블라인드 채용제도 도입으로 신사업에 필요한 맞춤형 인재 선발 및 신입사원 조직 적응도 상승
현장 담은 교육! 능력 품은 자격!	창원기계공업고등학교	국가직무능력표준 교육과정을 바탕으로 실무형 인재를 양성한 결과, 고등학생 신분으로 용접산업기사 국가기술자격 합격자 33명 배출

현장 담은 교육! 능력 품은 자격!	그린자동차직업전문학교	국가직무능력표준 훈련과정, 과정평가형 자격 제도 운영으로 훈련생 평균 취업률 4년간 평균 82%, 훈련생 만족도 평균 4.9점 유지
	㈜우진플라임	2015년부터 모든 교육 훈련 과정에 국가직무능력표준 도입, 650여 개 업체에 취업 연계, 연평균 95% 이상 취업률 달성

출처: http://www.moel.go.kr

2. 현장직무교육(OJT)

직무교육훈련은 특정 직무와 관련된 일반적인 지식이나 이론을 학습하고, 기술을 익혀 직무수행을 원활하게 촉진하는 것으로 이해된다(이기섭, 조은정, 조용현, 2008; 최희숙, 2014에서 재인용). 안영면, 박봉규와 윤정형(2002)은 직무교육훈련이 조직의 필요성에 입각하여 계획되고 실행되기 때문에 조직 구성원들은 교육훈련을 통해 자신의 직무를 보다 효과적으로 수행할 수 있게 되고, 구성원들의 성취 동기와 사기 중진, 근로의욕 고취 등으로 인해 조직 활성화, 이직 감소, 기업의 이익 향상 등의 여러 부수적인 효과도 나타난다고 하였다(최희숙, 2017).

오늘날 국제화·다변화하는 경영 환경에서 기업이 성장하고 지속되기 위해서는 구성원 각자의 인적 경쟁우위를 기반으로 기업의 총체적인 경쟁력을 확보하는 것이 중요하다. 지식기반사회에서 기업에서 요구되는 다양한 지식과 첨단 기술을 확보하기 위한 수단으로 기업은 종업원들에게 교육훈련에 대한 투자를 게을리할 수 없을 것이다. 이러한 급변하는 경영환경 변화에 민첩하게 대응하기 위하여 기업들은 현장직무교육(On the Job Training: 이하 OJT)를 실시하고 있다(김해광, 2011). 기업교육에서 가장 전통적인 훈련 형태 중 하나인 OJT는 별도의 교육훈련 장소를 빌리거나 훈련을 위한 시간을 따로 할애할 필요가 없기 때문에 훈련 비용의 관점에서 매우 경제적이며, 근로자의 훈련 참여를 제고할 수 있다는 점에서 현장에서 가장 선호되는 훈련 방법으로 인식되어 왔다(김수원 2005; 강은희, 2014에서 재인용).

이 장에서는 OJT의 개념과 목적, 특징 등에 대해 살펴본다.

1) OJT의 개념과 목적

교육훈련이란 개인의 현재 또는 미래 직무 수행에 필요한 지식, 기술, 태도를 습득하는데 고용주가 의도적이고 계획적으로 제공할 수 있는 인적자원 개발방법의 하나이다(Jacobs, 2003; 노남섭, 박양근, 2009에서 재인용). OJT는 집합연수교육(Off the Job Training: 이하 OFF JT)과 자기개발(Self Development: SD)과 함께 기업교육의 3대 기둥이라고 하며, 우리나라의 기업교육 현장에서 특히 많이 실시하고 있으면서 비계획적인 특징을 갖는다(권대봉, 1998; 강은희, 2014에서 재인용).

직무현장훈련은 훈련을 받을 사람에게 작업공간에서 규칙적으로 훈련을 실시할 수 있게 하는 것으로, 이것은 가장 기본적인 형식의 훈련이며 대부분 종업원들은 직무수행 과정에서 훈련과 코치를 받는다(노남섭, 박양근, 2009).

OJT는 직장 내 교육훈련으로 보통 "업무에 종사하면서 하는 교육훈련, 업무를 시키면서 업무를 진행시키면서 가르치는 것"을 지칭한다(박경규, 임효창, 2000; 김해광, 2011에서 재인용). OJT는 흔히 기업 내에서 종업원의 교육훈련방법의 하나로, 종업원이 직무에 종사하면서 지도교육을 받게 되는 것을 지칭하고, Off JT는 업무 현장을 떠나서 직무수행에 필요한 지식, 기술, 태도에 대해서 직속 상사 이외의 전문가에 의해서 시행되는 교육훈련을 의미한다(김해광, 2011).

교육훈련의 목적은 종업원의 지식, 기술의 향상, 태도의 변화를 조직에서 요구하는 방향으로 유도하여 업무성과를 향상시키는 것이다. 이러한 교육훈련의 목적 달성을 위한 유용한 학습 전략으로 OJT는 대부분의 기업에서 실시하고 있는 직장 내 교육훈련 방식이다. OJT의 기본 목적은, 첫째, 일의 성과(업적)를 높이는 '사람 만들기'이고, 둘째, 부하 한 사람의 인간적인 성장을 원조하는 것이다(강은희, 2014).

Flippo(1976)는 급격한 기업환경의 변화에 대해 신속한 대응력을 갖추기 위해서는 조직 구성원의 실무 능력 개발이 중요한데, 이러한 실무수행 능력 향상은 직무수행을 통한 습득이 가장 직접적이고 효과적이라는 점에서 OJT이 가장 적절한 훈련 방법이라고 하였다(김해광, 2011에서 재인용). 교육훈련 방법 중 하나인 OJT는 Off JT와 비교되는 개념으로 직장 또는 현장 내 교육훈련이라고 할 수 있다. 한국공업표준협회(1983)에 따르면, OJT는 업무에 종사하면서 이루어지는 직무교육 또는 업무를 진행시키면서 가르치는 것이다. 정기영(2006)은 관리 · 감독자가 평소의 업무를 통하여 소집된 직원을 육성 개발하는 연수라고 정의하였다. 또한 박경규와 임효창 (2000)은 업무에 종사하면서 하는 교육훈련 또는 업무를 시키면서 또는 업무를 진행 시키면서 가르치는 것이라고 정의하였다(김동욱, 2013).

OJT는 교육훈련의 목적과 방향을 같이 한다. 교육훈련의 목적은 조직 구성원에 게 지식, 기술, 태도를 교육하여 직무성과를 향상시켜 궁극적으로는 생산성 향상과 개개인의 직무수행 능력 향상, 그리고 기업의 목적 달성 등에 있다. OJT는 현장에서 이루어지는 교육훈련으로 교육훈련의 목적을 가장 잘 달성할 수 있는 방법 중의 하나이다(김동욱, 2013).

권대봉(2006)은 OJT이 Off JT이나 자기개발(SD)에 비해 별도의 교육시설이나 강사, 장비 등이 필요하지 않기 때문에 매우 경제적이며 일하면서 배우는 것이 가능하여 살아있는 실전 지식을 배울 수 있고, 피드백이 빠르다고 하였고, Flippo(1976)도 급격한 기업 환경의 변화에 대해 신속한 대응력을 갖추기 위해서는 조직 구성원의 실무 능력 개발이 중요한데, 이러한 실무수행 능력 향상은 직무수행을 통한 습득이 가장 직접적이고 효과적이라는 점에서 OJT가 가장 적절한 훈련방법이라고 하였다(김동욱, 2013).

또한 강은희(2014)는 현장직무교육의 목적을 세 가지로 구분하여 제시하였는데, 첫째, 조직 구성원을 기업의 경영 목표에 유효하고 적절하게 활용할 수 있는 인재로 만드는 것이고, 둘째, 구성원들 간의 의사소통을 원활하게 만들어 조직 협동을 강화하는 것이며, 셋째, 근로자의 학습동기를 유발하여 자기실현을 추진하는 데 주력하는 것이다(김동욱, 2013).

2) OJT 특징

OJT는 단순히 지도 선배가 교육생에게 업무 지식을 전달하는 교육적인 특성도 있지만, 가르치는 자와 배우는 자 사이에 상호학습을 유발한다. 또한 OJT는 단지 지식이나 기술의 전수뿐만이 아니라 지도 선배와 교육생 간의 대인관계를 바탕으로 태도, 자세 등의 인격적 성장을 도모한다는 차원에서 전인격적 교육의 특징을 가지고 있다(김해광, 2011).

OJT의 특징을 살펴보면 다음과 같다(권대봉, 2011; 김해광, 2011).

첫째, OJT는 매우 경제적인 교육훈련 방법이다. 별도의 교육시설이 필요하지 않기 때문에 교육생은 생산이나 서비스 활동에 참가하면서 일을 배우고 익히므로 집합교육 시 발생하는 연수시설 사용비, 강사비, 교통비, 숙박비, 기회비용 등의 모든 비용을 절감할 수 있다.

둘째, OJT는 현장성이 있는 교육이다. 근무 장소가 곧 교육장소이기 때문에 교육생은 일하면서 배우는 것이고, 그렇기 때문에 강의장에서 얻을 수 없는 생생한 현장교육을 받을 수 있다. 또한 OJT는 작업현장에서 상사와 부하 사이에 1:1의 밀착교육, 실천교육이 이루어져 학습과 실천의 일체화가 이루어지므로 학습 전이가 잘 이루어지고, 이로 인해 주로 직무수행을 위한 전문지식, 기술 및 태도에 대한 교육훈련으로 활용된다.

셋째, OJT는 피드백이 빠르게 이루어진다. 교육생이 배운 것을 업무에 적용할 때 상급자, 선배, 동료에게서 곧바로 피드백을 받기 때문에 잘못된 것을 현장에서 수정할 수 있으며, 잘된 것은 강화할 수 있다. 즉각적 피드백을 통해 교육생은 상사로부터의 외재적 학습뿐만 아니라 직무 자체로부터 학습하게 되는 내재적 학습을 동시에 하게 됨으로써 결국 학습과 직무 상황이 동일한 장소에서 이루어져 교육훈련의 효과성이 높아진다.

이렇듯 OJT는 그 효과성을 인정받으며 활용도가 높아지고 있다. 하지만 현장직무교육 교육기법이라고 해서 모두 장점만 가지고 있는 것은 아니다. OJT는 선임자가 주체가 되어 후임자를 가르치는 라인 교육방식이 주를 이루고 스태프의 지원을 받게 되므로 그에 따른 단점도 발생하게 된다.

현장직무교육 교육훈련의 장점과 단점을 살펴보면 〈표 9-8〉과 같다.

표 9-8 OJT 장점과 OJT 단점

OJT 장점	OJT 단점
• 훈련이 추상적이 아니고 구체적이다. • 실시가 Off JT보다 용이하다. • 훈련으로 학습 및 기술 향상을 알 수 있어 구성원의 동기를 유발할 수 있다. • 상사나 동료 간의 이해와 협조 정신을 강화·촉진시한다.	• 우수한 상사가 반드시 우수한 교사는 아니다. • 전문적인 고도의 지식과 기술을 가르치기 힘들다. • 일과 훈련 모두 소홀히 할 가능성이 있다. • 다수의 종업원을 한꺼번에 훈련할 수 없다. • 훈련의 내용과 수준을 통일시키기 곤란하다.

• 저비용으로 할 수 있다. • 훈련을 하면서 일을 할 수 있다. • 종업원의 습득도와 능력에 따라 훈련 할 수 있다. • 시간의 제약이 없다. • 계속적/반복적 수행이 가능하다. • 결과에 대한 피드백 및 후속지도가 용이하다.	• 훈련 비용의 일부가 지도자에게 부담된다.

출처: 김해광(2011), p. 12.

3) OJT의 설계 및 환경

(1) OJT의 설계

Goldstein과 Ford(2002)는 효과적인 OJT를 개발하기 위해서는 학습에 대한 체계적·계획적 접근이 필요하고, 현장직무교육의 개발은 신중하게 진행되어야 한다고 하였다(김해광, 2011). Jacobs(2003)은 현장직무교육 설계의 체계성을 기준으로 구조적인 OJT와 비구조적인 OJT으로 구분하였다. 구조적인 OJT는 체계적 프로세스로서 조직의 전략적 목적에 따라 미리 계획되는 것이고, 비구조적인 OJT는 본래의 현장직무교육, 또는 미리 계획되었지만 관리되지 않는 것이다(김해광, 2011).

교육의 내용은 설정된 교육훈련 목표를 충실히 반영하여 조직되어야 하며, 교육내용의 결정 시 직관성, 적합성, 현실 관련성, 학문성 등이 고려되어야 한다(강문희, 2014). 또한 학습자들이 교육과정에서 습득한 내용을 업무 현장에서 즉시 활용할 수 있도록 실습 위주로 구성되어야 하며, 직원들이 자신의 가치와 태도, 강점과 단점을 스스로 인식하고 편견이나 모순을 발견할 수 있도록 교육내용을 구성해야 한다(권대봉, 2000; 강문희, 2014 재인용).

김수원(2005)은 기업들이 계획에 따라 체계적으로 진행하는 구조적인 OJT를 실시하기 위해서는 현장직무교육 설계와 관련한 지식과 노하우를 확보해야 한다고 하였다. 더불어 현장직무교육을 위한 정보체계 구축과 구조적 훈련모듈 개발, 인사관리 체계와의 연계 등이 필요하다고 하였다(김해광, 2011).

(2) OJT의 환경

OJT는 다른 교육훈련과 달리 업무 현장을 중심으로 진행되므로 현장 업무수행과 더불어 진행해야 하는 어려움이 수반된다. 따라서 교육훈련에 필요한 자원을 적절히 제공하지 않는다면, 현장직무교육 프로그램의 성과는 크게 기대할 수 없을 것이다(김해광, 2011).

OJT 환경은 교육훈련의 내용을 포함하여 지원 시설 환경인 교육장, 교육매체, 교육방법과 교육시간, 교육 분위기, 동료들의 지원과 같은 교육지원 환경을 의미하는 것으로 교육환경은 훈련의 내용 및 목적과 적합해야 하며, 훈련에서의 학습효과를 증진시킬 수 있어야 하며, 교육 활동을 효과적, 능률적으로 수행하기 위한 방법과 계획된 교육의 목적을 실현하기 위한 지식의 전달 수단이며, 교육 자료의 구성, 교육방식, 교육시간, 분위기, 지원, 기자재 사용 등에 대한 만족으로 정의할 수 있다(김혜미 2011; 강은희, 2014에서 재인용).

전광수(1992)는 기업이 종업원의 능력 개발에 대한 동기를 부여해 주고, 목표 설정을 도와주며 적정한 기회를 제공해 주는 등 인적·물적 환경을 정비해 주고 능동적인 유인정책을 세워야 한다고 하였다(강은희, 2014). 학습자가 자신이 학습한 것을 현장에 적응하고자 할 때 조직적인 지원이 있어야 교육훈련으로 인한 기대성과의 향상이 이루어질 수 있으며, 조직적인 지원으로 가장 자주 언급되는 것은 상사 및 동료의 지원으로 이는 교육훈련에 대한 지원적인 조직 분위기를 결정하는 중요한 요인 중 하나로 볼 수 있다.

최근 통신기술(communication technology)의 발달로 강사와 학습자 간의 커뮤니케이션이 활발히 이루어지고, 이는 교육성과를 높이는 중요한 수단이 되었다(김해광, 2011). OJT 상황에서도 이러한 통신기술이 활용될 때, OJT의 활성화에 긍정적인 효과를 볼 수 있다. 기존의 OJT에서는 선배 사원이 일방적으로 직무관련 지식을 현장에서 전달하는 방식이었다면, 최근의 OJT에서는 통신기술을 이용한 학습 네트워크를 통해 장소에 구애받지 않고 교육훈련 정보를 실시간으로 공유하고, 문제를 해결하고, 상호 피드백을 제공함으로써 교육의 성과를 높이고 있다. 통신기술의 발달은 현장직무교육의 지원에서 중요한 요소로 향후 더욱더 부각될 것이다(김해광, 2011).

3. 직무훈련

　직무훈련(Job instruction Training)은 고유 직무를 수행하는 동안 트레이너가 종업원들을 훈련시키는 과정의 연속이라 할 수 있는 OJT의 한 형태이다.

　〈표 9-9〉에서 보듯이 4단계 과정은 트레이너가 훈련을 준비시키고, 작업과제를 제시하며, 실습 시간을 부여하고, 후속지도를 하는 것을 도와준다.

표 9-9 **직무훈련 단계**

단계	내용
1단계 훈련준비	• 훈련받을 사람들의 긴장을 풀어 준다. • 훈련받을 사람들이 알고 있는 사전지식 정도를 확인한다. • 학습동기를 유발한다(훈련을 개인욕구와 연계: 예: 승진). • 과제에 착수한다.
2단계 과제 제시	• 과업 전반을 알려 주기(tell) • 시범 보이기(show) • 각 단계를 설명하기(explain) • 과업 결과를 입증하기(demonstrate)
3단계 실행	• 훈련받는 사람에게 과제를 수행하게 한다. • 훈련받는 사람에게 수행 단계를 설명해 보게 한다. • 직무 실행에 따른 피드백을 제공한다. • 올바른 행동을 강화한다.
4단계 후속지도	• 훈련받는 사람 스스로 직무를 수행해 보도록 한다. • 문을 하면서 격려한다. • 직무수행 성과를 정기적으로 점검한다. • 점진적으로 훈련을 줄인다.

출처: 노남섭, 박양근(2009).

4. 집합연수교육(Off JT)

　집합연수교육(Off JT)은 직장 내에서 교육훈련을 실시하는 OJT를 보다 효과적으로 하려는 목적에서 직장 밖(업무 공간을 벗어난 다른 장소)에서 집합적으로 10명 안팎의 인원을 모아 거의 정형적(定型的)으로 실시하는 교육훈련을 말한다. 이 형태에는 여러 가지가 있으나, 대표적인 것으로 외부 교육훈련기관에 위탁하는 것, 기업 부설의 연수기관이나 양성소 등에서 집중적으로 실시하는 것, 정기적비·정기적으로 강습회나 강연회를 개최하는 것 등이 있다(노남섭, 박양근, 2009; 두산백과사전, 2021. 9. 29. 검색).

집합연수교육의 주요 방법은 강의, 토론·토의, 시청각 미디어 교육, 경험적 학습법, 야외훈련 등이 있다. 최근 Off JT 사업에 대한 사례를 살펴보면, 포스코는 근로자의 일-학습 병행을 지원하기 위해 Off JT 사업을 실시하여 해당 근로자가 담당 직무를 수행하도록 하였다. 이러한 일학습병행은 독일, 스위스 등 세계적으로 확산 중인 일터 기반 학습(work based learning)을 우리나라 현실에 맞게 재설계한 것이다(경북도민일보, 2021. 7. 8.).

일-학습 병행제도는 스위스·독일의 도제제도, 영국·호주의 견습제를 우리나라의 실정에 맞게 도입한 것으로 기존의 학교 중심의 직업교육훈련의 패러다임을 기업 중심으로 전환하여 청년에게 장기간의 체계적인 현장훈련을 제공하고, 이를 국가나 해당 산업 분야에서 자격(또는 학력) 등으로 인정하는 제도이다(최희숙, 2017). 일주일에 3~4일은 기업에서, 1~2일은 학교에서 실무를 배우는 독일의 듀얼시스템처럼 일터 기반 학습을 우리나라의 현실에 맞게 설계한 것이다. 고용노동부는 2014년도에 1천 개 기업을 시범적으로 운영하고 이를 연차적으로 확대하여 2017년도 1만 개 참여기업으로 확대할 계획이다. 이는 참여기업 선정, 일-학습병행 프로그램 개발 및 현장훈련 인프라 구축, 학습근로자 선발. 계약, OJT 및 Off JT, 학습근로자 교육훈련 성과평가, 해당 기업 일반 근로자로 전환(또는 관련 기업 취업지원)의 프로세스로 진행된다(최희숙, 2017).

:: 일-학습 병행제도 사례 1

무역협회 무역아카데미(2015)는 '무역분야 일학습병행제 공동훈련센터' 운영이 시작됐다. 신입 근로자에게 무역실무교육(Off JT)과 기업별 현장훈련(OJT) 프로그램을 제공한다. 전체 교육기간은 1년으로 교육 이후 평가를 거쳐 정규직원으로 근무하게 된다. 프로그램 참여 기업은 인건비 지원, 교육 수당 등 여러 가지 혜택을 받을 수 있어 저비용으로 우수 인력을 확보할 수 있다. 이인호 무역 아카데미 사무총장은 "그동안 중소무역업체는 신입직원의 능력을 제대로 키울 기회가 늘 부족했다."고 하면서 "무역 분야 일-학습 병행제도에 참여하면 현장에서 필요한 우수인력을 아주 쉽게 확보할 수 있을 것"이라고 말했다.

출처: 월간중앙(2015. 3. 6.).

:: 일-학습 병행제도 사례 2

일-학습 병행이란 고용노동부 사업으로 주사업주가 근로자를 고용해 해당 근로자가 담당 직무를 수행하도록 하면서 도제식 현장훈련(OJT)과 사업장 외 교육훈련(Off JT)을 실시하는 것을 말한다. 독일, 스위스 등 세계적으로 확산 중인 일터 기반학습을 우리나라 현실에 맞게 재설계한 것이다. 포스코 중소기업컨소시엄은 교육 인프라가 부족하거나 전담교육 지원이 어려운 협약사를 대상으로 집합교육 및 관련된 전문교육 인프라를 제공하는 등 중소기업에 일-학습 병행제가 정착될 수 있도록 지원하고 있다. 이날 포스코와 협약사 관계자는 포스코 중소기업컨소시엄 공동훈련센터의 훈련 내실화와 효과적 내부평가 방안, 커뮤니티 운영 계획에 대해 토론했다.

일-학습 병행제 우수 학습기업으로는 아이알텍, 포센이 선정됐으며, 우수 현장교사 분야는 청인과 동일기업, 우수 학습근로자 분야는 포롤텍이 각각 선정돼 우수사례를 공유했다. 특히 아이알텍은 내화물제조 업종 중 일-학습 병행 실시 사례가 전무했음에도 사내 현장 교사 주관 집중 훈련과 동기부여를 통해 자격 합격률을 80%로 높이고, 한국기술교육대학교 고숙련 마이스터과정에 현장 교사를 참여시켜 프로젝트를 해결한 사례를 공유해 호응을 얻었다. 송재선 고용복지플러스센터 팀장은 "전국 226개 공동훈련 센터 중 유일하게 포스코가 우수사례 발표회를 개최하고 있다."며 "경진대회를 지속 발전시켜 중소기업 직원들의 역량강화를 위한 롤 모델이 됐으면 한다."고 말했다.

포스코는 2015년 대기업 최초로 기업형 공동훈련센터로 참여해 중소기업들이 일-학습 병행제를 통해 실무능력을 향상시키고, 인재 육성 및 동반 성장을 이루어 나갈 수 있도록 지원하고 있다. 지난 2019년과 2020년 고용노동부 주관 일-학습 병행 우수사례 경진대회에서 학습기업부문이 연속 대상을 수상하기도 했다.

출처: 경북도민일보(2021. 7. 8.)

토론 문제

1. 집합교육훈련(off-the-Job Training)을 할 때 여성의 참여율을 높이는 방안에 대해 토론하시오.

2. 국가직무능력표준(National Competency Standard)을 평생교육기관에 적용할 수 있는 방안에 대해 토론하시오.

3. 다양한 현장에서 직무교육훈련을 할 때 교육 참여자의 사기를 증진시키는 방안에 대해 토론하시오.

제3부

인공지능 시대의 평생교육방법

제10장

인공지능과
평생교육방법

우리가 예전에 배운 그대로를 오늘의 학생들에게 가르친다면
아이들의 미래를 박탈하는 것이다.

- 존 듀이 -

학습 목표

1. 인공지능(Artificial Intelligence)의 정의와 동작 원리를 알 수 있다.
2. 머신 러닝과 딥 러닝의 차이점을 말할 수 있다.
3. 인공지능을 활용하여 평생교육수업 활동을 전개할 수 있다.

학습 개요

이 장에서는 인공지능(Artificial Intelligence: AI)의 정의와 발달 과정, 평생학습 현장에서의 활용 방법을 익힌다. John McCarthy가 1956년 Dartmouth College AI Conference에서 '인공지능 (Artificial Intelligencel)'이라는 용어를 공식적으로 사용한 이후 인공지능은 비약적인 발전을 하였다. 인공지능 기술의 발달은 산업과 일상생활의 패러다임을 바꿀 것으로 예상되고 있으며 교육 분야에 미칠 영향력은 말할 나위도 없다. 현재 인공지능 기술을 선도하고 있는 머신 러닝과 딥 러닝의 개념과 원리를 살펴보고 차이점을 구분할 수 있도록 하였다. 음악, 미술, 언어 영역 등 다양한 평생교육 현장에서 인공지능이 교육적으로 사용되는 사례를 기술하였으며 직접 실습을 해보도록 하였다. 인공지능 활용 교육 실습은 Google Teachable Machine을 사용하였다. 또한 인공지능 구현을 위해서 제일 많이 사용되고 있는 Python 언어의 개념과 개발 환경을 소개하였다. 이러한 학습을 통해, 평생교육 교수자가 인공지능 자체에 대한 이해와 인공지능 교육 활용(AIED)에 대한 실행력을 높여서 미래평생교육 발전에 도움이 되도록 하였다.

1. 인공지능과 평생교육

인공지능(Artificial Intelligence: AI)이란 인간처럼 생각하고 행동을 모방하도록 프로그래밍된 기계에서 인간의 지능을 시뮬레이션하는 컴퓨터 시스템을 의미한다. 인공지능이라는 용어는 학습, 추론, 문제해결과 같은 인간의 인지와 관련된 특성을 나타내는 모든 기계에 적용될 수 있다. 1950년대 이후 인공지능의 정의에 관한 많은 논의가 있었는데, McCarthy(2007)는 스탠퍼드대학교에 발표한 기사 "What is Artificial Intelligence?"에서 다음과 같이 정의하였다. "인공지능(AI)은 지능형 기계, 특히 지능형 컴퓨터 프로그램을 만드는 과학과 공학이다. 인간의 지능을 이해하기 위해 컴퓨터를 사용하는 유사한 작업과 관련이 있지만, 인공지능은 생물학적으로 관찰 가능한 방법에 자신을 한정할 필요는 없다."(McCarthy, 2007)

인공지능은 1940년대 처음 학문 분야로 출발했지만, 오늘날 이미 거대한 비즈니스 세계에 진입하였고 우리가 생각하는 것보다 더 많은 일을 수행하고 있다(오일석, 이진선, 2021). Siri, Alexa, Bixby 등의 인공지능 개인 비서, 주식 거래를 위한 로보어드바이저, 질병 매핑 및 예측 도구, 이미지 인식, 각종 검색엔진, TV 프로그램 추천, 상담 챗봇 등 다양한 분야에서 우리는 이미 인공지능을 널리 사용하고 있다. 최근 인공지능의 비약적인 발전은 머신 러닝과 딥 러닝 기술 및 CPU, GPU 등 하드웨어 발달의 영향이 크다(김진형, 2020). 가속화되는 기술 발달로 가까운 시기에 인공지능은 산업과 일상생활의 패러다임을 바꿀 것으로 예상되고 있으며, 교육 분야에 미치게 될 영향력은 말할 나위도 없다.

[그림 10-1] 인공지능, 머신 러닝, 딥 러닝의 관계

그러면 평생교육 전공자는 인공지능을 어떻게 평생교육과 연계하고 발전시켜야 할까? Lengrand(1986)에 따르면 평생교육은 유아에서 노년까지 평생에 걸친 교육이며, 인간의 모든 교육 활동을 수평적·수직적으로 통합하는 것이 특징이다. 평생교육의 특징인 학습자의 삶의 배경에서 나오는 모든 데이터를 활용하는 것은 바로 인공지능의 교육 활용과 밀접한 관계가 있다. 학습자 측면에서 인공지능은 필요한 학습 자료의 수집, 분석, 시각화 및 고차적인 사고 활동, 맞춤형 학습 등을 지원할 것이다. 교수자 측면에서는 개별화 교육, 학습 결과의 분석, 문제에 대한 대안 제시, 평가, 행정 업무 효율화 등을 혁신적으로 높여 줄 것이다.

평생교육 전공자는 자신의 전문 분야에서 학습자가 접근하고 산출하는 모든 데이터를 활용하여 새로운 가치를 창출하는 인공지능 시스템을 구축하고 활용하는 능력을 갖추는 것이 권장된다. 다행히 많은 인공지능 모델과 기술들은 이미 오픈 소스로 거의 다 공개되어 있는 것이 특징이다(오일석, 이진선, 2021). 코딩 전문가나 개발자가 아니어도 일반인이 바로 사용 가능한 유용한 인공지능 툴들이 공개되어 활용되고 있다(이영준 외, 2020). 데이터의 수집은 학습자가 직접 수집하거나 혹은 방대한 무료 공공 데이터를 활용할 수 있다(김경환 외, 2019). 그러므로 평생교육 전공자는 인공지능에 대해서 관심을 갖고 인공지능 자체에 대한 이해 및 인공지능을 활용한 평생교육의 발전에 노력해야 할 것이다.

2. 인공지능 기술의 발달

1) 인공지능 발전의 역사

(1) 기원전부터 1900년까지의 AI

인공지능은 1900년대 이후 크게 발전하였지만, 인공지능에 대한 사고는 고대인들에서도 이미 존재하였다. 기원전부터 고대, 중세, 근대를 거치면서 많은 수학자, 철학자, 신화학자, 사상가들은 계산하는 기계, 이야기를 창조하는 기계 등 인공 존재 혹은 기계인간이 어떠한 방법으로든 존재할 수 있을 것으로 고민하였다. 1726년 Jonathan Swift는 『걸리버 여행기』를 발표하였는데 여기서 엔진이라는 동력 장치를 언급하였다. 1872년 Samuel Butler는 소설 『에레혼(Erewhon)』에서 미래의 불확실한 시점에서 기계가 의식을 가질 가능성이 있다는 생각을 기술하였다.

(2) 1900~1950년까지의 AI

1900년대가 되면서 인공지능과 관련된 중요한 개념들이 발표되었고, 최초의 컴퓨터가 발명되었다.

① 1921년

체코의 극작가 Karel Capek는 희극 R.U.R.(『Rossum의 Universal Robots』의 약자)을 발표했다. R.U.R.은 1921년 초연된 이후 30개국 이상에서 번역되었는데, 이후 'robot'라는 단어를 유행시켰다. 이후 많은 사람들이 'robot'이라는 아이디어를 연구, 문학, 예술 등 분야에서 적용하고 발전시켰다.

② 1939년

아이오와 주립대학교의 John Atanasoff와 Clifford Berry는 1934년 아나소프트베리컴퓨터(ABC)를 만들었다(1939년 10월 첫 시제품 완성). 아나소프트베리컴퓨터는 최초의 디지털식 컴퓨터로 평가되는데, 이진수를 사용하여 수치와 데이터를 나타내고 모든 계산을 전자적으로 수행하는 등 현대 컴퓨터에서 사용되는 개념을 구현했다.

③ 1943년

Warren McCullough와 Walter Pitts는 『신경 활동에 내재된 아이디어의 논리적 미적분(A Logical Calculus of the Ideas Immanent in Nervous Activity)』을 발표했으며, 최초로 신경망 구축을 위한 수학적 모델을 제안했다.

(3) 1950~2000년까지의 AI

① 1950년

영국의 수학자이자 암호학자인 Alan Turing은 1950년 10월 학술지 『MIND』에 「Computing machinery and intelligence」을 발표했다. 이 논문에서 Turing은 기계

가 지능을 가지고 있는지를 판단하는 아이디어로 유명한 '튜링 테스트'를 제안하였다. '튜링 테스트'는 기계의 지능, 의식 및 능력을 논의하게 하였고, 후에 인공지능 개념으로 발전하는 계기를 마련하였다.

② 1956년

John McCarthy는 다트머스 대학에서 8주 동안 열린 최초의 인공지능 컨퍼런스에서 '인공 지능(Artificial Intelligence: AI)'이라는 용어를 공식적으로 사용했다. John McCarthy 외에 회의에 참석한 Marvin Minsky, Claude Shannon, Arthur Samuel 등도 이후 인공지능 발전에 큰 공헌을 하였다.

③ 1958년

John McCarthy는 인공지능 연구를 위한 프로그래밍 언어인 Lisp을 개발하였다.

④ 1959년

Arthur Samuel은 IBM에서 'Machine Learning'이라는 용어를 사용하였다.

⑤ 1970년

최초의 휴머노이드 로봇 'WABOT-1'이 일본 와세다 대학에서 제작되었다. 'WABOT-1'은 지능형 로봇으로 팔다리를 이용하여 걸을 수 있고 일본어로 사람과 대화하는 기능을 갖추고 있었다.

⑥ 1974~1980년

인공지능 연구가 기대한 만큼의 성과를 나타내지 못하자 학술 보조금이 삭감되고 연구 프로젝트들이 취소되는 1차 'AI Winter'가 발생하였다.

⑦ 1977년

George Lucas 감독의 영화 〈Star Wars〉가 개봉되었다. 〈Star Wars〉는 7백만 개 언어에 능통한 휴머노이드 로봇 C-3PO, 드로이드 R2-D2 등장, 인공지능 컴퓨터, 제다이의 훈련 등 이후 인공지능의 발전에 많은 영감을 부여했다.

(4) 2000년대의 AI

① 2000년

Honda사가 인공지능 휴머노이드 로봇 ASIMO를 출시했다. ASIMO는 세계 최초의 2족 보행 로봇으로 운동제어를 통해 걷기, 계단 오르기, 선회 등이 가능했다.

② 2004년

미국항공우주국(NASA)의 탐사 로봇 Spirit and Opportunity가 인간의 개입 없이 화성 표면을 탐색하였다.

③ 2005년

Google과 협력한 스탠퍼드대학교 Standford Racing 팀의 자율주행차 STANLEY가 'DARPA Grand Challeng'e에서 6시간 54분의 기록으로 우승했다.

④ 2010년

ImageNet은 연례 인공지능 개체 인식 대회인 'ImageNet 대규모 시각 인식 챌린지 (ILSVRC)'를 시작했다.

⑤ 2011년

IBM의 인공지능 컴퓨터 Watson이 'Jeopardy!'에서 우승했다. Watson은 그 후 종양학, 방사선학, 법학, 소비자 서비스 등 다양한 분야로 개발되었다. Apple은 같은 해 Apple iOS 운영 체제의 가상 비서 Siri를 출시했다.

⑥ 2014년

Amazon과 Microsoft는 각각 스마트 스피커 Alexa와 Cortana를 출시했다.

⑦ 2016년

Google이 개발한 인공지능 바둑 프로그램 AlphaGo가 'Google Deepmind Challenge match'에서 이세돌과 대결하여 4:1로 승리했다. 이 대회는 인공지능에 대한 관심이 세계적으로 확산되는 계기가 되었다. Google은 이어서 2018년 범용 인공지능 Alpha Zero를 발표했다. 또한 Hanson Robotics사는 최초의 '로봇 시민'으로 알려진 휴머노이드 로봇 Sophia를 제작했다.

⑧ 2017년

삼성전자는 가상 비서인 Bixby를 출시하였다. Bixby는 딥 러닝 기반의 인공지능으로 개발되어 데이터가 축적될수록 더 정확한 결과를 보여 줄 수 있다.

⑨ 2018년

Alibaba의 언어 처리 인공지능이 '스탠퍼드 읽기 및 이해력 테스트'에서 인간의 지능을 능가했다. 훈련된 인공지능이 체스, 바둑의 영역뿐만 아니라 독해력에서도 인간을 능가한 것으로 평가되었다.

⑩ 2020년

Open AI사는 언어인공지능 'GPT-3'를 발표하였다. 'GPT-3'는 소설을 창작하는 인공지능 'GPT-2'보다 훨씬 더 강력하며, 딥 러닝에 기반한 3세대 언어예측 모델이다.

표 10-1 인공지능 발전의 역사

연도	주요 사건
1939	John Vincent Atanasoff, Atanasoff-Berry Computer(ABC) 제작
1950	Alan Turing, 「Computing machinery and intelligence」 논문 발표, '튜링 테스트' 제안
1956	John McCarthy, Marvin Minsky 등 다트머스 대학 인공지능 컨퍼런스에서 '인공 지능(Artificial Intelligence)' 용어 공식적으로 사용
1965	MIT 인공지능연구소, 대화형 컴퓨터 프로그램 ELIZA 개발
1970	와세다대학, 최초의 휴머노이드 로봇 WABOT-1 제작
1972	논리 프로그래밍 인공지능 언어 PROLOG 발표
1974	1차 'AI Winter'(1974~1980) 발생
1980	Digital Equipment Corporations, R1 (XCON) 개발
1984	Jamesn Cameron 감독, 영화 〈Terminator〉 개봉

1986	Geoffrey Hinton, Multi-Layer Perceptrons(MLP), Back-propagation Algorithm 발표
1987	2차 'AI Winter'(1987~1993) 발생
1991	Guido van Rossum, Python 언어 개발
1997	IBM의 DeepBlue가 체스 게임에서 우승
2001	Steven Spielberg 감독, 영화 〈AI〉 개봉
2004	The DARPA Grand Challenge(무인자동차 경주 대회) 개최, 완주 차량 없음
2011	IBM의 Watson, Jeopardy! 우승 Apple, 아이폰에서 Siri 서비스(7개 언어) 시작
2014	Microsoft, Cortana 출시, Amazon, Alexa 출시
2014	Google. 영국의 딥마인드(Deep Mind Technologies Limited) 인수
2016	Google 딥 마인드의 AlphaGo, 이세돌과 바둑 대회 4:1 승리 Hanson Robotics, 휴머노이드 로봇 Sophia 제작
2017	삼성전자, Bixby 출시 Facebook, '대화 에이전트(챗봇)' 교육
2018	Google, AlphaZero 발표
2020	OpenAI, 자연어 처리 모델인 GPT-3(Generative Pre-Training 3) 발표

2) 기계 학습

박혜선(2020)은 기계 학습(machine learning)이란 인공지능의 하위 집합으로서 특정 작업에 대해서 일일이 프로그래밍을 하지 않아도 자동으로 데이터로부터 규칙을 학습하는 알고리즘을 연구하는 분야라고 정의했다. 오늘날 우리 주변에는 컴퓨터, 스마트폰, 각종 디바이스에서 생성되는 수많은 데이터가 있으며, 이는 지속적으로 증가하고 있다. 컴퓨터 기술의 비약적 발전은 이러한 데이터를 신속하고 정확하게 수집·분석하고 원하는 결과를 자동으로 생성하는 것을 가능하게 해 주었다.

TADA SATOSH(송교석 역, 2017)에 따르면, 기계 학습을 위해서는 수집한 데이터 세트, Features, 알고리즘 등이 필요하며, 각각은 다음과 같다. 데이터 세트는 샘플의 모임이며, 숫자, 텍스트, 이미지 등의 데이터가 포함된다. Features는 작업에 핵심적인 데이터들의 속성을 표시한 특징이며, 알고리즘은 문제해결에 필요한 순서를 명시해 놓은 계산 방법이다. 기계 학습의 접근 방식 중 하나는 모델을 생성하기 위해

서 레이블이 지정되거나 혹은 지정되지 않은 데이터 세트를 사용하여 학습 알고리
즘을 교육하는 것이다. 기계 학습의 유형은 대체로 지도 학습, 비지도 학습 및 강화
학습의 세 가지로 분류한다.

① 지도 학습

지도 학습(supervised learning)은 레이블이 지정된 데이터 세트에서 모델을 학습
하는 것으로 입력 데이터와 그 결과가 모두 의미가 있다. 데이터는 훈련된 데이터와
시험용 데이터로 구분하여 학습시킨다. 데이터 세트에 이미 원하는 결과가 있기 때
문에 모델이 빠르게 수행된다. 주로 사용되는 알고리즘은 선형 회귀, 서포트 벡터
머신(SVM) 등이다.

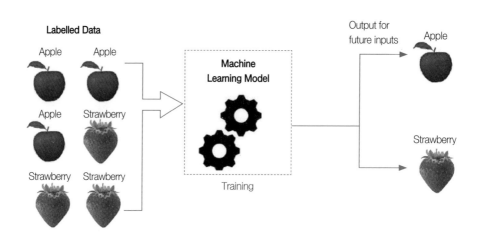

[그림 10-2] 지도 학습을 통하여 새로운 데이터가 사과인지 딸기인지 식별이 가능하다
출처: https://miro.medium.com/max/875/1*9vTNRbANVbDYGVDUpE2EFw.jpeg

② 비지도 학습

비지도 학습(unsupervised learning)에 사용되는 정보는 레이블이 지정되지 않는
다. 비지도 학습은 주로 패턴을 찾는 작업에 많이 이용된다. 모델이 패턴의 개발 방
법을 학습하면 새 데이터 세트에서 추론을 도출하고 레이블이 지정되지 않은 데이
터의 숨겨진 구조를 설명할 수 있다. 주로 사용되는 알고리즘은 주성분 분석 알고리
즘, K-평균 알고리즘 등이다.

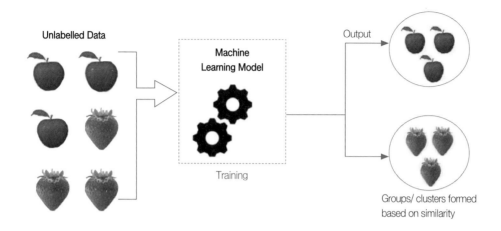

[그림 10-3] 비지도 학습에서는 레이블 없이 사과와 딸기를 각각 구분한다

출처: https://miro.medium.com/max/875/1*7F6gpF8RfTxf8xwyk5fcBw.jpeg

③ 강화 학습

강화 학습(reinforcement learning)은 알고리즘의 올바른 행동 혹은 결정에 대해서 긍정적 강화를 주어서 보상하는 반면, 부정확한 행동 혹은 결정에 대해서는 부정적 강화를 주어서 원하는 결과에 접근하도록 하는 알고리즘이다. 강화 학습의 네 가지 주요 요소는 다음 그림과 같이 에이전트(Agent), 환경(Environment), 동작(Action) 및 보상(Reward)이다. 예를 들어, 보행 로봇이 원하는 목적지에 가는 경우 목표하는 목적지에 접근하면 긍정적 강화를 주고 시간을 낭비하거나 잘못된 방향으로 가는 경우 부정적 강화를 줄 수 있다.

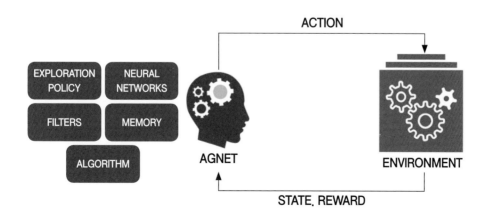

[그림 10-4] 강화 학습은 올바른 행동이나 결과에 보상을 제공한다

출처: https://intellabs.github.io/coach/_images/design.png

3) 딥 러닝

딥 러닝(deep learning)은 인간 두뇌의 구조인 신경망으로부터 영감을 얻은 기계학습 알고리즘의 한 방법이다. 딥 러닝 알고리즘은 복잡한 다층 신경망을 사용하는데, 입력 데이터의 비선형 변환에 의해 추상화 수준이 점진적으로 증가한다. 많은 머신러닝 알고리즘 중에서 인공신경망(artificial neural network)을 기반으로 높은 수준의 추상화 혹은 복잡한 자료들에서 핵심적 내용을 요약하는 방법들을 통칭하여 딥 러닝 혹은 심층학습(深層學習)이라고 부른다(박해선, 2020).

신경망(neural network)에서 정보는 연결 채널을 통해 한 레이어에서 다른 레이어로 전송되는데 각 층마다 값이 첨부되어 있어서 이를 가중치 채널(weighted channels)이라고 부른다. 모든 뉴런에는 편향(bias)이라는 고유 번호가 있으며, 뉴런에 도달하는 입력의 가중 합계에 추가된 이 편향은 활성화 함수에 적용된다. 함수의 결과는 뉴런이 활성화되는지 여부를 결정한다. 활성화된 모든 뉴런은 정보를 다음 계층으로 전달하고, 이것은 마지막 두 번째 레이어까지 계속된다. 인공신경망의 출력 계층은 프로그램의 출력을 생성하는 마지막 계층이다.

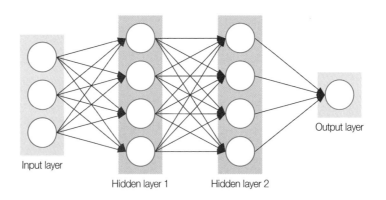

[그림 10-5] 딥 러닝의 구조도

출처: https://www.i2tutorials.com/what-are-different-layers-in-neural-networks

이러한 신경망을 훈련시키기 위해서는 대단히 많은 양의 데이터, 우수한 하드웨어 및 알고리즘이 필요하다. 대규모 데이터 세트는 정확한 모델을 개발하는 데 충분한 입력을 제공하기 때문에 중요하다. 지난 수십 년 동안 하드웨어의 개발 성과도

눈부셔서 집적회로(IC) 가격은 1GB당 1995년에 1천 달러 수준에서 2020년에는 약 0.02달러로 떨어졌다. 새로운 알고리즘도 지속적으로 개발되고 있다.

　Google, Amazon 등의 대기업과 신생기업들이 이미지 및 음성 인식의 정확도 향상에 노력한 결과 현재 딥 러닝 기계들은 인간 수준보다 더 정확도가 높은 단계에 이르고 있다.

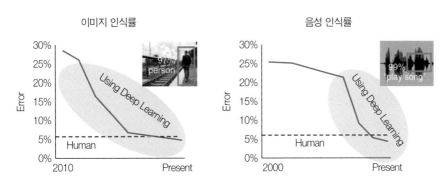

[그림 10-6] 이미지 및 음성 인식율의 개선

출처: https://www.intel.co.kr/content/www/kr/ko/artificial-intelligence/posts/difference-between-ai-machine-learning-deep-learning.html

　머신 러닝과 딥 러닝의 다음의 몇 가지 면에서 차이를 가진다. 첫째, 인간 개입 여부의 정도이다. 머신 러닝의 경우는 사람이 데이터의 유형에 따라 적용된 식별 가능한 특징을 부여하고 직접 작업을 하는 반면, 딥 러닝은 사람의 개입 없이 인공지능이 스스로 이러한 기능을 학습해서 모델링을 수행한다. 둘째, 하드웨어 자원 투입의 차이이다. 처리되는 데이터의 양과 알고리즘의 복잡성으로 인해서 대체로 딥 러닝은 머신 러닝보다 GPU 등 더 강력하고 많은 하드웨어 자원에 의존한다. 셋째, 투입되는 시간의 차이이다. 머신 러닝에 비하여 딥 러닝은 더 많은 데이터를 필요로 하며 훈련 시간이 많이 소요되는 경우가 많다. 머신 러닝에서 몇 초면 가능한 작업을 딥 러닝에서는 몇 주가 필요한 경우도 있다.

4) 인공지능의 미래

　인공지능은 2000년대의 가장 중요한 기술로 평가받고 있으며, 스탠퍼드대학교의 Andrew NG는 인공지능을 'New Electricity'라고 불렀다. Google, Microsoft, Alibaba 등 세계적 선진기업들은 '인공지능 우선 기업'이 되기 위해서 모든 노력을 기울이고 있다.

인공지능의 구현을 위해서는 회귀분석, 가중치와 최적해의 탐색, 확률 이론, 벡터와 행렬, 신경망 이론, 이미지와 패턴 인식 등 많은 이론과 하드웨어를 필요로 한다. 그러나 모든 사람이 이러한 분야의 전문가가 되기는 쉽지 않고 그럴 필요도 없다. 조금만 관심을 기울이면 학습에 활용 가능한 우수한 툴들이 공개되어 있고, 무료 공공 데이터들도 다양한 기관에서 제공하고 있다. 우수한 평생교육 교수자는 인공지능에 대한 정확한 개념과 트렌드를 이해하고 이를 평생교육에 활용하는 노력을 기울이는 것이 중요할 것이다.

인공지능 종류에는 세 가지 분류가 있는 것으로 평가되며, 각각 ANI(Artificial Narrow Intelligence), AGI(Artificial General Intelligence) 및 ASI(Artificial Super Intelligence)로 구분된다. ANI는 약한 인공지능 혹은 좁은 인공지능을 의미하고, 단일 영역에서 탁월한 능력을 발휘한다.

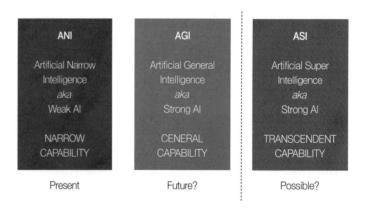

[그림 10-7] 인공지능의 세 가지 분류

출처: https://journalismai.com/2019/01/03/AGI

현재 사용되는 음성인식의 Siri와 Alexa, 체스게임 인공지능, 바둑의 AlphaGo, 챗봇(chatbot), 가상 비서 등 애플리케이션은 모두 ANI에 속한다고 할 수 있다. 반면, 다른 두 가지 유형은 강한 인공지능으로 분류되며, 비교 범위가 인간과 동일한 능력의 구현으로 정의된다. 그러나 인지와 감정 등을 갖고 인간이 수행하는 추론, 판단

등 범용성 있는 인공지능이 언제 실현될지 현재로서는 판단하기 쉽지 않다. ASI는 인공 슈퍼 지능을 의미하며, 인간의 지능과 능력을 능가하는 인공지능으로 아직 존재하지 않지만 지속적인 연구가 계속되고 있고 특이점(singularity) 이후 언젠가 등장할 것으로 예상하고 있다.

3. 인공지능과 교육

1) 인공지능 활용 교육의 발달

인공지능의 발전은 인간과 비슷한 수준에서 사고하고 지각하며 개인교사의 역할을 하는 방향으로 발전하고 있다. 박찬 등(2020)에 따르면, 인공지능은 교육계의 오랜 숙원인 학습자의 학습에 대한 흥미를 유발하고 개별화 학습을 실현하며 시간과 공간의 제약을 없앨 것으로 기대되고 있다. 교육에서의 인공지능 활용 방식은 '내용으로서의 AI 교육' '도구로서의 AI 교육' '인공지능 기반 교육' 등으로 나누어 볼 수 있는데, 아직까지 명확한 개념이 정립되지 않아서 다양한 용어가 혼재되어서 사용되고 있다(홍선주, 2020). 내용으로서의 AI 교육은 인공지능에 대한 과학적 지식, 알고리즘, 코딩, 설계, 소양, AI 윤리 등을 포함한다. 미국의 AI4K12 이니셔티브는 2019년 4월 초·중등 인공지능교육 가이드라인에서 5대 인공지능 학습 분야를 구체화하여 제시했는데 인식, 표현 및 추론, 인공지능 이용 학습, 상호작용, 사회적 영향에 중점을 두고 있다.

한편, 도구로서 인공지능 교육은 주로 AIED(AI in Education)라는 용어로 사용되고 있으며 학습자의 학습을 극대화하기 위해서 인공지능이 교육과 결합하여 새로운 가치를 창출하는 것으로서 학습자의 맥락을 이해하고 효과적인 교수법을 모델링하는 것을 포함한다. 인공지능의 교수-학습 활용은 ITS(지능형 튜터링 시스템), DBTS(대화형 튜터링 시스템), ELE(탐구학습 시스템) 등이 있다. ITS는 AIED의 대표적 사례로서 학습자에게 개인 맞춤형 교육을 실시하고 학습 과정을 모니터링하며 이력을 관리해 주어서 독립적으로 교수 기능을 수행할 수 있다(홍선주, 2020).

표 10-2 **AI4K12 이니셔티브의 5대 인공지능 학습분야 개념과 교육목표**

주제	1. 인식	2. 표현·추론	3. 학습	4. 상호작용	5. 사회적 영향
개념	AI는 센서를 사용하여 세상을 인식	AI는 세상을 표현하고 구조화해서 추론에 사용	AI는 데이터를 통해 학습	AI와 인간의 상호작용에 많은 지식이 필요	AI는 긍정적·부정적 효과를 동시에 야기
교육목표	• 인간 감각과 센서의 차이 이해 • 컴퓨터 인식의 작동 방식과 한계 이해 • 시각, 음성 등 인식 유형 파악	• 표현의 유형 파악 • 추론 알고리즘 유형 및 작동 원리의 이해 • 추론 알고리즘의 한계 이해	• 학습 알고리즘 유형 • 인공 신경망 기초개념 이해 • 데이터가 학습에 미치는 영향 이해 • 기계 학습의 한계	• 자연어 이해 • 감성 컴퓨팅 이해 • 상식 추론 이해 • 인간과 로봇의 자연스러운 상호작용	• AI의 산업, 정부 등 영향력 이해 • AI의 윤리적 딜레마 및 윤리 표준 마련 • AI에 의한 일자리 및 업무 변화 이해

출처: 소프트웨어정책연구소(2020), p. 1.

2) 인공지능 활용 교육 사례

일본은 2017년 10월 사이타마현을 비롯한 전국 17개 초·중학교에 인공지능 학습로봇 Musio를 보급하여 활용하고 있다. 영어 학습실에서 학생들은 각각 1대의 전용 기기를 배정받고 회화 연습, 발음 교정 등을 받을 수 있다. Musio는 AKA Intelligence가 딥 러닝 기술로 만든 대화형 인공지능 로봇이다. Musio는 자체 감정 체계를 갖고 있어서 여러 사용자와의 상호작용을 통해 각각 다른 감정 히스토리를 갖게 되며, 그 결과 개별 Musio는 서로 다른 성격을 갖게 된다.

[그림 10-8] 인공지능 영어교사 Musio가 배치된 일본 중학교 교실의 모습

출처: https://www.facebook.com/musioAKA/posts/2012240015726425/

MATHia는 Carnegie Learning사가 1998년 개발한 미국의 대표적인 수학 분야 인공지능 학습 솔루션이다. 인지 모델링과 문항 반응 이론을 바탕으로 하며, 학습자와 1:1 맞춤형 학습과 평가를 제공하는 것이 특징이다. MATHia는 학습자가 현재 미흡한 부분을 파악하고 인간 교사처럼 부족한 부분을 해결하는 힌트를 주며, 학습 습관도 파악한다. 실시간 학습 분석을 하며, 이력 관리, 학습 통계 등 학생, 교사와 행정 관리자에게 각각 도움이 되는 맞춤형 리포트를 제공해 준다.

[그림 10-9] MATHia 초기 화면

출처: https://www.carnegielearning.com/solutions/math/mathia/

AIVA는 2016년 시작된 AI 음악 작곡 플랫폼이다. AIVA는 바흐, 베토벤, 모차르트 등의 기존 클래식 작곡가의 정보를 학습하여 음악적 규칙성을 발견하고 이를 기반으로 자체적으로 작곡한다. 2019년부터는 팝, 재즈, 판타지, 탱고, 영화음악 등의 짧은 작곡도 지원한다. 학습자는 간단한 설정을 통해 AIVA를 활용하여 희망하는 유형의 작곡을 할 수 있으며, 이는 학습자들에게 어렵게만 느껴지던 작곡 경험을 쉽게 제공할 수 있다. AIVA의 작곡은 인간이 창작한 예술작품이 무조건 인공지능이 만든 것보다 더 가치있다고 단정할 수 있는가에 대한 논쟁을 일으켰다.

[그림 10-10] AIVA 앨범 Genesis와 AIVA가 작곡한 악보의 일부

출처: https://upload.wikimedia.org/wikipedia/en/5/57/GENESIS_AIVA_CD.jpg

미술교육에서의 인공지능 활용도 활발하다. 프랑스에서 개발한 인공지능 화가 '오비어스(Obvious)'의 초상화 '에드몽 드 벨라미'가 2018년 크리스티 경매에서 고가에 거래된 후 인공지능 화가가 계속 탄생하였다. 구글의 '딥드림(Deep Dream)'은 컴퓨터 신경망이 학습한 패턴을 시각화 한다. [그림 10-11]과 같이 왼쪽에 새의 사진을 입력하면 인공지능이 알고리즘을 적용한 오른쪽 이미지를 자동으로 생성한다. 트위터의 '딥포저(Deep Forger)'는 사용자가 일반사진을 올리면 고흐와 렘브란트 등 유명 화가의 화풍으로 변환해 준다.

[그림 10-11] 인공지능을 활용한 이미지 변환

출처: https://deepdreamgenerator.com/

　또한 생성적 적대 신경망(Generative Adversarial Network: GAN) 인공지능 알고리즘을 활용하면 작은 이미지 정보만으로 고화질의 이미지를 만들거나 다양한 이미지의 조합, 변형 및 기존에 없던 가상의 이미지를 창조할 수도 있다. 인공지능을 활용하여 평생학습 교수자는 학습자들과 다양한 창조 활동을 하면서 수준높은 미술교육을 할 수 있다.

[그림 10-12] 일반적인 강아지 사진과 칸딘스키 7번 작품의 화풍

출처: https://commons.wikimedia.org/wiki/File:YellowLabradorLooking_new.jpg
https://storage.googleapis.com/download.tensorflow.org/example_images/Vassily_Kandinsky%2C_1913_-_Composition_7.jpg

[그림 10-13] GAN을 통해 칸딘스키 화풍으로 재창조한 강아지 그림과
고흐 화풍으로 재창조한 광화문 그림

출처: https://www.tensorflow.org/tutorials/generative/style_transfer?hl=ko

OpenAI에서 만든 GPT-3는 언어 인공지능이다. GPT-n 시리즈의 제3세대 언어 예측 모델인 GPT-3는 일반 작문부터 뉴스, 보고서, 프로그래밍까지 장르를 가리지 않고 놀라운 글쓰기 능력을 발휘한다. GPT-3는 인간이 구 또는 한 문장만 서술하면 이에 맞는 분위기의 소설, 논문 등 장르에 맞게 자연어로 된 글쓰기를 이어간다. 이를 활용하여 글쓰기 교육, 창작활동의 방향성이 바뀔 것으로 예상된다.

```
Here is a love letter written by William Shakespeare:

Methinks I see these things with parted eye,
  And to myself they are both miseries.
  To divide them is my only cure,
  And yet that cure, such is my folly,
  Cannot be effected but by those
  That make me want to seek a cure.
  Past cure I am, now reason is past care,
  And frantic mad with evermore unrest.
  O sweetest love, O truest love, I thank
  Thy heaven for thee, and for thy virtues pray
  As to the Lord above, so downwards show
  Thyself in me, and crowned be thy brows
  With spoils of mine own heart, while I look on,
  Whose bloody book of life thy name contains,
  And still new honors doth bequeath to thee,
  While I, my mistress, and thyself am left.
```

[그림 10-14] GPT-3를 활용하여 셰익스피어가 쓴 가상의 러브레터

출처: https://medium.com/merzazine/love-letters-written-by-a-toaster-e9e795c6409f

그 밖에 eTeacher, ZOSMAT, REALP, Why2-Atlas, SmartTutor, topper 등 많은 인공지능이 교육 현장에서 널리 사용되고 있다. 인공지능 학습 솔루션은 앞으로 교사와 함께 학생을 지도하고, 나아가 그동안 어려움이 많았던 실시간 언어 번역에 의

해서 국가 간 장벽을 허물게 될 것으로 예상된다. 또한 학습자의 표정으로부터 인간 감정을 파악하는 등 다양하게 발전할 것으로 예상된다.

[그림 10-15] 인공지능 실시간 번역으로 언어장벽의 극복이 예상된다

출처: https://oxfordhousebcn.com/wp-content/uploads/artificial-intelligence-870jpg.jpg

3) 인공지능을 활용한 교육 실습

앞서 언급했듯이, 평생교육 교수자는 코딩 전문가가 아니어도 이미 공개된 툴들을 가지고 인공지능 학습을 충분히 실습해 볼 수 있다. 학습자는 실습을 통하여 인공지능의 개념과 원리를 더 잘 익힐 수 있다. Google Teachable Machine은 대표적인 학습 도구로서 평생교육 현장에서 가능한 인공지능 학습을 쉽게 실행해 볼 수 있으며, 고가의 하드웨어 장비 없이 노트북이나 데스크톱에서 충분히 작동되는 것이 특징이다.

■ Google Teachable Machine을 활용하여 마스크를 착용한 모습과 착용하지 않은 모습을 인공지능이 판별하는 '인공지능 모델 WEB 구축'을 다음과 같이 실습해 본다.

① Google Teachable Machine 공식 홈페이지에 접속한다. Google Teachable Machine은 구글에서 제공하는 무료 머신 러닝 학습 도구이며 사용

자들은 이미지, 사운드, 자세 인식 등을 학습하게 할 수 있다. 생성한 학습 모델은 웹사이트, 모바일, 앱 등의 다양한 방법으로 연계 활용이 가능하다.

[그림 10-16] Teachable Machine 초기 화면
출처: https://teachablemachine.withgoogle.com

② WEB Cam을 활용한 클래스별 사진 분류를 시작한다. 원시 데이터의 입력은 파일을 사용하거나 실시간으로 자료를 캡처하는 등 다양한 방법이 가능하다. WEB Cam을 이용하여 마스크 착용 클래스 사진과 마스크 미착용 클래스 사진을 각각 컴퓨터에 입력한다.

③ 마스크 착용 클래스 사진을 입력한다. 다양한 각도의 사진을 입력해야 인공지능 학습이 잘된다. 인간이 사물을 파악할 때도 한 방향보다 여러 각도에서 보아야 더 잘 파악하는 것과 동일한 원리이다.

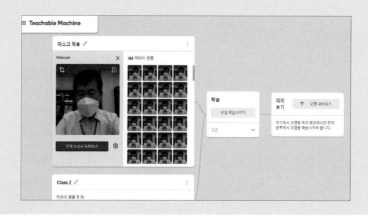

④ 마스크 미착용 클래스 사진을 입력한다. 클래스를 계속해서 추가하여 인공지능이 판단하는 경우의 수를 늘리는 것이 가능하다.

⑤ 인공지능 학습 모델을 세팅한다.

에포크는 학습의 반복 수, 배치 크기는 반복 시 사용될 데이터 개수이다. 고급 설정을 통해 학습되는 데이터의 정확도와 손실 변화 그래프를 확인할 수 있다.

⑥ 인공지능 학습을 완료한다. 학습이 완료되면 미리 보기 창을 통해 인공지능이 클래스별 영상 판독을 정상적으로 수행하는지 확인할 수 있다.

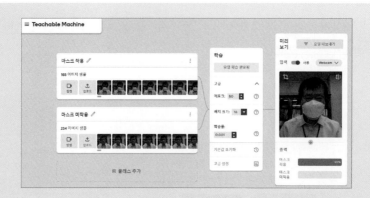

이 사진은 사람이 현재 마스크를 착용한 모습을 인공지능이 스스로 잘 판단하고 있다. 인공지능이 판독을 잘 못하는 경우에는 클래스별 학습 데이터를 수정·보완하고 학습 세팅값을 변경하여 다시 학습을 시킨다.

⑦ 완성된 모델을 내보낸다. 모델 내보내기(Export)를 통해서 학습된 모델을 Javascript, Java, Python 등의 다양한 프로그램에서 여러가지 형식(Tensorflow.js, Tensorflow, Tensorflow Lite)으로 호스팅 하거나 프로젝트에 사용할 수 있다.

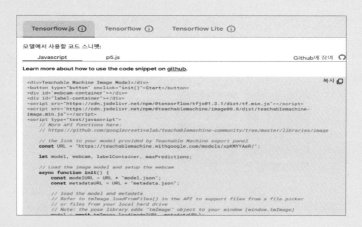

- Tensorflow.js : WEB 위에 인공지능을 올릴 경우에 사용
- Tensorflow : 로컬 PC에서 인공지능을 올릴 경우에 사용
- Tensorflow. Lite : 에지 컴퓨터에서 인공지능을 올릴 경우에 사용

〈표 10-3〉은 평생교육 교수자가 수업에서 인공지능을 활용한 학습을 실시할 때 도움 자료를 얻을 수 있는 대표적인 웹사이트이다. 수많은 교수자들이 실제 수행한 수업 사례들이 탑재되어 있으며, 교수자 간, 학습자 간에 상호 협력 활동도 가능하다.

표 10-3　인공지능 학습 활동에 도움이 되는 사이트

명칭	웹사이트 URL 및 내용	화면
code.org	URL: https://code.org/oceans 수천만 명의 학생, 교사에게 AI 활용 학습을 지원해 준다. 바닷속 쓰레기 분류 로봇을 학습시키면서 머신 러닝의 기능 등을 배울 수 있다.	
Google Experimnet	URL: https://experiments.withgoogle.com 2009년부터 구글에서 크롬, 안드로이드, AI 등과 같은 기술을 활용해 실시한 다양한 실험의 결과를 소개한다.	
모럴 머신	URL: http://moralmachine.mit.edu/hl/kr 인공지능 윤리에 대해 학생들이 판단할 수 있도록 다양한 상황을 제시한다.	
Emoji Scavenger Hunt	URL: https://emojiscavengerhunt.withgoogle.com 신경망과 스마트폰의 카메라 기능을 활용하여 매일 사용하는 실제 이모티콘 버전을 식별하는 실험이며, 웹브라우저에서 바로 활용할 수 있다.	
Teachable Machine	URL: https://teachablemachine.withgoogle.com 웹브라우저 환경에서 웹캠과 수집된 데이터(이미지, 음성, 영상)를 활용하여 머신 러닝의 동작 원리를 학습할 수 있다.	
colab	URL: https://colab.research.google.com 머신 러닝, 데이터 과학 영역에서 많이 사용되는 주피터 노트북을 구글에서 무료로 제공하는 서비스이다.	

엠블록 (mBlock)	URL: https://www.mblock.cc/en-us 과학, 기술, 공학, 예술, 수학(STEAM) 교육용으로 설계된 소프트웨어로서, 스크래치(Scratch) 3.0을 기반으로 만들어져 그래픽과 텍스트 프로그래밍 언어를 모두 지원한다.	
깃허브	URL: https://github.com 프로젝트를 지원하는 웹호스팅 서비스로 개발자들이 작성한 소스코드를 손쉽게 공유할 수 있는 특징이 있다.	

출처: 이영준 외(2020), p. 111.

4. 인공지능과 프로그래밍 언어

　미국인에게 알아듣게 말을 하려면 영어로 말해야 하고, 중국인에게 말하려면 중국어로 말해야 한다. 마찬가지로 만약 컴퓨터에게 일을 시키려면 컴퓨터 언어로 명령해야 한다. 인공지능의 구현은 컴퓨터 프로그램을 이용하기 때문에 프로그래밍 언어에 대해서 알고 있으면 더 효과적으로 프로그램의 발굴 · 개발 · 응용이 가능하다. 프로그래밍 언어는 컴퓨터에게 특정한 명령을 내리기 위한 언어이며, 저급언어(low lebel language)와 고급언어(high leble language)로 나눌 수 있다. 고급언어일수록 인간이 사용하는 언어에 가깝고 코딩이 용이하다.

　Google은 매달 전 세계에서 사용되는 프로그래밍 언어의 검색 빈도 순위인 PYPL Index(Popularity of Programming Language)를 발표한다. 현재 가장 많이 사용되는 언어는 Python으로 30% 이상을 차지하고 있다. Python은 간단한 구조, 확장성, 풍부한 라이브러리 등이 특징이며, 오픈소스이기 때문에 필요한 자료도 쉽게 구할 수 있는 장점이 있다.

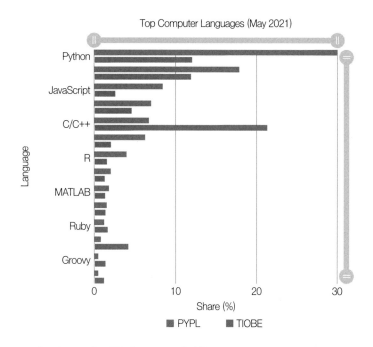

[그림 10-17] 인공지능 프로그래밍용 Top Computer Languages

출처: https://statisticstimes.com/tech/top-computer-languages.php
Source: TIOBE Index, PYPL PopularitY of Programming Language Index(기준일: 2021. 5. 18.)

초기의 컴퓨터 언어는 부호였다. 홀러리스의 천공카드를 거쳐 기계어, 어셈블리어를 사용했지만 전문가가 아니고는 사용하기가 매우 어려웠다. Fortran(FORmula TRANslation)은 최초의 고급언어로 IBM의 John Backus가 1954년 수학, 과학, 통계작업을 위해 만들었으며, 현재도 사용되고 있다. Cobol은 1959년 Grace Hopper가 만들었으며, 주로 기업 등에서 사무처리를 목적으로 사용하였다. BASIC(Beginner's All-purpose Symbolic Instruction Code)은 1964년 John Kemeny와 Thomas Kurtz가 개발하였고, 간단하고 배우기 쉬운 언어로 잘 알려져 있다. Microsoft에서 많이 사용한 것으로 유명하다.

2000년대 들어서는 Machine Learning 기술의 발전과 함께 Python 언어가 가장 널리 사용되고 있다. 그것은 Python의 특징이 대화 기능의 인터프리터 언어이고, 플랫폼이 독립적이며 간단하고 쉬운 문법, 고수준의 내장 객체 자료형을 제공하는 등 인공지능 개발에서 기능이 뛰어나기 때문이다.

표 10-4 Python과 C언어 비교

Python 언어	C 언어

def factorial(x):
    if x == 0:
        return 1
    else:
        return x * factorial(x - 1)
	int factorial(int x) {
	    if(x == 0) {
	        return 1;
	    } else {
	        return x * factorial(x - 1);
	    }
	}

인공지능을 위한 Python 개발 환경은 다음과 같다.

프로그래밍 언어   프로그래밍 편집자

■ Interactive Editor: Google Colab

• Google Colab의 장점(웹 기반)
- 어디서든지 코딩 작업이 연속적으로 가능하다.
- 환경 설정 및 모듈 설치가 불필요하다(크롬 창을 켜고 바로 코딩이 가능하다).
- 코드 공유가 쉽다.

• Google Colab의 단점(웹 기반)
- GUI(Graphic User Interface) 작업이 불가능하다.
- Terminal 사용(외부 리소스와의 소통)이 제한된다.

■ 통합 개발 환경(Integrated Development Environment: IDE)

• 공통된 개발자 툴을 하나의 그래픽 사용자 인터페이스(Graphical User Interface: GUI)로 결합하는 애플리케이션을 구축하기 위한 소프트웨어이다.

김정욱(2021)은 2021년 현재 머신 러닝을 위한 주요 파이썬 라이브러리로 〈표 10-5〉에 제시한 네 가지를 선정하였다.

표 10-5 **2021년 머신 러닝을 위한 최고의 파이썬 라이브러리**

주요 범주	주요 특징
넘파이 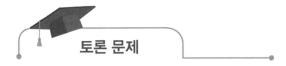	넘파이NumPy(Numerical Python)는 파이썬에서 개발된 선형 대수이다. 많은 개발자 및 전문가들은 다른 머신 러닝 파이썬 라이브러리보다 이를 선호한다. SciPy, Matplotlib, Scikit-learn 등 거의 모든 파이썬 머신 러닝 패키지가 넘파이에 대부분의 범위 내에 많이 의존하고 있기 때문이다.
텐서플로	텐서플로Tensorflow는 하이엔드 수치 계산을 위한 end-to-end 파이썬 머신 러닝 라이브러리이다. 이 또한 머신 러닝을 위한 가장 권장되는 파이썬 라이브러리 중 하나이다. 자연어 처리(natural language processing), 순환 신경망(recurrent neural network), 이미지 인식, 단어 임베딩, 손 글씨 숫자 분류(handwritten digit classification)와 PDE(Partial Differential Equation)을 위한 심층 신경망(deep neural network)을 처리할 수 있다.
파이토치	파이토치Pytorch는 강력한 커뮤니티에서 지원하는 우수한 예제들과 애플리케이션 및 사용 사례를 갖춘 이미 준비된 파이썬 머신 러닝 라이브러리이다. 강력한 GPU 가속을 흡수하여 자연어 처리와 같은 애플리케이션에서 이를 적용할 수 있게 해 준다.
판다스	머신 러닝 프로젝트에서는 데이터를 준비하고 트렌드 및 패턴을 분석하는 데에 상당한 시간이 필요하다. 파이썬에서 사용하는 판다스는 데이터분석 오픈소스 라이브러리로, 데이터 객체를 편리하게 다룰 수 있게 해주며 안정적으로 대용량 데이터를 처리하는데 유용한 도구이다.

출처: https://www.hanbit.co.kr/media/channel/view.html?cms_code=CMS8609067358

토론 문제

1. 본인이 평생교육 수업에서 인공지능(AI)을 활용했던 사례 하나를 제시하고 학습자의 반응 경험과 교수학습 개선 방법을 토론해 보자.

2. ANI, AGI 및 ASI의 구분에 대한 자신의 견해를 근거를 들어서 설명하고 ASI가 탄생한다면 미래는 어떻게 변화할지 토론해 보자.

제11장

소셜 미디어를 활용한
평생교육방법

인공지능은 인류로서 우리가 연구하고 있는 가장 심오한 것 중에
하나이다. 그것은 불이나 전기보다 더 심오하다.

- 순다르 피차이 -

1. 소셜 미디어의 발달 과정과 특성을 말할 수 있다.
2. 소셜 미디어를 활용한 교수학습 시 유의 사항을 말할 수 있다.
3. 소셜 미디어를 활용한 평생교육 수업을 전개 할 수 있다.

이 장에서는 평생교육 현장에서 많이 사용되는 소셜 미디어의 특성과 종류, 소셜 미디어 활용 학습의 이론과 수업 사례를 소개한다. 소셜 미디어는 웹 2.0시대에 사용자 간의 자유로운 의사소통과 정보를 지원해 주는 응용 프로그램으로서 전 세계적으로 36억 명이 넘는 사람들이 활발히 사용하고 있다. 처음 소셜 미디어가 등장했을 때는 주로 사회적 소통, 정보 교환 등을 목표로 했으나 현재는 미래의 새로운 교수–학습 모델로 부상한 상태이며 그 교육적 중요성도 점점 커지고 있다. 현재 가장 많이 사용되고 있는 Facebook, YouTube, WhatsApp, Instagram, WeChat 등 열 가지의 프로그램에 대해서 각각의 특징과 미디어 리터러시의 개념, 이들을 교수학습에 사용할 때의 유의점을 알아보았다. 코로나19의 영향으로 학교 및 평생교육 현장에서 비대면 수업이 활성화되고 있다. 다양한 소셜 미디어의 특징과 수업 사례를 살펴봄으로써 평생교육 교수자들이 소셜 미디어를 이해하고 수업을 전개하는데 도움이 되도록 하였다.

1. 소셜 미디어와 SNS

1) 소셜 미디어, SNS, 소셜 러닝

현재 인류는 온라인을 기반으로 살고 있다고 해도 과언이 아니다. 글로벌 통계 사이트인 statisata와 smartinsights에 의하면 2020년 전 세계적으로 36억 명이 넘는 사람들이 소셜 미디어를 사용하였으며 1인당 접속 시간은 하루 평균 2시간 25분으로 조사되었다. 우리나라의 경우도 과학기술정보통신부가 전 국민을 대상으로 조사한 「2021년 인터넷 이용 실태 조사」(1999년부터 매년 실시) 발표에 따르면 우리나라 전체 가구의 99.9%가 인터넷에 접속하고 있는 것으로 나타났다. 또한 코로나19에 따른 생활방식의 변화로 인해 대다수 국민이 정보무늬(QR코드)(86.7%), 무인 주문 (72.1%), 배달앱(63.5%) 등 다양한 비대면 서비스를 일상에서 경험하고 있다. 인터넷 서비스 활용의 경우 연령대별로 차별화된 모습을 보였는데, 특히, 10대는 교육과 온라인 게임, 20~30대는 클라우드와 금융상품 거래, 40~50대는 인터넷쇼핑 · 인터넷 뱅킹, 60대 이상은 동영상 · 누리소통망 등을 이용하는 특징을 보였다.

표 11 - 1 **연령대별 주요 인터넷 서비스 이용 특징**

연령대	주요 인터넷 서비스 사용 내용
10대 (교육, 게임)	• 교육 · 학습에 인터넷 활용, 온라인 게임은 대부분 10대 이용 ※ 어학/백과사전활용(89.3%), 온라인게임(99.9%)
20~30대 (클라우드, 금융)	• 20~30대 중심으로 클라우드 서비스 이용 보편화, 금융상품 거래 급증 ※ 20대 클라우드 서비스 이용(73.1%), 30대 금융상품거래(35.3%)
40~50대 (쇼핑, 뱅킹)	• 중 · 장년층의 인터넷 경제활동 확산 ※ 50대 인터넷쇼핑(67.8%), 인터넷뱅킹(84.9%)
60대 이상 (동영상, SNS)	• 여가 · 소통을 위한 고령층의 동영상 서비스, SNS 활용 증가 ※ 60대 동영상(87.5%), SNS활용(44.6%)

출처: 과학기술정보통신부 보도자료(2022).

소셜 미디어(social media)는 웹 2.0시대에 사용자 간의 자유로운 의사소통과 정보 공유를 지원해 주는 응용프로그램이다. 국립국어원 표준국어대사전은 '소셜 미디어'

를 '생각이나 의견 따위를 표현하거나 공유하기 위하여 사용하는, 개방화된 온라인상의 콘텐츠'로, 그리고 'SNS'를 '소셜 네트워크를 형성하여 다른 사람들과 교류할 수 있도록 응용 프로그램이나 누리집 따위를 관리하는 서비스'로 정의하고 있다. 한국정보통신기술협회 정보통신용어사전은 '소셜 미디어'를 '의견 · 생각 · 경험 · 관점 등을 서로 공유하기 위해 사용하는 온라인 툴과 플랫폼'으로 'SNS'를 '동일한 관심 또는 특성을 갖는 사람들이 연결될 수 있도록 온라인 기반의 개인 간 소셜 네트워크를 만들고 운영하는 데 초점을 맞춘 서비스이며 대부분 웹 기반 서비스'라고 정의하고 있다.

위키피디아(한국)에서는 'SNS(Social Networking Service)'를 '사용자 간의 자유로운 의사소통과 정보 공유 등을 통해 사회적 관계를 생성하고 강화해 주는 온라인 플랫폼'으로 정의하고 있다. 계속해서 "SNS는 social media와 동일한 개념으로 오용되는 경우가 많으나, 범주상 블로그, 위키, UCC, 마이크로 블로그 등과 함께 소셜 미디어의 한 유형으로서 보는 것이 타당하다."라고 언급하고 있다. 두 용어의 사용에 대해서 영미권에서는 'social media'라는 표현을 주로 사용하는 데 비하여 우리나라의 경우는 'social media'와 'SNS'를 혼용해서 사용하고 있다.

그런데 2020년 Google 검색정보 결과를 살펴보면, 우리나라에서는 'SNS'가 'social media'보다 평균 5배 이상 더 많이 사용된 것을 통계적으로 확인할 수 있다. 'SNS'는 우리말 다듬기에서 누리소통망, 누리소통망 서비스, 사회 관계망 서비스로 순화해서 사용하고 있다.

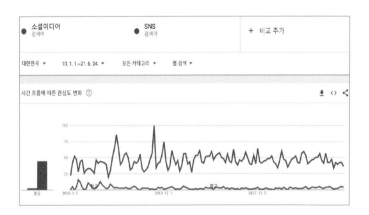

[그림 11-1] GoogleTrends 분석으로 살펴본 소셜 미디어와 SNS 검색 빈도

출처: https://trends.google.co.kr/trends
(비교 기간: 2020. 1. 21. ~2021. 6. 24. ; 비교 범위: 국내)

소셜 러닝(social learning)은 "사람은 사회적 상황에서 타인의 행동을 관찰하고 모방하면서 학습한다."는 캐나다의 심리학자 Bandura(1977)의 '사회적 학습 이론(Social Learning Theory)'에서 그 시초를 찾아볼 수 있다. 하지만 최근에는 소셜 미디어를 기반으로 타인과의 상호작용을 통해 이루어지는 학습의 개념으로 주로 통용되고 있다. 즉, '소셜(Social)'이라는 단어가 정보통신기술(ICT)과 결합하면서 단순히 '사회적'이라는 사전적 의미를 넘어 참여, 공유, 개방, 협업 등을 포괄하는 개념으로 진화한 것이라고 할 수 있다(한미라, 2015).

SNS 활용 학습법은 전통적인 학습이 도서, 활자매체, 뉴스, TV 등 일방향 매체를 통해서 학습효과를 거두는 것에 비해서, SNS를 활용하여 동료와의 상호작용에서 효과를 거두는 새로운 개념이다. 다시 말하면 SNS에서 가장 핵심적은 사회적 관계망을 생성·유지·강화·확장해 나간다는 것이다.

2) 소셜 러닝의 특성

권정은(2011)은 소셜 러닝을 학습에 네트워크를 활용하여 학습 성과를 달성하고자 하는 새로운 시도로 정의하고 그 특성을 〈표 11-2〉과 같이 설명하였다.

표 11-2 소셜 러닝의 특성

소셜 미디어의 특성	소셜 러닝의 특성
참여(participation)	교수자와 학습자의 경계 소멸
개방(openness)	학습 콘텐츠에 대한 자유로운 접근과 사용
개방(openness)	참여자 간의 활발한 상호작용
커뮤니티(community)	공통의 학습 욕구를 지닌 참여자들 간의 커뮤니티 구성
연결(connectedness)	참여자의 수 및 참여자가 소유한 지식·정보의 무한한 확장

출처: 한국정보화진흥원(2011), p. 7.

McCoshan(2020)은 소셜 러닝의 특징을 다음의 네 가지로 설명하였다.

① 유연성(flexibility)
소셜 미디어 플랫폼은 연중무휴로 운영된다. 학습자들은 언제 어디서나 원하는

시간에 학습할 수 있다. 교수자는 학습자와 온라인으로 연결할 수 있으며, 문제를 즉시 해결하고 피드백을 줄 수 있다.

② 협력 촉진(cooperation promotion)

소셜 미디어 플랫폼은 상호작용을 위해서 구축되었으므로 학습 협력과 상호작용에 매우 이상적이다. 교수자와 학습자뿐만 아니라 학습자 간에 서로 협력하는 강력한 기능이 있다.

③ 실제 연결(true connection)

소셜 미디어는 우리의 일상 세계에 포함되어 있다. 이것은 교육 현장에서 시간을 보내는 것이 어려운 사람들에게 실제로 학습을 만드는 데 도움을 줄 수 있다.

④ 자원의 공유와 학습 참여(sharing resources and participating in learning)

소셜 미디어는 학습에 필요한 자원을 공유하게 해 주고 학습자를 직접 학습에 참여시킬 수 있다.

한편 McCoshan(2020)은 성인 학습자가 소셜 미디어를 활용하여 할 수 있는 여섯 가지 작업을 다음과 같이 제시하였다.

⑤ 그룹 채팅

Facebook, 밴드 등을 통하여 학습자가 동시에 그룹으로 채팅할 수 있다. 그룹 채팅은 일반 채팅, 오픈 채팅, 비밀 채팅 등 다양한 방법으로 사용할 수 있다. 교수자의 입장에서는 과제를 제시하고 학습자에게 마감일을 안내할 수 있으며, 학습자는 참가자들 간에 자유로운 소통 및 학습이 가능하며 상호 질문을 주고받을 수 있다.

⑥ 트윗 보내기

트윗은 학습자를 실제 세계와 연결하는 좋은 방법이다. 이것은 일상적인 경험에 기반을 둔 기본 기술을 배우는 사람들에게 특히 가치가 있다. 교수자는 학습자들에게 콘텐츠를 보내는 데 사용할 수 있는 자체 해시 태그를 만들 수도 있다.

⑦ 학습 자료의 보관과 검색

온라인에서 학습 자료를 보관하고 검색하는 것은 강력한 기능이다. 전통적인 수업이라면 도서관을 방문하여 백과사전을 찾아서 필요한 자료를 복사하고 우편으로 전달하는 방법을 생각해 볼 수 있다. 소셜 미디어를 활용하면 학습 자료의 보관과 검색뿐만 아니라 보드 기능을 통하여 동시에 접근과 검색, 배포가 가능하다.

⑧ 개인 블로그 사용

각 학습자에게 자신의 블로그를 제공하는 것은 학습자가 글을 제출할 때 유용한 도구가 될 수 있다. 작품을 하드 카피로 제출하는 대신 블로그를 통해 제출할 수 있으며, 이는 교수자 및 다른 학습자와도 공유할 수 있는 이점을 제공한다.

⑨ 자료의 공유

음성, 사진, 영상 자료는 전통적인 텍스트 자료와 비교하여 강력한 학습 효과를 나타낸다. 한 장의 사진이 백 마디 말보다 더 큰 학습 효과를 나타낼 수도 있다. 또한 서버에 저장된 다양한 멀티미디어 자료는 언제나 꺼내서 학습에 활용할 수 있다.

⑩ 동영상 녹화 및 게시

교수자는 학습자들이 편한 시간에 볼 수 있도록 수업을 녹화하여 제공할 수 있다. 문자보다 구두로 의사소통하는 것이 더 쉽다고 생각하는 학습자들은 비디오를 사용하여 학습이 가능하다. 또한 학습자는 작업을 수행하는 자신을 동영상으로 촬영하여 YouTube에 게시하거나 Facebook 등에서 라이브 스트리밍을 할 수 있다.

2. 소셜 러닝의 발달

1) 소셜 러닝 발달의 역사

현재 전 세계적으로 1억 명 이상의 등록 사용자를 보유한 대표적인 소셜 미디어는 Facebook(Facebook은 2021년 10월 28일 'Meta'로 사명을 변경했다. 그러나 Facebook

이라는 서비스명은 유지하고 있다), TikTok, Instagram, QZone, Weibo, Twitter, Tumblr, Baidu Tieba, LinkedIn, YouTube 등을 들 수 있으며, 가입자 수는 계속 증가되고 있다.

최초의 소셜 미디어는 단순한 플랫폼에서부터 시작되었다. 최초의 전자우편은 1971년 Samuel Tomlinson이 ARPANET에서 두대의 컴퓨터 간에 @(at mark)를 사용하여 보낸 것으로 알려져 있다. 1978년 최초의 게시판이 온라인으로 이용되었는데, 이때는 호스트 컴퓨터의 모뎀을 통한 전화 접속이 필요했다. 1986년 CompuServe 및 AOL을 통해 사용자는 이러한 구독 서비스 내에서 게시판에 글을 게시할 수 있었다. 1997년 Six Degrees 웹 사이트가 온라인으로 제공되었다. Six Degrees는 '프로필, 친구 목록 및 학교 제휴' 기능 등을 포함하는 최초의 소셜 네트워킹 서비스라고 할 수 있다. 2004년 Mark Zuckerberg가 Facebook 서비스를 시작했고, 2005년 최초의 동영상 공유 서비스인 YouTube가 출시되었다. 2021년 사용자 수 기준으로 세계에서 가장 많이 사용하는 소셜 미디어 플랫폼은 Facebook이다. Facebook은 등록 계정 10억 개를 돌파한 최초의 소셜 네트워크이며, 현재 월간 활성 사용자 수는 28억 명 이상이다.

얼마나 많은 사람들이 소셜 미디어를 사용하는가? 통계에 따르면, 세계적으로 소셜 미디어 사용자는 46억 명(2022년 1월 기준) 이상으로 조사되고 있다. [그림 11-2]에서 보이는 것처럼, 지난 10년간 사용자 수는 매년 평균 10% 이상 지속적으로 증가하였으며, 2012년과 비교하면 3.1배 이상 증가한 수치이다.

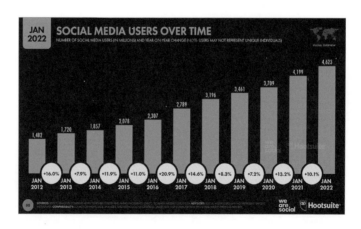

[그림 11-2] 글로벌 소셜 미디어 사용자 수 개관(2022년 1월 기준)

출처: https://blog.hootsuite.com/simon-kemp-social-media/

2) 교육에서 소셜 미디어의 역할

① 다양한 연구주제 활동

연구 목적으로 다양한 주제 또는 문제에 대한 분석 및 통찰력을 소셜 미디어를 통해 얻을 수 있다. 소셜 미디어는 학생들이 자신의 경력에 유익한 관계를 구축할 수 있는 매체이다. 교육기관으로서 가능한 한 많은 소셜 플랫폼에서 활동하는 것이 도움이 된다. 이는 더 나은 교육 전략을 만들고 학생 문화를 형성하는 데 도움이 된다.

② 전문가와의 연결

소셜 미디어는 다양한 주제에 대한 학습자의 관점을 넓힐 수 있는 능력을 가지고 있으며 새로운 콘텐츠를 제공한다. 특정 분야와 주제에서 전문가가 누구인지 쉽게 알 수 있으며, 이러한 전문가를 팔로우하기 시작하면 더 많은 것을 배우고 유용한 콘텐츠를 얻을 수 있다. 전문가를 참여시켜 도움이 필요할 수 있는 주제에 대한 답변을 얻을 수도 있다.

③ 원활한 의사소통의 지원

학습자는 소셜 미디어를 통하여 시간과 장소에 구애받지 않고 상호 의사소통을 진행할 수 있다. 전 세계의 사용자와 화상으로 실시간 토론을 하는 것은 불과 50년 전이라면 상상할 수 없는 유용한 기능들이다.

④ 콘텐츠의 수집

소셜 미디어는 유용한 청중 및 주제 모니터링 도구를 제공하며 데이터를 추출하는 데 도움을 준다. 학습자가 과제를 수행하든, 프로젝트를 수행하든, 주제에 대해 더 많은 통찰력을 얻으려고 하든 관계없이 다양한 정보와 결과 중 일부는 소셜 미디어에서 추출할 수 있다.

⑤ 향상된 학습 관리 시스템 지원

학습 관리 시스템은 교육 프로그램을 제공하고 교육기관에 관리 활동을 제공하는 네트워킹 소프트웨어이다. LMS를 활용한 소셜 미디어 학습에는 인스턴트 채팅, 비디오, 정보를 공유하는 포럼 및 학생을 돕는 기타 강의 자원들이 포함될 수 있다. 대부분의 LMS에는 소셜 미디어 통합 기능이 내장되어 있다.

⑥ 사회적 신뢰 구축

소셜 네트워크를 통해 브랜드를 구축하면 학습자가 자신의 경력을 위한 포트폴리오를 구축하는 데 도움이 된다. 플랫폼은 학생이 학습 공간에 있는 동안 작업 공유를 시작하는 데 사용할 수 있다. 이것은 학생의 경력 시작에 도움이 된다. 소셜 네트워크 상호작용은 교육 문제를 해결하는 좋은 수단이 되기도 한다.

3) 대표적인 소셜 미디어의 종류

통계 전문기관인 Sportshubnet의 조사에 따르면, 2022년 1월 기준 세계에서 가장 활성화되어 있는 소셜 미디어는 Facebook이다. 주요 상위 10개 플랫폼은 각각 [그림 11-3]와 같다.

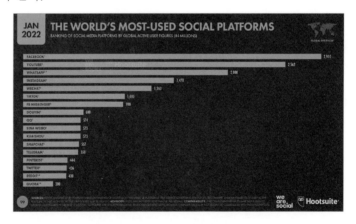

[그림 11-3] 글로벌 상위 10개 소셜 미디어 플랫폼(2022년 1월 기준)
출처: https://blog.hootsuite.com/simon-kemp-social-media/

① Facebook

2004년 2월에 Mark Zuckerberg가 개설했으며, 본사는 캘리포니아주 멘로파크에 있다. 현재 월 사용자(monthly active users) 기준 세계 1위이다. 이 플랫폼은 이미지, 텍스트, 비디오, 라이브 비디오 포함한 거의 모든 유형의 콘텐츠를 지원한다.

2021년 10월 28일 기존의 소셜 미디어에서 탈피하여 메타버스를 주력 사업 모델로 추진하고자 사명을 'Meta'로 변경했다.

② YouTube

YouTube는 Google이 제공하는 동영상 공유 플랫폼이다. 2006년 Google이 인수하였고, 캘리포니아주 샌브로노에 본사를 두고 있다. 매일 10억 시간 이상의 동영상이 YouTube에서 소비된다. YouTube 시청 시간의 약 70%는 휴대 기기에서 발생하고 있다. 적극적으로 참여하는 개인 크리에이터, 기업, 브랜드가 많은 것도 특징이다. YouTube의 섬네일 기반 자료 검색의 용이함, 방대한 콘텐츠, 손쉬운 접근성 등으로 인하여 최근 학생부터 직장인에 이르기까지 대부분의 사용자들은 필요한 정보를 YouTube에서 제일 먼저 검색하는 경향이 더욱 커지고 있다.

③ WhatsApp

Facebook에서 운영하는 인스턴트 메신저이며 가장 흥미로운 소셜 미디어 앱 중 하나로 평가되고 있다. 사용자가 문자메시지, 음성 메시지를 보내고, 음성 및 화상 통화를 하고, 이미지, 문서, 사용자 위치 및 기타 무료 콘텐츠를 공유할 수 있다.

④ Facebook Messenger

Facebook에서 개발한 소셜 미디어 앱으로 원래는 2008년 Facebook Chat으로 개발되었고 2011년 독립형 iOS 및 Android 앱을 출시했다. 사용자가 메시지를 보내고 사진, 동영상, 스티커, 오디오 및 파일을 전송할 수 있도록 도와주며 소멸 모드와 같은 새로운 기능은 채팅을 종료하면 사라져서 더 새로운 방식으로 개인 정보를 유지한다.

⑤ Instagram

Instagram은 Kevin Systrom과 Mike Krieger가 공동 설립한 가장 인기 있는 소셜 미디어 앱 중의 하나이다. 2012년에 Facebook(2021년 10월 이후 'Meta')이 인수했다. Instagram에서는 온라인 사진 공유를 위하여 해시 태그 및 지리적 태그별로 정리된 필터를 이용하여 내용을 쉽게 편집할 수 있다. 좋아하는 팔로워, 친구들과 동영상,

사진을 공유할 수 있으며, 세계적으로 약 11억 명의 사용자가 있다.

⑥ WeChat

WeChat은 Tencent에서 개발한 다목적 메시징, 소셜 미디어 및 모바일 결제 앱이다. 2011년에 처음 출시되었으며, 문자 메시지, 음성 메시지, 브로드 캐스트 메시지, 화상 회의 등을 지원한다.

⑦ TikTok

TikTok은 뮤직 비디오 공유와 관련하여 가장 빠르게 성장하는 소셜 미디어 앱 중하나이다. 15초에서 1분 길이의 비디오를 만드는 TikTok은 세계에서 가장 가치 있는 스타트업 중 하나로 평가받고 있다. TikTok은 App Store 및 Google Play Store에서 15억 건 이상의 다운로드를 기록했다.

⑧ QQ

QQ는 중국의 거대 기술기업 Tencent에서 개발한 인스턴트 메시징 서비스이다. QQ 기능에는 온라인 소셜 게임, 음악, 쇼핑, 영화, 그룹 및 음성 채팅이 포함된다. Alexa에 따르면, 2020년 말 월간 사용자 수 6억 명을 돌파했다.

⑨ Douyin

Douyin은 기본적으로 중국을 위해 특별히 설계된 TikTok의 중국어 버전이다. Douyin은 중국의 젊은 세대를 중심으로 빠르게 성장하는 앱 중 하나이다. 많은 사용자들이 브랜드 노출 및 평가를 위해 중국의 Douyin을 타겟팅하고 있다.

⑩ Sina Weibo

Sina Weibo는 중국 최대 소셜 미디어 앱이다. 2009년 출시되었고, 중국에서 가장 큰 소셜 미디어 플랫폼의 하나로 평가받고 있다. Sina Weibo의 가장 흥미로운 기능은 사용자가 현재 인터넷에서 유행하는 것을 발견할 수 있도록 도와주는 것이다. 버튼 클릭 한 번으로 전 세계에서 발생하는 최신 업데이트 콘텐츠를 항상 확인할 수 있다.

3. 소셜 러닝과 학습 이론

1) 새로운 학습 패러다임으로서의 소셜 러닝

전병호(2017)에 따르면, SNS는 사회적 상호작용의 특징으로 인해 학습자의 참여를 증가시키며 결과적으로 학습 만족도와 학업 성취도를 제고하게 해 준다. 이것은 SNS의 특징이 학습자 간의 연결(connectivity), 협업(collaboration), 의사소통, 상호작용, 콘텐츠의 교환, 복사 등을 효과적으로 지원해 주기 때문이다.

SNS가 처음 등장했을 때는 사회적 소통, 인맥 형성, 정보 교환 등을 주로 목표로 했었으나 현재는 교육적 측면에서 SNS의 활용이 직접적으로 학습에 긍정적 효과를 나타낸다는 연구 결과들이 다수 보고되고 있다(Ellison, Steinfield, & Lampe, 2007). 소셜 러닝은 교육 흐름의 큰 변화이며, 이미 미래의 새로운 교수-학습 모델로 부상한 상태이다.

[그림 11-4] 미래의 주요 변화에 따른 사회적 요구의 등장
출처: 한국정보화진흥원(2011), p. 9.

또한 SNS는 협업을 통한 새로운 학습의 패러다임을 제공한다. 위키피디아는 좋은 협업 사례라고 할 수 있다.

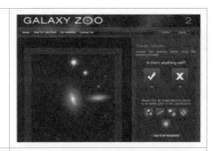

위키피디아(Wikipidea): 사용자 누구나 자유롭게 내용을 수정·편집할 수 있는 인터넷 백과사전	갤럭시 주(Galaxy Zoo): 약 27만여 명의 아마추어들이 온라인으로 참여한 천문학 공동연구 프로젝트

[그림 11-5] 협업을 통한 신지식 창출 사례

출처: 한국정보화진흥원(2011), p. 9.

2) 사회적 학습 이론

소셜 러닝의 개념은 인간 행동 변화는 관찰, 모방, 모델링을 통해서 학습된다고 주장한 Bandura(1977)의 사회적 학습 이론에서 기인한다. Bandura는 학습이 조건화, 강화 및 처벌의 직접적인 결과로 발생한다는 행동주의 이론에 대한 보완으로 대부분의 인간 행동은 관찰, 모방 및 모델링을 통해서 발생한다는 사회적 학습 이론(Social Learning Theory)을 주장하였다. Bandura(1961)는 유명한 보보 인형 실험을 통하여 아동의 인형에 대한 공격적 행동, 긍정적 행동을 관찰학습으로 설명하였다. 관찰되는 객체를 모델이라고 하는데, 아동은 사회에서 가족 내 부모, 그룹 내 친구, 학교와 교사, TV 등의 등장인물 등 모델이 둘러싸여 있다. 이 모델들은 관찰하고 모방할 수 있는 행동의 다양한 예를 제공한다.

그러나 Bandura는 관찰만으로는 최대 학습을 발생시키기에 충분하지 않을 수 있다고 주장하였다. 학습자가 무언가를 관찰하지만 학습이 일어나지 않을 수도 있다. 이는 학습자가 모델의 동작을 자동으로 관찰하고 모방하는 것은 아니며, 모방에 선행하여 몇 가지 고려 요소가 있는데, 이러한 고려를 중재 프로세스라고 하였다. 학습자가 관찰 가능한 행동을 배우기 위한 중재 프로세스로서 다음의 네 가지 단계를 언급하였다.

① 주의

학습자는 먼저 주의를 기울여야 한다. 주의집중은 학습의 양과 질에 영향을 미친다. 주의가 산만해지면 학습과 업무의 질에 영향을 미친다. 또한 모델이나 외부 상황이 독특하고 매력적이면 학습자는 더 적극적으로 학습에 참여하는 경향이 있다.

② 유지/보존

학습자는 자신이 학습한 내용을 보존하는 것이 중요하다. 우리가 긴 시간 동안 많은 내용을 학습했지만 어떤 것은 보존되고 어떤 것은 사라진 것을 경험한다. 반복, 필기, 저장장치 등을 통하여 중요한 학습을 기억할 수 있다.

③ 재생산

주의와 유지를 바탕을 새로운 지식을 창출하고 기술을 더욱 향상시킨다. 연습을 통해서 완전에 이르게 된다.

④ 동기 부여

학습자가 관찰학습에서 성공하기 위해서는 동기부여가 중요하다. 즉, 모델링된 행동을 모방할 내적 · 외적 동기가 있으면 성공적인 학습으로 이어질 확률이 높아진다.

사회학습적 이론이 평생학습 교수자에게 시사하는 바는 무엇일까? 평생학습 교수자는 긍정적인 모델을 사용하여 학습자에게 원하는 행동을 증가시키고 확산시킬 수 있도록 교수-학습 전략을 수립하는 것이 필요하다.

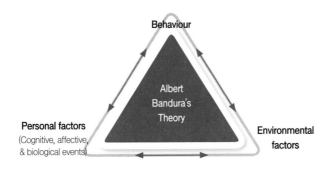

[그림 11-6] Bandura의 사회학습 이론

출처: https://educationaltechnology.net/social-learning-theory-albert-bandura/

사회적 학습 이론은 학습 접근 방식의 사고 과정을 고려하고 행동이 모방될 것인지 아닌지를 결정하는 데 도움이 된다. 예를 들어, 사회적 학습 이론은 단순한 강화에 기반한 학습 모델보다 개인의 도덕적 행동, 성 역할 등 더 복잡한 사회적 행동을 설명할 수 있다. 그러나 상당히 복합적인 행동을 설명할 수 있지만, 학습자의 생각과 감정을 포함하는 전체 행동 범위에 대해서는 충분하게 설명하기 어렵다. 왜냐하면 우리는 행동에 대해서 많은 인지적 통제권, 자율권을 가지고 있기 때문이다. 이러한 이유로 Bandura는 1986년에 자신의 이론을 수정하고 우리가 사회적 경험에서 배우는 방법에 대한 더 나은 설명으로 사회인지 이론(Social Cognitive Theory: SCT)을 발전시켰다. 사회인지 이론은 보상이 주어지지 않는 경우에도 행동을 일으킬 수 있는 능동적 행위자로서의 인간과 자아효능감을 강조한다. 또한 개인적 요인, 환경적 요인, 행동의 요소가 상호작용하여 후속적인 행동이 발생한다는 삼원 상호 결정론을 주장하였다.

4. SNS 활용 교수-학습의 유의점

1) 미디어 리터러시

미디어 리터러시는 신문, 잡지, TV, 소셜 미디어 등 다양한 유형의 미디어를 구별하고 메시지를 이해하는 능력이다. 미디어 리터러시 교육의 목적은 현대 사회에서 필수적인 미디어의 영향력에 대한 인식을 높이고 미디어를 소비하고 생성하는 비판적 능력을 기르는 데 있다. 미국 미디어 리터러시 교육협회(NAMLE)는 미디어 리터러시는 어느 특정한 한 가지 매체에만 국한되지 않으며 모든 유형의 소통을 통하여 접근, 분석, 평가, 행동하는 능력으로 정의했다. 강진숙 등(2019)은 '미디어 리터러시 교육과정 운영을 통한 시민역량 제고 방안 연구(교육부 정책연구보고서)'에서 미디어 리터러시 역량의 목표를 〈표 11-3〉과 같은 여섯 가지 요소로 제시하였다.

표 11-3 미디어 리터러시 역량의 정의 및 목표

구성요소	정의	프로세스 질문
지식	미디어를 통한 지각과 경험으로 체득되는 인지적·정서적 능력	미디어의 구조, 기능, 기술 발전 과정과 체제 등의 이해와 지식 습득
비평	미디어에 대한 비판적·미학적 성찰을 통한 글쓰기 능력	미디어의 기술적·사회적·문화적 쟁점들과 내용에 대한 사실 판단과 가치 판단을 통한 글쓰기 능력 개발
의사소통	미디어를 통해 지식과 정보를 교류하고 의견을 표현할 수 있는 소통 능력	사회적 의사소통에 능동적으로 참여하기 위한 의견의 표현 방법과 상호 인정을 통한 대화 능력 개발
접근/활용	개인과 집단의 미디어 접근 활용 능력	미디어의 기술적 사용법, 전문지식, 콘텐츠의 수용과 질에 대한 접근과 활용 능력 개발
구성/제작	미디어를 통한 창의적·상호작용적 생산 행위 능력	대안 미디어의 구성과 창의적·미학적 기술의 적용, 제작
참여	미디어를 통한 윤리적 공동체 참여와 민주시민의 시민성 실천 능력	책임 있는 온라인 공동체 참여와 디지털 시민성을 실현하기 위한 실천 능력 개발

출처: 강진숙 외(2019), p. 167.

Scorsese(2020)는 미디어 리터러시 교육에서 유의할 사항을 다음과 같은 다섯 가지로 정리하였다.

① 제작자의 목표 이해

모든 제작자는 특정한 관점과 목표를 가지고 콘텐츠를 만들기 때문에 이에 대한 이해가 중요하다. 주제에 대한 자신의 관점을 개발하려면 제작자의 관점에 산출된 미디어가 정보, 오락, 설득 혹은 무엇을 목표로 하는지를 먼저 파악하는 것이 필요하다.

② 비판적 사고력 형성

미디어 리터러시는 수많은 정보 속에서 잘못된 정보를 판별해 낼 수 있고 다양한 유형의 미디어를 평가하여 비판적 사고력을 기르게 한다. 비판적 사고력은 자신의 생각을 명확하게 하며, 가치 있는 정보와 그렇지 않은 정보를 구별하는 힘을 길러 준

다. 비판적 사고(critical thinking)를 저해하는 대표적인 요인은 개인이 가지고 있는 고성관념, 편견 등이다. 확증편향(confirmation bias)이란 개인의 사고 과정에서 무의식적으로 자신의 신념, 선호하는 정보만을 선택적으로 인지하는 것으로서 정확한 분석과 평가에 방해가 된다.

③ 창의적 표현 능력

미디어 리터러시는 기본적으로 '미디어 콘텐츠'에서 시작되었다. 오디오, 비디오, 게임 등 다양한 콘텐츠 자료가 창작되고 소멸된다. 미이어리 터러시는 학습자의 창의적 표현능력을 향상해 주는 데 도움이 된다.

④ 소통 능력

소셜 미디어의 특징은 공유와 참여를 기본으로 하고 있다. 참여자의 목적은 취미활동부터 학술적 · 경제적 분야에 이르기까지 광범위하다. 미디어 리터러시는 분석 · 평가 · 성찰을 통하여 올바른 참여문화, 소통문화의 형성에 기여한다. 소셜 미디어 사용자는 가짜뉴스(fake news), 혐오, 무조건적인 편 가르기, 정보 왜곡 등을 파악하는 능력을 갖추도록 항상 노력해야 한다.

⑤ 윤리적 방법의 교육

미디어 리터러시는 효과적인 의사소통자가 되게 하며 책임감을 향상하게 만든다. 가상공간 내에서 상대방에 대한 미디어 예절 지키기, 타인의 저작물을 존중하는 마음과 법적 사항에 관한 지식의 습득을 돕는다. 미디어에서 유통되는 메시지를 있는 그대로 수용하는 것이 아니라 바르게 비판하고 존중할 줄 알게 되며, 결과적으로 바른 인성 및 가치관을 형성에 도움이 된다.

모든 나라가 미디어 리터러시 교육에 힘쓰고 있다. 박주현과 강봉숙(2020)에 따르면 세계 각국에서 제시하는 미디어 리터러시의 개념과 특징은 〈표 11-4〉과 같다.

표 11-4 외국의 미디어 리터러시 개념과 특징

주요 범주	프로세스 질문
영국의 OFCOM(2020)	• 다양한 상황에서 미디어와 정보통신을 사용하고, 이해하며, 생산하는 능력
미국의 CML	• 다양한 유형의 미디어에 접속하고, 분석, 평가, 창조하는 능력(CML, 1992) • 인쇄, 비디오부터 인터넷에 이르기까지 다양한 형태의 메시지에 접속·분석·평가·창조하고 참여할 수 있는 틀로 사회에서 미디어의 이해와 민주시민에게 필요한 탐구와 자기표현에 필수적인 기술을 구축하는 능력(CML, 2020)
캐나다의 온타리오 교육부 (2006. 154-156)	• 미디어의 특성, 미디어에 의해 사용되는 기술 및 이러한 기술의 영향을 정보에 근거하고 비판적으로 이해하기. 대중매체를 능동적이고 비판적인 방법으로 이해하고 활용하는 능력 • 미디어 리터러시의 다섯 가지 핵심 개념을 제안
캐나다의 MediaSmarts	• 미디어에 접속, 분석, 평가, 생산할 수 있는 능력 • 미디어 리터러시의 핵심 개념: 미디어는 만들어진 구성물, 청중이 의미를 선택, 미디어의 상업적 영향력, 미디어의 사회적·정치적 영향력, 매체의 특성에 따르는 미디어 콘텐츠
미국의 NAMLE	• 모든 의사소통 유형들을 활용하여 접속, 분석, 평가, 생성 및 행동하는 역량(전통적인 리터러시에 근거) • 미디어를 통해 전송된 기호를 암호화하거나 해독하는 능력과 전달받은 메시지를 통합, 분석하고 생산하는 능력

출처: 박주현, 강봉숙(2020), p. 229.

2) SNS의 역기능

평생교육 교수자는 SNS의 활용 시에 역기능에 대해서도 항상 유의해야 한다. 단국대학교 융합사회연구소(2016) 발표한 소셜 네트워크 서비스(SNS)의 역기능은 다음과 같다.

① 정보의 신뢰성 문제

부정확한 정보가 업로드되고 SNS의 특성상 무한 복제되며 확산되는 것은 대표적인 역기능이다. 부정확한 정보의 자정기능이 떨어지기 때문에 신뢰성이 더욱 저하

된다. 결과적으로 유언비어가 확산되기 쉬우며, 마녀사냥과 같은 잘못된 여론이 형성되기도 한다.

② 개인정보의 침해

SNS상에서는 쉽게 개인의 이름, 나이, 소속, 연락처, 직장정보 등 개인의 프로파일을 수집할 수 있다. 이러한 정보는 소통의 도구로 사용되기도 하지만 잘못 사용될 경우 심각한 프라이버시의 침해로 이어지고, 더 나아가 범죄에도 사용된다.

③ 정보보안 문제

SNS상에서는 아이디와 비밀번호를 상용하는 경우가 많다. 이러한 정보들이 유출되면 심각한 보안 위협으로 발전될 수 있다. 은행이나 금융정보의 피해가 막대하며, 역시 범죄 등으로 악용된다. 비밀번호를 주기적으로 변경하고 공개적으로 사용하지 않도록 유의해야 한다.

④ 저작권 침해

SNS상에 정보를 업로드하거나 공유하는 과정에서 원작자의 정보 출처를 명기하지 않을 경우 타인의 저작권을 침해하게 된다. 과도한 욕심이나 무지나 그 결과는 마찬가지이며 그에 따른 책임을 저야 한다.

⑤ SNS 피로증후군

SNS 피로증후군(SNS fatigue syndrome)이란 과다한 SNS의 사용으로 인한 피로감, 폐해를 의미한다. 아침에 눈을 뜨자마자 스마트폰을 찾거나 가까이에 스마트 디바이스가 없으면 불안에 시달린다. 페이스북, 카카오톡, 인스타그램, 트위터 등을 하루 종일 수십 번도 넘게 확인하고 기기가 없으면 안정을 찾지 못한다.

⑥ 포모(FOMO)증후군

고립 공포감을 의미하는 포모(Fear of Missing Out: FOMO)는 원래 마케팅 용어로 시작되었는데, Dan Herman 박사가 2020년 사회병리현상의 학술적 용어로 처음 규명하였다. 이는 SNS시대에 중요한 것을 놓치거나 남들은 좋은 것을 하는 동안에 자신만 제외되는 것을 두려워하는 심리적 용어로 사용되고 있다. SNS상에서 친구들과 연결되지 못하는 것에 대한 불안, 다른 사람이 좋은 것을 배우기 시작했다는 소식을 들을 때마다 자신만 뒤처지는 것 같은 불안 심리 등이다.

⑦ 가상 인맥의 집착

SNS상에서 가상 인맥에 집착하는 폐해도 심각하다. 페이스북의 친구 수를 영향력으로 생각하고, 방문자 수를 인기로 착각하게 된다. 글이나 사진을 올리면 누군가가 '좋아요'를 누르고 반응을 해 주지 않으면 불안과 패배감에 휩싸인다. 집착이 심해질수록 더 과장된 표현에 빠지기 쉽고 SNS에 접속하는 시간이 더욱 증가하게 된다.

⑧ 사이버 왕따

특히 청소년들에게 심각하다. 사이버 폭력의 하위 개념인데, 가상공간에서 의도적으로 특정인을 배제하여 차별하고 괴롭히는 형태가 대표적이다.

3) SNS 중독 예방 방법

SNS 중독을 벗어나는 가장 확실한 방법은 사용을 안 하는 것이지만, 현대 사회에서 스마트폰을 끄고 사는 것은 쉽지도 않고 현실적이지도 않다. 가능한 방법은 과도하지 않고 적절하게 사용하는 것이며, 사용 시간과 목적 등을 의식적으로 통제하는 것이 바람직하다. SNS 중독도 다른 중독들과 마찬가지로 그 원인을 찾아보는 것이 필요하다. 중독의 근본적 원인은 소외감, 우울감, 집착 등일 수 있다. 중독의 원인을 찾고 물리적 사용시간을 줄이는 의식적 노력이 중독을 치유하는 길이다.

■ SNS를 활용한 평생학습 수업을 진행해 보자. 코로나19 시대가 도래하면서 비대면 교육이 활성화되고, 전통적인 교실 수업에서 벗어나 다양한 온라인 플랫폼을 다양하게 활용하게 되었다. 그중에서도 Google Classroom은 무료이면서 교수자와 학습자가 처음 온라인 수업을 접하는 데 쉽고 빠르게 적응할 수 있는 최적의 플랫폼이다.

- Google Classroom 초기 화면과 교수자의 과목 개설

- Google 클래스룸 초기화면에 접속한다.
- 사전에 평생학습 수강생의 ID 등을 준비한다.

- Google Classroom 내 수업 만들기

- 수업명과 수업 대상, 수업 요일, 강의실 등을 지정할 수 있다.
- 수업이 만들어지면 개별 코드가 생성되어 교수자와 학습자 모두 쉽고 편하게 수업에 참여할 수 있다.

- 수업 운영 및 평가

수업은 다양한 형태로 상호작용과 피드백을 진행할 수 있다.
  1) Google 미팅에 연결하여 실시간 화상 수업을 한다.
  2) 작성된 글에 다양한 방법으로 상호작용과 피드백을 할 수 있다.

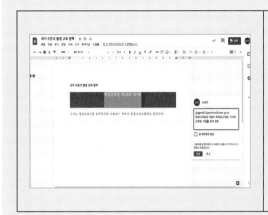

3) 공유 문서 기능을 활용한 팀 단위 과제 수행이 가능하다. 별도의 설치 없이 웹 기반 구글 문서(Google Docs), 스프레드시트, 프레젠테이션, 드로잉 등을 사용할 수 있다. 아울러 팀 단위 과제 수행과 피드백을 하고 '팀 단위 발표하기'가 가능하다.

4) 학습자들은 자신이 수행한 학습을 언제 어디서나 조회할 수 있다.

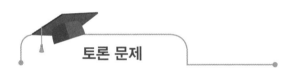

토론 문제

1. 독립형 PC, 이러닝, 인터넷, 모바일 등 에듀테크(edutech)의 발전이 평생학습에 미친 영향을 설명하고 향후 바람직한 모바일 기반 평생학습 발전 방향을 토론해 보자.

2. 유튜브 등 1인 미디어 플랫폼의 영향력과 위험성을 설명하고 자신이 미디어 리터러시 교육 정책 입안자라면 어떠한 점에 중점을 두고 추진할 것인가 토론해 보자.

제12장

융합형 웹 기반 평생교육방법

사람을 싫어하는 것을 고치는 간단한 방법이 있다.
그것은 타인의 장점을 발견하는 것이다.

- 데일 카네기 -

학습 목표

1. 에듀테크(edutech)의 발달 과정을 말할 수 있다.
2. 블렌디드 러닝, 플립드 러닝, 마이크로 러닝의 개념과 특성을 말할 수 있다.
3. 융합형 웹기반 평생학습 수업 시 유의할 사항을 말할 수 있다.

학습 개요

Charles Babbage가 1822년 차분 기관을 처음 발명한 후 컴퓨터 기술은 비약적으로 발전을 거듭하여 우리는 현재 디지털 전환(digital transformation)의 시대를 살고 있다. 사물인터넷(IoT), 빅데이터, 스마트폰, 인공지능, 로봇 등 첨단 기술은 교육의 방법을 크게 변화시켰는데 이는 새로운 교육사조를 탄생시키기에 충분한 상황이다. 특히 코로나19의 확산으로 등교 수업이 중단된 경험이 있었고 우리나라는 2020년 4월부터 전국의 초 · 중등학교와 대학에서 전면적인 온라인 개학이 실시된 바 있다. 이를 계기로 학교 교육에서 비대면 원격 수업이 일반화하게 되었으며 평생교육을 포함한 모든 교육 현장에서 에듀테크를 활용한 융합형 웹기반 학습의 연구와 활용이 가속화되고 있다. 이에 융합형 웹기반 평생학습의 핵심이 되는 블렌디드 러닝, 플립드 러닝, 마이크로 러닝의 발달과정과 수업 이론을 살펴보았다. 또한 융합형 웹기반 학습에서 학습자와 교수자의 역할, 각각의 수업 설계 시 유의할 사항과 지원 도구들을 상세히 살펴봄으로써 평생학습의 장에서 실질적인 도움이 되도록 하였다. 이러한 노력들은 향후 빅데이터 분석, 학습 관리 시스템(LMS), 학습 애플리케이션 등 차세대 디지털 학습 환경과 연계되어 학습자를 분석하고 학습자 개별 맞춤형 교육을 실시하여 학습성과를 더욱 높일 것으로 예상된다.

1. 블렌디드 러닝

1) 블렌디드 러닝의 개념

신용주(2012)는 블렌디드 러닝(blended learning)이란 "전통적으로 교실에서 진행되는 교사와 학습자의 대면 수업과 인터넷에 기반한 이러닝 교육방법을 접목해서 이루어지는 혼합형 학습"이라고 정의하였다. 신혜영(2020)은 블렌디드 러닝은 전통적인 면대면 교실수업과 온라인 수업의 통합만이 아니라 학습 방법, 학습 매체 및 상호 방식 등을 통합하여 학습자에게 최대의 학습효과를 도출하는 교수-학습 전략이라고 하였다. Driscoll(2002)은 블렌디드 러닝이란 "학습자와 교수자가 전통적인 교실 환경과 이러닝의 혼합된 환경에서 최적의 교육 효과를 산출하기 위해 구성주의, 인지주의 등의 여러 교육방법을 결합하는 과학기술 활용 교육"이라고 하였다. 이러한 개념을 종합해 볼 때, 블렌디드 러닝은 기존의 전통적 학습에 온라인 수업을 붙여서 단순히 혼합해 놓은 것이 아니라 학습자의 교육 효과를 높이기 위하여 디지털 플랫폼을 통해 대면 및 온라인을 융합하고 학습 전략 및 교수 매체 등을 통합해서 운영하는 학습이라고 정의할 수 있다. 블렌디드 러닝의 학습 환경은 대면교육 강의실, 인터넷 가상공간, 토의토론 그룹, 원격 학습, 대화형 미디어, 퀴즈, 학습관리시스템(Learning Management System: LMS)을 통합한다. 코로나19(COVID-19)의 영향으로 블렌디드 러닝은 현재 초·중등학교, 대학 및 평생교육 현장에서 중요한 학습 형태가 되었으며, 대면 교육 및 온라인 교육의 사려 깊은 융합을 실현하고 있다.

2) 블렌디드 러닝의 발전

블렌디드 러닝의 개념은 1960년대 시작되었는데, 공식 용어로 등장한 것은 1990년대 후반이다. 교육기업 EPIC Learning은 1999년 자체 보도자료에서 다음과 같이 표현하고 있다. "EPIC Learning Company는 최근 220개의 온라인 코스를 자체 개발했으며 Blended Learning methodology를 사용하여 학습자에게 제공할 예정이다." Bonk와 Graham은 2006년 발간한 『Handbook of Blended Learning』에서 블렌디드 러닝을 대면교육과 컴퓨터 활용을 결합한 혼합 학습으로 명확히 하고자 노력하였다. 블렌디드 러닝은 2000년대 이후 교육학자들을 중심으로 널리 사용되어 현재는 고유명사로 사용되고 있다(위키피디아).

우리나라에서는 2010년 이후 스마트 교육(smart education)을 교육 현장에 도입하는 움직임이 있었으나 전국적인 활성화에는 다소 한계가 있었다. 그러나 갑작스러운 코로나19의 영향으로 2020년 상반기부터 부득이 온라인 학습을 실시하지 않을 수 없게 되었고, 그동안 축적된 디지털 기술 능력과 교수자들의 노력으로 초 · 중등학교와 대학 및 평생교육의 모든 교육 현장에서 블렌디드 러닝이 활성화되고 있다.

블렌디드 러닝의 특징은 단순히 오프라인과 온라인 학습을 혼합하는 것에서 그치지 않고 오프라인 교육의 단점인 시간과 공간의 한계를 온라인 학습을 통해서 극복하고, 양자의 장점을 융합하여 학습자 중심의 수업을 실현하는 것이며, 최종적으로는 학습자의 학습효과를 극대화하는 것이 목적이다. 따라서 블렌디드 러닝에서 교수자의 역할은 전통적 수업 방법과는 다르게 규정되어야 하고, 아울러 교수-학습 설계 전략, 운영 과정, 평가 전략 등도 새롭게 정립되어야 할 것이다. 이재경(2009)은 블렌디드 러닝의 특징을 다음과 같이 제시하였다. 첫째, 블렌디드 러닝은 인터넷 플랫폼을 기반으로 하기 때문에 콘텐츠의 생성과 저장 등이 용이하다. 둘째, 온라인을 활용하여 콘텐츠의 검색, 공유, 활용이 극대화된다. 셋째, 면대면 교육을 통해서 학습자와 학습자 간 혹은 학습자와 교수자 간 활발한 상호작용이 가능하다. 넷째, 다양한 테크놀로지를 활용하여 비대면 상황에서도 의견 교환, 토의 · 토론을 효과적으로 실시할 수 있다.

3) 블렌디드 러닝의 장점과 단점

(1) 블렌디드 러닝의 장점

① 높은 학습자 참여도

블렌디드 러닝은 다양하고 혼합적인 수업 활동으로 인해서 학습자의 흥미와 수업 참여도가 높게 된다. 특히 온라인상에서는 유용한 모든 자료에 언제나 접속할 수 있고 소단위의 반복 학습 등이 가능하다.

② 유연성 향상

학습자는 자신이 선호하는 속도와 시간에 맞춰서 스스로 학습할 수 있는 유연한 기회를 갖게 된다. 온라인 콘텐츠의 특성상 이해가 느린 학습자는 동영상 등을 반복해서 볼 수 있고, 앞선 학습자는 자신에게 맞는 심화 학습을 실시할 수 있다.

③ 시간과 비용의 절약

합리적인 교육 전략을 수립하면 크고 작은 공간의 사용에 소요되는 비용을 줄일 수 있다. 교육이 이루어지는 건물 비용, 공공요금 등의 절약뿐만 아니라 학습자가 이동하는 데 소요되는 교통비용 등도 감소될 수 있다.

④ 정확한 학습 분석

대면 수업에서도 마찬가지이지만 특히 정보기기를 사용하는 온라인 수업에서 교수자는 온라인 플랫폼과 소프트웨어를 사용하여 학습자의 접속 기록, 과제물, 평가 결과 등을 상대적으로 더 정확하게 효과적으로 실시하고 보관할 수 있다.

⑤ 향상된 커뮤니케이션 지원

온라인상에서는 대면 교육의 장에서 불가능했던 학습자 개개인과의 소통을 지원한다. 발표력이 부족한 학습자 등이 온라인 플랫폼상에는 더 효과적으로 발표하거나 상호작용을 수행할 수도 있다. 특히 대면 수업 시에 발표력이 부족한 학습자가 온라인상에서는 채팅 등을 통하여 자유롭게 자신이 의견을 발표하고 적극적으로 참여하는 것이 가능하다.

⑥ 교수자의 행정 업무 경감

온라인 학습을 병행하면 과제물 수합, 채점 작업 등이 자동화되어 교수자의 시간과 노력을 절감하게 된다.

(2) 블렌디드 러닝의 단점

① 높은 구현 비용

온라인 플랫폼을 구축하는 데 많은 예산이 소요될 수 있다. 스마트 디바이스를 구비하고 데이터를 사용하며 접근 방식을 개발하는 데 비용이 소요된다. 수업에 사용하는 특정 소프트웨어는 유료인 경우도 많다.

② 학습자의 디지털 격차 발생

학습자의 환경이 인터넷 속도가 느리거나 각종 디바이스, 데이터의 사용에 비용이 소요되는 경우에는 학습자의 빈부차에 의한 디지털 격차가 발생할 수 있다.

③ 디지털 리터러시의 부족

학습자의 디지털 리터러시가 부족하여 비판적 사고력이 형성되지 못한 경우 범람하는 자료를 적절히 취사선택하지 못하고 의도하지 않은 해를 입을 수 있다.

④ 교수자에게 더 과중한 부담

대면 수업에 익숙해진 교수자가 온라인 지도를 위하여 영상 자료를 준비하고 편집하는 것은 상당한 부담이 된다. 새로운 플랫폼 기능을 익히는 것도 부담이다. 교수자가 온라인 플랫폼에 대해서 잘못 해석하거나 실수로 중요한 자료를 유출할 위험성도 있다.

4) 블렌디드 러닝의 유형

블렌디드 러닝은 학습자의 규모, 수업 목표, 학습 환경, 교육내용 등에 따라 교수자가 교육목표 달성을 위하여 다양하게 구성할 수 있다. Chudaeva, Loth와 Somaskantha(2021)는 블렌디드 러닝에서 가장 중요한 것은 교수자가 의도한 학습목표의 달성이며, 인문학, 사회과학, 공학, 경제·경영, 체육, 의학, 예술 등의 교육분야, 기술 지원 여부, 학습자의 학습 기회 등을 분석하여 학습자에게 가장 적합한 모형을 제시해야 한다고 말하였다. O'Connell(2016)은 블렌디드 수업을 위하여 다음의 일곱 가지 모형을 제시하였다.

① 혼합 대면중심 모델

혼합 대면중심 모델(blended face-to-face class)은 '대면 드라이브 모델'이라고도 하며, 주로 교실 기반의 대면 수업을 실시하면서 필요한 경우에 온라인 활동을 수행하는 형식이다. 읽기 자료, 퀴즈, 기타 평가는 가정에서 실시하고, 수업시간은 토의, 토론 등을 중심으로 수행한다. 수업 중에는 모둠별 프로젝트 활동 등 학습자와 교수자가 더 고차원의 학습 활동에 시간을 공유하는 것이 특징이다.

② 온라인 중심 혼합 모델

온라인 중심 혼합 모델(blended online class)은 '온라인 드라이브 모델'이라고도 하며, 대부분의 수업을 온라인 중심으로 진행하고 필요한 경우 강의, 실험 실습 등을 대면 활동으로 실시한다.

③ 뒤집힌 교실

뒤집힌 교실(the flipped classroom)은 수업시간에 강의를 들은 후에 가정에 돌아가서 부과된 숙제를 하는 전통적인 학습 구조를 뒤집는 개념이다. 뒤집힌 교실에서 학습자는 가정에서 온라인 등으로 짧은 강의 동영상 등을 미리 보고, 대면 교실 수업에서는 동료들과 작업활동, 프로젝트 활동 등을 수행한다.

④ 회전 모델

학습자는 대면 수업과 온라인 수업을 순환하면서 교대로 받게 된다. 회전 모델(the rotation model)에는 다양한 하위 모델들이 존재하는데, 학생들이 미리 준비된 강의실, 토의실, 실험실 등을 순회하면서 학습하는 것을 포함한다.

⑤ 자가 혼합 모델

학습자는 학교에 등록되어 있지만 자기 주도적으로 대면 수업, 온라인 수업을 선택하여 수강하고 교수자의 지시는 최소화하는 것을 자가 혼합 모델(The self-blend model)이라고 한다.

⑥ 혼합된 MOOC 모델

혼합된 MOOC 모델(the blended MOOC)은 대규모 공개 온라인 수업 과정을 보완하기 위한 형태이다. 학습자는 MOOC 자료를 활용하여 스스로 학습한 후에 대면 수업에 참여하여 학습내용을 보완한다. 이때 교수자는 학생들의 사전 학습의 정도에 따라서 보충수업, 플립드 러닝(flipped learning) 형태의 수업을 진행할 수 있다.

⑦ 유연한 모드 과정

유연한 모드 과정(Flexible-mode courses)은 모든 강의를 여러 단위의 모드로 제공한다. 학습자는 자신의 판단에 따라 다양한 코스를 온라인 및 대면으로 수강할 수 있다.

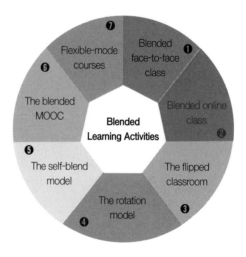

[그림 12-1] 블렌디드 러닝의 여러 가지 형태

출처: Rodrigues & Fook (2019), p. 14

5) 블렌디드 러닝에서 교수자가 고려할 사항

블렌디드 러닝을 실시할 때 유의해야 할 사항은 무엇일까? 한국교육학술정보원(2007)은 블렌디드 수업에서 교수자가 고려해야 할 사항으로 다음의 네 가지를 제시하였다.

① 수업 목표의 고려

교수자는 수업 목표를 달성하기 위해 학습 활동이 시작되기 전에 다시 한번 수업 목표를 재검토한다. 수업 방법과 절차, 진행 과정, 평가, 한계점, LMS의 특징 등을 항목별로 점검한다. 이때 학습자에게 수업 목표를 미리 알려 주는 것이 효과적인데, 이는 학습자가 스스로 자신의 학습 목표를 숙고해 보고 학습 과정을 통제하는 데 도움이 되기 때문이다.

② 학습자 개별 특성의 고려

교수자는 수업 설계 전 학습자의 개별 특성을 고려하여 수업 전략을 수립하는 것이 중요하다. 학습자는 개인마다 사전 준비도, 지식 수준, 선호 경향 등 특성이 각각 다르기 때문이다. 학습자 간의 차이를 확인하는 방법으로는 진단평가, 설문조사, 개인별 면담, 집단토론 등을 활용할 수 있다. 교수-학습 자료는 공통의 학습 자료를 활용하는 동시에 학습자 개별적으로 수준에 맞게 제시해 줄 수 있고, 과제를 개별적으로 부과하는 것이 가능하다. 그러므로 전통적인 일제식 수업과 비교하여 블렌디드 러닝은 학습자의 개인차에 적합한 경로를 설계하고 피드백을 해 주는 것이 더 용이하다.

③ 상호작용의 고려

상호작용은 학습자 간, 학습자와 교수자 간 등 다양하게 이루어질 수 있다. 학습자 상호작용은 블렌디드 러닝의 가장 큰 장점 중의 하나인데, 이는 상호작용을 통하여 학습자의 동기가 유발되고 성공 경험을 확인하며 지지와 격려를 받을 수 있기 때문이다. 상호작용을 통하여 아이디어를 공유하게 되고, 직접적인 지식의 증가뿐만 아니라 다양한 관점에서 주제를 검토해 보고 상호 협동 학습이 가능하다. 집단인 경우는 구성원의 결속력이 높아지는 효과도 얻을 수 있다.

④ 학습자의 지원과 안내

교수자는 학습자의 지원과 정보 제공, 관리에 항상 유의해야 한다. 특히 성인 학습자를 대상으로 블렌디드 수업을 설계할 때는 수업에 관한 일정, 학습 환경, 학습 형태, 과제 제출 방법과 마감 기한 등 수업 정보와 진행에 대한 가이드를 철저하게 하는 것이 중요하다. 또한 교수자는 수업에 참여하는 학습자가 교수-학습 과정에서 본인의 역할을 정확하게 인식하게 하며 능동적 참여자가 되도록 지원해야 한다. 학습자가 자신의 목표를 숙지하지 못하거나 학습 진도 등을 스스로 모니터링하지 못하여 도움이 필요한 경우 온라인 등을 통하여 정보를 제공하고 동료 간에도 도움을 주고받을 수 있도록 지원한다. 이때 정보통신 윤리 및 불법복제 등의 문제가 발생하지 않도록 유의해야 한다. 교수자는 블렌디드 러닝의 주요 영역과 구성 요소를 파악하고 효과적으로 사용하도록 유의해야 한다. 서대원과 임정훈(2003)은 블렌디드 러닝의 주요 영역과 내용을 [그림 12-2]와 같은 학습 환경, 학습 목표, 학습 내용, 학습 시간 등의 여덟 가지 요소를 제시하였다.

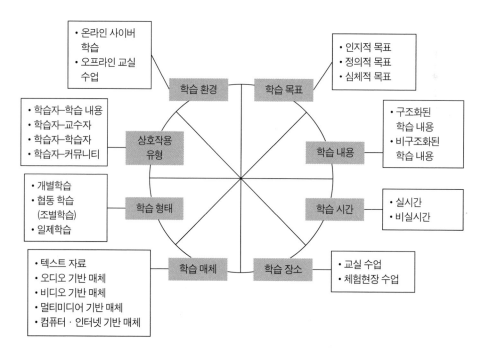

[그림 12-2] 블렌디드 러닝의 주요 영역과 요소
출처: 서대원, 임정훈(2003), p. 17.

6) 블렌디드 러닝의 교수-학습 설계 절차

블렌디드 러닝을 설계할 때 가장 어려운 점 중 하나는 올바른 '혼합'을 선택하는 것이다. 어떤 내용을 대면 수업으로 실시하고 어떤 요소를 온라인 형식으로 지도하는 것이 적절한지에 대해서 고민하게 된다. 대면 수업과 온라인 수업의 연계가 적절하지 않거나 내용이 반복된다면 학습자는 흥미를 잃고 혼란에 빠지게 된다. 교수자는 교육과정의 성격과 학생의 특성, 규모 등을 고려하고 온라인으로 해결이 어려운 내용을 대면 수업에 배정하는 등 주의를 기울여야 한다. 혼합의 순서와 횟수는 정해진 것은 없으며, 다음과 같은 다양한 방법을 선택할 수 있다.

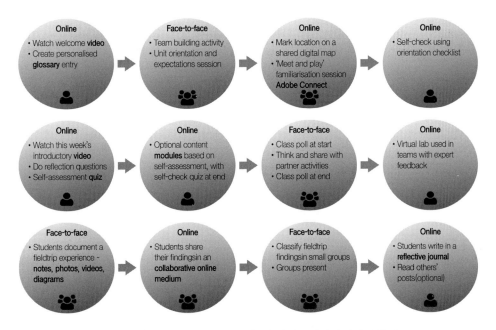

[그림 12-3] 블렌디드 러닝에서 대면수업과 온라인 수업의 순환 예

출처: https://staff.acu.edu.au/our_university/learning_and_teaching/technology_enhanced_learning/blended_learning/blended_learning_activities

① 수업 전 설계

진행하는 교육과정과 학습자 특성 및 교육환경이 블렌디드 수업에 적절한지를 검토한다. 온라인 강의의 경우 전달하고자 하는 학습 내용, 전달 매체, 출석 확인 방법, 평가 방법 등을 확인한다. 블렌디드 러닝을 위한 소규모 커뮤니티를 미리 구성하고 참여자가 지켜야 할 규칙을 만들며, 이러한 결정 사항을 학습자에게 미리 알려 주는 것도 필요하다. 교수자와 학습자 모두를 대상으로 강의실에서의 활동과 온라인에서의 활동 계획, 필요한 프로그램의 구입, 피드백 방법 및 시기 등도 상세히 준비한다.

② 수업 실시

대면 수업에서는 학습자와 친밀감을 형성하고 온라인 활동으로 해결 불가능했던 문제해결에 집중한다. 학습자에게 수업 중에 준수해야 할 규정을 공지하고 학습 후의 기대효과 등을 설명한다. 사전 수업이 있었다면 온라인 강의에서 수강했던 내용을 발표하게 하거나 형성평가를 실시할 수 있다. 사전에 동영상 등을 시청했어도 본수업에서 동기 유발, 개념 설명, 핵심 내용 전달을 위하여 동영상 활용 수업이 반복되어도 무관하다. 본시 학습에서는 교재 위주의 설명식 수업이 이루어지는 것이 일반적이지만, 블렌디드 수업에서는 학습자 중심의 수업, 토의 토론 중심의 심화 학습, 대면 모둠학습, 역할극 등 온라인에서 하기 어려웠던 내용과 형식의 수업이 효과적으로 이루어지도록 유의한다.

③ 수업 후 설계

지난 수업 내용에 대해서 정리한다. 수업 후 활동이 온라인으로 이루어지는 경우 본 수업에서 진행했던 내용에 대해서 다시 생각하는 시간을 갖게 되고 자신의 의견을 정교화·구조화하는 시간이기도 하다. 대체로 수업 내용에 대한 간단한 평가와 설문조사 등을 실시하는 경우가 많다. 학습자가 수행 평가 과제를 제출하는 경우 공개와 비공개의 장·단점이 각각 있는데, 이에 대한 결정 사항도 미리 고지하는 것이 중요하다. 과제 제출 내용에 대해서 일일이 피드백을 해 주고 다음 차시에 대한 예고를 한다.

7) 블렌디드 러닝을 지원하는 기술적 도구들

블렌디드 러닝을 구현하기 위해서는 제작하고자 하는 콘텐츠와 프로그램에서 광범위한 기술적 도구들을 사용하게 된다. 여기에는 물리적 장비뿐만 아니라 소프트웨어, 미디어, 서비스 등도 포함된다. 평생학습 교수자는 기술적 도구들에 대해서 익숙하고 응용프로그램의 효과성 및 유의 사항을 항상 연구해야 한다. Cleveland와 Wilton(2018)은 다음과 같은 도구들을 유용한 도움 자료로 제시하였다.

① LMS

LMS(Learning Management Systems)는 학습자에게 학습 콘텐츠를 제공하고 학습 이력 등을 관리 · 지원하는 통합 소프트웨어이다. Google Classroom이 대표적이며, Blackbord, Desire2Learn, Moodle, Canvas, Brightspace 등이 사용된다. 유의할 점은 기능 익히기로 인하여 학습자와 교수자의 업무량이 늘어나는 위험성이다.

② 웹회의

웹회의(Web Conferencing)는 튜토리얼, 세미나 또는 모든 동기식 실시간 학습 활동에 사용된다. 가장 일반적인 응용 프로그램은 일대 다 슬라이드 쇼 기반 프레젠테이션이다. 동시 비디오, 음성, 텍스트 채팅, 화이트보드 주석 및 화면 공유를 통해 풍부하게 만든다.

③ 디지털 교과서

디지털 교과서는 인쇄된 텍스트에 비해 많은 이점을 제공한다. 초기 비용 및 업데이트 비용이 소요되지만, 유연성, 강력한 멀티미디어 콘텐츠, 평가 기능 등이 장점이다. 특히 온라인상에서의 접근성은 인쇄된 텍스트 교재와 비교할 수 없는 정도이다. 학습 자료의 전달과 공유 시 공개 자료와 상업용 비공개 자료의 구분에 유의해야 한다.

④ 블로그 및 위키

블로그와 위키는 온라인 작성 도구이다. 블로그는 주로 학습자 개인을 위해서 사용되며 글쓰기에 효과적이고, 위키는 공동 연구와 글쓰기 활동에 효과적으로 사용할 수 있으나 명확하게 구분하기는 쉽지 않다. 학습자는 개인의 성찰적 글쓰기 외에 온라인상에서 자료 모으기, 비평, 프로젝트 활동을 할 수 있으며, 교수자로부터 피드백을 받을 수도 있다.

⑤ 소셜 북마크 및 디지털 스토리텔링

소셜 북마크는 온라인상에서 수집, 태그 및 공유 기능 등을 수행한다. 학습자들은 동료 간에 온라인상에서 의견 발표, 포스트잇 붙이기 등을 할 수 있다. 디지털 스토

리텔링 활동에서 학습자는 기존의 텍스트 자료 외에 음성, 사진, 동영상 등 강력한
미디어 도구를 사용할 수 있고, 공동 스토리 구성과 프레젠테이션도 가능하다.

⑥ 시뮬레이션, 게임 및 가상세계

온라인상에서는 학습의 결과물이나 변화 양상을 미리 시뮬레이션해 볼 수 있다.
게임을 통한 학습 및 참여자 공동 학습 활동은 학습자를 몰입시킨다. 교수자는 3차
원 가상세계를 구축하고 학습에 활용할 수 있다. 종종 이들의 경계는 모호하기도 하
지만 전통적 교수-학습의 패러다임을 바꾸고 있다.

2. 플립드 러닝

1) 플립드 러닝의 개념

플립드 러닝(flipped learning)은 학습자가 온라인을 통하여 미리 사전학습을 실시
하고, 본시 수업에서는 오프라인 수업을 진행한 후에 사후 학습을 실시하는 블렌디
드 러닝의 한 형태이다. 플립드 러닝은 '거꾸로 학습'으로도 알려져 있으나, 본뜻은
학습의 선과 후의 순서를 강조한 것이 아니라, 교실 현장에서 학습자가 전통적 수업
과 달리 더욱 주도적 역할을 수행하는 것을 강조한 것이며, 그런 의미에서 '역진행
학습'이 더 적절한 용어라고 할 수 있다.

[그림 12-4] 플립드 러닝과 블렌디드 러닝의 관계

출처: https://glnimages.s3.amazonaws.com/odw/blog/Blended-Learning-Flipped-Classroom.png

이은숙과 박양주(2019)는 플립드 러닝이란 전통적 수업의 전과 후를 거꾸로 하여 교사와 학생의 대화와 협력을 활성화하는 것이라고 정의하였다. 박제원(2020)은 플립드 러닝의 핵심은 단순히 온라인과 오프라인 수업을 병행하는 것이 아니고 학습의 주체가 교수자로부터 학습자로 바뀌는 것이라고 하였다. 김승옥(2018)은 교수자가 제공하는 학습 콘텐츠를 학습자가 사전에 온라인 등으로 익힌 상태에서 학습자와 교수자, 학습자와 학습자 간 상호작용을 실시하며 이러한 방식의 수업이 오프라인과 온라인에서 연계되어 이루어지는 수업활동으로 정의하였다.

이희명(2019)은 플립드 러닝이란 교수자가 사전에 제작한 학습 자료를 중심으로 테크놀로지를 활용하여 학습자가 가정에서 스스로 학습하고 교실 현장의 수업에서는 교수자의 교수-학습 지도 설계를 토대로 사전에 학습한 내용을 심화 학습하는 학습자 중심의 수업 형식이라고 하였다.

플립드 러닝은 기존의 교수-학습 방법이 전체 학습자를 대상으로 일방적 강의 등 교수자 중심으로 이루어지는 것과 비교할 때 개별 공간으로 전달 강의가 대체되고 본시 수업에서는 토의, 토론, 실험 중심의 상호 협력적이고 심화된 학습이 이루어지는 학습 모델이며, 학습자의 참여와 학습 효과를 제고하는 것이 목표이다. 그러므로 교수자는 플립드 러닝을 통하여 학습자와 소통의 시간이 증가하게 되고 학습자의 어려움을 더 잘 파악할 수 있게 된다. 특히 플립드 러닝은 수정된 Bloom의 분류법 맞추기를 가능하게 한다. 전통적 학습에서는 [그림 12-5]의 교육목표 분류에서 보는 바와 같이 기억, 이해 등의 하위수준에서 많은 시간을 할애하게 되고, 이후에 분석, 평가, 창조 등의 고차원적 능력단계에서는 짧은 시간을 투입하는 경향이 있다. 플립드 러닝에서는 학습자가 기억, 이해 등의 개념은 가정학습 등을 통하여 미리 학습하고, 고차원적 능력 단계에 더 많은 시간을 머무르면서 학습자 중심의 상호작용을 통하여 높은 인지 수준의 학습이 가능해지는 것을 기대한다.

플립드 러닝의 철학은 강사 중심으로부터 학습자 중심으로 요약될 수 있다. 학습자가 전통적인 수업에서 수동적 존재의 역할에 머물던 것에서 탈피하여 교실 안팎에서보다 적극적인 학습 환경을 만들고 주어진 정보의 동화를 넘어 기술 적용 및 지식 구성에 대해 주도적으로 참여하는 새로운 교수 방식이다.

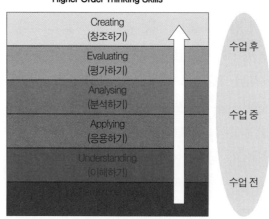

[그림 12-5] Bloom의 교육목표 분류와 플립드 러닝의 관계

출처: 계보경, 김재옥(2013), p. 3.

2) 플립드 러닝의 발전

King은 1993년 학술지 『College Teaching』에 「From Sage on the Stage to Guide on the Side」라는 논문을 발표하고, 교수자는 정보 전달보다 의미를 구성하기 위해서 수업 시간을 더 많이 사용하는 것이 중요하다는 것을 강조했는데 이는 플립드 러닝의 개념을 잘 나타내는 것으로 평가되고 있다. Eric Mazur는 1997년 출간한 『Peer Instruction: A User's Manual』에서 동료교육(peer instruction)이라는 개념을 제시하였는데, 이는 정보의 전달은 교실 밖에서 실시하고 교실 내에서는 상호 토론과 협력을 통하여 효과적으로 학습을 지도할 수 있다고 하였다. 그는 또한 이러한 정보 전달과 교수-학습 방법의 변화와 개선에 컴퓨터가 중요한 역할을 할 것이라고 주장하였다. Lage, Platt과 Treglia는 2000년 발표한 논문 「Inverting the Classroom: A Gateway to Creating an Inclusive Learning Environment」에서 교수자는 VCR과 컴퓨터 도구 등을 지렛대로 사용하여 수업 진행 시간을 다양하게 구성할 수 있고 학습자들의 요구를 더 충실하게 충족시킬 수 있다고 하였다(위키피디아).

플립드 러닝에서 대중적으로 널리 알려진 사례는 Salman Khan의 Khan Academy라고 할 수 있다. Khan Academy는 2006년 Salman Khan이 설립한 비영리 교육 서비스로서 초·중등학교부터 일반인을 대상으로 수많은 동영상을 서비스하고 있으며 전 세계적으로 널리 사용되고 있다. 시초는 Salman Khan이 자신의 조카에게 수학을 가르쳐 주기 위해서 동영상을 제작하여 유튜브에 올린 것에서 시작되었는데, 플립드 러닝의 우수 사례로 언급되고 있다. 고등학교 수준에서 실시한 플립드 러닝의 선도적 사례는 미국 우들랜드 파크 고등학교 교사인 Jonathan Bergmann과 Aaron Sams이 질병으로 결석한 학생들을 위하여 자신들의 수업을 녹화하고 온라인에 게시하면서 시작된 것으로 알려져 있다. 그들은 전통적 학교교육 형식과 달리 학생들이 집에서 미리 영상 자료를 보고 학교에서는 그 지식을 바탕으로 활동하는 것을 기본으로 수업을 진행하였고, 이는 공교육 혁신 모델로 널리 소개되었다.

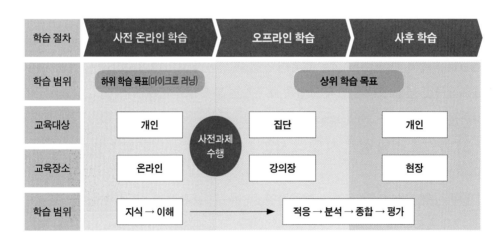

[그림 12-6] 플립드 러닝의 개요도

출처: https://www.kird.re.kr/portal/common/forward/onlineOpen03View Action.do?pageTitle=03&pageSubTitle=0503

　　우리나라에서의 플립드 러닝의 전개는 2010년대부터 시작되었다고 할 수 있다. 2013년 부산 동평중학교와 서명초등학교에서 처음 시범적으로 실시되었으며, KBS에서 2014년부터 플립드 러닝을 학교수업혁신 시리즈로 방송한 후에 교육 관계자 및 학부모의 큰 관심을 불렀고, 이후 공교육 혁신 모델로 전국의 시·도 교육청에 보급되었다. 이은숙과 박양주(2019)가 분석한 플립드 러닝의 연구 동향을 살펴보면 〈표 12-1〉 및 [그림 12-7]과 같다. 플립드 러닝이 국내의 학술지에 논문 형식으로 처음 게재된 것은 2013년이며 이후 급격한 증가를 보이고 있다.

표 12-1 연도별 플립드 러닝 관련 논문 게재 현황(국내)

연도	학습대회 발표	학술 논문	합계
2013	2	1	3
2014	16	24	40
2015	17	69	86
2016	27	129	153
2017	20	165	185
2018	22	191	213
계	104	576	680

출처: 이은숙, 박양주(2019), p. 76.

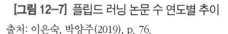

[그림 12-7] 플립드 러닝 논문 수 연도별 추이

출처: 이은숙, 박양주(2019), p. 76.

이렇게 플립드 러닝과 관련한 학술발표회 및 학술지의 논문이 급증한 이유에 대해서 이은숙과 박양주(2019)는 교육적 성과와 학술적 가치가 우수하고 KBS 등 방송매체에서의 보도 영향이 함께 하였기 때문으로 분석하고 있다.

3) 플립드 러닝 설계 시 고려 사항

Bishop과 Verleger(2013)는 성공적인 Flipped Classroom 접근에는 F-L-I-P의 네 가지 요소가 필요하다고 말했다. 교수자는 교육과정의 설계부터 수업 진행, 평가에 이르기까지 F-L-I-P 요소를 항상 염두에 두어야 하는데, 세부 내용은 다음과 같다.

① 유연한 환경(F: Flexible Learning Environment)
교수자는 학습의 시간과 장소를 유연하게 설계해야 한다. 교수자의 역할과 학습자의 역할을 구분하고 학습자의 학습 스타일을 고려하며 특히 학습자의 인터넷 매체 등을 통한 접근성 여부도 세심하게 살펴야 한다.

② 학습 문화(L: Learning Culture)
플립드 러닝에서 학생들은 적극적 학습자로 간주된다. 교수자는 전통적 설명 위주의 수업 대신에 학습자가 주체적으로 참여하는 수업을 촉진하고 학습자와 상호작

용한다. 학습자는 자신의 필요성을 인식하고 스스로 학습 목표를 수립하여 교수자 및 동료와의 상호작용을 통해서 지식을 발견하고 향상해 나간다.

③ 의도된 내용(I: Intentional Content)

플립드 러닝에 참여하는 학습자들은 수업 전에 제공되는 내용뿐만 아니라 학습과정에서 일어나는 활동을 스스로 정의하도록 노력한다. 교수자는 학습자들에게 제공되는 학습 자료의 전략을 제시하고, 학습자의 학습 스타일과 내용에 맞게 사전에 엄격하게 선택하고 정제한다.

④ 전문 교수자(P: Professional Educator)

교수자는 전통적 수업과 다르게 학습자를 지속적으로 관찰하고 피드백을 해 준다. 이 방식을 위해서는 몇 가지 기술이 필요한데, 이는 학습 자료의 제작과 처리 기술, 효과적인 상호작용 기술, 학습자의 비판적 사고를 촉진하기 위한 전략 등이 필요하다.

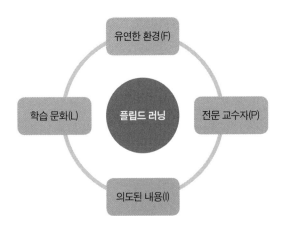

[그림 12-8] 플립드 러닝 설계 시 고려할 4요소

출처: 이동엽(2013), p. 88.

4) 플립드 러닝의 교수-학습 설계

이동엽(2013)은 효과적인 플립드 러닝 모형으로 6단계 학습 모형을 제안하였다.

① 수업 요소 분석

교수자는 플립드 러닝을 활용하기 위하여 학습자의 특성, 수업 목표, 투입되는 콘텐츠, 수업환경 등의 특성을 사전에 분석한다. 학습자를 위한 온라인 학습 정보, 가정에서 수행할 수 있는 인터넷 접속 여부 및 디지털 환경 등을 확인한다. 수업 목표에서는 학습자가 습득하기를 원하는 최종 목표를 수립하고, 이를 미리 학습자와 공유하는 것이 효과적이다. 이러한 요소 분석은 성공적인 플립드 러닝을 위한 전체 과정 중에서 가장 중요한 단계라고 할 수 있다.

② 사전 수업 설계

사전 수업 설계는 플립드 러닝을 위한 전략을 수립하는 단계이다. 수업 내용의 재구성, 선행학습을 위한 학습자의 학습 활동 선정, 학습자에게 질문할 내용, 학습 모듈 등을 확인한다. 선행학습을 위해서 학습자가 온라인에 접근하는 가능성, 학습 수준의 적절성 등을 확인한다. 또한 제공할 보충 자료, 학습자 간의 상호작용, 심화 학습과 Bloom의 교육목표 분류 중에서 고등한 능력을 이끌어 내는 전략들을 수립한다.

③ 수업 개발

수업 개발 단계에서는 수업 요소 분석과 사전 수업 설계를 바탕으로 구체적인 수업 자료를 개발하고, 본시 수업의 단계별 활동 전략을 수립한다. 학습자의 선행학습을 위한 수업 자료와 도구의 개발은 수업에 적합한 사진, 동영상 자료들을 찾고 적절한 분량으로 제작한다. 교실 대면 수업은 학습자의 수준에 따라 다양하게 진행할 수 있는데, 토의 · 토론 수업을 진행하거나 모둠별 수업, 개별 수업 등을 실시할 수 있다.

④ 수업 실행

수업 실행 시 학습자의 적극적이고 참여적인 수업을 격려하는 것이 중요하다. 학습자들이 선행학습을 완료했는지 확인하며, 이를 바탕으로 교수자가 의도한 수업을 전개한다. 교수자와 학습자 간 그리고 학습자와 학습자 간에 서로 가르치거나 질문할 수 있으며, 이러한 상호작용이 활발하게 일어나고 있는지 확인한다. 학습자 간의 모둠을 구성한 경우 해체와 재구성을 반복할 수 있으며, 집단지성을 이끌어 내도록 지원한다. 플립드 러닝의 수업 시간은 전통적인 수업과 비교해서 매우 소란하게 보이거나 학습자의 이동이 많을 수 있는데, 이에 대한 사전 안내와 주의가 필요하다.

⑤ 수업 평가 및 성찰

수업 실행의 과정과 결과를 각각 평가하고, 이를 바탕으로 플립드 러닝 전체에 걸친 교수−학습 내용을 평가하고 성찰한다. 수업 실행 과정의 평가는 교수자가 의도했던 수업 전략과 수업 자료, 도구, 매체 등이 적절하게 사용되었는지 확인한다. 학습자가 수업에 적극적으로 참여하지 않았다면 그 이유는 무엇인지 확인한다. 수업 결과의 평가는 의도한 수업 목표가 적절하게 달성되었는지, 학습자가 지식을 잘 습득했는지, 수업에 대한 개선점은 무엇인지 등을 파악한다. 사용한 디지털 자료에 대해서도 스스로 점검표를 만들어서 확인해 보는 것도 좋은 방법이다.

5) 플립드 러닝의 유형

플립드 러닝의 유형은 주제와 학습자의 특징, 사용하는 교육도구, 플랫폼 등에 따라 다양하게 구성이 가능하다. Thakare(2018)는 대면 활동과 온라인 활동을 중심으로 다음과 같은 여덟 가지로 구분하였다.

① 회전 모델

회전 모델(rotation model)은 가장 일반적인 형식으로 대면 강의와 온라인 강의를 순환하는 것이다. 회전 모델은 블렌디드 러닝의 하위 개념으로 분류할 수도 있다. 학습자는 대면과 온라인의 순환에 노출된다. 대면 상호작용에는 전체 학습자를 대상으로 하는 강의, 소집단 교육 활동, 프로젝트 수업, 개별 토론활동이 포함된다.

② 플렉스 모델

회전 모델에서 교실 대면 수업과 온라인 수업활동이 보통 1~2회 정도 순환하는 것과 비교하여 플렉스 모델(flex model)은 모든 수업을 온라인과 교실 수업의 혼합으로 구성하는 것이 다른 점이다. 플렉스 모델에서는 학습자의 온라인 활동을 지원하기 위하여 소규모의 온라인 활동 지원 공간을 제공하며, 이는 개인지도, 집단 활동에도 사용된다.

③ 강화된 가상 모델

강화된 가상 모델(enriched virtual model)은 학교와 가정에서의 명확한 활동 구분이 있다. 플렉스 모델과 다르게 학생들은 매일 학교에 등교하지는 않는다. 예를 들어, 학생들은 월, 수, 금요일만 학교에 등교할 수도 있다.

④ 표준 반전 교실

표준 반전 교실(standard inverted classroom)은전형적인 뒤집힌 교실의 모형이다. 학습자는 집에서 주로 동영상 강의를 시청하고 학습 자료를 살펴보도록 요청받는다. 학교에서의 수업은 가정에서 학습한 개념을 심화 학습하고 교수자와 일대일 상호작용 혹은 전체 활동의 방법으로 수업을 진행한다.

⑤ 토론 중심의 뒤집힌 교실

토론 중심의 뒤집힌 교실(discussion-oriented flipped classroom)은 가정에서 동영상 시청 등을 통하여 사전 학습을 하고 교실에서는 토론 중심의 수업을 실시한다. 기초학습을 마친 학습자들은 토론 활동에 가치를 더할 수 있다.

⑥ 데모 기반 뒤집힌 교실

수학, 과학, 공학 등의 학습은 콘텐츠를 제공하기 위해서 정확하고 신중한 지침이 필요한 경우가 많다. 데모 기반 뒤집힌 교실(demonstration-based flipped classroom)에서 학생들은 녹화 도구를 사용하여 부과된 과제를 교육용 비디오 등으로 만들기도 하며, 실험실의 실험처럼 정확한 결과를 도출하는 것을 요구받기도 한다. 완전한 개념의 이해가 중요하며, 개인지도 학습을 병행하는 경우가 많다.

⑦ 그룹 기반 뒤집힌 교실

그룹 기반 뒤집힌 교실(group-based flipped classroom)은 대면 수업의 그룹 활동에 중점을 둔다. 학습자는 가정에서 제공된 자료를 이용하여 학습한 후에 교실에서 동료들과 함께 협동하여 학습하고 과제를 해결한다.

⑧ 역할 반전 모델

역할 반전 모델(role-reversal)은 학습자와 교수자의 역할을 반대로 하는 것이다. 학습자들은 새로운 기술을 숙달하여 동영상을 녹화하고 발표하기도 한다. 학습자들은 교수자의 입장에서 어떤 일이나 주제가 수행되는지 개념을 설명하고 가르치는 행위를 강화한다.

6) 플립드 러닝의 장점과 단점

(1) 플립드 러닝의 장점

① 학습자의 참여도 증가

가정에서 학습 자료를 미리 확인하고 대면 수업에서 더욱 적극적으로 참여도가 향상되고 학습자 상호 간의 의사소통이 향상된다.

② 교수자의 관리 지원 개선

교수자는 학습자들의 상황을 모니터링할 수 있고, 시간을 더 효율적으로 관리할 수 있다.

③ 학습자와 교수자의 상호작용 향상

학습자는 가정에서 학습한 내용에 대해서 개별적으로 피드백을 받을 수 있고, 소극적인 학습자도 온라인으로 교수자에게 쉽게 질문할 기회가 많아진다.

④ 학습 효과의 향상

학습자는 수업 중에 활발한 토론을 실시하게 되고, 동료와의 상호작용과 협력을 통하여 더 높은 교육 성과를 창출하는 것이 가능하다. 많은 사례 보고에 따르면, 학습자의 학습 결과 향상을 지지하는 경우가 많다.

(2) 플립드 러닝의 단점

① 학습자의 접근성 제한

사전 학습은 대부분은 온라인 활동에 의존하기 때문에 인터넷 환경이 열악하거나 단말기 등의 차이로 인하여 접근이 어려운 경우가 있고, 결과적으로 디지털 격차가 발생한다.

② 교수자의 업무 과중

정교한 플립드 러닝을 설계하고 학습 자료를 사전에 제공하며 피드백하는 것은 간단한 일이 아니며, 교수자에게 과도한 부담을 준다. 이론과 달리 교수자는 플립드 러닝을 실제로 실시하지 않는 사례가 많다.

③ 미참여 학습자의 대책 부재

많은 학습자들은 가정에서 미리 부과된 학습 자료를 학습하지 않고 수업에 임할 수 있다. 이때 교수자와의 갈등 혹은 동료 학습자와의 갈등을 일으키고, 동료들에게 방해가 되며, 원활한 수업이 이루어지기 힘들게 된다. 플립드 러닝이 고등 정신 기능을 향상한다는 증거를 발견하기도 쉽지 않다.

7) 플립드 러닝에서 교수자와 학습자의 역할

① 교수자의 역할

플립드 러닝을 설계하는 교수자는 사전에 정선된 학습 내용을 학습자에게 선행학습으로 제시하는 것이 필요하다. 지식을 전달하는 대신에 학습자 스스로 쉽게 이해하도록 내용을 구성해서 전달해야 한다. 질문에 기반한 학습 조건을 만드는 것이 권장되고, 각 학습자를 위한 개별화 학습이 이루어지도록 유의한다. 학습 조건에 적합한 인터넷 기술 장비를 활용할 필요가 있으며, 교육전략을 사용하여 피드백을 제공한다.

② 학습자의 역할

학습자는 자신에게 부과된 학습을 책임 있게 수행하는 것이 필요하다. 영상 시청 등을 통하여 부과된 과제를 완료하고 본 수업에 대비한다. 자신의 학습 속도를 스스로 조절할 줄 알고, 교수자 및 동료들과 적극적으로 상호작용하는 마음을 갖는다. 수업 종료 후에도 인터넷 등을 통하여 교수자에게 질문이 가능하고 온라인 활동 자료 등을 누적하여 보관하며 추후 포트폴리오 자료 등으로 활용하면 도움이 된다.

8) 플립드 러닝의 유의 사항

플립드 러닝에서 학습자는 사전 과제를 수행하고 본시 학습에서 자신의 속도에 맞춰 이전 지식과 비교·대조하고, 새로운 이해를 구축하며, 비판적 사고 또는 문제 해결 질문을 공식화하고 답하여 수업에 적극적으로 참여하는 것이 중요하다. 학습자들은 이 작업을 개별적으로 그리고 동료들과 공동으로 수행하며 학습 효과를 제고한다. 그러나 이러한 새로운 수업 방식의 진행을 위해서 교수자는 더 정교한 교수–학습 전략을 수립해야 하고, 준비할 내용이 증가하게 된다. 또한 이러한 새로운 방식으로 수업을 전개해도 모든 수준의 학습자가 호응하는 것은 아니며, 학습자가 사전 학습을 충실히 수행하지 않는 경우 오히려 흥미를 잃고 더 혼란을 일으키는 위험성도 있다.

우선 교수자는 전통적 강의 위주의 수업과 달리 다양한 학습 방법을 전개하는 데 부담이 크게 된다. 학습 활동의 구상, 질문 자료의 준비, 효과적인 동영상의 제작, 상황별 대응책을 수립하는 데 많은 시간과 노력이 요구된다. 이러한 결과 실제 교육 현장에서 잘 실천되지 않는 경우가 많은데, Trach(2020)의 조사에 따르면 미국의 고등학교에서 플립드 러닝은 수준별 수업, 혼합 수업, 개별화 수업보다 더 낮은 순위에서 적용되었다. 일부 학습자가 사전 과제를 충실히 하지 않거나 오개념을 갖고 있는 상태에서는 본시 수업에서 활발하고 깊이 있는 토론과 심화 학습이 이루어지기 쉽지 않으며, 학습자 간의 갈등을 유발하는 경우도 있어서 유의해야 한다(박제원, 2020).

3. 마이크로 러닝

1) 마이크로 러닝의 개념

국가평생교육진흥원(2021)에 따르면 마이크로 러닝(micro learning)이란 작은 단위로 한 번에 학습이 가능한 양을 담은 마이크로 콘텐츠를 활용한 학습 활동을 의미한다. 마이크로 러닝의 핵심은 무조건 짧게 분절하는 형태의 콘텐츠 제작이 아니라, 학습 목표를 달성하기 위하여 예를 들면 5분 내외의 짧은 동영상, 3~5쪽으로 정리된 문서, 최소한의 인포그래픽 등의 소단위로 학습내용을 의미 있게 연결하는 것이 중요하다. 이러한 특징은 기존의 전통적 학습 방법이나 이러닝과 비교할 때 급변하는 현대사회의 평생학습 패러다임에 적합한 학습 방법이라고 할 수 있다.

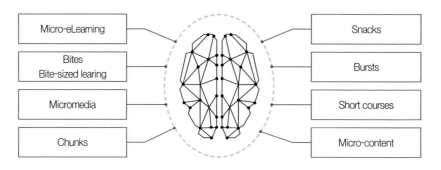

[그림 12-9] 마이크로 러닝의 콘텐츠 구성

출처: 정효정 외(2021), p. 1.

소효정과 이혜란(2017)은 마이크로 러닝이란 시간 및 내용적으로 짧은 단위의 마이크로 러닝 콘텐츠를 이용하여 학습자가 시간과 장소에 구애받지 않고 언제, 어디서나 학습하는 형태라고 정의하였다. Jomah, Masoud, Kishore와 Aurelia(2016)는 마이크로 러닝이란 평생학습, 직장 기반 학습 등의 필요에 따른 학습자 중심의 새로운 학습 방법으로 작은 단위의 학습 콘텐츠를 활용하는 이러닝의 한 형태라고 정의했다. 강다미(2019)는 마이크로 러닝은 동영상, 퀴즈 등의 학습 콘텐츠를 이용하여 학습자의 흥미를 유발하고 아주 작은 개념을 중심으로 좁은 주제에서 짧은 단위의 시간이 투입되는 학습 형태라고 정의했다. 이가영(2019)은 마이크로 러닝은 학습자가 한 번에 소화 가능한 분량의 학습 내용을 담고 있으며 비교적 짧은 시간이 소요되는 학습 형태라고 정의하고, 학습 소요 시간이 짧기 때문에 시간과 장소에 구애받지 않고 수시로 접속하여 학습하는 것이 가능하다고 하였다.

마이크로 러닝은 사용자 중심의 Web 2.0 환경과 모바일 학습 기기의 발달로 학습에 효과적인 멀티미디어 자료를 작은 단위로 쉽게 제공하여 학습자가 필요한 정보를 언제, 어디서나 쉽게 구할 수 있게 지원한다. 또한 마이크로 러닝은 전통적으로 구분되었던 일터와 학습의 장을 통합하고자 하며, 바쁜 현대인들에게 적합한 형태의 학습으로 각광받고 있다. 그러나 이러한 장점에도 불구하고 Neelen(2017)과 같은 연구자는 마이크로 러닝은 그 정체성이 모호하며 현대사회의 지식근로자의 증가에 편승한 유행 및 과장의 측면이 크다고 지적하고 있다.

2) 마이크로 러닝의 발전

마이크로 러닝의 역사는 일반적으로 상상하는 것보다 훨씬 더 길다고 할 수 있다. 문자나 영상이 활용되기 이전의 원시인들은 불을 피우는 방법, 열매를 채취하는 방법들에 대해서 가장 간단하고 짧은 방법으로 전달하였음을 쉽게 유추할 수 있다. 현대에 이르러서 마이크로 러닝이 보급된 가장 결정적 계기는 인터넷과 스마트폰의 탄생이라고 할 수 있다. 최초의 스마트폰은 IBM에서 1994년에 출시되었으며, 더 진화된 첫 번째 iPhone은 2007년에 출시되었다. 스마트폰에 내장된 다양한 교육용 앱들은 전통적 교실뿐만 아니라 기차역 등에서 3~5분간의 짧은 시간에도 수준 높은 학습을 가능하게 해 주었고, 이는 마이크로 러닝 발전의 가장 결정적 역할을 하였다.

국가평생교육진흥원(2021)의 분석에 따르면, 마이크로 러닝의 확산 배경은 다음과 같은 측면에 기인한다. 첫째, 현대 사회에서 학습자가 학습에 집중 가능한 시간이 점점 짧아지고 있다. 둘째, 최근의 학습자는 한 강좌를 전체적으로 혹은 순차적으로 학습하지 않고 스스로의 요구에 따라 능동적으로 탐색하고 구성하는 경향이 크다. 셋째, 학습자가 학습에 투자하는 시간이 매우 부족하다. 특히 평생학습자들은 본업을 가지고 있으면서 학습에 임하는 경우가 많아서 시간 부족의 특징이 크다고 할 수 있다.

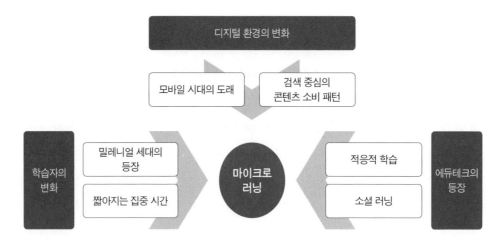

[그림 12-10] 마이크로 러닝의 등장 배경

출처: 정효정 외(2021), p. 21.

　마이크로 러닝에 적합한 학습시간에서 10분 혹은 20분 등으로 절대적 기준을 정하는 것은 쉽지 않다. 중요한 점은 학습자가 한 번에 습득이 가능한 콘텐츠를 구성하는 것이며, 이러한 콘텐츠의 학습 결과가 교수자가 의도한 교육목표 달성에 연계되도록 하는 것이다. 현재 마이크로 러닝은 정보통신기술의 발전과 함께 더욱 급속히 발전하고 있다. 교수자와 학습자들은 인터넷과 스마트폰의 영향으로 다양하고 대용량의 데이터를 획득하고 가공하는 것이 가능하게 되었다. 더 많은 영상 자료, 게임, 동영상 제작 도구들은 마이크로 러닝을 활성화하고 향후 전통적 학습의 패러다임을 바꿀 것으로 예상되고 있다.

3) 마이크로 러닝의 특성

　한태인(2020)은 마이크로 러닝의 특성을 학습 내용, 학습 접근성, 모바일 접근성, 동기부여, 상호작용의 다섯 가지 측면으로 구분하였다. 마이크로 러닝의 핵심적인 특징이 멀티미디어 콘텐츠를 쉽게 전달할 수 있는 내용적 면과 언제나 쉽게 접근할 수 있는 시간적 면임을 고려할 때 다음의 맥락에서 그 특성을 살펴볼 수 있다.

① 효율성
학습 내용을 웹, 모바일 등을 사용하여 효과적으로 전달할 수 있다. 마이크로 러닝에서 가장 중요한 것은 학습 콘텐츠라고 할 수 있다. 콘텐츠는 대체로 작은 단위의 동영상을 중심으로 하지만, 오디오, 비디오, 그래픽 자료, 텍스트, 퀴즈 등 다양한 학습 자료를 포함하고 있다. 마이크로 러닝 콘텐츠의 특징은 〈표 12-2〉와 같다.

표 12-2 마이크로 러닝 콘텐츠의 특징

항목	주요 특징
시간	상대적으로 짧은 노력과 운영 비용, 측정 가능한 짧은 시간 등
콘텐츠	작거나 매우 작은 단위, 구체적인 주제 등
교육과정	커리큘럼 설정의 일부, 모듈의 일부, 비공식 학습 요소 등
형태	분절되고 세분화된 형태, 에피소드, 지식의 덩어리, 기술 요소 등
과정	개별적, 상황적 또는 통합적 활동, 반복적 방법, 주의 관리 등
매체성	면대면, 모노미디어 vs. 멀티미디어, 상매개, 정보 대상 또는 학습 대상, 상징적 가치, 문화자본 등에 의한 매체 상황 및 매개 효과
학습유형	반복학습, 행동주의적 학습, 자기주도적 학습, 실용주의적 학습, 개념주의적 학습, 구성주의적 학습, 연결주의적 학습 등

출처: Hug (2005), pp. 6-8.

② 학습 접근성

학습자는 스마트폰, 패드 등 모바일 기기를 활용하여 언제 어디서나 쉽게 희망하는 콘텐츠에 접근할 수 있으며, 반복 학습이 가능하다. 마이크로 콘텐츠는 대체로 작은 단위의 양으로 제공되기 때문에 학습자가 학습 내용을 소화하기에 적합하다. Swller(1988)에 따르면, 인지부하(cognitive load)란 인간이 정보처리 혹은 학습 과정에서 적절히 해결 가능한 인지적 요구량을 의미하는데, 과도하면 학습 경험을 방해하고, 작은 단위의 적절한 양은 성공적인 학습을 지원한다(한태인, 2020).

③ 유연성

학습자는 시간과 공간의 제약을 받지 않고, 자기 주도적 학습으로 유연성을 발휘할 수 있다. 즉, 전통적인 학습에서 학습자는 구조화된 학습 과정을 따르는 것이 일반적이었지만, 마이크로 러닝에서는 학습자가 잘하는 과목이나 이미 숙달된 과목이라면 자신의 속도로 조절하는 것이 가능하다. 모바일 디바이스는 언제 어디서나 접속이 가능하며, 학습의 속도를 자유롭게 조절하는 것을 지원하고, 발전된 플랫폼은 학습 시간과 내용을 보관하고, 자동 채점 및 피드백을 즉시 수행한다.

④ 개별화 교육

마이크로 러닝은 LMS 환경에서 강력한 개별화 교육을 지원한다. 특히 최근에는 인공지능을 활용하여 다수의 학습자를 대상으로 하는 교육에서도 개인별로 과제를 부여하고 학습 진도를 확인할 수 있다. 이러한 개별 교육은 학습자의 학습에 대한 흥미를 높이고 학업 성취도를 높여 준다.

⑤ 상호작용

한태인(2020)은 교수−학습에서 상호작용이란 학습을 촉진하기 위한 학습자의 자발적 참여와 인지 작용을 의미하는데, 쌍방향 의사소통, 피드백, 동시성 등을 구성요소로 한다고 하였다. 단순한 동영상의 시청에서는 상호작용이 일어나기 쉽지 않으며, 그런 경우에 콘텐츠 설계자는 댓글, 퀴즈, 게시판 기능 등을 활용한다. 다수 참여자에 의한 활발한 의사소통은 학습자의 몰입을 높이고 긍정적 경험과 학습효과를 제고한다.

4) 효과적인 마이크로 러닝 콘텐츠 개발 전략

① 단일 학습 목표 강조

모든 내용은 학습 목표에 의해서 뒷받침되어야 한다. 성인 학습자는 왜 이러한 학습을 해야 하는지 이해할 때 더욱 학습에 집중하게 된다. 예를 들면, 특정한 기술을 습득하고 제품을 서비스하는 목적을 위한 성과 기반 목표로 학습 과정을 설계하는 것이 도움이 된다. 과정에 중복이 없도록 하고, 학습자에게 인지 과부하를 일으키지 않도록 유의한다.

② 기존 콘텐츠의 활용

마이크로 러닝 과정의 콘텐츠는 종종 기존 강의실 교육 콘텐츠 또는 긴 이러닝 과정에서 얻을 수 있다. 기존 교육과정의 자료가 있는 경우 완전히 새로운 과정을 만드는 것보다 작업량을 줄일 수 있다. PPT, 비디오, PDF, 매뉴얼 및 평가 질문과 같은 기존 교육 콘텐츠를 마이크로 러닝 콘텐츠 개발에 활용하거나 업데이트하여서 과정 개발에 필요한 시간과 비용을 절감하거나 재구조가 가능하다.

③ 최소한의 사용자 경험 제공

학습자들이 작은 크기의 정보를 선호하는 이유는 이해하기가 쉽고, 특정 크기의 정보에 집중하기 유리하기 때문이다. 마이크로 러닝 과정이 불필요한 시각적 요소와 중복된 콘텐츠로 가득 차 있는 것은 마이크로 러닝의 기본 개념에 어긋난다. 그러한 경우 학습자의 주의가 산만해지고 핵심 콘텐츠에 집중하기 어렵기 때문이다. 마이크로 러닝의 목표는 학습자에게 신속하게 최소 단위의 학습을 누적하여 지원하는 것이다. 학습 목표를 명확하게 하고 가급적 알기 쉬운 그래픽과 시각적 자료 등을 적극 활용한다.

④ 스토리 텔링 활용

마이크로 러닝 콘텐츠 개발은 학습자를 참여시키고 즉각적인 적용을 위해 학습에 참여시키는 데 중점을 둔다. 이러닝의 스토리 텔링은 효과적인 전략이며, 마이크로 러닝에 스토리 텔링을 사용하면 효율성을 크게 향상할 수 있다.

⑤ 모바일 우선 접근 방식

현재 많은 평생교육 강좌와 연수 과정들이 기존의 오프라인 참여 방식에서 웹상으로, 모바일 환경으로 계속하여 바뀌고 있는 추세이다. 모바일 환경이 지원되지 않는 경우 대체로 참가자의 참가율도 저조하다. 최근 전세계의 코로나19 위기로 인해 이러한 경향은 더욱 가속화되고 있다. 스마트폰 및 태블릿 등을 활용하는 모바일 접근 방식은 마이크로 러닝에서 가장 중요한 고려 사항이다. 콘텐츠의 개발, 앱을 포함한 설루션의 활용, 접근성 지원은 마이크로 러닝에 참여하는 학습자에게 영향력을 미치고 있다.

5) 마이크로 러닝 강좌의 활용 전략

짧고 분절된 형태의 'Byte-Sized(한 입 크기)' 학습 콘텐츠는 학습자에게 접근에 대한 적시성, 유연성, 효율적인 시간 운용 등을 제공하는 것이 장점이다. 국가평생교육진흥원(2020)은 마이크로 러닝 콘텐츠 활용 전략으로 사전학습, 러닝 부스트, 짧은 형식의 강의, 성과 지원의 네 가지 방식을 권장하고 있다.

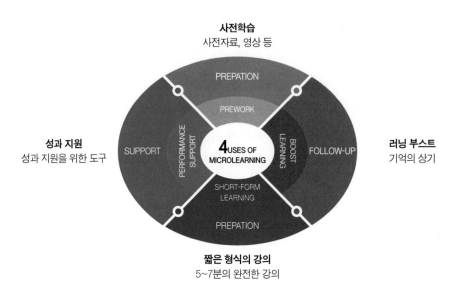

[그림 12-11] 마이크로 러닝 콘텐츠의 활용 전략

출처: 정효정 외(2021), p. 25.

① 사전학습

학습자는 희망하는 시간에 짧은 동영상 콘텐츠를 활용하여 자기 주도적으로 사전학습을 실시하는 것이 용이하다. 마이크로 러닝은 짧고 구체적인 학습 목표에 집중하기 때문에 본시 학습에 앞서서 스마트폰이나 태블릿 등을 이용하여 작은 단위의 학습 자료를 사전에 학습하여 사전 지식을 획득하고 흥미와 집중력을 높일 수 있다.

② 러닝 부스트

마이크로 러닝 콘텐츠는 학습자가 학습한 내용을 오래 기억하도록 지원하는 [그림 12-11]과 같은 '러닝 부스트(learning boost)' 기능을 제공한다. 콘텐츠를 의미있게 분절한 작은 단위(small sized unit), 짧은(short-term) 학습 콘텐츠의 지속적 제공은 학습자가 학습한 내용을 더 오래 기억하도록 도울 수 있다.

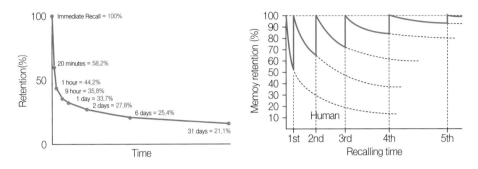

[그림 12-12] Ebbinghaus의 망각곡선과 주기적인 복습

출처: https://www.valamis.com/hub/microlearning

③ 짧은 형식의 강의

마이크로 러닝은 독립적인 형태로 운영이 가능하다. 교수자가 기존의 전통적 학습, 긴 시간을 요구하는 큰 단위 학습을 마이크로 러닝 형식으로 제공하기 위해서는 디지털 환경, 콘텐츠의 변환 가능성, 분절 방법, 주제 검색 방법 등을 고려하는 것이 필요하다. 예를 들어, 심폐소생술과 응급처치를 작은 소단위로 연결하여 제공하거나, 긴 영어회화를 상황별로 쪼개서 제시하는 방안 등이다. 집중 시간이 짧은 학습자, 시간이 바쁜 성인 학습자들은 스마트폰, 패드, 기타 디지털 디바이스를 활용하여 짧은 형식의 학습으로 높은 효율성을 얻을 수 있다.

[그림 12-13] 마이크로 러닝을 지원하는 대표적인 기업들

출처: 고려대학교 HRD정책연구소(2020), p. 5.

④ 성과지원 도구

마이크로 러닝의 성과지원은 다음의 두 가지 방법으로 유용하다. 첫째, 오프라인 교육과 연계하여 더 높은 학습 성과를 도출하는 것이다. 2020년 이후 코로나19의 영향으로 비대면 원격 교육이 활성화되고 온라인 교육과 오프라인 교육이 결합되는 것은 돌이키기 어려운 대세가 되었다. 둘째, 직업현장의 평생학습자들에게 필요한 내용을 신속하게 제공하여 문제 해결을 돕는 것이다. 현업 종사자들에게 업무 개선을 위해서 큰 단위의 교육과정이 제공되기도 하지만, 그들에게 정식교육을 위한 고정된 많은 시간이 주어지지 않는 것이 대부분의 현실이다. 이때 짧은 단위의 마이크로 러닝은 신속한 접근, 문제해결과 성과 창출에 도움이 된다. 짧은 동영상, 모바일 앱, 애니메이션, 인포그래픽 등을 활용할 수 있다.

토론 문제

1. 코로나19 이후, 교육 현장에서 급속히 활성화된 온라인 교육, 비대면 교육의 확대와 비대면 교육 시 바람직한 학습자 평가 방법에 대해서 토론해 보자.

2. 자신이 평생교육 수업 현장에서 실시한 플립드 러닝의 사례를 제시하고 수업 흥미도가 낮거나 사전 과제를 수행하지 않고 수업에 임하는 학습자가 어떻게 동료 간 갈등을 일으키며 이 경우 어떤 방법으로 참여도를 높일 것인지 토론해 보자.

제4부

평생교육방법의
실제와 평가

제13장

평생교육방법과
매체 선정

아이들을 가르친다는 것은 어떠한 것인가.
그것은 백지에 무엇을 그리는 것과 같은 것이다.
노인에게 가르친다는 것은 어떠한 것과 같은 것일까.
이미 많이 쓰인 종이에서 여백을 찾아 써넣으려고 하는 것과 같은 것이다.

- 탈무드 -

1. 평생교육 매체의 개념과 특성, 교수매체 선정 기준과 활용 의의를 알 수 있다.
2. ICT 활용 평생교육방법과 평생교육 자료 개발 매체 선택에 대해 알 수 있다.
3. 장애인 평생교육의 참여 목적과 매체 활용에 대해 알 수 있다.

평생교육은 학습자의 분포, 다양성, 삶의 경험의 이질성, 학습 목표의 분지성 등으로 인하여 학습 참여자에게 동기 부여, 흥미 유발, 요구 부응을 함에 있어 어려움이 있다. 따라서 평생교육 참여자의 학습 동기 강화, 능동적 참여를 유도하기 위해 다양하고 시대의 변화에 발맞춘 교육 매체의 활용에 대한 연구가 필수적이다.

교수 매체는 학습을 함에 있어서 내용을 구체화하거나 보충하여 학습자가 학습 내용을 명확하게 이해할 수 있도록 도와주기 위해 사용되는 모든 기계나 자료이며, 보조자료의 의미를 넘어 교수–학습 과정에서 교수자와 학습자 사이의 목표 달성을 위하여 사용되는 모든 수단을 뜻한다. 교수 매체는 원래 교사의 수업 보조 자료로서의 역할을 주로 담당하였으나, 급속한 과학기술의 발달로 오늘날에는 학습자를 위한 수업의 보조 도구로서의 역할도 이행함으로써 그 기능이 확대되었다.

따라서 교수자 자신이 매체성을 가지고 있다는 생각을 갖고 학습 분위기를 부드럽고 온화하게 조성하여 학습자의 집중도를 높이기 위해 시각과 청각을 조화롭게 활용할 수 있는 매체 선정이 중요하다.

1. 교수 매체의 개념과 특성

1) 교수 매체의 개념

매체는 의사소통에서 송신자와 수신자를 연결하는 매개체이며, 이러한 매체가 교수–학습 과정에 사용되면 '교수 매체'이다. 그리고 교수 매체는 효과적으로 교육목표에 도달하도록 하기 위해 학습자와 학습자 또는 교수자와 학습자 간의 소통을 돕는 매개 수단이다. 그동안에 언급했던 교수 매체는 주로 언어나 시청각 정보를 효과적으로 전달할 수 있는 시청각 기자재(audiovisual equipment)나 시청각교재(audiovisual materials)였다. 그러나 과학기술의 발전과 함께 컴퓨터, 스마트 기기 및 멀티미디어 등이 주요한 교수 매체가 되었다. 최근에는 교수공학에 대한 개념의 확대로 인하여 교수 매체에 대한 인식의 폭도 넓어졌다. 즉, 교수–학습 과정에서 사용하는 모든 형태의 수단을 의미하며, 교수 내용, 교수자 및 인적 자원, 학습 환경과 학습 시설도 포함한다. 그에 따라 교수 매체의 개념에는 수업 목표 달성을 위한 자원 및 방법론이 포함된다(이해주 외, 2021).

2) 교수 매체의 특성과 사용의 장점

권이종 등(2002)은 교수 매체의 특성을 수업적 특성과 기능적 특성으로 나누었다. 수업적 특성으로는, 첫째, 매체가 교수 활동 과정에서 교수자의 대리자 역할을 한다는 점, 둘째, 매체는 수업의 보조물이고 교수자의 교수 활동을 돕는다는 점을 들었다.

기능적 특성으로는 고정성, 조작성, 확충성의 측면에서 그 특성을 살폈다. 고정성의 특성은 어떤 상황이나 사물을 포착하여 보존하고 재구성한다는 점, 조작성의 특성은 어떤 상황이나 사물을 다양한 방법으로 변형시킨다는 점, 확충성의 특성은 공간적 확대로 유사 경험을 다수에게 제공하는 성질을 그 특성으로 들었다.

평생교육에서 학습 목표에 도달하기 위해 적절한 교수 매체를 사용하게 되면 다음과 같은 장점을 가질 수 있다. 수업 기능을 강화할 수 있고, 직접 학습 및 즉시 학습이 가능하며, 수업 시간을 효과적으로 사용할 수 있다. 홍미롭고 풍부한 학습 경험이 가능하고 교수-학습 과정을 재미있게 할 수 있으며, 상호작용을 통한 학습이 활발하게 일어나게 할 수 있다. 학습의 질을 높이며 학습자가 학습에 대하여 긍정적인 태도를 보이게 한다.

2. 평생교육에서 교수 매체 활용의 의의

평생교육에서 교수 매체를 활용함으로써 다음과 같은 의의가 있다(Kemp & Smellie, 1989).

첫째, 매체 활용으로 인하여 교수 활동을 표준화함으로써 교수자의 개인차로 인한 수업의 차이를 줄일 수 있다.

둘째, Brunner에 따르면, 직접적 경험이나 영상을 통한 교수 매체가 언어와 같은 상징물보다 의미가 정확하게 전달되고 이해하기 쉬우므로 교수-학습의 효과성이 증진될 수 있다.

셋째, 교수 매체는 다양한 감각기관을 자극하며 구체적이고 다양한 형태의 정보를 단시간에 제시할 수 있으므로 교수-학습의 효율성을 증진할 수 있다.

넷째, 교수 매체는 구체적인 경험을 제공할 수 있어서 생활 경험이 확장되고 문제의식이 명료화되며 홍미와 관심 등 동기를 유발하고 참여를 유도하는 데 효과적이다.

다섯째, 수업내용이 비디오나 오디오로 제공된다면 학습자는 자신이 원하는 장소와 시간에 학습함으로써 학습자 중심의 학습이 가능하게 된다.

여섯째, 교수 매체가 교수자를 대신해서 학습 내용을 전달할 수 있어서 교수자는 수업 밖의 중요한 부분에 관심과 시간을 할애하여 교육적 효과를 높일 수 있다.

3. 평생교육 교수 매체 선정 기준

차갑부(1997)는 교수 매체를 선정하기 위해 학습 목표, 학습자 특성, 학습 환경 및 상황 요인 등 세 가지 기준으로 접근하였다.

1) 학습 목표 요인

교수 매체 선정 시에는 학습 목표에 적합한 매체를 선택해야 하며, 학습 영역이나 수준도 고려해야 한다. 인지적 영역의 가장 낮은 수준인 '지식 및 이해력'과 정의적 영역의 가장 낮은 수준인 '수용'에서는 학습자가 정보나 가치를 습득하게 하는 것이 학습 목표이며, 교수자 중심의 강의법이나 학습자와 상호작용이 필요 없는 방법이 효과적이다. 인지적 영역의 중간 단계인 '적용력 · 분석력'의 수준, 정의적 영역의 중간 단계인 '반응의 가치화' 수준에서는 학습자들의 적극적 수업 참여와 상호작용을 유도하는 것이 효과적이며, 가장 높은 수준의 인지적 · 정의적 영역에서는 '종합력 · 평가력 · 조직력' 등을 기르고 '가치의 내재화'를 추구하기 위해 프로젝트 수행 등의 방법이 효과적이다.

2) 학습자 특성 요인

교수 매체 선정 시에는 반드시 학습자의 특성이 고려되어야 한다. 초보 수준의 학습자에게는 구체적인 자료와 함께 교수자 중심의 교수 기법이 고려되어야 하며, 고급 수준의 학습자에게는 추상적 자료와 학습자 중심의 기법이 적절하다.

학습자가 장애 등 특수한 신체적 특성이 있다면 특수한 교수 매체 및 교수 자료를 개발하여 사용하여야 효과적이다.

3) 학습 환경과 상황 요인

교수 매체 선정 시에는 학습 집단의 규모, 시설, 자원, 수업 시간, 교수자의 성향이나 전문 지식 등 수업과 관련된 상황적 특성이 고려되어야 한다. 특히 집단의 규모는 교육방법을 선정하는 데 직접적인 영향을 미친다. 교수자는 학습 환경을 쾌적하게 조성하기 위해 노력해야 하며, 새로운 교수 매체나 수업 자료의 사용에 숙달되어 있어야 한다. 그러기 위해서는 수업 시간이나 교실의 형태, 기자재 및 학습 시설을 수업 전에 미리 점검할 필요가 있다.

Reiser와 Gagne(1983)는 Selecting Media for Instruction에서 다음의 세 가지 요소를 제시하였다(최동근 외, 1997에서 재인용).

첫째, 학습자, 학습 목표, 수업 활동, 수업 상황이다. 상황에 가장 적합한 매체 선정과 활용을 통해 교육적 성과를 창출해야 한다는 의미가 있다.

둘째, 매체의 물리적 속성이다. 인쇄 매체는 읽기 능력이 있는 학습자에게 적합하고, 시각 매체는 사물 확인이나 공간 관계 파악, 운동 지도 등에 적합하며, 소리의 재생이 필요하다면 청각 매체를 선정해야 한다. 매체마다 다른 특성이 있어서 매체를 선정할 때는 교육내용과 학습 상황에 적절한 물리적 속성을 고려해야 한다.

셋째, 실용성이다. 실용성은 매체를 구매하거나 제작하는 데 드는 비용과 실용적인 요인을 매체 선정 과정에서 고려해야 함을 의미한다.

4. 평생교육 교수 매체의 분류 및 특성

권이종 등(2002)은 교수 매체를 크게 비투시(non-projected media) 매체와 투시(projected media) 매체, 멀티미디어(multimedia)의 세 가지로 분류하였다.

1) 비투시 매체

- 실물, 모형, 표본: 학습자에게 직접적인 경험에 가까운 기회를 제공한다.
- 교과서: 높은 이용도를 지녔으며 가격이 저렴하고, 메시지 전달이 명확하다.
- 그래프: 선, 단어, 기호 등을 통해 정보를 효과적으로 제시한다.
- 도표: 정보를 간략하게 요약하여 제시한다.

- 사진: 사실성과 상징성이 높으며, 시각적 경험을 장기간 유지한다.
- 괘도: 학습 내용을 연속적으로 제시함으로써 학습자의 이해를 촉진한다.
- 융판(자석 칠판, 오선 칠판): 비용이 효과적이며, 사용이 쉽고 주의집중 효과가 높다.

2) 투시 매체

- 컴퓨터: 컴퓨터 보조 수업(CAI)의 보충 및 심화 자료와 상호작용을 가능하게 하는 매체이며, 이러닝의 매체가 된다.
- 슬라이드: 학습 주제나 대상에 대해 생동감 있는 모습을 제공함으로써 견학이나 답사와 유사한 경험을 제공한다.
- 필름 스트립: 연결된 사진을 통해 연속적인 학습 내용을 제시한다.
- OHP: 학습 내용을 요약하여 전달하기 쉽다.
- 투시화(TP): OHP의 투영판 위의 자료를 화면에 투영하여 활용하는 아세테이트 자료를 통칭한다.
- 영화: 시청각적 재생으로 학습 효과가 높다.
- VTR: 녹화와 재생의 기능을 갖추고 있어서 영상과 음성의 반복이나 복사가 용이하다.

3) 멀티미디어

- 교육 텔레비전: 다양한 주제의 프로그램을 반영하며, 단편적인 분야별 학습도 포함한다.
- 컴퓨터 보조 수업: 멀티미디어 사용이 포함되며, IT 기술의 발달로 사용 영역과 효과성이 증대되고 있다.
- 컴퓨터 기반 교육: 개인용 컴퓨터와 다양한 소프트웨어를 활용하여 학습 성과를 높인다.
- 인터넷: 사용자들의 컴퓨터가 광 통신망으로 연결되어 다양한 정보에 접근하고 활용하며 상호 교류가 가능한 통신망을 지칭한다.

5. 평생교육 교수 매체의 유형과 활용

교수 매체의 유형을 상징체계에 따라 분류하면(〈표 13-1〉 참조), 인쇄 매체, 시각 매체, 청각 매체, 시청각 매체, 상호작용 매체로 구분할 수 있다.

표 13-1 매체의 유형 및 특징

분류	정의	종류	특징
인쇄 매체		서적, 신문, 잡지	가독성 및 보존성을 지님. 반복학습이 가능하고, 시간, 장소에 구애받지 않음
시각 매체	비투시 매체	실물, 모형, 사진, 차트, 포스터, 그래프, 만화	광학적/전기적 투사방법을 사용하지 않음
	투시 매체	슬라이드, 실물화상기, OHP,	광학적/전기적 투사방법을 사용함
청각 매체		라디오, 오디오, 녹음기, MP3	청각적인 정보를 전달함
시청각 매체		VTR, 영화, 텔레비전, DVD, PMP	시각적·청각적 정보를 동시에 활용함
상호작용매체		CAI, 멀티미디어, 상호작용 비디오, 쌍방향 TV	컴퓨터가 기본으로 학습자와 상호작용이 가능함

출처: 이해주 외(2021), p. 223.

교수 매체의 활용이 교육적 의미를 갖기 위해서는 원칙과 준거에 따라 계획적으로 사용되어야 하며, 이러한 맥락에서 17세기에 시청각교육을 처음으로 주장하였던 Commenius는 시청각교육을 위한 세 가지 교수 원리를 다음과 같이 제시하였다(이성호, 1999).

- 교과서는 쉬운 내용을 시작으로 하여 어려운 내용까지 단계적으로 구성해야 하며, 직관적인 회화 자료와 함께 가르쳐야 한다.
- 교육내용은 구체적인 시각적 자료를 먼저 제시한 후 구두 제시를 시도해야 한다.
- 교수 과정에서는 언어로 설명하기 전 먼저 실물을 활용하여 접근을 시도해야 한다.

Commenius의 주장은 Rousseau와 Pestalozzi에게 영향을 미쳤으며, 언어에만 의존하기보다 실제적 경험을 통해서 가르쳐야 한다는 교육사상을 발전시켰다. 그리고 이러한 흐름은 20세기 중반 Dale의 '경험의 원추(cone of experience)'를 통해 체계화되었다(Dale, 1969).

[그림 13-1]과 같이 Dale은 11개 요소로 구성된 경험의 위계를 설정하였다. 원추는 아래의 구체성이 높은 경험으로부터 위로 올라갈수록 추상성이 높은 경험으로 이루어진다. 따라서 교육도 실제적이고 구체적인 경험을 통한 직접적 학습으로부터 언어적 상징을 통한 추상적 학습으로 진행되어야 한다고 주장하였다. 이 점에서 언어적 경험 이전 또는 언어적 경험과 함께 시청각 매체를 활용하면 유용하다는 이론적 근거가 성립된다.

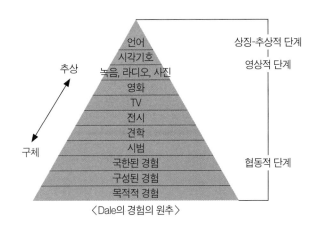

[그림 13-1] Dale의 경험의 원추

출처: 이해주 외(2021), p. 224.

6. ICT 교수 매체 활용 평생교육방법의 유형

오늘날 정보화의 흐름은 놀라우리만치 양적 · 질적 변화를 수반하는 대전환의 과정이다(Druker, 1993). 정보화를 촉진하는 요인으로서 '정보통신기술(Information and Communication Technology: ICT)'은 컴퓨터 처리 능력의 고성능화, 통신망의 고속화와 광대역화, 소프트웨어 기술의 고도화와 지능화, 통신 기술과 컴퓨터 기술의 통합화가 있으며, 인공지능 컴퓨터와 로봇 중심의 융합이 이루어지고 있는 4차 산업혁명 시대를 이끌어 가고 있다(World Economic Forum, 2016).

Toffler(1990)는 미래 네트워크의 특징을 상호작용성, 이동성, 전환성으로 파악하였다. 상호작용성은 매체를 통한 의사소통 방식이 일방향에서 양방향으로 변화하는 것을 나타내며, 이동성은 휴대용 컴퓨터와 통신 장치 및 휴대용 프린터 등의 활용을 통해 언제 어디서든 이동 중에도 통신이 가능함을 의미하고, 전환성은 하이퍼텍스트나 하이퍼미디어를 통해 음성 메시지가 인쇄 메시지로 변환되는 등 한 종류의 미디어가 다른 여러 개의 미디어로 전환되거나 연결이 가능함을 의미한다.

이와 같은 미래 네트워크의 활용은 평생교육방법에도 획기적인 변화를 요구한다. Jonassen(1996)은 컴퓨터 활용 교육을 컴퓨터에 관한(about) 교육, 컴퓨터로부터의 (from) 교육, 컴퓨터에 의한(with) 교육으로 구분하였다(최동근 외, 1997에서 재인용).

- 컴퓨터에 관한(about) 교육: 컴퓨터 문해(literacy)교육으로, 컴퓨터에 관하여 지식과 기능 및 가치관을 함양하는 교육이다. 컴퓨터 발달사, 컴퓨터의 역할과 기능, 컴퓨터 활용의 현황과 미래 및 응용 프로그램 등 기본적인 소양을 기르는 교육이다(이화여자대학교 교육공학과, 1996).
- 컴퓨터로부터의(from) 교육: 컴퓨터 보조교육(Computer-Assisted Instruction: CAI)을 의미한다. 이것은 컴퓨터가 교수자가 되어 교수-학습용 프로그램인 코스웨어를 통하여 학습내용을 제시하고 상호작용적으로 지도하고 통제하는 교육이다.
- 컴퓨터에 의한(with) 교육: 컴퓨터를 학습에 필요한 인지적 도구로 활용하는 것으로, 컴퓨터에 의해 제공되는 프로그램들의 정보 수집·분석·통합·해석을 돕는 역할을 하는 교육이다.

여기에서는 컴퓨터 활용에 초점을 맞춘 교육방법인 컴퓨터 보조교육(Computer-Assisted Instruction: CAI), 멀티미디어 활용 교육, 인터넷 활용 교육에 대해 살펴보고자 한다.

1) 컴퓨터 보조 교육(CAI)

컴퓨터가 교수자의 역할을 하고 학습자는 컴퓨터로부터 직접 배우거나 컴퓨터를 사용하여 자습(self-learning)을 하는 것을 의미한다. 평생교육에서 CAI가 이루어지면 전통적인 교수자 중심 교육에 비교해 다음과 같은 효과가 있다.

첫째, 개별화 교수-학습이 가능하다. 학습자가 자신의 수준에 맞는 학습 내용을 선택하고 필요한 만큼의 시간을 사용하며 이해를 위해 스스로 학습량을 조절하는 등 개별 학습자의 학습 스타일과 속도에 부합한 교육을 수행할 수 있다.

둘째, 흥미와 동기 유발에 유용하다. 다양한 기법을 활용하여 학습자의 주의를 집중시킬 수 있으며, 시뮬레이션을 통해 현실과 유사한 경험을 제공함으로써 학습자와 학습 내용 간의 관련성을 높여서 동기를 유발하고 학습의 전이도를 높일 수 있다.

셋째, 상호작용적이다. 컴퓨터는 학습자의 반응과 적극적인 참여를 요구하며, 반응에 대한 즉각적인 피드백과 함께 학습자와 일대일 상호작용이 가능하다.

넷째, 교수자는 학습자에게 더 많은 주의를 기울일 수 있다. 컴퓨터가 학습자의 학습 상황이나 성취 수준을 기록·분석하여 학습 진단과 처방을 해 주며 성적 처리 등 사무적인 업무를 지원하기 때문에 교수자는 학습자의 개별지도 및 상담에 더 많은 시간을 할애할 수 있다(이화여자대학교 교육공학과, 1996; 최동근 외, 1997).

단점으로는 다른 매체에 비해 드는 비용이 많고, 개발된 코스웨어는 다양성, 질, 양 면에서 부족한 점이 많으며, 코스웨어 개발에 시간, 경비, 노력이 많이 소요된다는 점 등을 들 수 있다.

CAI 프로그램은 '코스웨어'라고 불리며, 코스웨어에는 반복연습형, 개인 교수형, 시뮬레이션형, 게임형, 발견학습형, 자료 제시형 등이 있다.

반복연습형은 이미 습득한 지식이나 기능을 반복 연습시킴으로써 숙달에 이르도록 강화하기 위한 것이며, 단순 암기나 숙달을 통하여 지식이나 기능을 학습시키고자 할 때 활용된다.

개인 교수형은 컴퓨터가 교수자의 역할을 담당하여 학습 내용을 가르치고 확인하고 강화한다. 학습자의 수가 적거나 교수자가 정규 수업을 하기 어려운 상황에서 활용할 수 있다.

시뮬레이션형은 컴퓨터를 통하여 실제와 유사한 가상 상황을 제공함으로써 실제와 유사한 경험을 갖도록 한다. 실제로 경험하기에 시간적·공간적·경제적 제한이 있는 경우와 경험하기 불가능하거나 위험이 따를 때 사용된다.

게임형은 경쟁적인 요소를 포함하여 승자와 패자를 구분하며, 오락적인 요소를 투입하여 동기 유발과 학습을 강화하는 것이 특징이다.

발견학습형(문제 해결형)은 학습자에게 스스로 원리를 발견하게 하는 과정 중심의 학습 형태로서 고도의 지적 기능 학습에 특히 유용하다.

자료 제시형은 컴퓨터에 저장된 많은 양의 학습 자료가 필요에 따라 찾아볼 수 있도록 하는 프로그램으로 학습 보조자료로 사용되는 경우가 많다(이화여자대학교 교육공학과, 1996; 최동근 외, 1997).

2) 멀티미디어 활용 교육

멀티미디어는 [그림 13-2]처럼 컴퓨터를 중심으로 디지털 방식에 의해서 통합된 매체로서 커뮤니케이션과 상호작용이 가능한 복합 다중매체이다(이화여자대학교 교육공학과, 1996). 멀티미디어는 다양한 형태로 제작·활용될 수 있는데, 하이퍼미디어(hypermedia), 상호작용적 비디오디스크(interactive videodisk), CD-ROM 등이 대표적이다(이화여자대학교 교육공학과, 1996; 최동근 외, 1997).

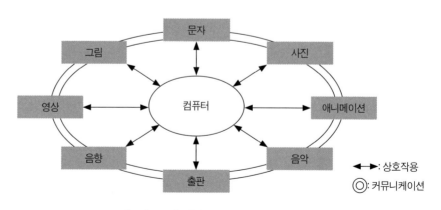

[그림 13-2] 멀티미디어의 의미

출처: 이화여자대학교 교육공학과(1996), p. 422의 내용을 그림으로 재구성.

하이퍼미디어는 여러 가지 미디어를 하이퍼링크(hyperlink)를 통해 같은 환경에 연결하여 조작이 가능하도록 한 새로운 미디어 시스템으로, 연결된 정보가 문자 정보로 되어 있으면 하이퍼텍스트(hypertext), 음성이나 음악, 영상 또는 다른 요소가 포함되어 있으면 하이퍼미디어이다. 따라서 하이퍼미디어에서는 문자 정보에서 음성이나 영상을 불러낼 수도 있고, 영상에서 문자 정보를 불러낼 수 있다.

상호작용 비디오는 컴퓨터와 비디오 시스템을 특수 장치로 연결하여, 컴퓨터가 그래픽 및 텍스트를 제공하고, 컴퓨터가 조정하는 비디오디스크가 영상 및 음향을 제공함으로써 학습에서의 상호작용이 자유롭도록 구상한 교육공학 체제이다.

CD-ROM은 '저장된 내용만 읽는 콤팩트디스크'라는 의미로 CD를 이용해 정보를 기억시키고 저장하고 검색하는 컴퓨터 데이터 저장 기구이다. 문서나 동영상, 이미지 등을 저장할 수 있어 멀티미디어 분야에서 널리 사용된다.

평생교육에 멀티미디어를 활용하였을 때의 장점은 개인차를 고려한 개별화 학습이 가능하게 하는데, 다양한 개인적 욕구와 특성이 있는 성인 및 청소년에게 개인차를 고려한 교수-학습이 가능하게 한다. 또한 풍부한 학습 환경을 제공하는데, 멀티미디어 프로그램을 네트워크와 연결할 때 학습장소는 확대된다. 시·공간을 초월한 학습도 가능하다. 정해진 시간과 장소에서 행해지던 과거의 교육과 달리 컴퓨터만 있으면 언제 어디서나 멀티미디어를 이용하여 학습할 수 있기 때문이다. 상호작용이 가능한 학습이라는 것도 장점이다. 멀티미디어를 사용하면 평생교육 매체가 가지고 있는 단점 중 하나인 일방적 의사소통 방식을 극복할 수 있다(이화여자대학교 교육공학과, 1996).

3) 인터넷 활용 교육

지식정보사회란 정보통신기술의 획기적 발달, 다양한 미디어의 출현, 정보 유통 네트워크의 확장, 첨단 정보통신 서비스의 보편화를 통한 지식과 정보의 대량 보급이 이루어지는 사회이다. 지식정보사회의 평생교육에서 인터넷 활용교육은 매우 중요하다. 이는 많은 교육들이 인터넷을 기반으로 하기 때문이다. 지식정보사회는 정보 처리 및 활용 능력, 자기주도적 학습 능력, 효과적인 의사소통 능력, 창의적인 의사결정 능력, 협력에 의한 문제해결 능력 등을 요구하며, 교육은 그것을 충족해야 할

책무가 있다. 따라서 많은 학자들은 〈표 13-2〉에서 볼 수 있는 바와 같이 지식정
보사회에 적합한 새로운 수업 패러다임으로의 전환을 요구하고 있다.

표 13-2 지식 정보사회의 수업 패러다임의 전환

닫힌 공간 수업	→ 열린 공간 수업
대집단 일시 수업	→ 소집단 또는 무집단 불특정 학습자 수업
정보 독과점 수업	→ 정보 공유 수업
고정된 내용 중심 수업	→ 변화하는 내용 중심 수업
수동적 지식 전수 수업	→ 능동적 문제 해결 수업
단편적 사고 중심 수업	→ 통합적 사고 중심 수업
암기 회상 중심 수업	→ 창의적 사고 중심 수업
개인 경쟁 성취 중심 수업	→ 팀 협동 성취 중심 수업
현재와 과거 이해 중심 수업	→ 미래예측 중심 수업
국가적 관점 중시 수업	→ 세계적 관점 중시 수업
통제적 분위기 수업	→ 허용적 분위기 수업

출처: 심웅기, 강숙희(1998), p. 24.

인터넷 활용 교육의 특성은 전문가들에 의해 다음과 같이 제시되고 있다. 먼저,
학습자가 자기주도적·독립적·자율적으로 학습하며 의미를 구성하도록 하고, 언
제 어디서든 필요한 학습 자원에 접근할 수 있게 한다. 또한 다양한 정보를 수집하고
탐구하며 문제를 해결해 가는 과정에서 정보처리 활용 능력과 고등사고능력이 배
양된다. 인터넷을 통한 활발한 상호작용으로 의사소통 능력이 신장되고 함께 참여
하는 사람들과 토의하며 문제를 해결하는 협력 학습이 가능하다. 열린 학습 환경 속
에서 다양한 배경과 관점을 가진 사람들과 접촉함으로써 편견과 선입견에서 벗어나
열린 사고를 하게 하고, 다양한 게임이나 시뮬레이션 프로그램을 활용함으로써 학
습자의 관심과 흥미를 불러일으키고 학습을 즐길 수 있게 한다는 것도 특성 중 하나
다(강병희, 1997).

인터넷 활용 교육은 이러닝(e-learning), 모바일 러닝(m-learning), 유비쿼터스 러
닝(u-learning), 스마트 러닝(smart learning) 등으로 분류할 수 있다. 인터넷 활용 교
육은 학교교육에서도 중요하지만 일과 학습을 모두 수행해야하는 성인학습을 위해
서는 더 중요하다.

(1) 이러닝

이러닝(e-learning)은 넓게는 컴퓨터 테크놀로지 또는 정보통신기술(ICT)을 활용한 학습을 의미하고, 좁게는 인터넷과 같은 네트워크를 통하여 이루어지는 학습을 의미한다(강인애, 2006; 권양이, 2012; 박종선, 2013). 이러닝의 개념은 1990년대 가정용 PC의 보급과 함께 도입되었고, 이후 네트워크의 개념을 접목하면서 컴퓨터 기반학습, 온라인 학습, 웹 기반 학습, 가상 학습, 원격 학습 등의 다양한 용어로 표현되고 있다(배영권 외, 2013; 신용주, 2012). 이러닝을 위해서는 네트워크 환경과 웹문서를 작성하고 상호 연계하는 하이퍼링크 및 멀티미디어 지원 등의 ICT가 요구된다.

이러닝은 컴퓨터만 있으면 시간과 장소에 구애받지 않고 학습이 이루어질 수 있으며, 자기주도적으로 수준별 맞춤형 학습이 가능하고, 상호작용의 극대화를 통해 집단지성 체제를 구축함으로써 협력 학습이 가능하다(권양이, 2012). 체제 구축 초기에 비용이 많이 든다는 단점이 있지만 구축한 후에는 교육 비용이 절감되는 장점도 있다.

이러닝은 프로그램 전체를 온라인 교육으로 운영할 수도 있고 오프라인 교육과 병행하여 운영할 수도 있다. 온라인 수업과 오프라인 수업을 결합하여 운영하는 경우는 블렌디드 러닝(blended learning)이라고 한다(강인애, 2006; 권양이, 2012). 이러닝만으로 수업이 운영되면 피드백의 지연이나 인간적 상호작용이 축소된다는 약점이 있지만, 블렌디드 러닝은 이러한 약점을 줄이고 학업 성취도와 만족도를 높여 준다는 것이 장점이다(권양이, 2012). 이러닝과 오프라인 교육은 각각의 장단점이 있으므로 지속적인 협력이 있을 것이다(BIR Research Group, 2012).

(2) 모바일 러닝

모바일 러닝(mobile learning: m-learning)은 이동 가능한 장비로 무선 매체를 활용한 학습이다(강인애, 2006; 권양이, 2012). 모바일 러닝에서 이용하는 장비로는 노트북, PDA(Personal Digital Assistants, 개인용 휴대용 단말기), PMP(Personal Media Player, 개인용 미디어 플레이어), 태블릿 PC, 스마트폰 등과 같이 개인이 휴대 가능하며 이동성이 있는 매체이다. 특히 휴대전화, 노트북, PDA의 보급률이 높아진 것은 모바일 러닝의 도입과 발달의 중요한 요인이 되었다(배영권 외, 2013; 신용주, 2012).

모바일 러닝은 언제 어디에서나 모바일 기기를 인터넷에 접속하여 학습할 수 있

다는 장점이 있다. 그러나 그에 따른 학습 부담감이나 학습자의 정보와 위치 노출 등
사생활 보호 문제가 대두된다(권양이, 2012). 특히 원활한 학습을 위해서는 일정 수
준 이상의 휴대용 단말기가 필요하며 변화와 발전의 속도가 빠르므로 일부 학습자
에게는 접근성의 문제가 대두되기도 한다. 또한 교수-학습을 진행하기에는 대화가
짧고 스크린이 작으며 인쇄가 용이하지 않고 배터리 충전 등 실제적 측면에서의 문
제점에 대한 지적도 있다(BIR Research Group, 2012).

(3) 유비쿼터스 러닝

유비쿼터스 러닝(ubiquitous learning: u-learning)은 언제 어디에서나 학습할 수 있
다는 개념으로, 무선으로 인터넷 접속이 가능한 환경이 구축된 2000년대 후반부터
가능해졌다(권양이, 2012; 배영권 외, 2013). 따라서 유비쿼터스 러닝은 ICT의 발달에
따라 진화한 학습 형태이다.

ICT의 발달은 휴대용 기기 간의 네트워크를 통해 학습자의 상황 정보와 해당 사
물의 정보를 실시간으로 인식할 수 있게 해 준다(권양이, 2012). 학습은 감지된 학습
자 상황에 적합한 지원과 다양한 지능형 사물을 통해서도 이루어진다(전자칠판, 전자
북 또는 스마트폰 등). 장소와 시간에 구애받지 않고 평생학습이 가능해진 것이다.

(4) 스마트 러닝

휴대용 단말기나 휴대전화에 컴퓨터 기능이 도입되면서 스마트 러닝(smart
learning)이라는 획기적인 변화가 일어났다. 컴퓨터 기반 인터넷 활용을 넘어 SNS를
활용한 학습이 시도되고 있다(권양이, 2012).

스마트 러닝은 "21세기의 학습자 역량을 개발하기 위한 개별형 맞춤 학습체제"(천
세영 외, 2013) 또는 "최신 정보통신기술의 활용, 상호작용의 극대화, 학습자 중심, 지
능적 맞춤학습"(김미용, 배영권, 2012; 배영권 외, 2013에서 재인용)이라고 정의되기도
한다.

스마트 러닝의 어원은 2011년 6월 교육과학기술부 보도자료에서 '스마트 교육 추
진 전략'이라는 용어가 처음 사용된 데서 기원한다. 그리고 같은 해 10월에 교육과학
기술부는 '스마트 교육 본격 도입을 위한 실행 계획'을 통해 스마트 교육은 "정보통
신기술과 이를 기반으로 한 네트워크 자원을 학교교육에 효과적으로 활용하여, 모

든 학생이 글로벌 리더가 될 수 있도록 재능을 발굴·육성하는 21세기 교육 패러다임"이라고 소개하였다. 교육부는 스마트 교육의 비전을 '지구촌 공동체를 이끌어 갈 인성과 창의성을 갖춘 글로벌 인재 육성'으로 정하고 다음과 같이 학교교육에서 추진해야 할 7대 과제를 제시하였다.

- 디지털 교과서 개발·적용
- 온라인 수업 활성화
- 온라인 평가 및 개인별 학습 진단·처방
- 교육 콘텐츠의 공공목적 이용 환경 조성
- 정보통신윤리교육 강화
- 교원의 스마트 교육 실천역량 강화
- 모든 학교에 클라우드 교육서비스 기반 조성

스마트 러닝은 개별화와 상호작용성을 가장 큰 특징으로 하며(배영권 외, 2013), 이러닝, 모바일 러닝, 유비쿼터스 러닝보다 학습자 개개인에게 적합한 맞춤형 콘텐츠와 활동을 제공하고, 보다 생동감 있는 실시간 상호작용이 가능하게 한다. 이러한 스마트 러닝은 평생교육에도 확산·추진될 예정이다.

인재개발 협회(Association for Talent Development: ATD)의 최고 의사결정자인 Bingham과 Conner(2010)는 "과거에는 테이블에 둘러앉아 토론해야 했지만, 사회적 미디어는 멀리 떨어져 있는 누구와도 실시간으로 함께 이야기 나누는 일을 가능하게 한다."라고 하면서 "훈련은 이미 해결된 문제에 대한 답이라고 인정된 지식을 교과서를 통해 배우지만, 협력은 누구도 생각하지 못한 해결책을 창의적으로 만들어간다."라고 하였다. 이렇게 새로운 배움의 기회를 가능하게 하는 도구가 바로 사회적 미디어이고, 그런 과정을 통해 이루어지는 배움이 바로 '사회적 학습(social learning)' 또는 스마트 러닝이다(Bingham & Conner, 2010). 스마트 러닝은 평생교육의 핵심적인 경향으로 자리 잡아가고 있다.

7. 평생교육 교수 매체와 ICT 활용 평생교육방법 과제

교수-학습 과정에서 매체의 활용은 필수적이며 어떤 매체를 어떻게 활용하느냐에 따라 교육적 의의는 크게 달라진다. 따라서 매체 활용 시 고려해야 할 유의점을 먼저 살펴보고, 최근 가장 두각되는 ICT 관련 매체 활용 시 숙지해야 할 과제를 살펴보고자 한다.

첫째, 매체 활용의 목적은 학습과 학습의 질 제고에 있다. 매체를 잘 활용하면 동기 유발, 학습 참여, 학습효과, 자기주도적 학습능력 등을 높일 수 있다. 평생교육 차원에서는 학습자의 자기주도적 학습을 촉진하고 학습의 질을 향상하는 데 목적을 두어야 한다.

둘째, 매체의 선정은 분명한 원칙과 준거에 기초하여 계획적으로 이루어져야 한다(이성호, 1999). 어떤 매체를 어떤 경우에 사용할 것인가를 판단하기 위해서는 학습자 특성, 교수자 역량, 교수-학습 목표 및 내용, 상황적 여건 등을 고려해야 한다. 기본적인 선정 준거는 매체의 적합성, 경제성, 활용 가능성, 매체의 양호성 등이 있다.

셋째, 매체를 효과적으로 활용하기 위해서는 사용할 시기에 대해 분명한 계획을 세워야 하며, 단순히 보여 주거나 들려주는 수동적 사용에 그쳐서는 안 되고 질의응답이나 토의를 적극적으로 활용함으로써 학습에 실제적인 도움이 되도록 해야 한다. 너무 지나친 사용은 오히려 부정적 효과를 가져올 수 있으므로 시청각 매체의 종류와 활용 빈도를 적절하게 조절한다. 사전 점검, 조심스러운 사용, 철저한 보관 관리 등도 염두에 두어야 한다.

넷째, ICT 활용 교육은 학습자의 요구와 수준 및 여건에 맞게 운영되어야 한다. ICT 활용 교육을 위한 과제는 평생교육의 대상과 관련된다. 평생교육의 대상은 주로 ICT 활용의 필요성이 크지 않고, ICT에 익숙하지 않으며, 컴퓨터나 스마트 기기를 다루기에 지적·기능적 한계를 느끼는 성인이다. 그러나 4차 산업혁명 시대에 대비하여 매체에 대한, 매체에 의한 교육은 오늘날 평생교육의 과제이다. 따라서 그들의 필요성이나 요구에 맞는 교육이 되어야 하며, 수준별 맞춤형 교육을 통해 성취감을 높여야 한다. 학습자의 역량과 환경이 다양하므로 교수자는 적합한 콘텐츠 발굴이나 개발을 통해 학습자의 수준 및 여건에 부합한 교육을 수행해야 한다.

8. 평생교육 자료 개발의 매체 원리 및 장애인 평생교육 매체 활용

1) 평생교육 자료 개발의 원리

평생교육 자료를 개발하기 위해서는 학습자의 특성이나 학습 내용에 맞추어 자료를 개발하는 것이 중요하다. 학습자의 특성과 교육 주제에 따라 매체를 다르게 하는 것이 효과적이기 때문이다. 교육자료를 개발하는 데 필요한 기본 원리는 교육내용, 교육내용의 표현, 교육설계의 구성요소를 고려하는 것이다(김진화, 김소현, 전은선, 2012).

① 교육내용
교육자료 가치를 판단하는 출발점이다. 아무리 좋은 매체로 담아낸다고 하더라도 내용으로서 가치가 없다면 교육자료로서의 효용성이 떨어진다. 이때 내용과 관련하여 적절성, 정확성, 완전성의 원리를 살펴보아야 한다.

② 교육내용의 표현
학습자에게 교육내용이 더욱 잘 전달되도록 구성하는 것이다. 어떤 어휘를 언제, 어떻게 사용할 것인지를 자세히 고려하여 효과적으로 배열하는 것은 매우 중요하다. 표현과 관련된 원리로 적극적 표현, 단순한 표현, 일관된 표현이 요구된다.

③ 교육설계
교육내용을 학습자에게 전달하기 위해 학습 방법을 구상하여 연계시키는 방식을 말한다. 교육설계를 할 때는 매체를 혼잡스럽게 만들지 말고, 일관된 형식이나 레이아웃, 규정을 사용하며, 적합한 활자체와 크기를 사용해야 한다. 또한 강조하는 내용은 굵은 체와 이탤릭 체를 사용하되, 지나치게 사용하지 말아야 하고, 내용을 명확히 알고 안내하기 위해서는 제목, 표제, 소표제를 사용해야 한다. 순서에 따라 진행하기 위해서는 숫자를 사용하는 것이 효율적이며, 기호와 아이콘을 사용하여 확인하고 표시하는 것이 좋다. 아이디어를 강화하기 위해서는 그래픽과 삽화를 사용하고, 감각을 자극하기 위해 색채, 음악, 오디오를 사용하되, 지나쳐서는 안 된다. 양질의 인쇄, 깨끗한 복사, 음질이 좋은 오디오 등 뛰어난 기술을 사용하여 교육자료를 제작하는 것이 무엇보다 중요하다.

2) 장애인 평생교육의 매체 활용

(1) 장애인 평생교육 참여 목적

장애인의 평생교육에 대해 많은 연구들이 이루어짐으로써 장애인 평생교육의 발전에 실마리를 제공하고 있는 것은 매우 긍정적인 일이다. 조창빈(2018)에 따르면, 가장 많은 성인 장애인이 평생교육 프로그램에 참여하는 주된 목적을 '행복감(26.1%)'이라고 답하였다. 다음으로는 '자기계발(20.4%)' '건강(18.7%)'의 순으로 답하였으며, '직업' 때문이라고 응답한 비율은 9.4%에 불과하다. 결국 장애인이 평생교육에 적극적으로 참여하는 가장 큰 이유는 행복한 삶을 위해서이며 이는 비장애인과 다를 바 없다.

류숙희와 전수경(2017)은 장애인의 평생학습에 있어 무형식 학습을 경험한 사람과 그렇지 않은 사람을 비교하는 논문에서 가족·친구·동료, 인쇄매체, TV·라디오·비디오 시청, 컴퓨터·인터넷, 도서관 방문, 역사·자연·산업적 장소 방문, 축제·음악회·박람회 참여 등의 무형식 학습을 경험한 사람들이 경험해 보지 못한 집단에 비해 행복감이 높다는 결론을 도출하였다.

(2) 장애인 평생교육 매체 활용

조창빈과 김두영(2018)은 연구를 통해 장애인복지관 평생교육 프로그램 이용 경험이 있는 성인 장애인을 대상으로 매체 활용에 있어 생애 주기에 따른 차이를 분석하여 다음과 같은 결과를 도출하였다.

첫째, 성인 장애인이 가장 지향하는 평생학습 매체는 '혼합매체(47.9%)'이며, 그다음이 '전통매체(27.7%)'인 것으로 나타났다.

둘째, 성인 장애인의 평생학습 매체에 대한 선호 형태는 연령이 낮을수록 신매체

(컴퓨터, 태블릿 PC 등)를 지향하는 비중이 높음을 알 수 있다. 이는 7차 교육과정의 적용을 받아 ICT 활용 교육에 익숙한 장애학생들이 성인이 되어, 중장년 성인기의 장애인보다 신매체에 대한 관심과 경험이 많은 것에서 기인했을 것으로 추측할 수 있다.

토론 문제

1. 4차 산업혁명 시대에 적합한 평생교육의 방법과 매체는 무엇인지 생각해 보자.

2. 장애인 평생교육과 일반 평생교육의 차이점과 통합체제 구축의 방향성 및 과제는 무엇인지 생각해 보자.

제14장

평생교육방법 실천 사례

하루 공부하지 않으면 그것을 되찾기 위해서는 이틀이 걸린다.
이틀 공부하지 않으면 그것을 되찾기 위해서는 나흘이 걸린다.
1년 공부하지 않으면 그것을 되찾기 위해서는 2년이 걸린다.

- 탈무드 -

1. 외국 및 국내 평생학습도시 현황에 대해 알 수 있다.
2. 평생교육방법의 적용과 실천 사례에 대해 알 수 있다.
3. 시 · 도평생교육진흥원의 역점사업과 활동에 대해 알 수 있다.

평생교육의 개념을 정의하기는 어렵지만, 「평생교육법」에서는 "평생교육이란 학교의 정규교육과정을 제외한 학력보완교육, 성인 기초 · 문자해득교육, 직업능력 향상교육, 인문교양교육, 문화예술교육, 시민참여교육 등을 포함하는 모든 형태의 조직적인 교육 활동"이라고 정의하고 있다. 우리나라에서는 학교 정규 교육과정을 평생교육의 범주에서 제외시키고 사회교육 활동에서 나타나는 조직적 교육, 즉 비형식적(non-formal) 교육을 평생교육으로 정의한다(김문섭 외, 2019). 실로 평생교육의 형태는 다양하며, 공개강좌, 현장견학, 강습회, 연구회, 토론회, 실험실습, 노작경험, 시청각 교육, 개인 및 집단 학습, 통신교육 및 대중매체를 활용하거나 계절제, 정일제 및 야간교육 등 여러가지 형태로 운영되고 있다. 이에 따라 평생교육의 실천 사례는 학교 중심의 평생교육, 준학교 형태의 기관에서의 평생교육, 사설학원의 평생교육, 공공성을 가진 민간단체 등에서 실시하는 평생교육, 공공기관이나 산업체에서 실시하는 평생교육, 평생교육시설에서 실시하는 평생교육, 대중매체의 평생교육, 인터넷이나 사이버 네트워크를 통해 실시하는 평생교육 등의 사례들로 확인할 수 있으며, 우리와 아주 근접한 혹은 멀리 떨어진 그 어느 곳에서도 어렵지 않게 찾아볼 수 있다.

1. 평생학습도시 조성

1) 개요

'지역 평생교육 활성화 지원 사업'은 제4차 산업혁명과 기대수명의 증가 등 사회 변화에 대응하여 지역 평생학습체제를 구축하고 평생학습 활성화를 통해 개인과 지역의 삶의 질 향상에 기여하고 있으며, 평생학습도시 조성은 바로 이 지역의 평생교육 활성화 지원의 일환으로 진행되고 있다. 또한 시·도 내의 평생학습 네트워크 구축과 더불어 읍·면·동에 평생학습센터를 구축하는 사업이 추진되고 있다.

2019년의 평생학습도시 조성 사업은 다음의 두 가지에 초점을 두었다.

첫째, 지역 주민의 평생학습을 위한 기반을 확대하고 지역 특성에 맞는 프로그램을 운영하는 것이다.

둘째, 지속적이고 자립적으로 운영되며 안정적으로 관리되는 평생학습도시의 기반을 마련하고자 하였다. 이를 위해 평생학습도시 재지정 평가를 도입하였으며 평가체제를 구축하였다(교육부, 2019).

2) 주요 현황 및 성과

(1) 평생학습도시 조성

평생학습도시 조성 사업은 지역 내 평생교육 기반 조성과 지역 평생학습 네트워크 구축을 통한 지역 평생교육 진흥사업을 지원한다. 또한 평생학습도시 특성화 지원을 위하여 해당 지역의 특성이 반영된 평생교육 사업 추진을 시·도하는 도시들을 대상으로 사업 내용과 사업비 규모 등을 점검하였으며, 12개 도시를 특성화 사업 대상 도시로 선정·지원하였다. 이 도시들은 각 지역의 특성에 맞는 사업을 추진하고 있으며, 다양한 성과와 우수 사례를 타 지방자치단체로 확산하고 있다.

평생학습도시 지정 현황은 〈표 14-1〉과 같다.

표 14-1 평생학습도시 지정 현황

광역	기초자치단체	평생학습도시	지정 연도				
			2001~2007	2011~2016	2017	2018	2019
서울	25	18	양천구, 영등포구, 성북구, 강동구, 강서구, 마포구, 관악구	강남구, 금천구, 도봉구, 노원구, 서대문구, 송파구, 용산구, 은평구	–	중랑구 구로구	성동구
부산	16	15	사상구, 연제구, 해운대구	남구, 부산진구, 금정구, 영도구, 사하구, 서구, 기장군, 동구	중구 북구	수영구	동래구
대구	8	4	동구, 달서구	수성구, 북구	–	–	–
인천	10	6	미추홀구, 부평구, 연수구	남동구, 서구	계양구	–	–
광주	5	5	동구, 광산구, 남구	북구, 서구	–	–	–
대전	5	4	대덕구, 유성구	동구, 서구	–	–	–
울산	5	5	중구, 울주군	북구, 동구	–	남구	–
세종	0	1	–	–	–	–	세종
경기	31	29	부천시, 이천시, 구리시, 시흥시, 수원시, 안산시, 평택시, 용인시, 과천시, 안양시, 광명시	남양주시, 김포시, 가평군, 군포시, 포천시, 성남시, 의왕시, 양주시, 의정부시, 고양시, 화성시, 연천군, 양평군, 오산시	여주시	파주시	광주시 하남시
강원	18	11	강릉시, 횡성군, 삼척시, 화천군	동해시, 홍천군, 평창군, 인제군, 영월군, 철원군	–	춘천시	–
충북	11	8	제천시, 진천군, 청주시, 단양군	음성군, 옥천군, 증평군, 충주시	–	–	–
충남	15	13	부여군, 금산군, 아산시, 서산시, 서천군, 태안군, 천안시	당진시, 예산군, 홍성군, 공주시, 논산시	–	보령시	–

전북	14	10	진안군, 김제시, 익산시, 전주시, 정읍시, 남원시, 군산시	완주군	부안군	–	고창군
전남	22	13	목포시, 순천시, 곡성군, 여수시, 광양시, 영암군, 강진군	담양군, 고흥군, 화순군	완도군 영광군	–	해남군
경북	23	10	안동시, 철곡군, 구미시, 경산시	경주시, 포항시, 김천시, 청도군, 영주시	의성군	–	–
경남	18	13	남해군, 창원시, 김해시, 거창군, 양산시, 하동군, 통영시, 진주시	창녕군, 함안군, 합천군	밀양시 산청군	–	–
제주	0	2	서귀포시, 제주시	–	–	–	–
계	226	167	76	67	10	7	7

출처: 국가평생교육진흥원(2019), p. 323.

　평생학습도시 지정 및 지원의 성과는 다음과 같다.

　첫째, 지역에 평생교육 추진체제를 마련함으로써 평생학습사회 실현을 위한 기반을 확장하였다.

　둘째, 읍 · 면 · 동 평생학습센터 운영을 독려하여 지역 평생교육 인프라를 구축하였다. 특히 평생학습도시 특성화 지원을 통해 '제2의 경력 창출'을 지원하고, 시 · 군 · 구를 단위로 한 '학습공동체'를 형성하였으며, '학습형 일자리'를 확대하였다.

　셋째, 시민사회 참여 동기를 부여하여 평생교육이 사회적 실천과 연결되는 기회를 제공되었다.

　넷째, 2019년에는 지원 예산에 대비하여 약 6.3배의 경제적인 효과를 창출하였다는 연구 결과가 도출되었다.

　지역 평생교육 활성화 지원 사업의 경제적 효과를 분석한 결과는 〈표 14-2〉와 같다.

표 14-2 지역 평생교육 활성화 지원 사업의 경제적 효과 분석 결과　　　(단위: 원, 명, 배)

주요 범주 정의		프로그램 효과	사회환원 효과	
		평생학습도시	재능 기부 및 자원봉사	교강사 활동
지자체의 국고 지원(A)		1,130,000,000	–	–
체감 효과	참여자 수	46,227	2,363	529
	평균적인 체감가치	142,974	187,608.7	190,909.1
	소계	6,609,259,098	443,319,358	100,900,913
계		6,609,259,098		544,310,271
경제적인 효과 종합(B)			7,153,569,369	
운영지원 예산 대비하여 경제적 효과(B/A)			6.33	

출처: 국가평생교육진흥원(2019), p. 326.

(2) 평생학습도시 재지정 평가

평생학습도시를 재지정하기 위한 평가에 대한 요구는 2016년 이후 다시 논의되기 시작했다. 이에 따라 2018년 제4차 평생교육 진흥 기본계획에서는 평생학습도시의 질 관리 필요성을 제기하면서 이미 지정된 평생학습도시들을 대상으로 하여 특성화 정도 및 사업을 추진하려는 노력 등 평생교육 역량 성과 평가를 제안하였다. 이러한 상황에서 교육부는 의견 수렴과 기초연구 과정을 거쳐 평생학습도시 재지정 평가 추진 계획을 수립하였다.

평생학습도시 재지정 평가 지표(안)는 〈표 14-3〉과 같다.

표 14-3 평생학습도시 재지정 평가 평가 지표(안)

구분	대분류	중분류	평가 지표
제1주기	추진체계	사업 계획	사업 계획의 적정성 여부
		조직·인력 관리	조직 및 인력 관리의 적정성과 역량 강화 노력
		예산	예산 확보와 예산 편성을 위한 노력
		시설	평생학습 공간의 확보를 위한 노력과 해당 공간의 적정성
		접근성	평생학습 홍보의 적정성 및 정보 관리

		평생학습 프로그램 운영	평생학습 프로그램 운영 개선 노력 및 실적
제 1 주 기	사 업 운 영	평생학습 동아리 지원	평생학습동아리 개선 노력 및 지원 실적
		네트워크 활성화	평생학습 네트워크 구축 활성화 노력 및 실적
	사 업 성 과	학습 성과	평생학습에의 시민 참여 정도
			평생학습 만족도 제고 수준
		가치 창출	평생학습을 통한 사회적인 가치 창출과 사회에서의 공헌 노력
		우수 사례	평생교육 특성화를 위한 구현 사례
제 2 주 기	추 진 체 계	사업 계획	사업 계획의 적정성 정도
		조직·인력 관리	조직과 인력 관리의 적정성 정도
		예산	전담인력 역량 강화를 위한 노력
		시설	예산 확보 및 예산 편성을 위한 노력
		접근성	평생학습 공간 확보를 위한 노력과 공간의 적정성
	사 업 운 영	평생학습 프로그램 운영	평생학습 프로그램 운영 개선 노력 및 실적
		평생학습 동아리 지원	평생학습동아리 지원 개선 노력 및 실적
		네트워크 활성화	평생학습 네트워크 구축 활성화 노력 및 실적
	사 업 성 과	학습 성과	평생학습에서의 시민 참여 수준
			평생학습 만족도 제고 수준
		가치 창출	평생학습을 통한 사회적인 가치 창출과 사회에의 공헌 노력 정도
		우수 사례	평생교육 특성화를 위한 구현 사례

출처: 국가평생교육진흥원(2019), p. 328.

(3) 평생학습도시 국제협력

　유네스코(UNESCO)를 중심으로 평생학습도시 국제 네트워크가 구축되어 있는 현재, 유네스코는 평생학습의 확산과 실현에 지역 단위 역할의 중요성에 대해 공감하고 있으며 2012년부터 UNESCO UIL(UNESCO Institute for Lifelong Learning)이 주축

표 14-4 글로벌 평생학습도시 국제협력(GNLC) 국내 회원 도시 명단

구분	도시 이름
서울(7)	도봉구, 은평구, 서대문구, 용산구, 강남구, 관악구, 성동구
부산(4)	사하구, 사상구, 연제구, 서구
대구(1)	수성구
인천(1)	연수구
대전(2)	유성구, 대덕구
울산(1)	남구
경기(14)	광명시, 고양시, 군포시, 의정부시, 남양주시, 성남시, 부천시, 수원시, 시흥시, 안산시, 연천군, 이천시, 오산시, 동두천시
강원(3)	인제군, 영월군, 화천군
충남(1)	당진시
충북(1)	진천군
전북(4)	익산시, 군산시, 전주시, 진안군
전남(3)	순천시, 나주시, 영광군
경북(4)	상주시, 구미시, 포항시, 안동시
경남(1)	통영시

출처: UNESCO Institute for Lifelong Learning(https://uil.unesco.org/).

이 되어 '글로벌 평생학습도시 국제협력(Global Network of Learning Cities: GNLC)'을 운영하고 있다. 우리나라는 47개 지역이 글로벌 평생학습도시 국제협력에 참여하고 있으며 그중 45개 도시가 평생학습도시로 지정되어 있다.

〈표 14-4〉은 글로벌 평생학습도시 국제협력(GNLC) 국내 회원 도시 명단이다.

우리나라 평생학습도시는 2019년 제4차 학습도시 국제 대회(International Conference on Learning Cities: ICLC)에서 성과를 보여 주었다. 서울 서대문구는 유네스코가 수여하는 학습도시상(UNESCO Learning Award)을 수상하였으며, 인천 연수구, 경기 고양시, 경기 오산시가 국가 평생교육 협력에서 지도적 조정자 지위를 확고히 하였다. 제4차 ICLC는 GNLC의 발전을 위해 시민성 교육, 공평과 포용, 지속 가능 발전 교육, 교육계획·모니터링·평가, 문해교육, 기업정신, 건강과 웰빙 교육 등 7개의 영역을 구분하여 각 영역을 이끌어 갈 조정자 도시를 결정하였다.

3) 향후 과제

지역 평생교육 활성화 지원 사업은 장기적인 관점에서 지역의 평생교육 체제를 공고히 하고 새로운 시각으로 접근하여 사업을 재구조화할 필요가 있다. 이와 관련하여 평생학습도시 재지정 평가의 원만한 안착을 위한 노력이 필요하며, 평생학습도시 국제협력과 관련해서는 체제 정비와 더불어 적극적인 협력 및 지원 방안을 강구해야 하며, 정책사업으로 평생학습도시 조성의 정체성 재검토가 필요하다.

4) 외국의 평생학습도시

평생학습도시사업은 영국, 독일, 일본, 미국 등에서 선도적으로 전개되어 왔으며, 사례를 소개하면 다음과 같다(이해주 외, 2021).

(1) 영국

영국의 평생학습도시 사업은 중앙정부가 지방정부에 재정을 지원하며, 지역사회 평생학습 기반을 구축하기 위해 '성인과 지역사회를 위한 학습기금'을 조성하고 각 지역에 지원하고 있다. Nottingham, Thetford, Norwich, Edinburgh, Liverpool, Betley, Birmingham 등 40여 개의 평생학습도시가 있으며, '학습도시연대(Learning City Network)'를 조직하여 사업을 추진하고 도시들끼리 각자의 사업 추진에 대한 노하우와 경험을 교환하고 있다. 유럽위원회(EC)는 이러한 영국의 학습도시 사업에 대해 공동 재정 지원 등 국제연대의 움직임을 보이고 있다.

(2) 독일

독일의 평생학습도시 사업은 1980년대 이후 산업 재구조화로 인한 지역 경제 개발, 고용 창출, 실업 극복, 계획경제에서 자유시장 경제로의 전환에 의한 어려움 극복, 옛 동독 지역 개발 등을 위해 추진되었다. 독일은 이와 같은 사회적 환경을 배경으로 평생학습도시 사업을 구상하였기 때문에 국가 단위의 인적 자원 개발을 지역 단위의 인적 자원 개발과 연결해야 한다는 필요성과 함께 시작하였다. 평생학습도시 프로젝트에는 교육과 관련된 다양한 주체가 참여하고 있다.

(3) 일본

일본은 1979년 시즈오카현 가케가와시가 세계에서 최초로 평생학습도시임을 선포하였으며, 이후에는 평생학습체제 구축을 위해 각 지방자치단체를 중심으로 지역 중심의 평생학습체제 정비를 추진하였다. 중앙정부가 평생학습도시 사업을 시작한 이래 급속도로 확산되고 있으며, 지방자치단체의 지역 회생을 위한 전략에 평생학습의 개념을 접목시키는 방식으로 추진되고 있다. 일본의 평생학습도시 사업은 문화적 요소가 강한 특징이 있으며, 지역사회의 경제를 회생시키고, 문화를 창조하며, 교육의 혁신을 위한 통합적 도시경영 전략으로 평가받고 있다.

(4) 미국, 캐나다, 호주

미국은 Berkeley, Palo Alto, San Carlos에서 시정부와 공공조직 및 민간조직과의 파트너십을 구축하여 지역 정보와 기업정보 교류를 활성화하기 위하여 평생학습도시를 개발하였다.

캐나다 Edmonton의 평생학습 연합은 성인들에게 학습 기회를 지원하기 위한 지역사회 연대를 통해 74개 교육 조직을 위한 평생학습 포럼을 제공하고 있다.

호주는 1998년 빅토리아주의 Wadonga가 최초로 학습도시를 선언했다. 이후 빅토리아주 Bendigo 등 42개의 도시가 학습공동체, 학습도시임을 선언하였으며 다양한 평생학습 활동을 전개하고 있다.

2. 지역 학습동아리 활동

1) 개요

학습동아리는 지식 창출의 기본 단위체이며 지식을 공유하는 최소 단위체이다(김진화, 2010). 학습동아리는 학습을 위하여 '일정한 인원'이 모여 자발적으로 결성한 집단이며, 학습 희망 주제가 공통되는 사람들이 모여 그들끼리 학습조직을 운영하는 모임이다. 또한 구성원의 학습을 위한 활동 계획과 운영 절차 등에 대한 동의를 바탕으로 운영되며, 사회문제 해결뿐만 아니라 개인의 삶의 질 향상 및 전문적인 능력 개발 등의 목적을 가지고 합의된 일정과 계획 속에서 정보 습득, 실습 및 토론 등을 통해 서로 간의 경험과 생각을 확장하고 실천한다.

2) 주요 현황 및 성과

교육부와 한국교육개발원에서 2019년 조사한 '평생학습개인실태조사'의 결과를 살펴보면 우리나라는 53.1%의 '동아리 활동' 참여율을 보이고 있다(국가평생교육진흥원, 2019). 이 수치가 학습동아리 참여율과 동일하지는 않지만, 최근 평생학습 차원에서 사회적 학습 욕구가 향상되면서 이를 해소하기 위한 학습동아리가 생성되고 진화되어 가고 있다(김영옥 외, 2019).

① 학습동아리 활동 목적
- 지역사회봉사를 위하여 − 40.5%
- 심화 학습을 위하여 − 27.8%
- 전문 탐구를 위하여 − 16.0%
- 기타 − 13.1%

② 학습동아리 활동 성과
- 참여자의 삶의 질 향상 및 활력 증진 − 43.3%
- 지역사회봉사를 통한 자긍심과 사회적 성취감 고취 − 26.6%
- 지역사회 활동가로서 사회참여 확대 − 11.2%
- 일자리 기회의 실현 − 8.8%
- 공동체 의식의 향상 − 6.6%

③ 학습동아리 지원 필요 사항
- 학습동아리 운영 경비 − 30.9%
- 모임 장소 확충 − 21.6%
- 지역사회 활동 연계 − 15.9%
- 강사 등 전문 인력 − 11.5%

3) 향후 과제

학습동아리의 활성화를 위해서 먼저 학습동아리의 특성을 시·도나 기초지방치단체에서 명확하게 파악해야 한다. 이후 학습동아리 활성화를 위한 다양한 차원의 지원이 이루어져야 하며, 이때 유의할 점은 학습동아리 지원 시 추진 주체별 역할 구분을 분명히 해야할 필요가 있다는 것이다.

3. 평생교육방법의 적용과 실천 사례

1) 외국의 평생교육 실천 사례

(1) 일본의 평생교육 실천 사례 – 사회적 일자리 창출

임영언(2019)은 일본에서의 평생교육을 통한 생애학습과 고용 창출 사례를 분석하였다. 일본에서 60세 이상 고령자가 참여하는 평생교육에 대한 조사에서 그들의 사회활동 참여 여유는 친구와의 만남과 삶의 보람이며 봉사활동에 필요한 지식과 기능을 습득하기 위해 평생교육에 참여하고 있는 경우가 많았다. 군마현에서 실시하고 있는 평생교육을 통한 지역재생과 일자리 창출 사례를 보면 정부가 운영하는 평생교육의 학습 성과를 직업이나 봉사활동 등 지역사회 활성화를 위해 활용해야 한다는 요구가 있었으며, 지역 특색에 맞는 창업 활동을 통해 마을 재생에 적극 활용하고 있는 것으로 나타났다. 사가현 레이가디아 대학교의 평생교육은 졸업 후 학습 성과를 살려 지역 활동 등에 관심이 있는 수강 대상자로 제한하고 있으며, 이들은 향후 지역 활동가로 양성되고 있다.

한국과 일본의 평생교육을 비교하면 한국은 성인을 대상으로 하여 재취업을 위한 재교육, 영리 목적의 고등교육 기회 제공이 강조되고 있지만, 일본에서는 고령자 대상의 봉사활동과 지역의 인재 양성이라는 점에서 차이가 있다.

(2) 미국과 호주의 평생교육 실천 사례 – 대학의 통합적 역량기반 교육과정

김수동과 권양이(2015)는 미국 뉴햄프셔 대학교와 호주 시드니 대학교에서 운영되는 통합적 역량기반 교육과정 사례의 교육적 의미를 연구하였다. 연구 결과에 따르면, 복잡다단하고 예측 불가능한 특성을 지닌 미래를 위해 평생학습의 성격을 띠는 다학문적 통합 교육이 필요하며, 삶의 다양한 국면에 대처할 수 있는 평생학습 역량 증진 교육이 필요하다. 이러한 교육이 가능한 역량기반 교육과정의 개발을 위해서는 대학 내 구성원들에 의하여 공동으로 합의된 공동 핵심 역량의 선정이 필요하다.

(3) 홍콩의 평생교육 실천 사례 – 노인 아카데미 사례를 통한 활동적 고령화

이수경(2020)은 국내의 노인교육과 함께 홍콩 Elder Academy의 노인교육시스템을 연구하여 활동적 노인교육을 위한 방안을 제안하였다. 노인교육 활성화 방향은 노인이 중심이 되어 노인의 역량을 강화하면서 활동적 고령화 기반을 구축하는 것이다. 이를 위해 홍콩과 유럽의 고등교육기관의 교육과정과 연계된 노인교육 프로그램은 교육의 전문성과 질적인 향상뿐만 아니라 세대 간에 상호 이해하며 소통한다. 청소년과 함께 하는 교육 프로그램은 홍콩 정부가 핵심 가치로 제시한 '타인 돌봄' 및 '도덕성' 추구와 함께 노인들의 지혜와 삶의 교훈을 통하여 청소년들이 삶에 긍정적으로 직면하는 태도를 학습할 수 있기 때문에 매우 유용한 교육과정이다. 활동적 고령화 교육 프로그램은 노인들이 자신의 숨겨진 역량을 찾을 수 있도록 특성화되고 다양하게 제공되며, 이러한 노인들의 욕구를 충족하기 위해서는 고령화 이전부터 노령화를 대비한 기초교육이 이루어져야 하고, 생애 전반을 대상으로 하는 활동적 고령화 교육을 계획하고 실행하기 위한 전문가 육성이 필요하다. 실버 친화 사업에서의 활동적 고령화 교육도 반드시 고려되어야 한다.

2) 국내의 평생교육 실천 사례

(1) K 문고의 평생교육 실천 사례 – 학습공간 재구성

백정숙, 이희수(2020)는 K 문고의 평생교육 사업을 연구하였다. 연구 결과, 독서를 통해 일상에서 배움을 실천하고 자기개발의 생활화가 일어났으며, 문화와 교육이 조화롭게 연결되었다. 또한 참여자들은 K 문고에서의 활동을 통해 학습은 어디에서나 가능하다는 것을 알게 되었다. 서점이 갖는 특수성이 학습자로 하여금 새로운 정보를 자연스럽게 접하게 하고 현실적인 삶에 자연스럽게 배움을 뿌리내리게 하여 배움의 연속성을 확보하게 되며 평생학습을 가능하도록 돕는다.

(2) 장애인 평생교육 실천 사례 – 장애인 문화예술교육 '장애인 영화제'

김홍주(2016)는 장애인들의 문화예술교육을 위해서는 다양한 분야의 전문가들에 의한 전문적인 문화예술교육이 이루어져야 한다고 주장했다. 장애인들이 처한 현실을 반영한 그들의 생각과 삶을 담아낸 영화는 사람들에게 공감을 불러올 수 있고, 장애인들이 영화제작에 참여한다면 그들의 삶의 질은 높아질 수 있다. 다른 문화예술교육 영역에서도 전문가들에 의해 다양한 문화예술교육이 이루어진다면 장애인들이 인간다운 삶을 살아가는 데 커다란 도움이 될 것이다. 이를 위해서는 충분한 예산 확보가 시급하다. 예산 확보 문제는 영화제뿐만 아니라 장애인 평생교육 전반에서 크게 영향을 미치는 요인으로 작용하고 있다.

또한 장애인 문화예술교육 활성화를 위해 각 지방자치단체의 평생교육지원센터는 다양한 문화예술교육의 놀이터를 마련해 주어야 한다. 장애인들의 문화예술교육의 향유를 위해 가치봄영화제(PDFF)가 영화 축제로서 실천해 온 것처럼 다른 예술 장르들도 다양한 축제의 장을 만들어야 한다.

(3) 노년층을 위한 평생교육 실천 사례 1 – 박물관 문화예술교육

최고운과 이정은(2020)은 우리나라의 국공립 박물관에서 노년층의 특성을 반영하여 박물관만의 전문적이고 다채로운 교육 프로그램을 개발하고 노년층과 젊은 세대 간의 소통의 활성화 방안을 모색하며 박물관 내 전문 인력 교육을 통해 전문가를 배치하고, 유관기관의 협업을 통해 전문성 강화하여 노년층 대상 박물관 교육 연구의 다양화를 꾀하며 노년층 대상 교육프로그램을 운영하고 있다.

(4) 노년층을 위한 평생교육 실천 사례 2 – 생태 인문학

이명희(2019)는 실버 세대의 생태 인문학 강독의 중요성에 대해 언급하였다. 실버들은 체험학습을 통해 적극적 독서인구로 유입되며 세대 간의 이해 및 타자를 이해하는 기능이 강화되고 체험학습을 통한 교양학습이 자식이나 손자 세대까지 영향을 줄 수 있는 긍정적 요소가 내재한다. '생태 인문학'이 지향하는 가장 커다란 목표는 '관계(network)'이다. 생태 인문학을 통해 인간 중심적 사고와 평가가 가능하며 생명

체와의 관계성을 통해 자기성찰이 가능하며 다른 사람과 다른 생명체까지 살필 수
있는 마음을 기를 수 있다.

(5) 노년층을 위한 평생교육 실천 사례 3 – 온라인 공동체 활동

차혜경과 기영화(2019)는 온라인에서 공동체 활동을 하는 고령자의 경험을 확장
학습의 관점에서 밝히고자 하였다. 고령자들은 온라인을 통해 게시물 읽거나 게시
물을 쓰는 활동으로 소통하는 학습을 하였으며, 오프라인에서 관심사를 직접 실천하
는 사회적 활동을 통해 학습하였고, 지속적인 활동으로 사회적 상호작용을 통해 학
습의 주체로 변화하였다. 온라인 공동체 활동을 하는 고령자는 활동 체계를 확장하
고, 사회적 관계 형성 및 정체성을 재구성하며, 지속적인 발달을 추구하는 평생학습
자로 성장하고 있었다. 또한 온라인 공동체 활동에 참여하는 고령자들이 학습의 주
체가 되어 공동체의 발전에 기여하는 역동적 변화 과정에 있음을 확인할 수 있었다.

(6) 지역 평생교육 실천사례 1 – 시흥시 평생학습마을 만들기

이규선(2017)은 평생교육이 양극화되고 개별화되는 현상이 심각해지는 현실에 대한
문제의식을 시작으로 평생학습 중심 마을 만들기를 통해 평생교육의 양극화와 개별화
의 문제를 해결할 방안을 모색하고 마을공동체를 형성하고 있는 시흥시의 10년간의
실천 활동을 관찰 연구하였다.

'평생학습마을 만들기'는 마을공동체의 지속 가능한 발전과 성장을 위해 마을의
환경과 조건을 평생학습이라는 목표에 맞추어 재조직하고, 공동체의 가치를 재발견
하고 이웃과의 관계를 재조직하며, 마을 구성원 각자의 삶을 의미 있게 만들 수 있는
'배움 문화'를 형성하는 활동과 실천을 말한다.

평생학습마을 만들기는 사회적 연대의 공동화를 막을 수 있는 사회운동이 될 수
있으며, 마을 평생학습 활동은 일반 평생교육기관에서의 학습보다 자기 발견과 자
기표현, 그리고 자기 충족의 과정을 더욱 분명하게 느낄 수 있는 조건이 될 수 있다.
마을 주민들은 마을 평생학습 과정을 통하여 주체적으로 살아가고 있다는 느낌과
함께 자존감 향상을 경험하며, 마을은 자체 자산에 기반할 때 자치력의 향상을 경험
하게 된다.

(7) 지역 평생교육 실천 사례 2 – 남양주 학습공동체 학습등대

김종선(2018)은 남양주 학습등대 실천 공동체 형성 과정을 분석하였다. 주민들의 생활공간인 마을이 주민의 학습권을 위한 평생학습 체제임을 인식하게 되었으며, '학습등대 프로그램'을 통하여 마을로 평생학습 전달 체제가 이어져 주민들에게 학습 기회 제공의 기회가 확대되었으며, 지역의 물적 · 인적 지원이 주민의 학습 자원으로 네트워킹되어 활용되는 지역 평생학습체제가 기능함을 확인했다. 또한 학습등대 프로그램은 인간관계 형성의 원천, 행동 참여의 원천, 실천 협상의 원천, 공유된 지식의 원천으로서 지역을 변화 발전시키는 새로운 원동력으로 자리매김하였다.

(8) 마을공동체 평생교육 실천 사례 – 마을 박물관 활동

장지은(2018)은 마을 박물관 활동에 마을 큐레이터로 참여했던 주민들의 경험에 기초하여 질적 사례 연구를 진행하였다. 마을 박물관 활동의 기억 문화 활동은 마을의 고령자가 마을에서의 경험과 기억 등을 활용하여 마을박물관에 전시함으로써 교육적 성과물을 만들어내고 기억에 대한 의미를 발견하여 실행하는 의미 있는 실천 활동이다. 이러한 활동은 노년기에 기억을 미래의 관점으로 인식하게 하여 관점을 재창조하며 고령자에게 폭넓은 사회적 · 문화적 · 인지적 활동을 가능하게 한다.

4. 시 · 도 평생교육진흥원 역점 사업 및 활동

2007년 「평생교육법」이 개정됨에 따라 국가평생교육진흥원-시 · 도 평생교육진흥원-시 · 군 · 구 평생학습관으로 이어지는 전달체계를 갖추게 된 이래 현재 17개 광역 모두 시 · 도 평생교육진흥원을 설립하여 평생교육 프로그램 운영, 평생교육기관 간 연계체계 구축, 평생교육 상담, 평생교육 기회 및 정보 제공 등 해당 지역의 평생교육 진흥을 위해 활발한 운영을 하고 있다(국가평생교육진흥원, 2019).

1) 서울은 학교다

서울특별시평생교육진흥원은 '서울은 학교다'라는 표어 아래 민 · 관 · 학 인프라를 바탕으로 서울시 평생학습의 허브 역할을 하고 있다. '서울은 학교다' 캠페인 내용 구성은 [그림 14-1]과 같다.

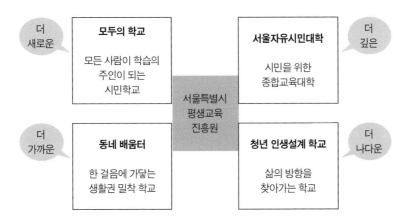

[그림 14-1] '서울은 학교다' 캠페인 내용 구성

출처: 교육부, 국가평생교육진흥원(2019), p. 249.

(1) 동네 배움터

'동네 배움터' 사업은 서울특별시 자치구별로 운영되고 있으며, 지역 주민들이 쉽게 접근하여 사용할 수 있는 유휴 공간에서 학습을 진행하며, 지역 주민들의 요구에 맞는 프로그램과 학습공동체 활동을 지원하고 있다. '동네 배움터' 사업은 국가평생교육진흥원과 자치구, 동네 배움터의 추진 체제가 역할을 분담하여 운영한다. '동네 배움터' 운영 활성화를 위해 각 자치구별로 2~3명의 평생학습 전문가들이 배치되었으며, 배치된 전문가들의 전문성 강화를 위하여 연수를 진행하였고, 맞춤형 컨설팅을 개최하는 등 사업의 성과관리가 지속해서 전개되었다.

(2) 모두의 학교

'모두의 학교' 사업은 중학교 시설이었던 공간을 서울시 평생학습센터로 리모델링하면서 시작되었으며, '신개념의 평생학습 모델'을 개발하고자 하는 전문가들에 의해 시민 중심의 학습 플랫폼으로서 자리 잡게 되었다. '모두의 학교'가 추진한 시민 중심의 학습 플랫폼 사업은 다음의 네 가지로 구분된다.

첫째, 시민 주도적 참여를 끌어내는 운영체제 만들기

둘째, 혁신적 서울형 평생교육 프로그램 개발 및 운영

셋째, 시민 학습이 지역사회의 변화를 이끄는 커뮤니티 활성화

넷째, 시민 성장과 개개인의 발견 및 공유를 위한 공공의 문화 서재(모두의 책방) 운영

(3) 서울자유시민대학

'서울자유시민대학' 사업은 시민의 평생학습권을 보장하고, 시민력 향상을 위한 교육체계를 확립하려는 목적으로 설립된 종합교양대학 사업이며, 2019년 추진되었던 주요 사업 내용은 다음과 같다.

첫째, 62개 캠퍼스에서 588개 강좌가 연간 진행

둘째, 인문 단체, 대사관, 기업과의 연계를 통한 사업 확장

셋째, 명예시민 학위제 운영

넷째, 혁신 허브 비전 체계 구축을 위한 기반 조성 및 차별화된 운영 전략 개발을 위한 연구 추진

(4) 청년 인생설계 학교

'청년 인생설계 학교' 사업은 서울청년의회에서 청년 당사자가 직접 제안한 사업으로, 2018년부터 서울시에서 위탁받아 운영하고 있다. 청년들이 삶을 계획하는 과정에 자신을 돌아보고 세상에 관해 탐구하며 또래들과 교류할 수 있는 공간을 마련해주기 위해 추진되었다. 이 사업의 특징은 서울시 공공·민관기관들과 연계하여 청년들의 주체적 인생 경로 설정을 위해 다각적인 접근을 가능하게 한 점이며, 이에 따라 참여자들의 서울시정에 대한 호감도가 높게 나타났다.

2) 부산평생학습주간

'부산평생학습주간'은 부산 지역의 평생교육기관, 평생학습동아리, 학습자와 시민이 모여 그동안 운영했던 평생교육 사업과 프로그램에 대해 공유하고 학습의 결과를 함께 나눌 수 있는 장(場)을 마련하기 위하여 격년제로 개최하고 있는 행사이다.

언제 어디서든 평생교육에 참여할 수 있도록 시민들에게 정보를 제공하고 있으며, 학습을 통해 개인과 사회의 성장을 도모하고, 평생교육 문화를 확대하는 것을 목적으로 한다.

　부산평생교육진흥원이 재단법인화되어 부산인재평생교육진흥원이 출범하면서 2017년부터 격년제로 '부산평생학습주간'을 개최하고 있다. 2017년 제1회에서는 부산평생학습주간 선포, 아빠와 함께 하는 창의교육, 백일장, 청춘 골든벨, 학술 세미나, 강연 및 토크 콘서트 등을 개최하였다. 2019년 제2회에서는 평생교육인의 밤, 야간 버스킹, 평생교육 토론회 및 세미나, 평생학습동아리 사례 경연대회 및 발표, 북콘서트 등을 진행하였다. 부산의 평생교육 사업과 프로그램을 한자리에서 볼 수 있으며, 부산의 평생교육 관계자들의 고민거리를 나누고 해결책을 모색하는 네트워크의 장이 마련되었다. 또한 '부산 유라시아 플랫폼'은 부산을 방문하는 외부인들과 부산 시민들이 자연스럽게 함께 평생교육을 접할 수 있었으며, 부산 평생교육의 비전을 제시하여 세대별로 참여 가능한 프로그램을 개발하고 다양한 계층들이 평생학습에 함께 참여할 기회를 제공하였다.

3) BB21 플러스

　'BB21 플러스(Brain Busan21+)' 사업은 저출산으로 인한 학령인구의 감소, 수도권 집중 등의 위기에 따라 부산시가 지역 대학에 지속적인 지원책을 제공하기 위하여 추진되었으며, 장학금 지원을 통해 전문 학사 역량 강화, 고급 연구인력 양성 등 대학의 핵심적인 기능들을 지원하여 지역 대학의 경쟁력을 확보하고자 하였다. 또한 지방 분권화에 따라 지역과 대학의 선순환 시스템을 구축하고, 지역의 특성에 기반한 인재 양성 및 산업 발전을 도모할 수 있는 지역 대학의 역할 제고를 목적으로 하였다. 'BB21 플러스' 사업에 앞서 진행되었던 'BB21' 사업은 지방자치단체 유일의 지역 인재 양성 사업이었으며, 2002년 시작하여 2017년 종료되었다. 'BB21 플러스' 사업은 'BB21' 사업의 한계를 보완하고자 지역사회화의 협업을 필수로 하였고, 직무역량 기반형 프로그램을 신설하여 지역 고등직업교육의 내실화를 꾀하였다. 이를 위해 예산 지원을 최대 확대하였으며, 대학 내의 학과들에 융복합 신청을 유도하였고 사업단의 규모 및 참여 학문 분야를 다양화하였다. 'BB21 플러스' 사업은 지역의 우수 인재를 양성하기 위해 대학의 연구 활동을 지원하고 있으며, 지역 산업이 발전할 수 있도록 기여하고 있다. 또한 'BB21' 사업으로 장학금을 지원받은 학생이 BB21 플러스 사업의 단장이 되거나 모교의 교수로 임용되는 등 지역 인재의 선순환 성과를 이루어 냈다.

4) 대구평생학습 리더 그루잉업 과정

대구평생교육진흥원은 현장에서 평생교육 프로그램에 대한 의견을 수렴하고 있으며, 평생교육기관 관계자들 간의 네트워크 구축과 정보 공유를 강화하기 위해 '대구평생학습 리더 그루잉업 과정'을 운영하고 있다. 세부 과정으로는 '대구평생학습 학습큐레이터 양성과정'과 '평생교육사 전문역량 강화 연수'가 있다.

(1) 대구평생학습 학습큐레이터 양성과정

평생학습 현장에서 요구되는 핵심 역량을 중심으로 하여 교육과정을 구성하였으며, 평생교육 프로그램 운영, 지역 평생학습, 평생학습 자원 활동가의 역할, 평생교육 동아리, 성인 학습자 상담, 평생교육 홍보 및 마케팅, 퍼실리테이션과 같은 내용을 다루었다. 양성과정을 이수한 학습큐레이터들은 대구시의 평생학습과 관련된 다양한 활동에 참여하고 있다.

(2) 평생교육사 전문역량 강화를 위한 연수

현재 평생교육기관에서 근무하고 있는 평생교육사들을 대상으로 사회환경의 변화에 대응하여 지역 평생학습정책이 나아가야 할 방향을 모색하고, 추진 과제와 개선책 등에 대한 토론을 진행하였다.

학습 큐레이터 양성 사업은 지역 평생학습에 관심 있는 시민들에게 다양한 활동 경험을 제공하였으며, 지역의 평생학습 전문인력을 육성하여 평생학습에 대한 홍보와 활성화에 이바지하였고, 평생교육사 전문역량 강화 연수는 국가평생교육진흥원과 시·도 평생교육진흥원이 연계하여 공동으로 기획·운영하였다는 점과 사회환경의 변화에 대응한 평생교육의 현안에 대해 논의하고 평생교육 관계자들 간의 유기적 네트워크가 강화되었다는 점에서 의의가 있다.

(3) 시민 배움터 '다:이룸' 운영 지원

대구평생교육진흥원은 유휴시설과 공공·민간시설을 지역의 커뮤니티 공간으로 활용하기 위해 2019년 마을 단위의 근거리 학습이 가능한 시민 배움터 공간 조성 운영을 지원하였다. '다:이룸'은 배움과 학습을 통한 성과를 모두 함께 이룬다는 의미와 공간이라는 의미의 룸(room)을 합성한 단어이다. 대구평생교육진흥원은 '다:이룸' 사업을 통해 시민에게 '공간'의 의미를 생각하게 하고 평생학습의 장소로 활용되는 '공간'의 개념을 확장했다. 대구 지역 내의 공공·민간시설과 유휴시설 등 지역 커뮤니티 시설 중에서 공간 대여가 가능한 시설을 선정하여 평생학습 프로그램 운영이 가능하도록 지원하였다. 대표적인 사업으로는 세계시민교육, 생활법률, 부모 성장학교, 재활용 디자인, 독서코칭 등이 있고, 그 밖에도 다양한 평생학습 프로그램이 운영되었다.

현대인에게 '공간'의 개념은 물리적 개념을 넘어 정서적 유대감을 가질 수 있는 장소이다. 시민 배움터 운영을 위해 12개 기관의 장소를 커뮤니티 공간으로 활용하였으며, 14개 평생학습 프로그램을 운영하였다. 이러한 지역 커뮤니티 공간을 통해 지역 주민들은 학습 모임과 동아리 활동 등을 통하여 공간 공유의 경험을 하였으며, 지역 자원 활용이 가능한 평생학습 문화를 새롭게 조성할 수 있었다.

5) 4차 산업혁명 대응 시민교육

광주평생교육진흥원에서 주관하여 운영한 '4차 산업혁명 대응 시민교육'은 시민들이 4차 산업혁명에 대해 이해하고 적극적으로 대응하도록 하기 위함을 목적으로 하였다. 다른 프로그램과는 달리 전문 기술 교육이나 직업 소양 교육보다는 4차 산업혁명에 대한 인식의 전환과 함께 시민들이 시대의 변화에 적응하고 미래 사회에서의 삶을 준비할 수 있도록 메이커 교육(maker education)을 지원하였다.

(1) 4차 산업혁명에 대한 인식 제고 및 문화 확산

4차 산업혁명에 대하여 시민들의 이해력을 증진하고 평생교육 문화를 확산시키기 위하여 프로그램은 대규모의 특강과 소규모의 워크숍으로 이원화하여 운영하였다. 대규모 특강은 생애주기별로 대상자를 구분하고 각각의 생애주기에 맞는 사회적 역할에 적합한 주제를 선정하였고, 소규모 워크숍은 4차 산업혁명에 대한 의제를 선정하고 시민들이 주체가 되어 팀을 구성하여 사전 회의를 통해 팀별 주제로 토론이 이루어졌다.

(2) 4차 산업혁명 메이커 교육

4차 산업혁명에 대한 실천적인 대응으로 시민들이 메이커 교육을 통해 직접 체험해 볼 수 있는 기회를 제공하였으며, 학교 밖 청소년과 일반 시민 두 대상으로 구분하여 프로그램을 진행하였다. 학교 밖 청소년 대상 프로그램은 광주광역시 학교 밖 청소년지원센터와 메이커스 단체가 연합하여 프로그램이 운영되었으며, 일반 시민 대상 메이커 교육은 광주 평생학습박람회와 연합하여 메이커 프로그램 기획 부스가 운영되었다.

4차 산업혁명 시민교육의 운영 성과로는 4차 산업혁명에 대한 인식 제고 및 문화 확산과 아울러 4차 산업혁명 메이커 교육으로 인한 4차 산업혁명에 관한 관심과 적응력을 향상했으며, 4차 산업혁명을 주제로 한 심포지엄을 공동 주관함으로써 지속 가능한 발전을 꾀하였다.

6) 학력 인정 대전시립중고등학교

대전광역시와 교육청, 대전평생교육진흥원은 학습자의 요구와 학력인정 수요를 충족시키고 중등 학력 인정을 통한 성인 학습자의 교육복지를 실현하기 위해서 공공형 학력 인정 평생교육시설로서 학력 인정 대전시립중고등학교를 설립하여 운영하고 있다.

학력 인정 대전시립중고등학교는 정규학교 교육 기회를 놓친 성인 학습자들에게 중등 교육과정을 단기간에 이수할 기회를 부여하기 위하여 방학 기간을 수업일수로 반영하여 1년 3학기제로 운영하고 있다. 교육과정 및 수업시수는 일반 학교의 70%로 편성하였으며 대전평생교육진흥원의 사업부서 형태로 구성되어 있다.

7) 평생교육 메이커 교육 운영 사업

　울산 지역의 인재 양성 및 전문과정 연계를 위하여 평생교육 차원의 기초교육의 필요성을 인식하고 4차 산업혁명에 발맞추어 '평생교육 메이커 교육 운영 사업'을 진행하였다. 이는 울산 시민들이 4차 산업혁명과 관련하여 전문교육을 받을 수 있도록 기회를 제공함과 동시에 새로운 삶에 대한 기회를 제공함을 목적으로 하고 있다. 기초교육을 제공하여 창작활동을 지원하고, 결과물은 지역사회 공헌과 연계하여 지역 활성화를 도모하고자 하였다. 울산인재평생교육진흥원은 관내 대학들의 연계하여 시민들에게 제공되는 메이커 교육을 지원하기 위한 기초과정을 제공하고, 학습자들의 창작활동을 통해 지역사회에 공헌하는 활동을 진행하였다. 교육생들 중에 창업이나 취업을 한 사례들도 있으며, 교육생들이 교육과정을 통해 지역사회에 공헌할 수 있는 활동을 수행함으로써 의미를 찾은 것도 커다란 성과였다고 할 수 있다. 이처럼 평생교육 수혜자들이 지역사회에서의 공헌 활동에 적극적으로 참여할 수 있도록 지원하는 것이 무엇보다 중요하다.

8) 세종시민대학 '집현전'

　세종특별자치시는 도시 성장에 따라 급격한 인구 증가를 하고 있으며, 이와 더불어 평생학습의 수요도 다양화되고 급증하고 있다. 이에 시민들의 요구를 반영한 세종시민대학 '집현전'을 운영하고 있는데, 이는 국가정책, 인문학, 고전학, 세종학, 학부모 교육 등 전문 분야의 인사들을 강사로 초빙하여 배움이 있는 도시를 만들고자 함에 그 목적을 두고 있다. 세종시민대학 '집현전'의 세부 교육과정에는 정책 아카데미, 세종 학부모대학, 인문학, 고전학, 세종연합교양대학 세종학 등이 있으며 운영 기간, 운영 방식은 대상에 따라 차별화하여 설정하고 있다. 전반적으로 총 참여 인원은 증가하였으나 참여 인원이 감소한 프로그램도 있는데, 이는 전년도의 교육내용과 비슷하게 구성되어 다양한 교육에 대한 시민들의 요구에 부응하지 못했기 때문이라 판단된다. 따라서 세종시민대학 '집현전'의 브랜드 확산과 시민들의 요구 부응을 위해 전문교육과정 개발이 필요하다.

9) 경기도 생활기숙학교

경기도 평생교육진흥원은 도내의 베이비붐 세대를 대상으로 평생학습을 통한 은퇴 후 노후 생활 준비와 사회참여 기회 제공 및 지속적인 일자리 창출을 위해 '경기도 생활기술학교'를 기획하여 운영하고 있다. 경기도 생활기숙학교는 평생학습을 통해 중장년 세대들의 은퇴 후 자립생활 지원을 목적으로 하고 있으며, 은퇴 및 노후 설계를 위한 인문교양교육, 사회공헌과 연계된 현장실습 직업 능력교육 등이 있다. 또한 전문교육기관 공모를 통해 파트너십을 구축하여 교육과정을 운영하였다.

운영 성과로는 경기도 내 중장년층의 경제적 노후 준비를 지원하고, 평생학습을 통한 도내 중장년층의 사회 공헌 활동을 강화하고 있다.

10) 강원도 평생학습박람회

강원도 평생학습박람회는 보다 많은 강원도민들이 평생학습에 대해 알고 참여하며, 모든 강원도민들이 희망하는 평생학습 프로그램에 참여할 수 있도록 환경을 제공하고 개선하는 것을 목적으로 하고 있다. 강원도의 모든 자치단체들이 서로 다른 전략과 환경을 바탕으로 평생학습 활성화를 위해 노력하고 있으며, 매년 다른 환경에서 박람회를 개최하여 성과와 시사점을 도출하는 것도 박람회의 주요 성과이다. 2017년에는 운영 효율성과 전년도 개선과제를 고려하여 단기 · 집중 형태의 행사로 진행하였으며, 자치단체들 간의 연계 협력체계 활성화, 평생학습 문화 조성, 역량 강화를 목적으로 자치단체 평생학습축제와 공동 개최를 추진했다.

2018년 박람회는 체계적인 준비를 통해 진행되었으며, 평생학습의 의미를 되새기고 국가와 강원도 · 시 · 군의 평생학습정책 확인 및 지역별 평생학습기관에서의 평생교육과정 정보 제공을 강화하였다.

2019년 박람회는 평생학습도시로서 새롭게 시작하는 자치단체와의 협업이라는 점에서 새로운 도전이 필요했으며, 환경적 제약을 극복하면서 조화로운 공간이 조성되도록 하였고, 춘천시의 '시민중심' 정책목표를 반영하여 최대한 관람객의 편의성을 보장하고 기념행사의 의전을 간소화하여 모든 강원도민이 함께 할 수 있는 분위기를 만들었다. 2019년 박람회 개최의 경험으로 평생학습 활성화와 기반구축을 통해 평생학습축제를 준비하고자 하는 자치단체에 많은 도움을 주었으며, 향후 지속적으로 내용을 공유하고 발전시킬 수 있는 공감대가 형성되었다. 강원도 평생학습박람회는 그동안의 성과를 다방면으로 전파하여 강원도 전역의 평생학습이 활성화되고 균형 있게 성장할 수 있도록 하는 계기가 되었다. 의미 있고 내실 있는 평생학습박람회가 되기 위해서는 참여 기관의 역량 강화가 우선시되어야 하며, 기반이되는 사업들을 더욱 효과적으로 확대 운영할 필요가 있다. 광역 간, 광역과 국가 간박람회 교류도 활발히 이루어져야 하며, 공동의 노력이 필요하다.

11) 충남 평생학습 포털 통합 구축

충청남도평생교육진흥원에서는 온라인 평생학습 지원체제 구축 사업의 일환으로, 충청남도민이 편리하게 평생학습에 참여할 수 있도록 효과를 극대화하기 위해 '충남 평생학습 포털'을 구축하여 운영하고 있다. 도민들의 평생학습 참여 확대를 위해 평생교육 정보망 구축 사업을 통해 기초 시스템을 구축하였다. 그러나 운영 서버의 노후화와 시스템의 잦은 오류로 정보 연계의 불안정과 도민들의 서비스 접근성 저하 등의 문제가 발생하여 도내 평생교육 강좌 정보 자동 연계 시스템 오류 개선과 도민의 정보 접근성 및 이용 편의성 증대를 위한 통합 홈페이지 구축 사업을 진행하였다.

충남 평생학습 포털 통합 구축 사업의 주요 내용은 다음과 같다.

첫째, 분리되어 운영되었던 홈페이지를 통합하고 구조를 개편하였으며, 기존에 제공했던 서비스의 기능을 개선하였다.

둘째, 충남 지역 시·군 평생교육기관을 대상으로 오픈 API(Open Application Programming Interface)를 활용하여 강좌 정보 자동 연계 시스템을 구축하였다.

셋째, 공공데이터를 활용한 무료 온라인 강좌 제공을 위해 한국형 온라인 공개강좌 'K-MOOC', 국가평생교육진흥원 '늘 배움', 충남 공무원교육원 '도민대상 사이버 강좌'를 제공하고 있다.

충남 평생학습 포털을 구축한 결과, 이용자 친화적인 통합 홈페이지 구축으로 도민의 정보 접근성 및 편의성 향상을 도모하였으며, '웹 접근성 품질' 인증 마크를 획득하였다. 충남 평생학습 연계 정보 시스템을 구축하여 정보의 최신성과 신뢰성을 확보하였으며, 우수 온라인 강좌의 무료 제공을 위해 통합 홈페이지와 연계하여 운영함으로써 도민들의 평생학습 기회 확대에 기여하였다.

12) 동네방네 배움틈

'동네방네 배움틈'은 지역 내 주민들의 생활권 내 유휴 공간을 '배움틈'이라는 이름의 학습공간으로 전환하고 공유하여 지역 내 평생학습 인프라를 확충하고 주민들에게 근거리 학습권을 보장하고 있는 사업이다. 이와 같이 배움틈 학습공간을 활성화하고 생활에 필요한 평생학습을 지원하는 '틈새학습'을 주민들에게 제공하여 주민들로 하여금 평생학습의 생활화를 구현할 수 있는 환경을 구축하고 있다.

'동네방네 배움틈'의 운영은 공간주는 '배움틈'을 통해 학습 공간을 기부하고, 강사는 '틈새학습'을 통해 재능을 기부하는 활동으로 기부에 대한 주민의 인식 개선과 기부 문화 조성에 일조하고 있다.

'동네방네 배움틈'은 크게 세 가지 세부 사업으로 나누어 추진하고 있다.

첫째, 지역 내 유휴 공간을 발굴하여 배움틈으로 지정하는 사업
둘째, 주민들의 배움틈 공간 이용을 활성화하고 지역의 다양한 평생학습이 운영되도록 하는 프로그램을 지원하는 틈새 학습
셋째, 배움틈과 관련된 온라인 시스템을 구축하는 사업

지역 주민들에게 학습 공간을 무료로 제공할 수 있는 시설을 소유하고 있는 공간주들을 대상으로 '배움틈' 사업과 그 공간을 활용하여 평생학습 프로그램 운영을 지원하는 '틈새 학습' 사업을 모집하였으며, 1차 서류 심사와 2차 현장 점검을 통해 공간주의 공간 기부 목적과 평생학습에 대한 의지, 공간 공유 형태의 적절성과 평생학습 프로그램 빈도 등 장소의 적합성을 평가한 후 최종적으로 42개소의 '배움틈'과 39개의 틈새 학습을 선정하였다. '동네방네 배움틈'은 사람들이 서로 관계를 형성하고 물건뿐만 아니라 공간, 재능 등을 나누는 다양한 나눔 문화를 확산하며, 서로가 소통하고 상생하는 지역공동체 문화를 만들어가고 있다.

13) '모두의 행복, 학습, 성장의 시작' 경상북도 문해교육

경상북도는 저학력 성인 인구가 전국 평균보다 높게 나타났다. 이에 따라 경상북도 문해교육 현장에서 제기되고 있는 문제점들을 해결하고 문해교육을 활성화하기 위해 지속할 수 있고 실효성 있는 지원 체제를 구축하고자 하고 있다. 경상북도평생교육진흥원은 문해교육 광역 거점 기관으로 문해교육 네트워크 기반을 조성하였으며, '문해교육 활성화 방안 연구'를 통해 도내 문해교육 실태 및 현황 파악을 하여 문해교육의 기본 방향과 목표를 설정하고 경상북도 문해교육 발전을 위한 발판을 마련하고 있다.

경상북도평생교육진흥원은 문해교육기관 관계자들과 교사·강사들의 전문성을 강화하기 위하여 연수를 진행하고 있다. 경상북도만의 지역적 특성과 문해 학습자들의 요구를 반영하여 맞춤형 문해교육 프로그램을 운영하고 있으며, 경상북도북형 문해교육에 대한 지원 방안을 마련하고 있다. 경상북도 성인문해교육의 필요성에 대한 사회적 인식을 확산시키고, 성인문해교육 프로그램 참여자의 학습 성과를 격려하며, 문해교육 참여를 촉진하기 위하여 경상북도와 도교육청, 22개 시·군 및 평생교육기관이 참여하는 '경상북도 문해 대잔치'를 개최하였다. 또한 문해교육에 대한 사회 인식과 중요성에 대한 긍정적인 인식을 확산시키기 위해 문해교육과 관련된 홍보 영상을 제작하여 배포하였다. 제작된 홍보 영상은 잠재 학습자를 발굴하고 학습자의 학습 의욕을 고취하여 배움이 지속될 수 있도록 하였다.

14) 경남 60+교육센터 사업

'경남 60+교육센터' 사업은 60세 이상의 고령자들을 대상으로 하여 그들에게 활력을 제공하기 위해 사회활동에 참여할 기회와 여건을 마련할 수 있도록 개인의 직무 역량 향상 및 개발을 위한 프로그램을 추진하였다. '경남 60+교육센터' 사업은 보건복지부가 주최하고 한국노인인력개발원이 주관하는 사업으로 경상남도평생교육진흥원에서 공모 참여 및 선정을 통해 직접 시행하였다. '경남 60+교육센터'는 기업의 맞춤인력 양성 및 60세 이상 고령 학습자들의 다양한 사회능력 개발을 위해 교육을 제공하는 전문교육기관이며 취업형, 사회활동형, 자격형 등 총 3개의 교육과정을 개발·운영하고 있다.

경남 60+교육센터 사업의 정량적 측면의 성과는 총 17개 과정, 총 273명이 학습자가 교육에 참여하였으며, 학습자 중 자격증 또는 사회활동과 연계된 인원이 총 165명으로 85.5%의 연계율을 달성하였다는 점이다. 정성적 측면의 성과로는 경상남도 도내 평생교육 관련 기관의 전국적인 네트워크 기반을 마련하였다는 점과 노인 분야와 관련하여 국비를 확보하여 경상남도 지역의 만 60세 이상 노인들의 평생학습 참여 및 평생교육의 활성화에 이바지하였다는 점, 그리고 대내외적으로 우수 사례로 인정받았다는 점 등 경상남도 고유의 노인평생교육 모델을 구축하였다.

15) 산청의 과거-미래-현재를 잇는 산청군민 기록가 양성과정

'산청의 과거-미래-현재를 잇는 산청군민 기록가 양성과정' 사업은 산청군의 역사와 문화 보존, 주민들 간의 지역공동체 역량 강화, 고유의 지역문화 양성을 목적으로 하였다. 시작 당시에는 산청군의 지역기록물을 확보하는 데 이바지하였지만, 단순 기록물 조사에 그쳐 지역 주민들과 공유하고 소통하는 자리가 부족하였다는 한계가 있었다. 이에 지역 주민들이 주체적으로 참여할 수 있도록 보완하여 '산청군민 기록가 양성과정 사업'을 추진하게 되었다. 산청군민 기록가 양성과정은 여러 부서 및 기관이 협력하여 운영하였다. 대상자를 모집하기 위하여 협력 기관 및 부서에서 교육 프로그램 홍보와 교육 이후의 추수 활동 연계 등을 지원하였다. 산청군민 기록가 활동은 학습 동아리 결성 및 기록집 제작 과정을 통해 이루어졌으며, 기록집을 전시하여 산청군민들이 볼 수 있도록 하였다. 이러한 과정을 통해 산청군민들과 사업 성과를 공유하고 산청군민의 생활사를 이해할 수 있는 계기가 되었다.

산청군민 기록가 양성과정을 통해 지역 주민 및 지역사회, 기관 차원에서의 성과가 있었다. 지역 주민 차원에서는 주민이 능동적으로 참여할 수 있는 분위기를 조성하였고, 지역사회 차원에서는 산청군민의 공동체 의식을 향상하고 구성원 간의 소통을 활성화하는 데 이바지하였으며, 기관 차원에서는 타 부서와의 협력을 바탕으로 산청군민을 위한 평생교육 사업을 추진할 수 있는 기반을 마련하였다.

16) 제주인의 성장과 가치 실현을 위한 공공 학습 지원 체계

제주도의 공공 학습 지원 체계 마련을 위해 제주평생교육장학진흥원에서는 제주지역 평생학습 기관 실태조사와 전문 콘텐츠 중심의 학습자 맞춤형 프로그램 개발 지원 등에 심혈을 기울이고 있다. 조사 결과, 제주지역 평생교육기관은 「평생교육법」에 의한 시설과 관련 법령에 따라 평생교육을 주된 목적으로 하는 시설 법인 또는 단체 등이 존재하며, 다른 법령을 기반으로 하는 평생교육 시설이 대다수를 차지하고 있음을 확인할 수 있었다. 제주지역 평생교육기관은 제주시를 중심으로 66.6%가 배치되어 있어서 지역 편중된 분포를 보이고 있으며, 읍·면사무소 소재지에 집중 배치되어 있어서 리 단위 마을에서는 참여할 수 있는 평생교육기관이 미비한 상태이다. 그러므로 주민들이 편리하게 이용할 수 있는 마을단위 평생학습 공간 조성을 위해 전략 수립과 지원 방안 마련이 필요하다.

제주평생교육장학진흥원에서는 도민들 간의 교육격차 해소를 위해 마을 평생학습이 가능한 공간 확보와 참여 기회 확대를 추진하고자 '제주는 삶의 배움터다!'라는 참여형 프로젝트를 기획하였다. 이를 통해 마을의 유휴 공간을 활용하여 마을 단위의 공동체 활동 지원 사업을 운영하였고, 수요자 중심의 평생학습 프로그램이 제공되어 삶의 질 향상이 가능하게 되었다.

'도서관의 책 요일' 사업은 직접 마을로 찾아가서 운영하는 사업이다. 문화적으로 소외되기 쉬운 읍·면지역의 주민들을 위해, 또한 도서관이 주민들을 위한 다양한 정보 교류의 장이자 학습 문화 공간으로서 확장될 수 있도록 기획되었다. 진흥원과 함께 테마별 프로그램을 개발하고 지속해서 지원함으로써 제주도민들에게 문화 프로그램 및 다양한 평생교육을 경험할 기회를 제공하였다.

제주평생교육장학진흥원에서는 아동·청소년들이 자기 주도성을 마중하여 외현화할 수 있도록 배움터이자 협력 기관으로 '마중물 배움터'를 각 지역에 배치하였다. 이를 통하여 접근성이 높은 지역기관을 학습공간으로 제공하고 자기 주도 학습 컨설팅 운영의 지리적 한계를 극복하여 학습대상을 확대할 수 있었다. 마중물 배움터는 프로그램 확산 및 협력 체제 구축을 통해 교육 인프라를 확대하고 질적 수준을 향상할 수 있었으며 지역 학습 공간의 적극적인 활용과 자기주도적 학습문화 구축으로 지역 아동 및 청소년 기관 교육 프로그램의 질적 향상 및 확대를 꾀하였다.

토론 문제

1. 평생학습도시 선정 기준에 반드시 포함되어야 할 준거에는 어떤 것이 있는지 생각해 보자.

2. 우리 지역사회에 적절한 지역학습동아리에는 어떤 것이 있는지 생각해 보자.

제15장

평생교육방법 평가

나는 나의 스승들에게서 많은 것을 배웠다.
그리고 내가 벗 삼은 친구들에게서 더 많은 것을 배웠다.
그러나 내 제자들에게선 훨씬 더 많은 것을 배웠다.

- 탈무드 -

학습 목표

1. 평생교육 평가 방법, 특징, 절차, 평가모형에 대해 알 수 있다.
2. 평생교육 평가의 중요성과 개념에 대해 알 수 있다.
3. 평생교육 평가의 실제에 대해 알 수 있다.
4. 장애인 평생교육 시설의 평가에 대해 알 수 있다.

학습 개요

평생교육에 있어 평가는 대상에 대한 진단·이해·치료의 기능을 가지며, 학습자의 성취정도가 이해되는 것을 목적으로 한다. 또한 평생교육의 구성요소들을 개선하는 역할을 하며, 결과를 토대로 교수자들이 반성하고 스스로 비판하여 학습자들이 긍정적인 학습동기를 부여받고 심리적으로 도움을 받을 수 있는 프로그램으로 탈바꿈하는 데 근거가 되어야 한다. 평가 결과는 학습효과에만 국한하여 적용하지 말고 학습자의 생활지도나 상담 자료 등 종합적인 평생교육 시스템을 위해 활용되어야 하며, 평생교육의 질적 수준을 향상시키는 데 주도적인 역할을 해야 한다.

1. 평생교육 평가의 개념

평가(evaluation)란 교육에 대한 가치를 부여하여 판단하는 과정이다. 교육평가의 정의를 목표 달성도, 의사결정 그리고 가치판단을 중심에 두고 구분할 수 있다. 목표 달성 중심 정의는 교육과정과 수업활동을 통해 교육목표가 실제로 도달된 정도를 결정하는 과정으로 교육평가를 정의한다. 대표적 학자는 R. W. Tyler가 있고, 가장 전통적이고 고전적인 정의이다. 목표 달성 중심 관점은 교육목표를 평가의 준거로 하여 교육과정을 통한 성과 측정을 교육평가의 초점으로 한다.

의사결정 중심 정의는 교육과 관련된 의사결정을 내리는 데 필요한 정보를 수집하는 활동 또는 그 과정으로 교육평가를 정의한다. 대표적 학자로는 D. L. Stufflebeam과 L. J. Cronbach가 있다. 이들은 Tyler의 입장에서 벗어나 성과뿐만 아니라 과정에 관한 정보를 수집함으로써 교육평가 초점의 범위를 넓혔다.

가치판단 중심 정의는 교육과 관련된 대상의 장점, 질, 가치 등을 판단하는 과정과 산출물로 교육평가를 정의한다. 대표적 학자로는 Robert E. Stake와 Michael S. Scriven이 있다. 이들은 대상의 중요성이나 가치, 효과 및 유용성 등을 판단한다.

이와 같이 교육평가에 대한 정의는 다양하며, 각각의 주장마다 차이와 한계가 있다. 이러한 세 가지 입장을 아우르는 개념으로서의 교육평가는 교육의 과정 또는 성과에 관해 어떤 결정을 내릴 목적으로 교육과정과 성과에 관한 가치와 장점을 체계적으로 조사・활용하는 과정과 활동이라고 정의한다(Nevo, 1974).

효과적인 평가는 주제에 적합하고, 실제 상황에 적용 가능하며, 학습 목표나 학습 결과와 직접 관련되어 있고, 학습자에게 성취감을 주며, 학습자에게 계속 학업을 수행할 동기를 부여한다. 또한 학습자에게 다음 할 일을 파악하게 해 주는 역할도 한다.

2. 평생교육 평가의 구성요소

평생교육 평가를 구성하는 요소로 평가 목적, 평가 주체, 평가 대상, 평가 기준, 평가 방법을 생각해 볼 수 있다.

1) 평가 목적

평가 목적은 교육평가를 발생시키는 기본 요인이다. 평가 목적은 평가 주체에 의해 규정될 수도 있으며, 외부로부터 평가 주체에게 부여되기도 한다. 평가 목적은 평가가 일어나게 하며, 평가 방법, 평가 기준, 평가 주체, 평가 대상 등 평가 전반에 걸쳐 직간접적으로 영향을 미친다. 또한 평가 목적은 평가 현상의 실제적이고 구체적인 범위, 즉 어떠한 것을 평가할 것인가를 규정지음과 동시에 평가의 진행 방향을 설정하도록 돕는다.

2) 평가 주체

평가 주체는 평가 목적 달성을 위해 '누가 평가를 할 것인가'와 관련 있다. 이는 평가의 권리와 책임을 누구에게 두는가의 문제이다. 평가 주체의 결정은 교육평가의 경우 매우 중요한 문제이다. 평가의 실행을 위해서는 평가를 수행하기 타당한 평가 주체를 선정해야 한다. 평가 주체의 조건에는 평가 현상에 대한 실제적 기술 및 이론적 지식, 교육평가 철학 및 교육관, 평가 목적에 대한 정확한 이해와 평가 대상에 대한 이해, 그리고 평가가 수행되는 정치적·사회적·경제적 상황에 대한 이해 등이 전제되어야 한다.

3) 평가 대상

평가 대상은 '누구의 무엇에 대하여 평가할 것인가'의 문제이다. 평가 객체에 대한 이해와 그 객체의 무엇에 대하여 평가할 것인지의 평가 내용이 이에 해당된다. 평가 대상은 물리적으로 구분되는 대상 그 이상을 의미하며, 대부분의 경우 평가 주체에 의해 규정된다.

4) 평가 기준

평가 기준은 평가 목적과 관련되어 만들어진다. 평가와 관련되어 있는 집단 간의 의견이 서로 다르기 때문에 평가 기준의 다양성을 인정하고 상대적 중요성을 어떻게 결정할 것인지가 중요하다. 평가 대상에 대하여 다양한 평가 기준을 적용하여 여러 번의 과정을 통해 독립적으로 평가를 진행한 후 그 평가 가치들을 다원적으로 분석하여 가장 합리적인 기준을 결정하여야 한다. 다양한 기준은 평가 목적에 따라 우선순위를 결정하는 것이 타당하다.

5) 평가 방법

평가 방법은 어떻게 어떤 방식으로 평가할 것인가와 관련된 문제이다. 평가 목적, 평가 주체, 평가 대상, 평가 기준의 네 가지 요소보다 이론적이고 실제적인 성취가 다수 이루어져 있다. 최근의 연구동향을 살펴보면, 그동안 인지적 특성에 치중되어 온 평가 방법을 비판하면서 정의적 영역이나 인간의 행동 그 자체를 평가하는 방법을 개발하려고 노력하고 있으며, 단순 암기력을 평가하기보다는 사고력과 창의력 등의 고등정신 능력을 평가하는 방법을 개발하려는 시도를 하고 있다.

3. 평생교육 평가의 특징

평생교육 평가는 논리적이고 합리적인 연구 절차를 준수한다는 점에서 기초 연구와 일치한다. 평생교육 평가와 기초 연구는 가설을 설정한 후 문제와 질문 등으로 출발하며, 해당 주제에 대한 선행 연구와 이론적 배경을 조사한 후 연구 계획과 평가 계획을 수립하며, 자료를 수집하여 분석하는 과정에 가설을 검증하는 절차를 거친다는 점에서 유사하다. 그러나 기초 연구와 평생교육 평가는 자료의 결과 활용 면에서 차이가 있다. 기초 연구가 일반화할 수 있는 지식을 생산하는 데 목적이 있는 반면, 평생교육 평가는 구체적인 특정 프로그램에 적용할 수 있는 정보들을 수집하는 데 그 목적을 두고 있다.

Kirkpatrick(1994)은 평생교육 평가의 영역을 다음의 네 가지로 제시하였다.

첫째, 학습자들의 반응으로 참여프로그램에 대한 호감 정도 평가

둘째, 프로그램의 학습 정도 또는 목표성취 정도에 대한 평가

셋째, 교육 후 실제 어떤 행동의 변화가 있었는지에 대한 평가

넷째, 프로그램 운영에 투자한 시간, 노력, 비용 등에 대비한 교육성과 평가

이와 같이 평생교육 평가는 실제로 설계된 프로그램을 실행한 후에 프로그램의 가치, 성과, 효과를 판단하는 것이며, 평생교육 평가 영역에서의 특징은 다음의 네 가지로 설명할 수 있다.

1) 연구방법론으로서의 프로그램 평가

프로그램 평가는 연구방법론이다. 연구방법론은 연구 절차나 방법을 제대로 사용하였는지를 측정하고자 할 때 표준화되어 있는 지침을 제공하기 때문에 의미가 있다. 과학적 탐구 과정에서 연구자 자신은 어떤 역할을 수행하고 있는지 매우 중요하며 만약 연구자가 서비스프로그램을 가치 있다고 판단하거나 또는 가치가 없다고 판단한다면, 그 가치는 객관적인 태도로 사회과학의 표준화된 방식을 적용할 연구자의 능력에 영향을 준다. 또한 프로그램에 연관된 모든 가치는 프로그램 평가를 어떻게 기획하고, 어떤 유형의 연구 문제를 요구할 것인가에 영향을 준다.

2) 서비스 활동으로서의 프로그램 평가

프로그램 평가는 인간 서비스 활동 분야의 실천원리라고 할 수 있다. 서비스 활동으로서 프로그램 평가는 기관들 고유의 업무에 헌신하도록 하며, 프로그램 개발의 모든 단계에서 프로그램의 목적과 목표를 달성하도록 돕는다. 또한 업그레이드된 프로그램의 서술(description)과 기획(planning)을 통해 조직이나 기관에게 필요한 서비스를 제공하는 역할을 한다. 무엇보다도 평가자의 인간관계 기술(relationship skill)은 프로그램 평가를 실시하는 데 있어서 필수 요건이다.

3) 응용연구 분야로서의 프로그램 평가

　응용연구 분야로서의 프로그램 평가는 사회적 중개 활동과 사회 프로그램을 평가하는 데 이용된다. 프로그램 평가는 결과 산출적 평가이며, 프로그램에서 성취된 결과를 확인하기 위해 사용된다. 그러나 응용연구 분야에서의 프로그램 평가는 프로그램 활동의 모니터링을 포함한다. 이러한 모니터링은 결과나 목적보다는 과정 평가에 초점을 둔다. 응용연구 분야로서의 프로그램 평가에는 프로그램-모니터링 연구, 요구-사정(need-assessment) 연구, 성과 위주 조사 연구, 비용 연구, 비용-수익 연구 등이 포함된다.

4) 정치적 산물로서의 프로그램 평가

　사회 프로그램들은 정치적 산물이다. 그리고 프로그램 평가는 정치적 의사결정 상황 안에서 이루어진다. 사회 프로그램들은 국제기관, 정부기관, 협회에서 지원을 받기 위해 서로 경쟁한다. 정치적 결정들은 프로그램 평가보다 사회 프로그램에 영향을 크게 미친다. 평가는 정치적인 성격을 지니고 있으므로 평가자는 사회적 · 정치적인 맥락을 파악하고 진단하는 능력을 지니고 있어야 한다. 평생교육 평가를 위해서는 반드시 준거가 필요하다. 평생교육 평가를 위한 준거로는 적정성, 적절성, 대응성, 효과성, 효율성, 형평성 등이 있다.

4. 평생교육 평가 절차

　평생교육 평가는 준비단계, 기획단계, 자료수집 단계, 자료분석 단계, 결과 보고 단계로 이루어진다.

1) 준비단계

　준비단계는 평가자가 평가해야 할 프로그램의 특성과 평가 이해 당사자를 확인하고 평가 전반에 걸쳐서 요구되는 정보를 입수하는 과정이다. 평가 계획을 수립하기 전에 평가자와 평가 요구자 간의 의사소통 체제가 긴밀하게 유지되어야 하고, 평가자는 평가의 전반적인 과정에 필요한 정보를 파악해야 한다(Posavac & Carey, 1997).

(1) 프로그램의 개요 파악

평가자는 무엇보다도 프로그램의 개요를 파악해야 한다. 새로운 프로그램을 평가하는지 또는 기존의 프로그램을 평가하는지를 파악해야 하고, 특정한 지역에 국한하여 평가하는지 또는 여러 지역에 걸쳐 두루 평가하는지 확인해야 한다. 또한 프로그램에 참여하는 대상이 자원해서 참가하고 있는지, 강제 동원된 것인지도 확인해야 한다. 참여자의 인지적 · 정서적 · 신체적 문제가 있는지 점검해야 한다. 프로그램이 이론적 근거에 바탕을 두고 있는지 또는 상식에 의하여 구성되어 있는지도 파악해야 한다.

(2) 평가 이해 당사자 확인

평가 이해 당사자란 프로그램에 직접 참여하는 사람을 포함하여 프로그램으로부터 이득을 얻을 사람, 프로그램의 서비스에 영향을 받을 사람, 장래에 프로그램에 참여할 사람을 말한다. 그래서 평가자는 프로그램 관리자의 교육경력, 기본 방침, 평판 등에 관하여 가능한 한 많은 정보를 입수해야 하며, 프로그램 담당자는 프로그램 서비스를 제공하는 인사로서 담당자의 협조가 필수적이다. 또한 프로그램 평가의 후원자가 누구인가를 확인해야 한다. 평가자는 평가 기획단계에서 평가 후원자와 미리 만나서 평가에 관한 의견을 교환해야 한다.

프로그램 평가의 수혜자나 고객도 확인해야 한다. 무엇보다 평가 수혜자의 요구가 무엇인지 파악하는 것이 중요하다. 프로그램이 평가 수혜자의 복지를 증진하는 데 기여하는 평가에 초점을 두어야 하기 때문이다.

(3) 평가 정보 요구의 파악

프로그램 개요 파악 및 평가 이해 당사자와의 만남 후 평가자가 확인할 사항은 다음과 같다.

- 평가 요구자가 누구인지 파악해야 한다.
- 적합한 평가 유형이 무엇인가를 알아야 한다.
- 평가하려는 이유를 파악해야 한다.
- 평가 시기를 확인해야 한다.
- 입수 가능한 자원이 무엇인가를 확인해야 한다.
- 프로그램 평가의 가능성(evaluability)을 사정해야 한다. 평가 가능성 사정은 평가를 진행시키기 위한 이론적 근거를 제공한다.

2) 기획단계

기획 단계는 평가 목적을 구체화하고 평가의 강조점을 확인하여 평가 방법론을 확정하고 평가 일정을 확인하는 등과 같은 전반적인 평가 활동 계획을 수립하는 과정이다.

① 선행연구 확인

평가자는 프로그램 평가와 관련된 도구를 선정하거나 개발하기 전에 문헌연구를 하는 것이 중요하다. 다른 연구자의 성공과 실패 사례로부터 방법론적·정치적·실제적 난점과 성공 요인을 추출하여 분석할 수 있기 때문이다. 선행연구의 분석을 통하여 연구 설계, 평가 준거, 신뢰도가 높고 타당도가 높은 도구, 분석방법, 연구결과, 결과 해석 방법 등의 근거를 확보할 수 있다.

② 연구방법론의 결정

선행연구 확인 후 평가자는 표집 방법, 평가 설계, 자료수집, 분석 방법 등에 관한 결정을 내린다. 프로그램의 표적 모집단이 확인되면 평가자는 모집단을 활용할 것인지 표집을 선정할 것인지를 결정해야 한다. 평가 목적, 평가 이해 당사자의 선호도, 평가 일정, 예산 등을 고려하여 적절한 평가 설계가 선정되어야 한다.

③ 평가계획서 작성

선행연구 확인과 연구방법론 결정 후에는 평가 실행계획서를 작성해야 한다. 평가 실시 목적에 따라 평가의 내용과 방법이 달라진다. 따라서 평가 목표를 진술하고 평가 설계를 선정하기 전에 평가 목적을 다시 확인 검토해야 정확하고 안전한 평가 계획을 세울 수 있다.

3) 자료수집 단계

자료수집 단계에서는 실제 프로그램 평가에서 요구되는 자료를 수집해야 한다. 이 단계에서는 설문이나 면담 또는 프로그램을 직접적으로 관찰하거나, 기관과 협회가 작성한 프로그램에 대한 세부 기록 및 사례 기록 등과 같은 문서 자료들을 수집한다.

4) 자료분석 단계

프로그램 평가에서 자료분석의 목적은 수집된 자료를 편집 및 요약하여 해당 프로그램이 설정했던 목적을 달성하였는지의 여부를 확인하는 데 있다. 이 단계에는 수집된 자료를 정리하고, 정리된 자료에 가장 합당한 분석방법을 적용하며, 그 결과를 해석하는 과정 등이 포함된다. 평가 자료분석은 양적 자료분석과 질적 자료분석으로 구분한다.

① 양적 자료 분석 방법

양적 자료분석 방법은 반응 제한형(close-ended)의 문항, 체크리스트, 척도(scales), 연도 수(number of years) 등을 다루기 위해 통계적 방법을 활용한다. 양적 분석 방법은 기술통계와 추리통계로 구분되며 기술통계에는 빈도와 분포, 집중경향치, 변산도, 상관계수 등의 방법이 포함된다. 그리고 추리통계 방법에는 t 검증, F 검증, x^2 검증 등의 방법이 포함된다.

② 질적 자료분석 방법

질적 자료분석 방법은 자유 반응형(open-ended) 문항, 훈련 프로그램의 내용, 기록물, 사례 연구 등과 같이 수량화되지 않은 자료분석을 위해 사용한다. 질적 자료는 프로그램에 대한 기술적 자료, 함축성이 있는 자료의 제공과 소규모 프로그램을 분석할 때 유용하다. 질적 자료분석은 프로그램을 유용하게 사용하는 방식을 밝히는 것이 중요하며, 그 결과가 다른 프로그램을 수정·보완·개선하는 데 영향을 미치는 피드백 효과를 중요시한다.

5) 결과 보고 단계

프로그램 평가의 마지막 단계는 결과 보고이다. 평가자는 평가 요구자 또는 고객이 평가 정보를 요구할 때 정보를 편리하게 사용할 수 있는 형태로 평가 요구자 또는 고객에게 제공할 의무가 있다.

평가 보고서의 주요 기능은 주요 결과를 요약하며, 현재와 미래의 전망에 대한 제안을 제시한다. 또한 평가의 모든 단계에서의 전반적 사항을 종합한다. 평가 보고서를 작성할 때에는 결과의 피드백, 독자의 확인, 사회 정치적 특성을 고려하여 평가 결과를 보고해야 한다.

① 결과의 피드백

프로그램 평가의 가장 중요한 목적은 평가 결과가 프로그램의 계획을 위한 피드백으로 작용하도록 하는 것이다. 평가 결과를 보고하는 가장 전통적인 방법은 보고서 작성이다. 평가자는 제언과 시사점을 제시하고 평가 결과를 요약하여 보고해야 한다.

② 독자의 확인

보고서 작성 전 평가자는 '평가 보고서를 누가 읽을 것인가'에 대해 확인해야 한다. 보고서의 독자는 주로 연구 자금의 지원 기관, 위원회 행정가들이다. 또한 평가 결과의 보고는 현장 활동 위원들과 공유되어야 한다. 그리고 프로그램의 목적을 모든 독자에게 보고하기 위해, 평가자는 결과를 명확히, 비전문적인 언어(non-technical language)로 작성하는 것이 바람직하다.

③ 사회적·정치적 특성의 고려

평가자는 조직의 사회적·정치적 과정 안에 깊이 관여되어 있다. 따라서 평가자는 평가 결과를 보고하고 제언을 제시하는 데 있어 사회적 · 정치적 맥락을 진단하고 사정할 수 있는 능력을 갖추고 있어야 한다. 청중을 사정하고 어떠한 변화가 정치적 풍토에 영향을 미치게 될지 판단할 수 있어야 하기 때문이다. 평가자는 평가의 정치학적인 특성을 고려하여 보고서를 작성해야 한다.

5. 평생교육 평가 모형

1) 목표 달성 모형

목표 달성 모형(goal attainment model)은 교육목표 또는 교육을 위한 행정적 · 제도적 목표가 달성된 정도를 교육과정과 수업 또는 행정적 조치와 경영 · 관리를 통해 사정하는 평가모형이다. 목표 달성 평가 모형은 Tyler(1949)가 처음으로 제안하였으며, 대표적인 목표 달성 평가모형으로는 Tyler 모형, Provus 모형, 그리고 Hammond 모형이 있다(한상길 외, 2020).

(1) Tyler 모형

Tyler의 가치판단론적 정의에 의해 수업 목표를 평가 기준으로 하여 해당 프로그램 또는 수업 종료 후 교육목표가 달성된 정도를 확인하는 것을 교육평가로 간주하기 때문에 평가 방식은 목표 달성 평가모형이다. 행동 목표를 기준으로 교육성과를 평가하는 방식을 사용하기 때문에 목표 달성 평가모형은 행동목표 모형(BOM: Behavioral Objective Model)이라고도 한다.

Tyler 평가 모형에서의 평가 절차는 다음과 같다.

① 목표 선정: 일반 교육목표 설정
② 목표 명시: 일반 교육목표를 행동목표로 명세화
③ 도구 제작: 평가 방법과 평가도구를 선정 또는 개발
④ 자료수집: 평가도구를 사용하여 데이터 수집
⑤ 가치판단: 수집한 데이터를 기준으로 목표의 도달도 결정

(2) Provus 모형

Provus(1969)의 격차평가모형(Discrepancy Evaluation Model: DEM)은 교육이 경영 및 관리를 통해 달성해야 할 준거 및 표준과 실제 수행성과 간의 불일치 정도 또는 차이의 정도를 분석하는 데 있다. Provus의 평가 모형과 Tyler의 평가 모형은 목표를 평가의 핵심 준거로 삼는다는 점에서 일치한다. 그러나 Tyler는 목표가 달성된 정도의 측정을 강조하지만, Provus는 목표와 수행성과가 불일치하는 점과 그 정도를 확인하는 것을 중시한다는 점에서 차이가 있다. 특히 격차평가모형은 과정, 투입, 산출로 나누어 변인별로 비용−효과분석을 강조하고 있다.

이를 다섯 단계로 정리하면 다음과 같다.

① 설계: 프로그램 과정(process), 투입(input), 산출(output) 변인
② 실행: 평가의 표준(S) 및 준거를 열거하고 적합도 확인
③ 과정: 프로그램에서 계획한 변화가 일어났는지 확인
④ 성과: 목표의 달성 여부와 그 정도 확인
⑤ 비용−효과분석: 투입된 예산 인력, 시간, 노력 등을 비교

(3) Hammond 모형

Hammond는 평가도 일련의 과정이라는 전제하에 평가 과정을 구조적 체계화한 평가 과정모형(Model for Evaluation as a Process: MEP)을 제시하였다. 이 모형은 평가를 진행함에 있어 명세적으로 목표를 진술한 후 그것을 기준으로 하여 해당 프로그램의 효율성을 점검하고 개선 방안을 강구하기 때문에 목표 달성 모형에 해당한다. Hammond의 모형은 평가 구조에 제시된 수업과 행동, 기구의 차원들이 교차함으로써 발생하는 상호작용의 효과까지도 준거로 채택하여 평가한다.

Hammond 모형은 현재 운영 중인 해당 프로그램에 대한 수정 · 보완에 필요한 정보들을 수집하는 데 그 주요 목적이 있다. 평가 절차는 다음과 같다.

① 변인 선정: 프로그램 관련 변인 선정, 상호작용 파악 및 목표 진술
② 방법 결정: 방법 탐색 및 필요한 도구 제작
③ 결과 분석: 이해 및 활용을 위해 평가 결과 정리 보고

2) 의사결정 모형

의사결정 모형(decision-oriented model)에서의 평가는 의사결정자가 필요로 하는 정보를 제공함으로써 의사결정자가 원활한 의사결정을 할 수 있도록 돕는 과정이기 때문에 정보처리 모형(information process model)이라 부르기도 한다.

(1) CIPP 모형

평가가 의사결정자의 의사결정에 필요한 정보를 설계하고 획득하여 제공하는 과정이라는 정의를 토대로 하여 Stufflebeam(1973)은 CIPP 프로그램 평가 모형을 제안하였다.

- C: Context evaluation(상황 평가)
- I: Input evaluation(투입 평가)
- P: Process evaluation(과정 평가)
- P: Product evaluation(산출 평가)

CIPP 평가 모형은 네 가지 평가유형(상황 평가, 투입 평가, 과정 평가, 산출 평가)으로 구성된 평가 모형이다. Stufflebeam은 CIPP 모형을 개발할 때 의사결정 유형을 다음과 같이 구분했다. 계획 의사결정(planning decision)은 목표를 확인하고 선정하기 위한 의사결정과 관계되는데, 상황 평가에 의해 결정된다. 구조 의사결정(structuring decision)은 계획된 목표를 달성하기에 합리적인 절차와 전략을 설계하기 위한 것으로 이를 위해서는 투입 평가가 필요하다. 실행 의사결정(implementing decision)은 계획된 설계와 전략대로 행동하기 위해 필요한 결정으로 과정 평가에 의해 가능하다. 순환 의사결정(recycling decision)은 목표가 달성된 정도를 판단하고 그에 대한 의견을 제시하는데, 산출 평가로 결정된다. 따라서 의사결정은 순환의 과정이다(Stufflebeam, 1973).

① 상황 평가

상황 평가는 바람직하지 못한 환경, 충족되지 못한 욕구를 파악하고 현재 처해 있는 문제 상황을 진단한다. 상황 평가의 일반적인 절차는 우선 실제 상황과 필요조건 사이 간극의 정도를 파악한 후, 실험과 조사 등의 방법으로 실증하고 그 결과를 전문 가에게 의뢰하여 체계적이고 종합적인 검토를 받는 순서로 진행된다. 상황 평가의 결과는 현재 운영 중인 목표와 새롭게 계획 중인 목표 사이의 우선순위를 검토하고 그 차이를 합리적으로 조정하여 타당한 변화의 방향을 결정하기 위한 기초 자료로 활용된다.

② 투입 평가

투입 평가는 평가에 사용되는 자원과 자원 체제의 투입 방법을 결정해야 할 때 필요로 하는 정보를 수집하여 제공하기 위한 평가이다. 투입 평가에서는 평가에 사용되기 위해 선정된 목표 달성 전략, 선정된 전략의 실행을 위한 세부 설계, 인적 자원의 능력 등을 확인하고 점검한다. 또한 사용 가능한 예산, 자원, 시간 등에 비추어 볼 때 가장 합리적인 대안을 탐색하고 평가 실시 과정에서 발생할 수 있는 문제점도 함께 검토한다. 투입 평가에서는 설문조사, 문헌연구, 집단토론, 해당 분야의 전문가 동원 등과 같은 방법이 사용된다.

③ 과정 평가

과정 평가는 해당 프로그램이 실시되는 과정에 운영 방법과 절차를 수정하고 보완하는 데 필요로 하는 정보를 수집하고 제공하기 위해 진행되는 평가이다. 과정 평가의 주요 목표는 프로그램이 사전에 계획한 대로 실행되고 있는지, 가용 자원이 효과적으로 활용되고 있는지에 대한 피드백을 제공하여 실행 계획을 수정하기 위한 지침을 제공하는 데 있다. 과정 평가에는 설문조사, 집단토의, 참여적 관찰 등과 같은 방법들이 있다.

④ 산출 평가

산출 평가는 성과 평가 또는 출력 평가라고 하며, 프로그램이 종료된 후 프로그램의 성과를 측정하는 평가이다. 실시 시기와 관계없이 프로그램의 목표가 달성된 정도와 그 성과를 측정하는 것이기 때문에 산출 평가에 해당한다. 산출 평가의 방법에는 프로그램의 목표를 조작적으로 정의하여 그 성과를 측정하고 미리 규정해 놓은 절대 준거나 표준에 비추어 목표와 성과를 비교하는 방법과 유사한 프로그램의 성과와 비교해 보거나, 프로그램 진행 과정을 비교하여 성과를 측정하는 방법이 있다. 성과 평가의 목적은 해당 프로그램의 성과를 분석하여 프로그램 만족도(프로그램의 질, 학습자의 요구 충족 정도 등)를 공개함으로써 프로그램의 성과를 판단하고 해석하는 데 있다.

(2) CSE 모형

Alkin(1969)은 평가란 의사결정자가 최적의 방안을 선택할 수 있도록 필요한 항목이나 영역을 확인하여 관계된 정보를 선정 · 수집 · 분석하는 과정으로 정의하였다. Alkin의 평가 모형은 CSE 모형이라고도 하는데, CSE는 Alkin이 근무하고 있는 대학 내의 평가연구소(Center for the Study of Evaluation)의 머리글자이다.

Alkin의 평가 모형은 정확한 프로그램 평가를 위해 프로그램 실행과 프로그램 개선을 분리하여 독립적으로 평가해야 함을 강조했다. CSE 모형에서는 평가 절차를 체제 사정평가와 프로그램 계획 평가, 프로그램 실행 평가와 프로그램 개선 평가, 마지막으로 프로그램 승인 평가의 다섯 가지로 나누었다.

① 체제 사정평가(system assessment evaluation)

어떤 상황에 적합하거나 반드시 필요한 교육목표를 선정하기 위한 정보를 수집하는 과정이다. 체제 사정을 위해 정보를 수집하는 방법에는 토의, 면담, 조사, 관찰 등이 있다.

② 프로그램 계획 평가(program planning evaluation)

체제 사정평가에 의해 선정된 체제의 교육적 수요가 충족될 수 있는 방안 중에 최적의 방안을 선택하는 데 필요한 정보 수집 과정이다. 프로그램 계획 평가에는 내적 평가 방법과 외적 평가 방법이 있는데, 내적 평가의 항목에는 프로그램의 구성, 스타일, 비용, 실용성 등이 있으며, 외적 평가는 프로그램 효과를 델파이 기법이나 컴퓨터 시뮬레이션 등의 방법을 이용하여 프로그램에 적용 가능한 일반화의 범위를 평가하는 방법이다.

③ 프로그램 실행 평가(program implementation evaluation)

프로그램을 운영했을 때 계획 평가 단계에서 기대했던 사항이 충족된 정도를 확인하는 과정이다. 프로그램 실행 평가를 하는 방법은 일반적 평가에서 사용하는 방법과 비슷하기 때문에 대부분의 경우 참여적 관찰, 면담, 토의, 조사 등과 같은 방법을 사용한다.

④ 프로그램 개선 평가(program improvement evaluation)

프로그램 개선 평가에서는 개선 조치에 따른 변화나 효과를 검증하는 실험법을 많이 사용하고 있지만, 현장연구 형태의 준실험적인 방법이 권장되고 있다. 실험실과 같은 제한된 상황에서의 평가 결과와 실제 현장에서 이루어진 평가 결과에는 현저한 차이가 있을 수 있기 때문이다.

⑤ 프로그램 승인 평가(program certification evaluation)

프로그램 채택 여부를 결정하려면 의사결정자에게는 해당 프로그램에 대한 전체적인 평가 결과가 필요하다. 프로그램 승인 평가는 의사결정자가 프로그램 채택에 대해 유보할 것인가, 수정한 후 다시 실시할 것인가, 현재의 프로그램을 적극적으로 채택하고 보급할 것인가를 결정하여야 할 때 필요한 정보를 제공하기 위한 평가이다.

3) 판단 중심 모형

판단 중심 모형(judgement-oriented evaluation model)에서의 평가는 전문적인 지식과 기술을 바탕으로 하여 평가하고자 하는 대상 또는 내용의 가치를 체계적으로 판단하는 활동이기 때문에 전문가의 지식과 기술, 자질과 경험을 중시하게 되며, 적확한 판단을 위해 어떤 표준을 적용할 것인가에 지대한 관심을 기울인다.

① 평가 인정 모형

평가 인정 모형(accreditation evaluation model)은 전문가가 해당 프로그램이 정해진 표준과 준거를 충족시키고 있는가를 검토하여 인정 여부를 결정하는 것을 교육평가에 적용한 것이다.

평가 인정의 목적은 기관 내의 조직과 시설 및 설비, 그리고 구성원들이 자격 요건을 갖추고 있는지 확인하는 데 있다. 이 목적을 프로그램 평가에 적용하면 프로그램의 구성과 실행, 효과를 점검함으로써 부족한 점을 보완하거나 개선하도록 유도할 수 있고, 해당 프로그램의 질을 확인하여 사용자와 사용 예정자에게 공시할 수 있다.

② 탈목표모형

목표 기준 평가의 문제점을 보완하기 위한 모형으로 계획했던 효과뿐만 아니라 계획에 없었던 부수적인 효과까지 포함하여 실제 성과로 나타난 효과들을 모두 평가하는 방식을 탈목표평가(goal-free evaluation)라고 한다.

탈목표평가는 Scriven(1972)에 의해 제안되었으며, 탈목표평가 모형에서는 프로그램의 목표 달성 정도에 의해서만 프로그램의 장점과 단점을 판단하지 않고 부수 효과까지도 평가에 산입하기 때문에 부수 효과를 확인하고 가치를 판단하는 것이 탈목표평가의 핵심 과제가 된다.

③ 감정 · 비평 모형

Eisner(1975)는 과학적이고 기술적 접근이 교육평가에 초래한 부작용과 반작용을 해결할 목적으로 예술작품을 감정하거나 평가할 때 전문가들이 사용하는 절차와 기술을 교육평가에 적용하여 감정 · 비평 모형(model of connoisseurship and criticism)을 주장하였다.

이 모형에서는 전문가의 예리한 통찰, 풍부한 경험, 논리적 해석, 심층적 이해를 토대로 교육 현상의 장점과 단점을 이해하고 판단할 수 있다.

4) 자연주의 모형

자연주의 평가 모형(naturalistic model of evaluation)은 프로그램의 운영 과정, 구성, 내용, 주요 쟁점 사항, 효과 등에 관한 정보를 자연주의적 방법을 이용하여 탐구하고 수집하고 제공하는 평가이다.

자연주의 평가 모형은 가장 효과적인 방법으로 평가가 가능하다면 어떠한 관점의 견해와 전략도 모두 수용하겠다는 생각을 가지고 있기 때문에 엄청나게 많은 평가 접근 방식이 제안되고 있다.

① 교류적 평가

Stake(1975)는 프로그램을 실행하는 과정에서 나타나는 교사와 학생, 학생과 학생, 학생과 교육교재 등과 같은 서로 간의 교류를 평가 실행 요인으로 보았다. 따라서 교류적 평가에서의 실행 요인은 프로그램 시행자의 요구 조건과 프로그램 참가자의 개인적 요구 조건 간의 마찰과 해결 방안에 대한 물적·인적 상호작용을 의미한다. 교류적 평가의 목적은 "이 프로그램은 여러 관계 인사들의 역할과 지위에 따라 어떻게 인식되고 있으며 운영 과정에서 발생한 의견 차이나 갈등의 충돌은 어떤 것들인가?"라는 질문에 대한 답을 제공하는 데 있다.

② 조명적 평가

조명적 평가(illuminative evaluation)는 Hamilton(1976)이 제안한 평가 방법으로서 프로그램 제작의 이론적 목적 및 근거, 운영 절차, 개발 과정, 실시 결과 및 문제점 등을 총체적으로 분석하는 평가이다. 이 평가에서는 프로그램의 일부 특성이나 각 변인들 간의 상관관계 분석에만 국한하지 않고 전체성을 중시하기 때문에 프로그램에 작용하는 모든 특성과 변인들 간의 역동적이고 심층적인 상호 관계 규명을 시도한다.

③ 반응적 평가

반응적 평가(responsive evaluation)는 Stake에 의해 제안된 평가 방법이다. 반응적 평가는 평가를 진행하는 동안 프로그램 운영과 관련된 인사들과 의논하여 그들의 반응에 의거하여 어떤 정보를 어떤 방법으로 수집·분석할 것인지를 결정한다. 그리고 그 과정을 관찰한 그대로 기술하기 때문에 평가와 직간접적으로 관계되는 인사들의 프로그램에 대한 반응이 매우 중요하며, 그 반응을 통해 평가의 내용이나 절차가 수시로 수정되고 보완되는 생산적이고 융통적인 방법이 사용되기 때문에 평가자와 관련 인사들 사이의 지속적인 상호작용이 무엇보다 필요하다.

반응적 평가의 목적은 교육 활동이 갖는 복잡성을 이해하고, 프로그램 관련 인사들의 요구를 적극 수용하여 그들의 다양한 관심과 주장이나 쟁점을 확인하고 적용하는 것이다.

④ 해설적 평가

Koppleman(1979)은 교육 현상의 구조와 기능을 명료하게 이해하기 위해서는 예술적 접근과 과학적 접근을 절충하여 현재 교육의 관심사와 실제를 규명하고 해설할 수 있는 평가가 필요하다고 주장하였으며, 이를 해설적 평가(explicative evaluation)라고 명명하였다.

해설적 평가에서는 판단을 배제하고 관찰된 현상과 사실만 설명한다. 평가에 대한 경계나 저항 없이 자연스럽게 필요한 자료들을 수집하고 그 결과를 실제 교육 현장의 개선에 활용함을 목적으로 한다.

5) 고객(소비자) 중심 모형

고객들이 교육 서비스나 프로그램을 현명하게 선택하는 데 도움이 되는 정보를 수집할 수 있도록 결과를 제공하는 평가를 고객 중심 평가 모형(client centered evaluation model), 소비자보호 평가 모형 또는 소비자지향 평가 모형(consumer-oriented evaluation model)이라 한다.

최근까지 주로 사용된 평가 모형은 '목표 달성 모형'과 '판단 중심 모형'이었으나, 교육개혁의 시대에 강조하고 있는 수요자 중심 교육과정의 운영, 수요자 요구에 맞는 학습 교재의 선정과 개발, 학생 요구에 따른 강좌의 개설 등은 모두 '소비자 중심 평가 모형'과 관련이 있다.

6. 평생교육 평가의 이해

1) 평생교육 평가의 중요성

평가는 학자만의 전유물이 아니며, 현장에서 실무를 담당하고 있는 사람들에게 더욱 필요하다. 평생교육 실천 영역에서 평생교육사는 평생교육 학습자를 위해 평생교육 프로그램과 관련하여 사전에 계획하고 실천하고 있으며, 그에 따라 수행되는 프로그램에 대해 과학적인 평가가 필요하다. 그러나 프로그램 수행과 평가를 위한 체계적인 절차가 부족하여 프로그램의 질적 개선이 어려우며, 평생교육 기관에 대한 신뢰성마저 위협받고 있는 실정이다. 그러므로 평생교육사가 사전에 계획한 프로그램을 실행한 후 해당 프로그램의 가치와 효과를 체계적이고 과학적인 방법으로 총체적으로 평가하는 것은 평생교육사의 책무이며, 평생교육의 질적인 발전과 방향성 있는 개선을 위해 매우 중요하다.

그러기 위해 평생교육사는 프로그램을 체계적이고 과학적인 평가를 위한 전문적인 능력과 자질을 갖추어야 한다.

2) 평생교육 평가의 개념

평생교육 프로그램 평가란 평생교육 프로그램과 관련된 제반 요소들 중에서 프로그램의 운영, 프로그램의 의도, 프로그램 내용, 프로그램 참여자를 평가의 주 항목으로 설정하여 해당 프로그램의 가치를 측정하고, 성과를 감정하며, 프로그램의 목표와 내용, 활동, 비용, 산출물 등에 관한 정보를 제공하는 절차라고 할 수 있다.

평생교육 현장에서 실제 활용되고 있는 프로그램 평가는 다음 네 가지에 근거하여 이루어지고 있다. 첫째, 해당 프로그램의 장점이나 가치를 판단하고 결정하는 것이고, 둘째, 프로그램이 미치는 영향과 효과를 판단하는 것이며, 셋째, 프로그램의 목적 달성 정도를 파악하는 것이고, 넷째, 프로그램에 대한 의사결정을 보조하는 것이다.

7. 평생교육 평가의 영역과 원리

1) 평생교육 평가의 영역

평생교육 평가의 영역이란 평생교육 프로그램에서 평가하고자 하는 범위와 대상을 의미하며, [그림 15-1]과 같이 프로그램 목적, 프로그램의 내용, 참여자 반응, 프로그램 운영 등이다.

프로그램 목적에 대한 평가는 프로그램이 의도하는 바가 성취되었는가를 확인하는 것이며, 목표 지향 평가의 원리와 절차를 따른다. 프로그램 내용에 대한 평가 항목은 프로그램 내용의 현실성, 혁신성, 적용성, 즉시성, 요구 반영 정도 등이 있다. 참여자 반응에 대한 평가는 프로그램에 참여한 학습자들의 프로그램에 대한 태도, 인식, 느낌, 호감도, 만족도 등을 파악한다. 프로그램 운영에 대한 평가는 프로그램이 원활하게 운영되었는지와 프로그램 운영과 관련된 제반 요인 등을 확인하고 점검하는 데 초점이 있다.

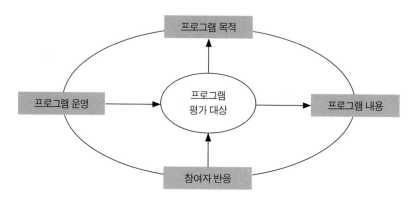

[그림 15-1] 프로그램 평가의 핵심 대상과 영역

출처: 이해주 외(2021), p. 339.

2) 평생교육 평가의 기능

프로그램 평가가 가지고 있는 기능은 다음과 같다.

첫째, 평가는 대상에 대한 진단과 이해, 치료를 목적으로 한다. 교육평가는 학습자의 성취 정도를 정확히 이해하는 것이 목적이다.

둘째, 평가는 교육 구성요소를 개선해 준다.

셋째, 평가는 학습자의 학습을 촉진하며 긍정적인 학습동기를 유발하는 기능을 수행한다.

넷째, 평가는 그 결과를 학생 상담이나 생활지도의 자료로 활용할 수도 있다.

다섯째, 평가는 평생교육의 질적 수준을 현 상태로 유지하거나 발전시킬 수 있다.

3) 평생교육 평가의 일반적 원리

프로그램을 평가하기 위해서는 평가의 일반적인 원리를 알고 있어야 한다. 첫째, 평가는 교육과정 내의 다양한 사상, 조건이 바람직한지 평가하며, 둘째, 평가는 현장에서, 실제 상황 속에서 이루어지는 활동이고, 셋째, 평가는 의사결정이나 정책 수립을 촉진하기 위한 활동이며, 넷째, 평가는 계속해서 시행되고 종합적으로 시행되어야 본래의 평가 목적을 성취할 수 있다. 교육 프로그램 평가는 순환적이고 재생적이며 계속적인 활동이며 종합성을 갖는다.

4) 평생교육 평가의 준거

프로그램 평가를 위해 활용되는 준거는 〈표 15-1〉과 같다.

표 15-1　프로그램 평가의 준거와 질문

평가 준거	질문	예시적 준거
효과성 (effectiveness)	가치 있는 산출을 성취했는가?	교육 효과의 평가
효율성 (efficiency)	교육을 위해서 어느 정도의 노력을 투입했는가?	교육 비용과 수익률
적정성 (adequacy)	교육 결과를 통해 어느 정도 문제해결이 이루어졌는가?	문제해결 능력의 평가
형평성 (equity)	개인 또는 집단 간에 비용과 효율이 공평하게 배분되었는가?	교육 기회와 자원배분 근거의 평가
대응성 (responsiveness)	프로그램을 통해 조직의 목표, 집단의 필요 등이 만족할 만한 수준으로 달성되었는가?	조직체의 교육목표 달성 여부
적절성 (appropriateness)	기대되었던 산출이 실제 가치가 있는가?	적정성이 제외된 모든 준거의 검증

출처: 이해주 외(2021), p. 342.

8. 평생교육 프로그램 평가의 실제

1) 학습자의 반응 평가

학습자의 반응 평가는 학습자가 교육 프로그램에 어떻게 반응하는가에 초점을 맞춘다. 학습자가 해당 강의를 어떻게 생각하는지, 교육내용이 철저하게 다루어졌는지, 그 학습 내용을 전달하기 위한 활동이 효과적이었는지 파악하는 것이다.

표 15-2 학습자의 반응 평가 준거

- 프로그램이 학습자의 기대에 부응하는지에 대한 확인
- 프로그램 중 학습자에게 도움이 된 정도
- 프로그램의 설계, 교재, 보충 자료 등에 대한 학습자의 반응
- 강사에 대한 만족도
- 학습한 내용의 가치 부여
- 학습한 내용의 활용 시 장애 정도
- 환경적 요소들에 대한 학습자의 만족도

출처: 이해주 외(2021), p. 350.

학습자의 반응 평가는 사전에 교육을 받았던 학습자들에게 교육의 질에 대한 의견과 개선을 위해 필요한 제안 등을 요구한다. 그러나 학습자의 반응 평가만으로는 프로그램이나 교육과정의 효과에 대한 결과는 확보하기 어렵다. 학습자의 반응 평가 준거는 〈표 15-2〉와 같다.

2) 학습자의 지식과 기능 향상 정도 평가

학습자의 지식과 기능 향상 정도 평가는 프로그램이 의도한 지식과 기능을 학습자가 제대로 습득하였는지 측정하는 것이다. 이 평가는 학습자 집단 차원에서 실시되기도 하고, 개인 차원에서 실시되기도 한다. 평가 준거는 〈표 15-3〉과 같다.

표 15-3	학습자의 지식과 기능 향상 정도 평가 준거

- 의도된 내용에 대한 학습자의 실제 학습 정도
- 학습에 영향을 준 요인들에 대한 확인
- 프로그램의 내용
- 학습 활동
- 교재 및 보충 자료
- 학습 장비
- 학습자 자신

출처: 이해주 외(2021), p. 351.

학습자의 지식과 기능 향상 정도 평가에서 학습자는 시험 결과를 학습의 일부분으로 활용하여 학습을 촉진할 수 있다. 평가의 결과가 다음 단계에 관한 선택을 하는 데 도움이 될 수 있기 때문이다.

3) 학습 내용의 현장 적용성 평가

학습 내용의 현장 적용성 평가는 학습자가 교육받은 것들이 현업에 적용 가능한지 평가하는 것이다. 이 평가의 초점은 현실적인 데 있으며, 교육 후의 업무 수행 능력 파악한다. 따라서 이 평가에서 핵심은 실제 업무 현장에 대한 교육 프로그램의 영향력을 알아내고자 하는 데 있다. 평가 준거는 〈표 15-4〉와 같다.

표 15-4	학습 내용의 현장 적용성 평가 준거

- 학습한 내용이 현업에 적용 가능한 정도
- 학습한 행동과 기능 중 가장 잘 사용된 것
- 학습한 행동과 기능 중 전혀 사용되지 않은 것
- 학습자가 소속된 부문에서의 실천의 차이 정도
- 처음 요청된 비즈니스에 대한 충족 여부
- 학습 결과로서 학습자의 믿음과 가치의 변화 정도

출처: 이해주 외(2021), p. 352.

4) 프로그램의 파급효과 평가

프로그램의 파급효과 평가는 사업의 결과에 초점을 두기 때문에 평가의 관점이 확대되며, 학습자의 행동 변화뿐만 아니라 교육 사업 전체에 어떤 변화를 초래했는지 살핀다. 따라서 이 평가는 경영자 대상 평가를 실시하며, 사업 전반에 미친 평생교육의 영향에 대한 자료를 제공할 수 있다.

프로그램의 파급효과 평가 준거는 〈표 15-5〉와 같다.

표 15-5 프로그램 파급효과 평가 준거

- 교육 이수자의 생산성 증가 정도
- 교육 이수자의 업무 수행 능력의 향상 정도
- 입사 단계에 필요한 능력의 소유자가 되기까지 이르는 시간 단축

출처: 이해주 외(2021), p. 353.

프로그램 평가 과정을 통해 프로그램 전문가는 프로그램의 가치를 평가하고, 해당 프로그램의 개선 필요 유무와 방향과 지속 운영 여부 등을 판단해야 한다. 그리고 효과적으로 프로그램의 이해관계자에게 평가 결과를 보고할 수 있어야 한다.

9. 평생교육 평가 방식의 문제점과 홀리스틱 평가관

1) 평생교육 평가 방식의 문제

허영주(2015)는 현재 평생교육 평가 방식은 성과 중심의 양적 평가 방식이 대부분이며, 학습자와 전문가의 형식적 참여의 문제로 인하여 평생교육의 특성과 목적에 맞는 평가 방식이 선택되지 못하고 있다고 하였다. 평생교육 평가는 상황적 맥락과 교육내용의 연결성, 다양한 교수법에 의한 활동을 평가할 수 있는 다양한 방법으로의 접근이 필요하며, 평생교육 관계자들과 다양한 분야의 전문가들이 평가 집단을 이루어 다학문적 접근을 해야 한다. 또한 발달적 평가관에 기초하여 변용적 평가를 진행해야 한다.

현재 평생교육 평가를 주도하는 접근 방식은 평생교육이 요구하는 바람직한 방향의 평가 결과를 제공하기에는 한계가 있다. 성과 중심의 양적 평가 방식은 교육 프로그램 실행 상황을 지나치게 단순화하여 프로그램 평가의 본질적인 목적인 프로그램의 개선에 긍정적인 영향을 미치기 어렵다는 단점이 있으며, 선발적 평가관이기 때문에 평생교육의 특성과 목적에 맞는 평가 방식을 선택하지 못하고 있다. 또한 학습자의 프로그램 만족도 중심의 평가와 더불어 양적인 수치 측정에 국한된 항목들로 점철된 전문가 중심의 평가는 학습자의 변화를 평가할 수 있는 전인적 평가를 하기에는 어려움이 있으며, 여러 가지 이유로 다양한 영역의 전문가를 참여시키기 어렵다.

2) 홀리스틱 평가관

홀리스틱 평가관은 과정 지향 평가, 양적·질적 혼합 활용 평가, 환경적 맥락 평가, 전인적·영적 평가, 발달적 평가관 기반 평가, 다원적 상호의존적 평가의 특징을 가지며 이는 평생교육 평가의 요구 조건에 부합한다. 따라서 바람직한 평생교육 평가를 위한 홀리스틱 평가 방식의 도입을 위해 보다 심층적인 연구가 수행될 필요가 있다.

허영주(2015)는 홀리스틱 관점의 평가와 평생교육 평가의 방향은 유사성과 일치성이 높다고 주장하였다. 홀리스틱 평가관은 과정 지향 평가이기 때문에 교육의 질 개선을 추구할 수 있고, 양적·질적 평가의 성격을 모두 갖추고 있어서 혼합적인 평가 결과 활용이 가능하며, 사회 전체와 실제 세계에 대한 평가를 통해 환경적인 맥락까지도 평가할 수 있다. 또한 전인적인 측면의 평가를 통해 변용적 평가가 가능하며 발달적 평가관을 통해 성장 지향 평가가 가능하고, 다원적이고 상호 의존적인 평가를 통해 다학문적 평가 역시 가능하다. 따라서 평생교육 평가의 바람직한 관점 설정을 위해 홀리스틱 관점의 평가 도입이 필요하다.

10. 장애인 평생교육 시설 평가 및 적용 방안

1) 장애인 평생교육 시설 평가

장애인 평생교육 시설은 운영상의 문제, 즉 수용인원 한계, 중증 장애인의 돌봄과 관리 체계의 부족, 평생교육 프로그램 개발상의 오류 등 다양한 한계를 지니고 있다 (조창빈, 2018). 이와 같은 한계가 극복되려면 장애인 평생교육 시설 운영에 대해 종합적으로 평가하여 질적 수준을 향상시킬 수 있는 평가 결과 도출이 가능하도록 평가 도구가 개발되어야 하는데, 현재의 평가도구는 타 시설 평가도구를 차용하고 있는 실정이다.

2) 장애인 평생교육 시설 평가 지표

조창빈(2018)은 연구를 통해 장애인 평생교육 시설의 평가 지표를 설정하였다. 장애인 평생교육 시설의 조직 구성 및 인적 자원, 재정과 물리적 환경 등을 평가하는 정량적 평가 영역, 장애인 학습자의 인권과 자기결정권 및 학습권 보장 정도를 평가하는 정의적 평가 영역, 그리고 장애인 학습자의 삶의 질 향상을 보장하기 위해 장애인 학습자 가족과의 관계까지 평가하는 정성적 평가 영역 등 장애인 평생교육 시설에 대해 총체적으로 평가할 수 있는 평가지표의 차별성을 확보하였다. 이와 같이 일반인 평생교육 시설과는 달리 평가되어야 하는 항목에 차별성이 존재하기 때문에 장애인 평생교육 시설에 대한 평가는 전문가를 통해 개발된 장애인 평생교육 시설 평가 지표를 사용하여 평가를 실시하는 것이 바람직하다.

3) 장애인 평생교육 평가 지표 적용 방안

장애인 평생교육 시설 평가 지표의 현장 적용을 위해서는 장애인 평생교육 시설의 평가 대상을 분류하고 규정해야 한다. 「평생교육법」에서는 장애인 평생교육 시설을 장애인 학습자의 평생교육만을 위해 설치된 시설로 구분하고 있지만, 대부분의 장애인 평생교육 프로그램은 장애인 관련 시설에서 운영하는 프로그램들 중 일부 프로그램으로 실시되고 있는 실정이다. 때문에 장애인 평생교육 프로그램이 운영되고 있는 대부분의 시설들이 「평생교육법」이 규정하는 평가 대상에서 제외되고 있다. 이러한 문제점을 인식하여 장애인 평생교육 프로그램이 운영되고 있는 모든 시설을 장애인 평생교육 시설로 분류되어야 하며, 「평생교육법」에서 분류하는 작업이 선행되어야 한다.

　또한 장애인 평생교육 시설 평가 지표를 사용하여 평가를 진행하는 평가자는 전문성을 갖추어야 한다. 장애인 평생교육 시설 평가 지표는 시설의 정량적 평가와 더불어 장애인 학습자와 학습자 가족과의 관계에 이르기까지 평가 대상이 광범위하기 때문이다.

토론 문제

1. 평생교육 평가에 있어 가장 중요한 지표는 무엇인지 생각해 보자.

2. 현재 진행되고 있는 평생교육 평가의 문제점과 해결 방안에는 어떤 것이 있는지 생각해 보자.

참고문헌

강다미(2019). 상호작용을 고려한 마이크로 러닝 콘텐츠 개발. 한국방송통신대학교 대학원 석사학위논문.

강명희, 김영수, 정재상(1997). 21세기를 향한 교육공학의 이론과 실제. 경기: 교육과학사.

강은희(2014). 객실승무원 OJT프로그램의 특성요인이 교육성과에 미치는 영향. 한국항공대학교 대학원 석사학위논문.

강인애(2006). 디지털 시대의 학습 테크놀로지. 서울: 문음사.

강현석(2009). Bruner의 교육과정 이론에서 지식의 재해석: 지식의 구조와 내러티브의 관계. 교육철학, 38, 1-34.

강혜진(2012). 중재반응 모델 적용을 위한 조기 읽기 중재연구 분석. 한국연구재단 연구보고, B00328.

강훈(2016). 지방자치단체의 평생교육기관 평가모형 개발 연구. 충남대학교 대학원 박사학위논문.

강훈(2018). AHP를 활용한 지방자치단체 평생교육기관 평가요인의 중요도 분석. 열린교육연구, 26(3), 27-47.

경북도민일보(2021. 7. 8.). 포스코, 일학습병행 경진대회로 中企 직원 역량 'up'.

계보경, 김재옥(2013). 블룸의 디지털 택사노미(Bloom's Digital Taxonomy). 한국교육학술정보원(KERIS) 연구자료, RM 2013-06.

고려대학교 HRD정책연구소(2020). HRD Issue Paper.

고미숙(2006). 체험 교육의 의미. 아시아교육연구, 7(1), 133-162.

과학기술정보통신부(2022). 2021 인터넷이용실태조사.

곽미선, 방윤희, 김미정, 이주원(2019). 성인 학습자들의 학습 참여 동기와 성과 관련 변인 간의 메타분석. 예술인문사회융합멀티미디어논문지, 9(3), 11-18.

교육부(2019). 미디어 리터러시 교육과정 운영을 통한 시민역량 제고 방안 연구. 교육부 정책연구보고서.

교육부, 국가평생교육진흥원(2019). 2019 평생교육백서(제19호). 232-319, 335-341.

구경희(2017). 이해당사자 기반 평생교육실습 프로그램 평가척도 개발. 동의대학교 대학원 박사학위논문.

국가평생교육진흥원(2021). K-MOOC 마이크로 강좌 개발 가이드라인. 국가평생교육진홍원 연구보고, OR 2021-2.

권낙원, 김동엽(2006). 교수-학습 이론의 이해. 서울: 문음사.

권대봉(2011). 성인교육방법론. 서울: 학지사.

권명순, 간진숙, 김진환(2014). 소셜 네트워크 서비스 활용 수업에서의 교육적 효과 고찰. 한국컴퓨터교육학회논문지, 17(6). 135-146.

권양이(2012). 청소년 및 성인학습자를 위한 유비쿼터스 러닝 시대의 통합적 평생교육방법론. 서울: 원미사.

권양이(2020). 스마트 시대의 원격 평생교육방법론. 경기: 공동체.

권이종, 김승호, 소창영, 심의보, 안승열, 양병찬, 이관춘, 임상록, 조용하(2002). 평생교육방법론. 경기: 교육과학사

기영화(2004). 평생교육방법론. 서울: 학지사.

김경환, 박충식, 손화철, 윤영광, 이성웅, 최희열(2019). 인공지능의 이론과 실제. 서울: 아카넷.

김동욱(2013). H기업 OJT트레이너의 변혁적 리더십이 트레이너의 직무성과에 미치는 영향. 고려대학교 대학원 석사학위논문.

김문섭, 김진숙, 최손환, 권재일, 이미애, 조정선, 조재철(2019). 평생교육방법론. 경기: 양성원.

김미수(2019). NCS 직업기초능력 신장을 위한 프로젝트기반 융합 교육 프로그램 개발 및 적용. 교육문화연구, 25(2), 477-503.

김미용, 배영권(2012). 스마트교육 현장 적용을 위한 스마트교육 모형 개발. 인터넷정보학회논문지, 3(5), 79.

김민호, 김정준(2007). 지식정보사회에서 행정법학의 새로운 패러다임 모색. 공법학연구, 8(3), 443-462.

김수동, 권양이(2015). 통합적 역량기반 교육과정이 21세기 평생학습 시대에 주는 교육적 의미: 미국 서던 뉴햄프셔 대학과 호주 시드니 대학 사례를 중심으로. 예술인문사회 융합 멀티미디어 논문지, 5(6), 327-336.

김승옥(2018). 플립드 러닝 환경에서 교수 실재감, 감성적 실재감, 사회적 실재감, 인지적 실재감과 학습 몰입 간의 구조적 관계 분석. 건국대학교 대학원 박사학위논문.

김영애(2014). 청소년의 자아정체감이 진로정체감에 미치는 영향. 성산효대학원대학교 박사학위논문.

김영옥, 최라영, 조미경(2019). 평생교육방법론. 서울: 학지사.

김용현, 김종표(2015). 평생 교육론: 평생학습과 열린 학습 사회. 경기: 양서원.

김정욱(2021. 1. 27.). 2021년 머신러닝을 위한 최고의 파이썬 라이브러리. https://www.hanbit.co.kr/media/channel/view.html?cms_code=CMS8609067358

김종서, 김신일, 한숭희, 강대중(2014). 평생교육개론. 경기: 교육과학사.

김종선(2018). 지역평생학습공동체 남양주 학습등대의 실천적 해석 연구. 중앙대학교 대학원 박사학위논문.

김종표(2016). 평생교육방법론. 경기: 양서원.

김지자, 정지웅(2001). 경험학습의 개념 및 이론과 발전방향. 평생교육학연구, 7(1), 1-15.

김진형(2020). AI 최강의 수업. 서울: 매일경제신문사.

김진화(2010). 평생교육 방법 및 실천론. 경기: 서현사.

김진화, 김소현, 전은선(2012). 평생교육 프로그램 운영과 자료개발. 경기: 서현사.

김청자, 조금주(2007). 성인학습과 상담. 서울: 태영출판사.

김학용(1994). 집단탐구수업이 초등학교 아동의 탐구기능에 미치는 효과. 한국교원대학교 대학원 석사학위논문.

김한별(2014). 평생교육론. 서울: 학지사.

김해광(2011). 신입사원 OJT 특성요인과 직무만족의 관계에서 변혁적 리더십의 조절효과. 고려대학교대학원 석사학위논문.

김현섭(2015). 질문이 살아있는 수업. 서울: 수업디자인연구소.

김홍주(2016). 평생교육차원의 장애인 문화예술교육 실천에 관한 연구: 장애인영화제(PDFF)를 중심으로. 단국대학교 대학원 박사학위논문.

남현주, 유태명(1996). 중학교 가정과 교수-학습 방법의 개선을 위한 집단탐구 수업모형의 적용연구. 한국가정과교육학회지, 8(2), 91-104.

노남섭, 박양근(2009). 인적자원개발론. 서울: 한올출판사.

류숙희, 전수경(2017). 개인변인 및 평생학습 경험에 따른 행복감의 차이 연구. 인문사회21, 8(2), 127-134.

문선모(2007). 학습 이론: 교육적 적용. 경기: 양서원.

박명신(2020). 평생교육실습 내용의 상대적 중요도 분석. 평생교육·HRD연구, 16(1), 161-185.

박성희, 송영선, 나향진, 황치석, 문정수, 박미숙(2013). 평생교육방법론. 서울: 학지사.

박숙희, 염명숙(2017). 교수·학습과 교육공학. 서울: 학지사.

박일수(2005). 협동 학습이 학업성취도 및 학습태도에 미치는 효과에 관한 메타분석. 한국교원대학교 대학원 석사학위논문.

박일수(2009). 협동 학습의 학업성취 효과에 관한 메타분석. 교육과정평가연구, 12(1), 73-

101.

박제원(2020. 6. 3.). 코로나19 이후 초·중·고 수업에 대한 기대와 우려: 블렌디드 러닝과 플립 러닝을 중심으로. https://21erick.org/column/4989/

박종선(2013). 스마트 이러닝. 경기: 교문사.

박주현, 강봉숙(2020). 미디어정보 리터러시 개념과 교육내용 개발. 한국도서관·정보학회지, 51(3). 223-250. 10.3390/mi10100669

박찬, 김병석, 전수연, 전은경, 진성임, 정선재, 강윤진, 변문경(2020). 에듀테크 FOR 클래스룸. 서울: 다빈치BOOKS.

박찬, 전수연, 진성임, 손미현, 노희진, 정선재, 강윤진, 이정훈, 변문경(2020). 인공지능 FOR 클래스룸. 서울: 다빈치BOOKS.

박해선(2020). 혼자 공부하는 머신러닝 딥러닝. 서울: 한빛미디어.

배석영, 박성희, 박경호, 황치석(2010). 평생교육론. 경기: 양서원.

배영권, 도재춘, 김달진, 신승기(2013). 스마트러닝 콘텐츠 만들기. 서울: 한빛아카데미.

배영주(2005). 자기 주도 학습과 구성주의. 서울: 도서출판 원미사.

배을규(2006). 성인교육의 실천적 기초. 서울: 학지사.

배장오(2009). 평생교육개론. 경기: 서현사.

백정숙, 이희수(2020). 평생학습 확장으로서 K문고의 학습공간 재구성 사례연구. 평생학습사회, 16(4), 59-82.

성낙돈, 가영희, 안병환, 임성우(2009). 평생교육학 개론. 서울: 청목출판사.

성낙돈, 안병환, 가영희, 임성우(2015). 평생교육학 개론. 서울: 동문사.

소프트웨어정책연구소(2020). 美 AI4K12 이니셔티브, 초중등 AI 교육 가이드라인 업데이트. SPRi AI BRIEF, 17호.

소효정, 이혜란(2017). 마이크로 러닝 연구동향 분석 및 시사점 도출. 한국과학예술 포럼, 30, 189-201.

신소영, 김민정(2020). 능동 학습 강의실 활용 경험과 학습성과 간의 관계: 학습자의 자기 조절 학습 매개 효과를 중심으로. 교육공학연구, 36(4), 1125-1150.

신용주(2006). 평생교육의 이론과 방법. 서울: 형설출판사.

신용주(2012). 평생교육 방법론. 서울: 학지사.

신용주(2021). 평생교육 방법론(2판). 서울: 학지사.

신재한(2011). 교육방법 및 교육 공학. 서울: 태영출판사.

신혜영(2020). 만 1세 맞벌이 아버지, 어머니 동반참여 블렌디드 러닝 부모교육 프로그램의 개발 및 효과: 부모의 언어적 행동, 반응성 및 공동양육을 중심으로. 연세대학교 대학원 박사학위논문.

심웅기, 강숙희(1998). 인터넷을 이용한 수업개선 연구. 서울: 한국교육개발원.

양흥권(2017). 평생교육론: 학습 세기의 교육론. 서울: 도서출판 신정.

오일석, 이진선(2021). 파이썬으로 만드는 인공지능. 서울: 한빛아카데미.

월간중앙(2015. 3. 6.). 창립 50년 한국무역협회 무역아카데미 파워.

윤옥한(2017). 평생교육방법론. 경기: 양서원.

이가영(2019). 국내 HRD 담당자의 마이크로 러닝(Microlearning)에 대한 인식 연구: 인
    지된 혁신의 특성과 콘텐츠, 기술, 운영 요구 중심으로. 한국교원대학교 대학원 석
    사학위논문.

이경화, 권옥경, 김숙기, 김경열, 황성용, 권희철, 송미정, 임제현, 최윤주, 이은정(2017).
    평생교육론. 서울: 태영출판사.

이규선(2017). 평생학습마을만들기 참여실천연구: 시흥시 사례를 중심으로. 공주대학교
    대학원 박사학위논문.

이동엽(2013). 플립드 러닝(Flipped Learning) 교수학습 설계모형 탐구. 디지털융복합연
    구, 11(12), 83-92. http://dx.doi.org/10.14400/JDPM.2013.11.12.83

이명희(2019). 평생교육으로서의 생태인문학의 가능성과 의의-실버 생태인문학 사례를
    중심으로. 예술인문사회 융합 멀티미디어 논문지, 9(11), 263-272.

이성균(2020). 4차 산업혁명 시대에 평생교육의 이해. 경기: 정민사.

이성호(1999). 개정 교수방법의 탐구. 경기: 양서원.

이성호(2006). 교수방법론. 서울: 학지사.

이성흠, 이준, 구양미, 이경순(2018). 교육방법 및 교육공학: 의사소통, 교수 설계 그리고 매체
    활용(4판). 경기: 교육과학사.

이수경(2020). 홍콩 노인 아카데미 사례를 통한 활동적 고령화(Active Ageing)의 평생교
    육 활성화 방안. 대한고령친화산업학회, 12(1), 66-70.

이양교(2002). 평생교육정책론: 교육 선진국의 정책 행정과 실태 비교. 서울: 학문사.

이영준, 임완철, 장병철, 송석리, 공선희, 박다솜(2020). 인공지능과 미래사회. 서울특별시
    교육청, 한국과학창의재단.

이은숙, 박양주(2019). 플립드 러닝에 관한 국내 연구의 일반 현황 및 주제 분석. 한국콘텐
    츠학회논문지, 19(5), 74-81. https://doi.org/10.5392/JKCA.2019.19.05.074

이재경(2009). 대학에서의 Blended e러닝 교수법. 공학교육, 16(3), 66-70. http://www.
    koreascience.or.kr/article/JAKO200919451499739.page

이해주, 이미나, 노경주, 김진화(2018). 평생교육방법론. 서울: 한국방송통신대학교출판문

화원.

이현정(2005). 멀티미디어 학습 환경에서 학습자 특성별 인지부하 효과. 교육공학연구, 21(2), 79-102.

이현청(2012). 현대 사회와 평생학습: 학습하는 사회. 서울: 학지사.

이화여자대학교 교육공학과(1996). 교육방법 및 교육공학. 경기: 교육과학사.

이희명(2019). 초등 수업을 위한 플립러닝 지원시스템. 계명대학교 대학원 박사학위논문.

임경미, 김선자, 김소윤, 이석진, 임정임(2019). 세계 시민의 평생교육을 위한 문해교육의 이론과 실제. 서울: 도서출판 말벗.

임영언, 김일태(2019). 일본의 평생교육정책과 사회적 일자리 창출 사례 연구. 인문사회 21, 10(1), 668-670.

임형택, 권재환, 권충훈, 김경열, 김두열, 김인숙, 박찬원, 박희석, 신준영, 오상봉, 오선아, 오정란, 유승우, 윤은종, 권희정, 정경희(2013). 평생교육방법론. 경기: 공동체.

장상도(1999). 문제해결 전략의 수학적 의미에 관한 연구. 동국대학교 교육대학원 석사학위논문.

장지은(2018). 마을박물관활동의 평생교육적 의의. 교육학연구, 56(3), 259-288.

전병호(2017). SNS 활용 요인이 학습자의 태도와 성과에 미치는 영향 연구: 대학 수업을 중심으로. 디지털융복합연구, 15(5), 27-36. DOI:10.14400/JDC.2017.15.5.27

정문성(2002). 사회과에서 소집단 보조 개별화수업(TAI)의 적용 방안. 교육논총, 19, 1-16.

정문성(2006). 협동 학습의 이해와 실천. 경기: 교육과학사.

정지은(2021). 정신분석 상담 상황 안에서의 현상학적 자기(self)에 대한 연구: 메를로-퐁티의 살 존재론적 자기와의 연관성을 중심으로. 라깡과 현대정신분석, 23(1), 153-183.

정현숙(2020). 평생교육원의 독서 프로그램 운영 경험에 대한 비판적 반성. 열린교육연구, 28(3), 115-137.

조미선(2004). 초등 도덕과에서의 협동 학습 적용방안 연구. 전주교육대학교 교육대학원 석사학위논문.

조용개, 신재한(2011). 교육 실습·수업 시연·수업 연구를 위한 교실 수업 전략. 서울: 학지사.

조창빈(2018). 장애인평생교육시설 평가지표 개발 연구. 평생학습사회, 14(2), 57-82.

조창빈, 김두영(2018). 성인 장애인의 평생학습 지향 형태 및 성과 분석 - 장애인복지관 이용자를 중심으로. 한국장애인복지학, 40(40), 33-56.

차갑부(1997). 열린사회와 평생교육. 서울: 학지사.

차갑부(2014). 평생교육론: 모든 이를 위한 평생학습. 경기: 교육과학사.

차혜경, 기영화(2019). 고령자의 온라인공동체 활동에 나타난 확장학습 경험에 관한 연구. 교육문화연구, 25(1), 291-315.

천세영, 김진숙, 계보경, 정순원, 정광훈(2013). 스마트 교육혁명. 경기: 21세기북스.

최고운, 이정은(2020). 노년층을 위한 박물관 문화예술교육의 발전방안. 교육문화연구, 26(6), 557-576.

최동근, 양용칠, 박인우(1997). 교육방법의 공학적 접근. 경기: 교육과학사.

최은수, 김미자, 최연희, 윤한수(2017). 평생교육론. 경기: 공동체.

최희숙(2017). 중소기업 직무교육훈련 참가자의 현업적용도와 관련변인, 개인 및 조직성과와의 영향관계. 서울대학교대학원 박사학위논문.

한국교육학술정보원(2003). 교실수업-사이버학습 연계를 위한 커뮤니티 기반 교수·학습모형 개발 연구. 한국교육학술정보원 연구보고, KR 2003-22.

한국교육학술정보원(2007). e-러닝 및 블렌디드 러닝 가이드북. 한국교육학술정보원 연구보고, CR 2007-15-부록.

한국정보통신기술협회(2021). 21세기 정보통신용어사전. 서울: 신화전산기획

한국정보화진흥원(2011). 소셜 러닝의 부상: 미래사회의 신학습모델.

한상길, 김현영, 김윤정(2020). 연구와 실천을 위한 평생교육방법론. 경기: 공동체.

한승희(2010). 학습사회를 위한 평생교육론. 서울: 학지사.

한태인(2020). 디지털융합 기반 마이크로러닝 특성 만족도 연구. 디지털융복합연구, 18(6), 287-295. http://dx.doi.org/10.14400/JDC.2020.18.6.287

허영숙, 박진홍, 서현범 외 한국성인교육학회 저널팀(2012). 성인교육의 현재와 미래. 서울: 학지사.

허영주(2015). 평생교육 평가방식의 문제와 홀리스틱 평가관의 도입. 홀리스틱교육연구, 19(4), 193-212.

현영섭, 김우철, 김현진(2016). 평생학습 성과 연구 동향: 2006~2015년 국내 학술지 게재 논문을 대상으로. 평생학습사회, 12(1), 85-115.

홍초희(2017). NCS 학습모듈을 적용한 의료관광중국어 교재 개발 방안 연구. 이화여자대학교대학원 석사학위논문.

BIR Research Group(2012). 이러닝, 스마트러닝 동향과 기술개발 전략. 서울: BIR.

Alison, K. (1993). From sage on the stage to guide on the side. *College Teaching, 41*(1), 30-35.

Alkin, M. C. (1969). Evaluation theory development. *Evaluation Comment, 2*(1), 2-7.

Allen, M., & Sites, R. (2012). Leaving ADDIE For SAM. MA: ASTD Press.

Ambrose, S. A., Bridges, M. W., DiPietro, M., Lovett, M. C., & Norman, M. K. (2010). *How learning works: Seven research-based principles for smart teaching(Foreword by Richard E. Mayer)*. San Francisco, CA: Jossey-Bass.

Ausubel, D. P., Novak, J. D., & Hanesian, H. (1978). *Educational Psychology: A Cognitive View* (2nd ed.). NY: Holt, Rinehart and Winston.

Bain, K. (2004). *What the best college teachers do.* Cambridge, MA: Harvard University Press.

Bandura, A. (1977). *Social Learning Theory.* NJ: Prentice-Hall.

Bandura, A. (1986). *Social Foundations Of Thought And Action: A Social Cognitive Theory.* NJ: Prentice-Hall.

Barr, R. B., & Tagg, J. (1995). From teaching to learning: A new paradigm for undergraduate education. *Change, 27*(6), 12-25.

Baturay, M. H. (2008). Characteristics of Basic Instructional Design Models. *Ekev Academic Review, 12*, 471-482.

Bergmann, J., & Sams, A. (2012). *Flip your classroom: reach every student in every class every day.* Washington, DC: International Society for Technology in Education.

Bigge, M. L. (1983). 학습 이론과 교육 (*Learning Theories for Teachers*). (김인식, 문선모 공역). 경기: 교육과학사. (원저는 1971년에 출판).

Biggs, J. (2003). *Teaching for quality learning at university* (2nd ed.). The Society for Research into Higher Education & Open University Press.

Bingham, T., & Conner, M. (2010). 소셜 러닝 (*New social learning: a guide to transforming organizations through social media*). (이찬 역). 서울: 크레듀. (원저는 2010년에 출판).

Bishop, J. L., & V erleger, M. A. (2013). The Flipped Classroom: A Survey of the Research. *120th American Society for Engineering Education Annual Conference and Exposition, 30*, 1-18.

Bonk, C. J., & Graham, C. R. (2006). *The handbook of blended learning environments: Global perspectives, local designs.* San Francisco: Jossey–Bass/ Pfeiffer, 5.

Boud, D. (2001). Using journal writing to enhance reflective practice. *New Directions for Adult and Continuing Education, 90,* 9-17.

Boud, D., & Walker, D. (1993). Barriers to reflection on experience. In D. Boud, R. Cohen, & D. Walker (Eds.), *Using experience for learning* (pp. 73-86). Buckingham: The Society for Research into Higher Education & Open University Press.

Boud, D., Cohen, R., & Walker, D. (1993). Introduction. In D. Boud, R. Cohen, & D. Walker (Eds.), *Using experience for learning* (pp. 1-17). Buckingham: The Society for Research into Higher Education & Open University Press.

Brookfield, S. D. (2010). 성인 학습을 위한 비판 이론: 성인의 삶과 학습에 대한 희망의 담론 (*The power of critical theory: liberating adult learning and teaching*). (기영화, 김선주, 조윤정 공역). 서울: 학지사. (원저는 2004년에 출판).

Bruner, J. S. (1960). *The Process Of Education.* MA: Harvard University Press.

Bruner, J. S. (1966). *Toward A Theory Of Instruction.* MA: Harvard University Press.

Brynjolfsson, E., & McAfee, A. (2014). 제2의 기계 시대 인간과 기계의 공생이 시작된다 (*Second machine age*). (이한음 역). 경기: 청림출판. (원저는 2014년에 출판).

Caffarella, R. S. (1993). Self-Directed Learning. *New Directions for Adults and Continuing Education, 57,* 25-35.

Cassidy, K. (2001). Enhancing your experiential program with narrative theory. *The Journal of Experiential Education, 24*(1), 22-26.

Chudaeva, E., Loth, G., & Somaskantha, T. (2021). Blended Learning for College Elective Courses: Successes and Challenges. *Blended Learning for College Elective Courses.*

Clark, J. (2008). Power Point and Pedagogy: Maintainingstudents interrest in university lectures. *Collage Teaching, 56*(1), 39-45.

Clark, M. C. (1993). Transformational learning. In S. B. Merriam (Ed.), *An update on adult learning theory* (pp. 47-56). San Francisco, CA: Jossey-Bass.

Cleveland, M., & Wilton, D. (2018). *Guide to Blended Learning.* COMMONWEALTH OF LEARNING.

Cohen, E. G. (1994). Restructuring the classroom: Conditions for productive small groups. *Review of Educational Research, 64*(1), 1-35.

Dale, E. (1969). *Audiovisual methods in teaching.* New York: Holt, Rinehart & Winston.

Davis, B. G. (2009). *Tools for teaching* (2nd ed.). San Francisco, CA: Jossey-Bass.

Dewey, J. (1989). 민주주의와 교육 (*Democracy and education*). (이홍우 역). 경기: 교육과학사.

Dewey, J. (1997). *Experience & education.* NY: A Touchstone Book.

Dewey, J. (2016). 아동과 교육과정/경험과 교육 (*The Child and the Curriculum/ Experience and Education*). (박철홍 역). 서울: 문음사. (원저는 1902년, 1938년에 출판).

Dewey, J. (2016). 학교와 사회 (*School and society*). (송도선 역). 경기: 교육과학사. (원저는 1976년에 출판).

Dewey, J. (2019). 존 듀이의 경험과 교육 (*Experience and Education*). (엄태동 역). 서울: 피와이메이트. (원저는 1938년에 출판).

Doumant, J. L. (2005). The Cognitive style of Power Point: Slides are not all evil. *Technical Communication, 52*(1), 64-70.

Driscoll, M. (2002). Blended Learning: Let's Get beyond the Hype. *E-Learning, 54.*

Druker, P. F. (1993). *Post-capitalist society.* New York: Harper Collins.

Eisner, E. W. (1975). *The Perceptive Eye: Toward the Reformation of Educational Evaluation.* CA: Standford University.

Elias, J. L., & Merriam, S. B. (2002). 성인교육의 철학적 기초 (*Philosophical foundations of adult education*). (기영화 역). 서울: 학지사. (원저는 1994년에 출판).

Ellison, N. B., Steinfield, C., & Lampe, C. (2007). The Benefit s of Facebook "Friends:" Social Capital and College Students' Use of Online Social Network Sites. *Journal of Computer-Mediated Communication, 12*(4), 1143-1168. https://doi.org/10.1111/j.1083-6101.2007.00367.x

Erikson, E. H. (1985). *Childhood And Society.* NY: W. W. Norton & Company. Inc.

Fenwick, T. J. (2000). Expanding Conceptions of Experiential Learning: A Review of the Five Contemporary Perspectives on Cognition. *Adult Education Quarterly, 50*, 243-272. https://doi.org/10.1177/07417130022087035

Flippo, E. B. (1976). *Principles of personnel management.* NY: McGraw Hill.

Fosnot, C. T., Cobb, P., Cowey, S., DeVries, R., Duckworth, E., Dykstra Jr., D. L., Forman, G., Fosnot, C. T., Gould, J. S., Greene, M., Julyan, C., Lester, J. B., Schifter, D., Glasersfeld, E., & Zan, B. (2001). 구성주의 이론과 관점, 그리고 실제 (*Constructivism: theory, perspectives, and practice*). (조부경, 김효남, 백성혜, 김정준 공역). 경기: 양서원. (원저는 2001년에 출판).

Freire, P. (1997). 페다고지 (*Pedagogy cf the oppressed*). (성찬성 역). 서울: 한마당. (원저는 1970년에 출판).

Freire, P. (2010). 교육과 의식화 (*Education for critical consciousness*). (채광석 역). 서울: 도서출판 중원문화 아카데미신서. (원저는 1973년에 출판).

Freire, P., & Macedo, D. (1987). *Literacy: Reading The Word And The World*. London: Routledge.

Gagné, E. D., Yekovich, C. W., & Yekovich, F. R. (1993). *The Cognitive Psychology Of School Learning* (2nd ed.). MA: Addison Wesley Longman.

Gagné, R. M. (1965). *The Conditions Of Learning*. NY: Holt, Rinehart and Winston. Inc.

Gagné, R. M. (1998). 교수 · 학습 이론 (*The conditions of learning and theory of instruction*). (전성연, 김수동 공역). 서울: 학지사. (원저는 1976년에 출판).

Gall, M. D., & Gall, J. P. (1976). The Discussion Method. In N. L. Gage (Ed.), *The psychology of teaching methods(the 75th yearbook of the national society for the study of education)*. Chicago: University of Chicago Press.

Goldstein, I. L., & Ford, J. K. (2002). *Training in organizations* (4th ed.). Belmont, CA: Wadsworth.

Gredler, M. E. (2006). 교수 · 학습의 이론과 실제 (*Learning and instruction: theory into practice*). (이경화, 최병연, 김정희 공역). 서울: 아카데미프레스. (원저는 2005년에 출판).

Gresham, K. (2001). Experiential learning theory, library instruction and the electronic classroom. *Colorado Libraries, 27*(1), 19-22.

Gundlach, E., Richards, K. A. R., Nelson, D., & Levesque-Bristol, C. (2015). A comparison of student attitudes, statistical reasoning, performance, and perceptions for web-augmented traditional, fully online, and flipped sections of a statistical literacy class. *Journal of Statistics Education, 23*(1). 1-33.

Gunter, M. A., Estes, T. H., & Schwab, B. (1995). *Instruction: A models approach*

(2nd ed.). Boston: Allyn and Bacon.

Hamilton, D. A. (1976). *Science of the Singular?* University of Illinois, mimeo.

Houle, C. O. (1964). *Continuing Your Education.* NY: MacGraw-Hill Book Company.

Hug, T. (2005). *Micro learning and narration.* fourth Media Transition conference, 6-8. https://www.researchgate.net

Itin, C. (1999). Reasserting the philosophy of experiential education as a vehicle for change in the 21st century. *The Journal of Experiential Education, 22*(2), 91-98.

Jacobs, R. L. (2003). *Structured On-The-Job Training.* San Francisco: Berret-Koehle.

Jarvis, P. (2001). *Learning In Life: An Introduction For Educators & Carers.* London: Kogan Page Ltd.

Jarvis, P. (2009). *The Routledge International Handbook of Lifelong Learning.* NY: Routledge.

Jeong, P. (2021). https://cafe.naver.com/pjcoach/3221

Johnson, D. W., & Johnson, F. P. (2004). 협동학습을 위한 참여적 학습자 [*Joining together: group theory and group skills* (8th ed.)]. (박인우, 최정임, 이재경 공역). 서울: 아카데미프레스. (원저는 2003년에 출판).

Johnson, D. W., & Johnson, R. T. (1999). *Learning and together and alone: Cooperative, competitive, and individualistic learning* (5th ed.). Boston: Allyn and Bacon.

Johnson, D. W., Johnson., R. T., & Stanne., M. B. (2000). *Cooperative learning methods: A metaeanalysis.* University of Minnesota.

Jomah, O., Masoud, A. K., Kishore, X. P., & Aurelia, S. (2016). Micro Learning: A Modernized Education System. BRAIN. *Broad Research in Artificial Intelligence and Neuroscience, 7*(1), 103-110.

Jonassen, D. H., & Land, S. M. (2012). 학습자 중심 학습의 연구·실천을 위한 이론적 토대 (*Theoretical foundations of learning environments*). (김현진, 정종원, 홍선주 공역). 경기: 교육과학사. (원저는 2000년에 출판).

Joplin, L. (1995). On defining experiential education. In K. Warren, M. Sakofs, & J. S. Hunt, Jr. (Eds.), *The theory of experiential education* (pp. 15-22). Iowa: Kendall/Hunt Publishing Company.

Keller, J. M. (2013). 학습과 수행을 위한 동기 설계: ARCS 모형 접근 (*Motivational design for learning and performance: the ARCS model approach*). (조일현, 김찬민, 허

희옥, 서순식 공역). 경기: 아카데미프레스. (원저는 2011년에 출판).

Kemp, J. E., & Smellie, D. C. (1989). *Planning, producing and using instructional media.* New York: Bantam Books.

Kirkpatrick, D. L. (1994). *Evaluating Training Programs: the Four Levels.* San Francisco: Berrett-Koehler.

Knowles, M. S. (1970). *Modern Practice of Adult Education; Andragogy Versus Pedagogy.* NY: Association Press.

Knowles, M. S., & Overstreet, H. A. (1953). *Informal Adult Education; A Guide For Administrators, Leaders, And Teachers.* NY: Association Press.

Knowles, M. S., Holton III, E. F., & Swanson, R. A. (2016). 성인 학습자 [*The Adult Learner: The Definitive Classic In Adult Education And Human Resource Development* (8th ed.)]. (최은수 역). 경기: 아카데미프레스. (원저는 1973년에 출판).

Kolb, D. A. (1984). *Experiential learning.* NJ: Prentice Hall, Inc.

Kolb, D. A. (2015). *Experiential Learning: Experience As The Source Of Learning And Development.* NJ: Pearson Education Inc.

Koppleman, K. L. (1979). *The Explication Model: An Anthropological Approach to Program Evaluation.* Washington, DC : America Educational Research Association.

Kurt, S. (2020. 1. 6.). *Social Learning Theory: Albert Bandura.* https://educationaltechnology.net/social-learning-theory-albert-bandura/

Lage, M., Platt, G. J., & Treglia, M. (2000). Inverting the Classroom: A Gateway to Creating an Inclusive Learning Environment. *The Journal of Economic Education, 31*(1), 30-43.

Leeds, D. (2016). 질문의 일곱 가지 힘: 원활한 대화와 창조적 사고로 이끄는 (*7 powers of questions : secrets to successful communication in life and at work*). (노혜숙 역). 서울: 더난출판사. (원저는 2000년에 출판).

Lengrand, P. (1986). *Areas Of Learning Basic To Lifelong Education.* London: The UNESCO Institute For Education Hamburg, FRG. & Pergamon Press.

Lewin, K. (1987). 사회과학에서의 장이론 (*Field Theory in Social Science*). (박재호 역). 서울: 민음사. (원저는 1963년에 출판).

Lindeman, E. C. (2013). 성인교육의 의미 (*Meaning of adult education*). (강대중, 김동진 공역). 서울: 학이시습. (원저는 1926년에 출판).

Longworth, N. (1999). *Lifelong Learning Work: Learning Cities For a Learning Century*. London: Kogan Page Limited.

Mackenzie, L. (2002). Briefing and debriefing of student fieldwork experiences. *Australian Occupational Therapy Journal, 49*, 82-92.

MacKeracher, D. (2010). *Making Sense Of Adult Learning*. Toronto: University of Toronto Press.

Martin, L. G., & Fisher, J. C. (1999). *The Welfare-to-Work Challenge For Adult Literacy Educators*. CA: Jossey-Bass.

Maxwell, J. C. (2015). 인생의 중요한 순간에 다시 물어야 할 것들: 500만 리더들과 30년간 이어온 위대한 소통의 기록 (*Good leaders ask great questions: your foundation for successful leadership*). (김정혜 역). 서울: 비즈니스북스. (원저는 2014년에 출판).

Mazur, E. (1997). *Peer Instruction: A User's Manual Series in Educational Innovation*. Prentice Hall, Upper Saddle River, NJ.

McCarthy, J. (2007 11. 12.). *What Is Artificial Inteligence?* http://www-formal.stanford.edu/jmc/

McGill, I. & Weil, S. W. (1996). Continuing the dialogue. In S. W. Weil & I. McGill(Eds.), *Making sense of experiential teaming*. Buckingham: The Society for Research into Higher Education & Open University Press, 245-272.

McGivney, V. (1999). *Informal Learning In The Community: A Trigger For Change And Development*. London: National Institute Of Adult Continuing Education. cop.

Merriam, S. B. (1993). *An Update On Adult Learning Theory*. CA: Jossey-Bass.

Merriam, S. B. (2001). *The New Update On Adult Learning Theory*. CA: Jossey-Bass.

Merriam, S. B., & Bierema, L. L. (2014). *Adult Learning: Linking Theory And Practice*. CA: Jossey-Bass.

Merriam, S. B., Caffarella, R. S., & Baumgartner, L. M. (2007). *Learning In Adulthood*. CA: Jossey-Bass.

Merriam, S. B., Caffarella, R. S., & Baumgartner, L. M. (2009). 성인학습론 [*Learning in adulthood: a comprehensive guide* (3rd ed.)]. (기영화, 홍성화, 조윤정, 김선주 공역). 서울: 아카데미프레스. (원저는 2007년에 출판).

Merrill, M. D. (1994). *Instructional Design Theory*. NJ: Educational Technology

Publications.

Neelen, M., & Kirschner, P. A. (2017. 6. 13.). *Microlearning: A New Old Concept to Put Out to Pasture.* https://3starlearningexperiences.wordpress.com/2017/06/13/microlearning-a-new-old-concept-to-put-out-to-pasture/

Nevo, D. (1974). *Evaluation priorities of students, teachers, and principals.* Unpublished doctoral dissertation, The Ohio State University, Columbus.

Noddings, N. (1995). *Philosophy of Education.* Boulder: Westview Press.

Norman, L. (2003). *Lifelong Learning In Action: Transforming Education In The 21st Century.* London: Sterling,

O'Connell, A. (2016). *Seven blended learning models used today in higher ed.* Retrieved from http://acrobatiq.com/seven-blended-learning-models-usedtoday-in-higher-ed/

Osborn, A. F. (1993). *Applied imagination* (3rd ed.). Buffalo, NY: Creative Education Foundation Press.

Pavlov, I. P. (1960). *Conditioned Reflexes: An investigation Of The Physiological Activity Of The Cerebral Cortex.* NY: Dover Publications, Inc.

Piaget, J. (2005). 교육론 (*De la pédagogie*). (이병애 역). 서울: 동문선. (원저는 1998년 에 출판).

Posavac, E. J., & Carey, R. G. (1997). *Program Evaluation.* NJ: Prentice Hall.

Prochazka, L. (1995). Internalizing learning. In K. Warren, M. Sakofs, & J. S. Hunt, Jr. (Eds.), *The theory cf experiential education* (pp. 142-147). IA: Kendall/ Hunt Publishing Company.

Proudman, B. (1995). Experiential Education as Emotionally Engaged Learning. In K. Warren, M. Sakofs, & J. S. Hunt, Jr. (Eds.), *The theory of experiential education* (pp. 240-247). IA: Kendall/Hunt Publishing Company.

Provus, M. M. (1969). *The Discrepancy Evaluation Model: An Approach to Local Program Improvement and Development.* PA : Pittsburgh Publish Schools.

Ramsden, P. (2003). *Learning to teach in higher education* (2nd ed.). London: Routledge Falmer.

Reigeluth, C. M. (1983). *Instructional-Design Theories And Models: A New Paradigm Of Instructional Theory.* NJ: Lawrence Erlbaum Associates.

Reigeluth, C. M. (1999). *Instructional-Design Theories And Models Volume II: A*

New Paradigm Of Instructional Theory. NJ: Lawrence Erlbaum Associates.

Rodrigues, K. F., & Fook, F. S. (2019). *Learning with Technology: A Student Guide*. Commonwealth of Learning.

Rogers, C. (1951). *Client-centered therapy*. Boston: Houghton M任flin Company.

Rogers, C. (1999). Toward becoming a fully functioning person. In J. Freiberg (Ed.), *Perceiving, behaving, becoming* (pp. 37-51). VA: Association for Supervision and Curriculum Development.

Rogers, C. R. (2008). 칼 로저스의 사람-중심 상담 (*Way of being*). (오제은 역). 서울: 학지사. (원저는 2007년에 출판).

Rogers, C. R., & Freiberg, H. J. (2011). 학습의 자유: 자기주도적 인간육성의 길 (*Freedom to learn*). (연문희 역). 서울: 시그마프레스. (원저는 1994년에 출판).

Saddington, T. (1999). The roots & branches of experiential development. Experiencing the differences. An account of the youth conference held at Brathay on 5th & 6th July 1999, 51-60.

Satoshi, T. (2017). 처음 배우는 인공지능 (あたらしい人工知能Ｗの教科書：プロダクト/サービス開発に必要な基礎知識). (송교석 역). 서울: 한빛미디어. (원저는 2016년에 출판).

Schon, D. (1991). *Educating the reflective practitioner*. San Francisco, CA: Jossey-Bass Publishers.

Schunk, D. H. (2016). 학습이론: 교육적 관점 [*Learning theories: an educational perspective* (7th ed.)]. (노석준, 최병연, 차현진, 장경원, 오정은, 소효정 공역). 경기: 아카데미프레스. (원저는 2016년에 출판).

Scriven, M. S. (1972). Pros and cons about goal-free evaluation. *Journal of Educational Evaluation, 3*(4), 1-7.

Sims, R. R. (2001). Debriefing experiential learning exercises in ethics education. *Teaching Business Ethics, 6*, 179-197.

Skinner, B. F. (1965). *Science And Human Behavior*. London: Collier-Macmillan Ltd.

Slavin, R. E. (1985). Team-assisted Individualization: Combing cooperative learning and individualized instruction in mathematics. In R. E. Slavin, S. Kagan, R. Hertz-Lazarowitz, C. Webb, & R. Schmuck (Eds.), *Learning to cooperate, cooperating to learn*. NY: Plenum.

Stake, R. E. (1975). *Evaluating the Arts in Education: A Responsiveness Approach.* Columbus, OH: Merrill.

Stufflebeam, D. L. (1973). *Towards a Science of Educational Evaluation.* Englewood Cliffs, NJ: Educational Technology Publications.

Sweller, J. (1988). Cognitive load during problem solving: Effects on learning. *Cognitive Science, 12,* 257-285.

Tagg, J. (2003). *The learning paradigm college.* Bolton, MA: Anker.

Tennant, M. (2018). 심리학과 성인학습: 이론과 실천 [*Psychology and adult learning* (3rd ed.)]. (이경화, 김성훈, 박정길, 박혜성 공역). 서울: 학지사. (원저는 2006년에 출판).

Thorndike, R. L., & Hagen, E. P. (1977). *Measurement Evaluation In Psychology And Education.* NY: MacMillan Publishing company.

Toffler, A. (1990). *Powershift: Knowledge, wealth, and violence at the edge of the 21st century.* New York: Bantam Books.

Travers, J., & Milgram, S. (1969), An Experimental Study of the Small World Problem. *Sociometry, 32*(4), 425-443.

Tyler, R. W. (1949). *Basic Principles of Curriculum and Instruction.* Chicago: University of Chicago Press.

Usher, R. (1993). Experiential learning or learning from experience. In D. Boud, R. Cohen, & D. Walker (Eds.), *Using experience for learning* (pp. 169-180). Buckingham: The Society for Research into Higher Eduction & Open University Press.

Usher, R., Bryant, I., & Johnston, R. (1997). *Adult education and the postmodern challenge.* London: Routledge.

Van Manen, M. (1977). Linking ways of knowing with ways of being practical. *Curriculum Inquiry, 6*(3), 205-228.

Van Manen, M. (1994). 체험연구 (*Researching lived experience*). (신경림, 안규남 공역). 서울: 동녘. (원저는 1990년에 출판).

Vygotsky, L. S. (2011). 사고와 언어 (*Thought and language*). (윤초희 역). 경기: 교육과학사. (원저는 1986년에 출판).

Wang, V. C. X. (2010). *Integrating Adult Learning And Technologies For Effective Education: Strategic Approaches.* PA: IGI Global.

Watson, J. B. (1961). *Behaviorism.* IL: The University of Chicago Press.

Webb, N. M., & Mastergeorge, A. M. (2003). The development of student's helping behavior and learning in peer-directed small groups. *Cognition and Instruction, 21*(4), 361-428.

Wishart, J., & Blease, D. (1999). Theories underlying perceived changes in teaching and learning after installing a computer network in a secondary school. *British Journal of Educational Technology,* 25-41.

Wlodkowski, R. J. (2008). *Enhancing Adult Motivation To Learn.* CA: Jossey-Bass.

World Economic Forum (2016). *The future of jobs: Employment, skills and workforce strategy for the fourth industrial revolution.* Geneva: World Economic Forum.

Wurdinger, S. (2005). *Using experiential learning in the classroom.* Lanham: Scarecrow Education.

http://www.aee.org

https://opendic.korean.go.kr

https://www.law.go.kr/법령/평생교육법

https://www.ncs.go.kr/

찾 / 아 / 보 / 기

저 / 자 / 소 / 개

신승인(Seungin Shin)
숭실대학교 평생교육학 박사
전 서울특별시교육청 장학사 · 장학관, 일본 동경한국교육원장
현 경기기계공업고등학교 교장, 국가산학연협력위원회 위원

〈주요 논문〉
「중등학교장의 온정적 합리주의 리더십, 조직 내 의사소통, 학습조직문화, 교사의 교수역량 및 교사학습공동체 활성화 수준 간의 구조적 관계」(2018)

김미자(Mija Kim)
숭실대학교 평생교육학 박사
평택대학교 사회복지학 박사
전 숭실대학교 대학원 초빙교수
현 호서대학교 기초교양학부 외래교수, CR리더십연구원 사무총장

〈주요 저서 및 논문〉
『평생교육론』(2판, 공저, 학지사, 2019),『결혼과 가족』(공동체, 2018),『사회복지 프로그램 개발과 평가』(공저, 양서원, 2014),「전이학습 관점에서의 여성 결혼이민자의 직업교육과 취업 경험에 대한 사례연구: 이중언어강사를 중심으로」(2015),「북한이탈여성의 주관적 삶의 질에 영향을 미치는 요인」(2008)

박수용(Sooyong Park)
숭실대학교 평생교육학 박사
한밭대학교 산업공학 박사
현 한밭대학교 융합기술학과 중점 교수, 한밭대학교 공동훈련센터 부센터장

〈주요 논문〉
「중소기업 경영자의 긍정적 리더십, 구성원의 긍정적 삶의 태도, 학습조직활동, 직무열의, 조직성과 변인간의 구조적 관계」(2015)

유선주(Sunjoo Yoo)
숭실대학교 평생교육학 박사
전 서울특별시교육청 장학사·장학관
현 서울신동초등학교 교장

〈주요 논문〉
「학교장의 교육리더십, 학습조직문화, 교사효능감 및 교사의 학습 몰입 변인 간의 구조적 관계」(2013)

이소영(Soyoung Lee)
숭실대학교 평생교육학 박사
전 미양중학교 교장, 한국외국어대학교 교육대학원 겸임교수

〈주요 논문〉
「학교장의 온정적 합리주의 리더십, 교사의 공유리더십, 학습조직문화 및 긍정심리자본과 학교조직효과성 간의 구조적 관계」(2017)

진규동(Kyudong Chin)
숭실대학교 평생교육학 박사
전 다산박물관 다산교육전문관, KBS한국방송 인재개발원 부원장
현 다산미래원 원장, 국민권익위원회 청렴연수원 청렴소양강사

〈주요 저서 및 논문〉
『변화와 개혁의 등불: 다산의 탁월한 시대정신』(더로드, 2022), 『다산의 평정심 공부』(베가북스, 2021), 『평생교육론』(2판, 공저, 학지사, 2019), 『다산의 사람그릇』(레몬북스, 2019), 「평생학습인 다산 정약용의 다산정신에 관한 탐색—다산학의 실천적 관점을 중심으로」(2019), 「기업의 학습조직 활동이 조직성과에 미치는 영향」(2008)

평생교육방법론
Methods of Lifelong Education

2022년 11월 10일 1판 1쇄 인쇄
2022년 11월 15일 1판 1쇄 발행

지은이 • 신승인 · 김미자 · 박수용 · 유선주 · 이소영 · 진규동
펴낸이 • 김진환
펴낸곳 • (주) **학지사**

04031 서울특별시 마포구 양화로 15길 20 마인드월드빌딩
대표전화 • 02)330-5114   팩스 • 02)324-2345
등록번호 • 제313-2006-000265호

홈페이지 • http://www.hakjisa.co.kr
페이스북 • https://www.facebook.com/hakjisabook

ISBN 978-89-997-2781-8 93370

정가 22,000원

출판 · 교육 · 미디어기업 **학지사**

간호보건의학출판 **학지사메디컬** www.hakjisamd.co.kr
심리검사연구소 **인싸이트** www.inpsyt.co.kr
학술논문서비스 **뉴논문** www.newnonmun.com
교육연수원 **카운피아** www.counpia.com